VISITES
DES INGÉNIEURS
ANCIENS ÉLÈVES
DE
L'ÉCOLE CENTRALE
DES ARTS ET MANUFACTURES
A L'EXPOSITION UNIVERSELLE
DE PARIS (1878)

EXTRAIT DES ANNALES INDUSTRIELLES
18, rue Lafayette, Paris.

LIBRAIRIE GÉNÉRALE DE L'ARCHITECTURE
ET DES TRAVAUX PUBLICS
DUCHER ET Cie
51, RUE DES ÉCOLES, A PARIS

1880

VISITES
DES INGÉNIEURS
ANCIENS ÉLÈVES
DE
L'ÉCOLE CENTRALE
DES ARTS ET MANUFACTURES

A L'EXPOSITION UNIVERSELLE
DE PARIS (1878)

EXTRAIT DES ANNALES INDUSTRIELLES
18, rue Lafayette, Paris.

LIBRAIRIE GÉNÉRALE DE L'ARCHITECTURE
ET DES TRAVAUX PUBLICS

DUCHER et CIE
51, RUE DES ÉCOLES, A PARIS

1880

PRÉFACE

Les expositions universelles, dont l'idée première a été la mise en évidence des inventions nouvelles, n'ont pas tardé à donner satisfaction à la pensée commerciale qui a vite reconnu tout le parti que l'on pouvait tirer d'un étalage de produits dans des galeries parcourues par un public venu spécialement pour regarder.

Les frais de déplacement et d'installation qui devaient arrêter les inventeurs, ont été largement compensés, pour des industriels, par les avantages de cette publicité, et l'accroissement du nombre des objets exposés est devenu tel que, déjà depuis longtemps, on est préoccupé de la place à leur donner.

L'Exposition universelle de 1878, semble avoir à cet égard atteint le maximum de ce que l'on peut faire.

En présence de cette accumulation d'objets de toute nature, dont le seul examen pour reconnaître ceux qu'il n'y a pas lieu de regarder, eût demandé la durée entière de l'Exposition, il était bien naturel que des hommes occupés, n'ayant que difficilement quelques heures à passer dans les galeries, fussent conduits à chercher des guides pratiques parmi leurs camarades d'école, producteurs eux-mêmes d'objets analogues à ceux exposés.

Les anciens élèves de l'École Centrale, déjà réunis par leur Association amicale représentée dans le monde entier par des groupes régionaux, avaient plus que tous autres la possibilité de trouver ces guides dans leurs camarades répartis aujourd'hui dans toutes les industries.

Le groupe régional de Paris, sous l'active impulsion de son bureau présidé par M. Ernest Chabrier, secondé par M. Bourdais, l'habile architecte du Trocadéro, et vivement appuyé par M. Clémandot, l'ingénieur-verrier bien connu, alors président de l'Association amicale, a pris l'initiative de Visites en corps conduites par des spécialistes.

Ces Visites ont été de suite très suivies, et les guides, pour éviter des explications de principes devant chaque machine, chaque installation ou chaque produit, ont été amenés à faire, avant chaque Visite, une véritable conférence sur les sujets qu'ils allaient examiner en détail sur place.

Ces conférences étaient faites le matin, dès l'ouverture des portes de l'Exposition, dans la salle de lecture de la Bibliothèque technologique, que le bibliothécaire, M. Richou, ancien élève de l'École Centrale, mettait à la disposition de ses camarades deux fois par semaine ; elles ont duré depuis le mois de juin jusqu'aux derniers jours de l'Exposition.

Pendant une demi-heure environ, le démonstrateur, sur des notes préparées d'avance, exposait succinctement les principes scientifiques sur lesquels étaient basés les machines et les produits à examiner, indiquait les points sur lesquels on allait s'arrêter, et décrivait les expériences qu'il serait possible de faire faire.

Puis on se dirigeait dans les galeries, et suivant le nombre des assistants, le guide de la Visite se faisait seconder par des aides complaisants qui donnaient sur place les explications de détails.

Les exposants prévenus, se faisaient un devoir de se trouver présents au passage de ces visiteurs spéciaux, et tenaient à faire valoir eux-mêmes leur exposition devant ce jury non officiel, mais si compétent.

La proposition de recueillir ces conférences et de les publier au fur et à mesure pour servir aux camarades privés d'y assister, fut accueillie avec empressement, et le directeur des *Annales Industrielles*, M. A. Cassagnes, ancien élève de l'École Centrale, s'offrit à insérer ces comptes rendus dans les colonnes de son journal, en opérant des tirages à part qui seraient adressés à ceux qui en feraient la demande.

Malheureusement, les auteurs des conférences, occupant en général de hautes positions dans l'industrie, ont mis un certain amour-propre à donner une rédaction plus soignée que de simples notes, quelque intéressantes qu'elles fussent, et entraînés par leurs occupations journalières, plusieurs n'ont remis leurs manuscrits qu'après la clôture de l'Exposition ; quelques-uns même ont dû y renoncer, à notre grand regret.

Néanmoins, grâce au zèle et à l'infatigable activité du président du groupe, les conférences sur les principaux sujets ont été rédigées et publiées dans les *Annales Industrielles*; des tirages à part ont été faits et adressés aux souscripteurs; leur réunion forme un volume qu'il nous a semblé utile de mettre à la disposition du public.

Il y a en effet, tout un enseignement dans cette innovation, pour l'avenir de ces grandes et imposantes manifestations du génie humain. Loin de songer à les supprimer, comme on l'a proposé, dans la crainte de ne plus trouver d'emplacements assez vastes, près des grandes villes, il faut chercher à augmenter les ressources dont on peut disposer pour les organiser, en rendant leur visite plus facile, plus instructive, et par suite les visiteurs plus nombreux.

Les conférences et les Visites guidées sont déjà un grand progrès; c'est grâce aux Visites des anciens élèves de l'École Centrale que la généreuse pensée du gouvernement de faire voir l'Exposition aux délégations ouvrières de toute la France, au moyen du produit de la Loterie nationale, a pu donner des résultats remarquables.

On a pu, avec ces mêmes personnes, organiser ou plutôt improviser des Visites guidées qui ont été d'un grand secours pour ces malheureux ouvriers, dont un si grand nombre, sans ces guides, fussent retournés chez eux, sans même avoir pu trouver les objets de leur métier.

L'organisation des expositions universelles futures, en se plaçant au point de vue de l'enseignement, demande de grandes modifications. Il faut autre chose ; et puisqu'il a déjà été parlé de fêter le centenaire de la Révolution de 1789, par une grande cérémonie pacifique de cette nature, espérons que, sortant enfin des inspirations officielles, on saura faire appel aux industriels qui savent mieux ce qui leur est nécessaire que les fonctionnaires quelque intelligents et dévoués qu'ils soient.

Qu'on ne recule pas devant la création d'une vaste entreprise subventionnée et contrôlée par le gouvernement, mais préoccupée de l'intérêt que le public attache aux opérations réelles de l'industrie.

Si en 1889, les anciens élèves de l'École Centrale, dont le nombre s'accroît chaque année d'une centaine environ, en tenant compte des décès, sont toujours unis comme ils l'ont été en 1878, il faut espérer qu'ils seront consultés, et prendront part à l'étude et à l'exécution de cette grande fête de la paix universelle.

Les Éditeurs.

TABLE

N° 1. — Visite de la Cristallerie et de la Verrerie, par M. Clémandot. (Promotion de 1836.)

N° 2. — Visite des Machines et des Appareils de Sucreries, par MM. E. Avisse et A. Bougault. (Promotion de 1869.)

N° 3. — Visite à la Fabrication de la Glace, par M. A. Millot. (Promotion de 1865.)

N° 4. — Visite à la Métallurgie du fer, par M. Jordan. (Promotion de 1854.)

N° 5. — Visite aux Pompes de l'Exposition, par M. L. Poillon. (Promotion de 1862.)

N° 6. — Visite à la Section Américaine, par M. Guéroult. (Promotion de 1863.)

N° 7. — Visite au Matériel des Charbonnages, par M. Dorion. (Promotion de 1859.)

N° 8. — Visite aux Chaudières à vapeur, par M. Maurice Jourdain. (Promotion de 1865.)

N° 9. — Visite au Matériel agricole, par MM. E. Chabrier (promotion de 1847) et P. de Singly. (Promotion de 1866.)

N° 10. — Visite aux Essais sur la Résistance des Matériaux, par M. Thomasset. (Promotion de 1868.)

N° 11. — Visite aux Produits chimiques, par M. Camille Vincent. (Promotion de 1862.)

N° 12. — Visite au Travail de la laine peignée, par M. Faure-Beaulieu. (Promotion de 1863.)

N° 13. — Visite au Matériel fixe des Chemins de fer, par M. Henry Mathieu. (Promotion de 1841.)

N° 14. — Visite au Palais du Trocadéro, par MM. Bourdais (promotion de 1857) et Mouchelet. (Promotion de 1867.)

N° 15. — Visite à la Société anonyme de Commentry-Fourchambault, par M. Ivan Flachat. (Promotion de 1850.)

N° 16. — Visite au Matériel et Procédés de la Télégraphie, Exposition de l'Administration des Télégraphes.

N° 17. — Visite aux Mines de Pyrites Cuivreuses de la Péninsule Ibérique, par M. H. Pollet. (Promotion de 1851.)

N° 18. — Visite au travail de la Laine cardée, par M. Sergueeff. (Promotion de 1861.)

N° 19. — Visite aux Récepteurs Solaires, Exposition des Appareils de M. Mouchot, par M. Abel Pifre. (Promotion de 1876.)

N° 20. — Visite au Matériel et Procédé des Impressions, par M. Ermel. (Promotion de 1854.)

N° 21. — Visite à la Carrosserie, par M. G. Anthoni. (Promotion de 1864.)

N° 22. — Visite aux machines à travailler les métaux, par M. Ch. Donnay. (Promotion de 1846.)

N° 23. — Visite au matériel roulant des Chemins de fer, par M. Fellot (Promotion de 1854.)

N° 24. — Visite aux Locomotives, par M. Forquenot. (Promotion de 1838.)

Extrait des **ANNALES INDUSTRIELLES**
18, rue Lafayette, Paris.

VISITES DES INGÉNIEURS

ANCIENS ÉLÈVES DE

L'ÉCOLE CENTRALE

DES ARTS ET MANUFACTURES

A L'EXPOSITION UNIVERSELLE DE 1878

Visite de la Cristallerie et de la Verrerie,

Par M. CLÉMANDOT (*Promotion de* 1836)

PRÉSIDENT DE L'ASSOCIATION AMICALE.

(1er juin 1878)

Messieurs,

Avant-propos. — C'est à l'honneur d'être le Président de l'Association amicale que je dois le plaisir d'être le premier à vous guider dans les visites qui seront faites à l'Exposition universelle, et dont chacune doit être dirigée par les ingénieurs spéciaux à chaque branche d'industrie.

Je me plais à reconnaître que l'initiative de ces visites est due au Groupe de Paris, qui, sous l'impulsion de son Président, M. Chabrier, cherche, étudie tous les moyens possibles pour que l'Exposition, au succès de laquelle ont pris part un si grand nombre de nos camarades, puisse devenir, pour les membres de l'Association, l'occasion d'acquérir un complément de connaissances, en les initiant à des industries spéciales qu'ils peuvent ne pas avoir suivies ou qu'ils peuvent avoir oubliées.

J'ai dit, qu'avant les visites proprement dites, avant l'examen des pièces relatives à la verrerie qui sont si détaillées, si différentes les unes des autres, moins par leur composition que par les moyens de les produire, il était nécessaire de faire, je ne dirai pas une conférence, le mot serait ici trop pompeux, mais une causerie explicative, devant rendre fructueuse, et même plus rapide, la visite de chaque exposition.

C'est avec le plus grand empressement, je le reconnais, que M. Chabrier a accueilli ma manière de voir à ce sujet.

Ce sont ces explications préliminaires, que je vais avoir le plaisir de vous donner, en réclamant toutefois, et à l'avance, toute votre indulgence.

Verre. — Il y a deux choses sur lesquelles je tiens à insister tout d'abord : la première est l'importance de l'industrie du verre, ce produit qui se trouve partout, et qui est d'un usage tellement répandu que l'on ne peut pour ainsi dire pas en concevoir la disparition d'une manière subite, instantanée ; la seconde, c'est de bien faire comprendre, qu'avec un but de première utilité et des produits à l'obtention desquels l'art ne reste pas étranger, l'industrie du verre, très-simple dans les moyens, a pour mission de convertir en cette merveilleuse substance des produits naturels d'une valeur pour ainsi dire nulle. C'est ainsi que, comme nous le verrons tout à l'heure, bien que le chiffre annuel de la production du verre puisse s'évaluer à la somme de 105 à 110 millions de francs, pour la France seulement, des produits naturels tels que le sable, la chaux, la soude, la potasse, le plomb, sont les seuls qui, par leur combinaison, donnent naissance à cette variété infinie d'objets, les uns très-chers, les autres très-bon marché, que nous allons examiner dans un moment.

L'énumération des produits vitreux est en quelque sorte indéfinie : les bouteilles qui servent à contenir, à expédier au loin nos vins si recherchés, nos alcools si renommés, représentent un chiffre de production de 40 millions environ, quoique chaque unité, chaque bouteille, ne vaille que 12, 15, 20, 30 centimes.

Et combien, pour arriver à un tel prix de revient comprenant le combustible, la matière première, la main-d'œuvre, les frais généraux, n'a-t-il pas fallu que l'art de l'ingénieur vienne appliquer les connaissances les plus difficiles, les plus déliées, dans la fabrication de produits d'un prix de vente aussi réduit ?

On fabrique en France environ pour 45 millions de francs de verres à vitres; pour 25 millions de glaces; pour 14 à 15 millions de verrerie et gobeletterie; pour 11 à 12 millions de cristaux; soit, au total, pour 105 à 110 millions de francs, dont le tiers environ est exporté.

Je vous ai dit avec quoi on produisait cette somme importante : avec le sable pris dans nos terrains, à Fontainebleau, en Champagne, où l'on n'a que la peine de le charger dans les voitures, et dont le prix principal est surtout celui du transport, soit 14 à 15 fr. au plus le mètre cube, rendu aux usines. Je parle, bien entendu, du sable le plus pur, le plus blanc, car pour le sable à bouteilles, il ne compte pour ainsi dire pas dans la valeur du produit. Avec ce sable, il s'agit de faire un composé susceptible d'amener sa fusion : pour le verre à bouteilles, on ajoutera du calcaire, un peu de sel de soude à bas prix, car il est impur; pour les verres, au contraire, comme les verres à vitre, les glaces, les verres de gobeletterie, on ajoutera du calcaire très-pur, des sels de soude très-purs, — soit carbonates, soit sulfates, — et, enfin, pour les cristaux, on ajoutera de la potasse et de l'oxyde de plomb. Ce dernier produit amène la fusion de ce sable, en donnant au verre, nommé alors cristal, un pouvoir réfringent considérable, mais il nécessite l'emploi de combustible non réducteur, comme le bois; si l'on fait usage de la houille ou des gaz de houille, on devra recourir à l'emploi de pots couverts prévenant le contact des flammes.

Composition des verres. — J'emploierai, si vous le permettez, une image qui fixera vos souvenirs sur la composition des verres, et je dirai : avec un pavé pilé, un moellon de vos maisons, un seau d'eau de la mer, vous aurez tous les éléments, bien simples et suffisants, pour faire du verre. Pour le cristal, prenez le même pavé, mais seulement prenez-le pur; ajoutez-y du plomb oxydé; extrayez la potasse d'une betterave ou de la peau d'un mouton, vous aurez encore là tous les éléments nécessaires à la constitution du cristal. En effet, pour la betterave, vous n'aurez qu'à extraire des derniers résidus de la mélasse renfermant la potasse puisée dans le sol, potasse qui est bien, il faut le dire, une des causes de l'altération du sucre, c'est-à-dire de sa transformation de sucre cristallisable en sucre incristallisable.

Quant à la potasse, que l'on peut se procurer à l'aide des eaux résultant du lavage d'une toison de mouton, elle provient de ce que l'animal, plus habile en cela que les plus habiles chimistes, a su séparer la soude de la potasse en s'assimilant la première et rejetant la seconde, par la sueur, dans le suint.

Nous aurons donc ainsi, et d'une manière très-simple, tous les éléments constitutifs du verre; mais il faudra trouver le moyen de fondre toutes ces matières en une masse vitreuse, et de former ce que l'on doit appeler, pour bien nous représenter les choses, un silicate double, triple, multiple de chaux, de soude, de fer, pour les verres à bouteilles; — de silicate de chaux et de soude, pour les verres à gobeletterie; — de silicate de chaux et de potasse pour le beau verre de Bohême; — de silicate de plomb et de potasse pour le cristal.

Il faudra d'abord trouver le moyen de se procurer le matières réfractaires susceptibles de résister aux plus hautes températures : 1.500, 1.600, 1.800 degrés, pour en former les fours et les creusets qui devront contenir le verre. Il faudra en outre trouver les procédés les plus certains pour obtenir et maintenir régulièrement ces températures élevées, et surtout, et toujours, pour les obtenir le plus économiquement possible ; car il importe de ne pas perdre de vue la condition essentielle, celle de la production à bon marché.

Dans le temps, on fabriquait le verre en consommant sur place les bois des forêts; maintenant, on a presque abandonné ce combustible, le meilleur de tous cependant, mais celui qui revient le plus cher ; les bois rapportant bien plus à leurs propriétaires, depuis l'amélioration des moyens de transport, par leur emploi dans la construction ou le chauffage domestique de luxe.

On a donc été amené à remplacer le bois par la houille; c'est alors que le chauffage irrégulier par ce combustible a conduit de savants ingénieurs, les Ebelmen, les Siemens et autres, à rechercher et à poser les règles économiques, permettant de fondre le verre au moyen de la transformation de la houille en gaz, et l'utilisation des chaleurs perdues, recueillies dans des récupérateurs traversés par les gaz et l'air nécessaire à la combustion, avant leur introduction dans le four.

J'ai été long, Messieurs, dans ce premier exposé, mais c'est que tout notre sujet est là pour ainsi dire. Entrer dans les détails du travail du verrier serait à peu près impossible ici; *il faut voir*. Car on peut dire qu'en verrerie, depuis la pièce la plus simple jusqu'à la plus compliquée, tout se résume à *cueillir* le verre avec un tube de fer, *une canne*, à le souffler et à lui donner ensuite une forme soit en le tournant en prenant comme axe la canne elle-même, soit en le soufflant ou le comprimant dans des moules. Les ouvriers verriers, habiles dans la fabrication des bouteilles, font une bouteille par minute, soit 60 à l'heure. Je n'ai pas besoin de dire que pour les autres pièces compliquées, finies, on met bien plus de temps, mais encore faut-il aller vite, sans cela le refroidissement (quoique l'on puisse réchauffer) arrivant très-rapidement, le verre se durcit et devient rebelle au travail.

Entreprendrai-je maintenant la tâche de passer en revue les moyens, les tours de main employés pour fabriquer ces produits si divers dont vous avez quelques échantillons sous les yeux, et que vous allez retrouver dans les galeries de l'Exposition ?

Vous parlerai-je de ces magnifiques pièces de la cristallerie française, anglaise, autrichienne, taillées, gravées, ressemblant plutôt à ces pièces de musée en cristal de roches qu'à du verre ? de ces verres de Venise faits au moyen de tours de main particuliers ? Non, car je ne saurais suffisamment expliquer ici ces fabrications.

Il en serait de même de ces *mille fiori*, c'est-à-dire de ces fleurettes produites par le moulage du verre, étiré ensuite, découpées en fragments presque imperceptibles, grossies à l'œil par l'empâtement de ces petits fragments mosaïques et par la forme convexe donnée au dessus de la partie formant pour ainsi dire le couvercle de ces presse-papiers. Et aussi de ces verres de Venise qui ne sont pas faits par le moyen du soufflage, mais bien en creusant comme on le fait d'un sabot une masse de verre, formée par l'empâtement à chaud, de tubes, de plaques de verre, etc.

Du reste on s'extasie sur tous ces objets, mais permettez-moi de le dire, c'est presque retourner à l'enfance de l'art que de recourir à ces procédés qui ont précédé le soufflage du verre, et par lesquels on traitait une masse de verre comme un bloc de cristal de roche ou de toute autre pierre dure naturelle. Croyez bien que je ne dédaigne pas ces produits vénitiens, mais sont-ce des produits industriels, ces coupes qui valent 1.000, 3.000 et 4.000 francs? Nous ne le pensons pas, et tout en rendant hommage à leur beauté nous n'en réserverons pas moins une grande partie de notre admiration pour le verre à 5 ou 10 centimes pièce, pour la bouteille à 10 ou 15 centimes. — Nous nous rappellerons, à ce sujet, cette réponse d'un ministre anglais, économiste, auquel on demandait quelle était la chose la plus merveilleuse qu'il avait trouvée à l'Exposition, et qui répondît : Ce sont les couteaux, les *eustaches* à un sou !

Oui, certainement les objets d'art ont droit à notre admiration, et vous me verrez tout à l'heure m'efforcer de vous faire partager ce sentiment quand nous examinerons la cristallerie française, les usines de Baccarat, de Clichy, de Pantin, les magnifiques cristaux de la Bohême, les cristaux si purs, si étincelants de l'Angleterre ; mais cela ne m'empêchera pas de rendre justice aux glaces gigantesques de Saint-Gobain, aux manchons de 4 mètres et plus de hauteur pour les verres à vitres, pour ces bouteilles, ces tubes, ces gâteaux de verres des fabricants d'émaux, comme les Appert et les Martin nous en montrent. Pour tout dire, je réserverai le plus possible mon admiration pour les exposants qui, avec la silice, les bases que je vous ai citées, et quelques oxydes métalliques, l'or, le cuivre, le cobalt, l'urane, nous montreront les sept couleurs du spectre, nuancées, dégradées et fondues à l'infini. — C'est le chimiste verrier qui vous parle ainsi ; vous le lui pardonnerez, car s'il s'est trouvé aux prises avec ces difficultés, et s'il a eu le bonheur de triompher de quelques-unes, il comprend combien il y a d'efforts à faire pour les surmonter.

Verres d'optique. — Les verres d'optique sont ces disques absolument purs obtenus par le brassage du verre. Deux verres sont nécessaires pour obtenir l'achromatisme : un verre lourd, le verre convexe (flint), un verre léger, le verre concave (crown). On les juxtapose, et ils produisent ainsi la destruction des franges colorées qui entoureraient sans cela les objets que l'on regarde. Euler a fait cette découverte mathématique, mais il a fallu un verrier, Guinand, un homme maniant lui-même l'outil de mélange, pour la réaliser ; et nous pouvons le dire à la gloire de la France, le petit-fils de Guinand, M. Feil, a su, par son intelligence et son habileté, maintenir à notre pays le privilége de sa fabrication.

Verres nacrés irisés. — Voici maintenant des **verres**

nacrés irisés. C'est un travail que nous poursuivons, M. Frémy et moi, pour obtenir, par l'altération étudiée des verres, des effets analogues à ceux de ces magnifiques verres irisés nacrés produits avec le temps par la réaction des terrains où ils se trouvent, ou par celle de l'air ou de l'eau dans lesquels ils ont séjourné.

Verres irisés autrichiens. — Ce sont ces verres que l'Autriche, l'Angleterre même nous montrent, et qui présentent les couleurs de la bulle de savon, en un mot, les interférences de la lumière. On les obtient en plongeant les verres chauds dans des vapeurs en quelque sorte *rutilantes*. Mais il y a là certaines conditions à remplir et des tours de main que je ne me crois pas permis de divulguer.

Laine de verre. — Voici un produit que vous trouverez en Autriche, c'est une *ouate* de verre obtenue par un courant d'air, ou un jet de vapeur, lancé sur du verre coulant en filet mince. — La finesse de ce verre est inouïe, un brin mesure 4-6-8 dix-millièmes de millimètre. Je crois, pour mon compte, que l'on trouvera des applications nombreuses à ce nouveau produit.

Verre trempé. — Il me reste à parler brièvement d'un produit tout nouveau, auquel on a donné le nom de verre trempé, verre durci, et bien malencontreusement, celui de verre *incassable*. C'est verre *moins cassant* qu'il eût fallu dire. M. de la Bastie, témoin de ce fait, le trempage d'un morceau de verre encore rouge, encore mou, dans un bain à 60-100-120°, a remarqué que le verre qui en résultait était devenu moins cassant, plus élastique. Il y a là, Messieurs, une découverte dont on ne peut prévoir les conséquences. Mais m'y arrêter plus longtemps, parler en détail des larmes bataviques que vous connaissez, m'entraînerait dans une dissertation presque sans fin.

M. de la Bastie, nos camarades Epplé, Boistel, Léger, M. de Luynes, ont commencé sur ce sujet des études que je vous engage à suivre.

Je dois cependant ajouter à ce sujet que M. Frédéric Siemens, de Dresde, rend aussi le verre moins cassant, le verre plat particulièrement, en amenant son refroidissement sous pression.

L'étude faite par M. de la Bastie est dans tous les cas un champ très-vaste, laissé encore à l'exploration des chercheurs.

Je serais bien loin encore d'avoir épuisé le sujet, je n'ai fait que l'effleurer ; mais c'est en vous montrant, en touchant pour ainsi dire pièces à pièces, que nous pourrons, mes camarades, MM. Girieud, de Saint-Gobain, Appert, Epplé et moi, vous faire admirer les ressources de cette belle industrie dont le produit se rencontre, je le répète, dans les usages domestiques comme dans les laboratoires du chimiste et du physicien, dans le cabinet de l'astronome comme dans l'atelier de l'artiste. N'est-ce pas sur des feuilles de verre colorées que le peintre de vitraux forme ces magnifiques mosaïques que nous trouvons dans l'Exposition, qui décorent nos plus anciennes cathédrales et qui démontrent ainsi, chose bien digne de remarque, l'application de la chimie à la fabrication même avant les Lavoisier, les Thénard, les Dumas, c'est-à-dire avant même que cette science fût connue?

M. Clémandot lève alors la séance et dirige ses camarades vers les expositions.

Vitraux. — En entrant dans la grande galerie du travail, il fait admirer les vitraux magnifiques qui s'y trouvent, en insistant sur ce fait que, contrairement à ce que l'on croit ordinairement, on ne peint pas sur verre blanc, mais bien sur des verres colorés de nuances très-diverses, à l'aide d'une palette des plus compliquées, depuis la plus foncée des couleurs en toute nuance jusqu'à la plus claire, en passant par toutes les dégradations de tons. C'est sur ces feuilles colorées que le peintre, avec des émaux, dessine, trace les contours, compose en un mot son tableau.

A l'exposition de Baccarat, M. Clémandot fait remarquer la blancheur du cristal, l'élégance des formes, la beauté des lustres, des tailles, des gravures. Les objets sous vitrines, du goût le plus délicat, imitent les cristaux de roche, avec la pureté, la limpidité qui distinguent cette pierre naturelle ; les gravures en creux imitent à s'y méprendre les pièces du Musée du Louvre. M. Clémandot montre du rouge à l'or massif, ce qui est une nouveauté, car jusqu'alors c'est toujours en doublure que cette couleur avait été appliquée.

Passant à la cristallerie de Pantin (MM. Monot père et fils), M. Clémandot fait remarquer encore la blancheur du cristal, l'élégance des pièces, la richesse des tailles et des gravures ; il montre les nouveautés qui abondent dans cette exposition : des métallisations obtenues par des réductions, en plongeant la pièce terminée dans une atmosphère fumeuse de gaz, des blocs d'aventurine dite aventurine de Venise. Ce produit, dont la fabrication est restée le monopole de cette cité, qui fut le berceau de la verrerie, est un verre obtenu par le mélange d'un verre de fer au minimum avec un verre de deutoxyde de cuivre. Pendant la réaction, le fer, en passant à l'état de sesquioxyde, réduit le cuivre à l'état métallique, mais la difficulté, le tour de main, consiste à obtenir ce cuivre cristallisé en octaèdres dont le brillant, l'éclat est analogue à celui de l'or. M. Clémandot, en collaboration avec M. Frémy, avait fait il y a vingt-cinq ans cette aventurine, mais en petite quantité. Cette année, M. Monot montre qu'il fabrique l'aventurine industriellement, c'est un progrès dont nous devons être fiers. M. Clémandot montre encore des pièces dont l'intérieur est métallisé, de véritables Burgos ; c'est toujours par le principe de la réduction du cuivre par un gaz réducteur que le résultat est obtenu.

A la cristallerie de Clichy, on a encore à examiner des produits d'une variété infinie. A Clichy seulement, on trouve des rouges d'or incomparables, des rouges de cuivre imitant la laque de Chine et les rouges au grand feu des Chinois, des couleurs des plus variées de ton, des bleus célestes, des roses, des verres pâte de riz d'une extrême pureté. A Clichy, on trouve encore le verre de zinc, le verre le plus blanc, le plus limpide qui ait été fait, puis des services minces d'une pureté de verre et de formes unique. C'est dans l'exposition de la cristallerie de Clichy que MM. Frémy et Clémandot ont exposé leurs verres nacrés. Ces produits attirent vivement l'attention. M. Clémandot explique qu'ils sont dus à la réaction de l'acide chlorhydrique, sous 5 à 6 atmosphères de pression, mais qu'il faut, pour cela, un verre d'une composition donnée, étudiée, et cette étude n'est pas encore terminée.

La cristallerie de Sèvres expose un cristal d'une blancheur des plus remarquables. M. Clémandot le fait constater ; il montre aussi, dans cette exposition, l'aventurine de chrome, découverte par M. Pelouze. C'est du chrome placé en excès dans le verre, de manière que la dissolution ne puisse avoir lieu ; le chrome apparaît alors en paillettes brillantes, miroitantes, produisant un effet analogue à l'aventurine de Venise.

Après la cristallerie, c'est-à-dire après les verres à base de plomb, viennent les verres à base de chaux, soude et potasse mélangées.

Portieux, le Planchotte, Lissaute et Cosson présentent des expositions remarquables en verre, et dans lesquelles les colorations mêmes sont fort belles ; mais, dit M. Clémandot, ces établissements ont tort de vouloir lutter d'élégance, et même de chercher à produire des objets de luxe colorés qui ne peuvent égaler les produits de la cristallerie. C'est surtout dans le verre blanc que la verrerie est remarquable, et, sous ce rapport, les verreries que nous venons de citer sont des plus méritantes. Elles font aux cristalleries une concurrence des plus redoutables.

Verres à vitres et Bouteilles. — M. Clémandot fait examiner ensuite les bouteilles du Nord, de la Champagne, de Blanzy. Dans cette dernière verrerie, dirigée par M. Videau, un de nos camarades, on s'est attaché, sur les conseils de M. Clémandot, à remplacer les creusets par un bassin chauffé au gaz. Ce système est entré dans la pratique et présente de grands avantages.

Dans le même ordre d'idées, M. Clémandot montre les

produits de M. Richarme, de Rive-de-Gier, des bouteilles, des bonbonnes, obtenues dans un *four continu* Siemens. C'est, dit M. Clémandot, l'idéal au point de vue économique de la fabrication de la bouteille ; de grandes difficultés pratiques restent à résoudre, mais nul mieux que M. Richarme n'est à même d'en trouver la solution.

M. Clémandot arrête ensuite l'attention de ses auditeurs sur les résultats obtenus par la décoration du verre au moyen d'émaux cuits au moufle. C'est un art ancien que plusieurs décorateurs, M. Brocart entre autres, ont reproduit avec une grande perfection.

Dans le même salon, on trouve encore les glaces, les panneaux de notre camarade Lemal gravés à l'acide fluorhydrique. On remarque dans cette exposition, un four à étendre fort ingénieux, et qui fonctionne parfaitement, ainsi que l'a constaté M. Clémandot.

A l'exposition de M. Appert, celui-ci décrit lui-même les produits exposés par lui et qui sont d'une variété infinie: émaux de toute nuance, perles, pierres précieuses, verres pour l'optique, verres durs pour le décor, plaques doublées à 2, 3, 4, 8 couches, à couleurs superposées *s'accordant* si bien que l'on peut, en gravant et en attaquant le verre à des profondeurs différentes, obtenir sur la même feuille de verre autant de tons différents qu'il y a de couches.

M. Appert montre les verres pour la photographie, les verres neutres pour lunettes, etc., et l'on comprend qu'avec une telle variété de produits on puisse dire que toutes les industries employant le verre deviennent ses tributaires.

Aux glaces de Saint-Gobain, notre camarade, M. Girieud, ingénieur de la Compagnie, donne quelques détails sur ce monument en verre, qui pèse 700 kilogr. et qui en pesait 1.200 avant d'avoir été travaillé. La glace mesure 27 mètres carrés de surface, et ce chiffre seul donne une idée des précautions qu'il a fallu prendre pour son transport, pour lequel il a fallu s'assurer si les voûtes des tunnels et des ponts en permettaient le passage. M. Girieud fait examiner l'exposition proprement dite des produits de Saint-Gobain ; les verres de phares, les dallages, les tuiles, et il fait remarquer combien l'introduction du verre dans les constructions a fait de progrès dans ces derniers temps. Le bâtiment du Crédit lyonnais, boulevard des Italiens, à Paris, en est un exemple frappant. M. Girieud donne ensuite quelques détails sur l'étamage des glaces, que l'on peut appeler, avec plus juste raison, l'argenture des glaces. C'est par la réaction de l'acide tartrique sur le nitrate d'argent que ce résultat est obtenu. Ce procédé a l'avantage de pouvoir être employé sur des surfaces considérables, il a, surtout au point de vue de la salubrité, celui d'éviter l'usage si dangereux du mercure.

Verre trempé. — M. Epplé, ingénieur de la Compagnie du verre trempé, montre les résultats obtenus en jetant les pièces fabriquées, encore rouges, dans des bains de margarine, portés à 60 ou 80° de température.

Il fait cette expérience. Il place dans une boîte 4 gobelets trempés et 4 qui ne le sont pas, il secoue la boîte, et les verres non trempés se trouvent cassés tandis que les autres restent entiers. D'autres expériences, qui n'ont pas des résultats aussi satisfaisants, démontrent que l'on n'est pas encore arrivé à une régularité absolue de la trempe, mais chaque jour amène de nouveaux perfectionnements. La casse, qui était il y a quelque temps de 25 et 30 %, n'est plus maintenant que 5 à 6 %. La trempe du verre est une industrie presque dans l'enfance, mais elle pourra devenir féconde à la suite des études et des perfectionnements qui en résulteront.

Le mercredi 5 juin, la visite s'est continuée pour les sections étrangères.

On a examiné, dans la galerie des machines, l'exposition belge des verres à vitres, industrie qui a, dans le bassin de Charleroi, une importance considérable. M. Clémandot montre des manchons de 4 mètres de hauteur dont la feuille de verre développée mesure des surfaces considérables sur 80 centimètres de largeur. Ce travail demande beaucoup de force, car il faut que l'ouvrier manœuvre un poids de 25 kilogr. de verre au bout de sa canne. Il y a là quelques spécimens de verres gravés au sable par le procédé américain de Tilgmann. Ce procédé consiste à couvrir la glace, le verre, d'une feuille de papier découpée, et à faire passer la glace sous un jet d'air mélangé de sable. Le sable n'attaque pas les parties réservées, et il dépolit le verre sur les points où il est à nu. Ce procédé n'a pas encore été appliqué en France, l'inventeur n'a même pas cru devoir le faire figurer à l'Exposition, ce qui est regrettable.

Les glaces belges sont fort belles, moins pures, moins parfaites cependant que les magnifiques glaces de Saint-Gobain, d'Aniche et de Jeumont. On peut remarquer une glace argentée de M. Nyssens, de Bruxelles, et une glace imitation de Venise, du même fabricant. — M. Clémandot signale une glace de M. Reverdy, gravée par les acides au moyen de sept attaques successives, présentant par conséquent des dégradations de tons fort remarquables.

La société de Courcelles expose des glaces dépolies par larges raies parallèles alternées sur deux faces, qui imitent les jalousies.

Gobeletterie belge. — La cristallerie et la gobeletterie belges se distinguent par le bon marché ; formes peu élégantes, fabrication ordinaire, mais production redoutable pour la cristallerie et la verrerie françaises à l'étranger, où le bon marché est la condition dominante du succès.

Puis l'on passe à la verrerie autrichienne. Là M. Lobmeyr fait les honneurs de sa magnifique exposition. Il montre ces jolis verres irisés, ces verres gravés, taillés, verres qui, il ne faut pas l'oublier, sont des silicates doubles de chaux et de potasse. La maîtresse pièce de son exposition est une paire de vases montés en bronze, gravés à la roue d'après les dessins de l'architecte Herdse (valeur 7.000 francs). N'oublions pas l'origine, dit M. Clémandot, le pavé, le moellon, la cendre d'un végétal, et terminons la visite de cette exposition en disant que c'est une des plus remarquables de l'exposition de la verrerie.

Dans l'exposition autrichienne se trouve également M. Ludwig Moser, qui expose une gobeletterie émaillée dorée qui est très-remarquable. C'est là que l'on rencontre ces étoffes en verre, cette laine de verre dont M. Clémandot a parlé dans son exposé préliminaire, des étoffes brillantes, éclatantes pour la scène des théâtres, d'autres moins précieuses destinées aux laboratoires, à cause de leur inaltérabilité.

La visite à l'exposition italienne s'est bornée, faute de temps, à l'examen des produits de M. Salviati, de la compagnie de Murano. On admire ces verres fabriqués, dits à la pincette, ces verres émaillés, colorés, de véritables objets d'art, moins blancs que nos cristaux. C'est une spécialité toute particulière à la verrerie qui se distingue par la richesse, l'originalité de leurs formes Moins denses que les verres français, ces verres se refroidissent moins vite pendant le travail, et ils peuvent être réchauffés indéfiniment sans se décomposer. M. Salviati s'est offert très-gracieusement pour montrer lui-même son exposition à ceux de nos camarades qui n'avaient pu se joindre à la visite générale.

On passe ensuite à l'Angleterre. Les produits si remarquables de l'exposition de M. Thomas Webb arrêtent longtemps. M. Clémandot fait remarquer des verres irisés couleur bronze, des vases de forme celtique, des vases gravés à l'acide, à la roue, et même au burin, comme on le fait pour la taille des camées.

Deux coupes artistiques, de MM. Nortwood et Woodal, sont ornées d'une gravure tellement finie, tellement artistique, que ces pièces ont acquis une valeur de 30 et 50,000 francs !

Dans la section anglaise, les Powels, les Osler ont exposé de véritables meubles en cristal, entre autres un trône, un autel, qui prouvent que le verre et le cristal, maniés, ajustés convenablement, se prêtent aux combinaisons les plus variées. Là se trouvent des lustres à gaz dont les tubes abducteurs du gaz sont en cristal et admirablement fabriqués ; sur une observation qu'il y aurait à craindre leur encrassement, le fabricant répond qu'en Angleterre le gaz vaut mieux qu'en France. — Les Anglais ne sont jamais pris au dépourvu.

Enfin, reste l'examen de l'*Aurora glass Company*,

qui expose de la gobeletterie dorée et argentée, obtenue à l'aide d'une feuille d'or ou d'argent placée dans le verre avant le soufflage, et que le travail fait ensuite éclater de toutes parts.

C'est par la section anglaise que se termina cette visite, trop rapide, mais suffisante néanmoins, nous l'espérons, dit M. Clémandot, pour permettre aux camarades qui voudraient approfondir le sujet de le faire avec fruit, et avec tous les éléments nécessaires pour se rendre compte des moyens et des procédés usités dans la belle industrie de la Verrerie et de la Cristallerie.

Imprimerie D. Bardin, à Saint-Germain.

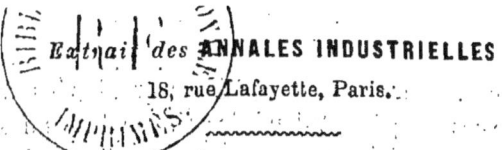
Extrait des ANNALES INDUSTRIELLES
18, rue Lafayette, Paris.

VISITES DES INGÉNIEURS

ANCIENS ÉLÈVES DE

L'ÉCOLE CENTRALE

DES ARTS ET MANUFACTURES

A L'EXPOSITION UNIVERSELLE DE 1878

Visite des Machines et des Appareils de Sucrerie.

Par MM. E. AVISSE et A. BOUGAULT

(*Promotion de* 1869).

En parcourant les expositions française et étrangères, relatives aux machines et appareils destinés à la fabrication et au raffinage du sucre, on est frappé des progrès accomplis dans l'art du constructeur depuis notre Exposition de 1867. En effet, si les procédés chimiques appliqués en sucrerie ont été relativement peu améliorés pendant cette période de dix ans, en revanche les constructeurs ont su réaliser un grand nombre de perfectionnements mécaniques que l'Exposition de 1867 n'avait fait qu'indiquer. Pour la sucrerie de betterave, la plus grande partie de ces progrès est due à la création des usines centrales, avec râperies annexes, dans lesquelles les jus sont transportés par des conduites souterraines d'après le système de M. J. Linard, dont le nom est attaché à toutes les grandes entreprises sucrières de notre époque. Par suite du grand développement que ce système a permis de donner à la puissance de production des usines, les constructeurs ont été amenés à augmenter et à perfectionner leur outillage dans des proportions jusqu'alors inconnues : de là sont nées ces grandes fabriques uniques au monde, Cambrai, Abbeville, Coulommiers, Meaux, etc.

Pour la sucrerie de canne, la création des grandes usines de l'Égypte, des Antilles françaises, du Brésil, etc., a pu également être facilement réalisée.

Nous pouvons dire hardiment que la France tient la tête de ce mouvement industriel avec des maisons de construction comme la Compagnie de Fives-Lille, où les Anglais eux-mêmes viennent s'approvisionner de leur meilleur matériel de sucrerie et de raffinerie, comme la Société Cail et Ce, etc., etc.

Ces résultats sont dus certainement à ce que la méthode et l'étude tendent de plus en plus à remplacer la routine; et à ce propos nous sommes heureux de payer un juste tribut de reconnaissance à la mémoire de notre regretté professeur, de Mastaing, qui avait apporté à l'industrie qui nous occupe le concours de sa grande intelligence.

Dans la nomenclature des machines et appareils de sucrerie exposés en France et à l'étranger, nous nous sommes appliqués à suivre les différentes phases de la fabrication.

EXTRACTION. — BETTERAVES.

France. — MM. Cail et Cie exposent une presse système Manuel et Socin, qui consiste en une toile sans fin recevant la pulpe de betteraves, et la conduisant entre deux séries de cylindres superposés réglés au moyen de ressorts de manière à produire une pression graduée ; les cylindres supérieurs sont pleins, tandis que les cylindres inférieurs sont filtrants.

Les points nouveaux de cette presse sont les suivants :

1° Emploi d'une toile en poil de chèvre dont les parties flottantes tamisent le jus extrait et retiennent les pulpes folles ;

2° Application d'un tendeur formé d'une corde enroulée en hélice, moitié à droite et moitié à gauche, du milieu à chaque extrémité du cylindre conducteur de la toile ;

3° Ensemble de la presse avec grattoirs à contre-poids, tuyaux injecteurs d'eau entre les cylindres presseurs, batteurs et nettoyeurs de la toile, etc. Elle est employée avec grand avantage dans plusieurs sucreries, dans celles de Collonges notamment.

Les mêmes constructeurs exposent une presse système Champonnois, dont l'idée première est due à Pecqueur (année 1836) ; cette disposition est caractérisée par la nouveauté de la surface filtrante des deux cylindres entre lesquels est laminée la pulpe foulée par une pompe dans une enveloppe entourant les deux cylindres. Cette surface filtrante est composée d'un cylindre en fonte percé de trous sur lequel est enroulé un fil triangulaire en cuivre assurant au jus extrait un dégagement facile de l'extérieur à l'intérieur. Le fil est placé dans une rainure en hélice creusée sur le cylindre, et des dispositions spéciales permettent de rattraper l'allongement des fils. Les cylindres sont inclinés à 45° pour faciliter l'écoulement des jus.

— M. Cuvelier. — Presse de son système caractérisée par l'entraînement de la pulpe entre deux surfaces planes circulaires, parallèles et filtrantes, au moyen de bras en bronze prenant la pulpe refoulée par une pompe à la périphérie, et l'obligeant à sortir par une ouverture centrale fermée par une soupape à ressort.

— MM. Jean et Peyrusson. — Presse système Coette dont l'idée première remonte à Pecqueur, comme pour la presse Champonnois; les cylindres sont plus enveloppés que dans cette dernière par la capacité d'arrivée de la pulpe ; de plus deux cylindres pleins placés sur la sortie de la pulpe pressée achèvent l'essorage, en combinaison avec les cylindres filtrants proprement dits. Ces derniers reçoivent comme surface flottante une simple tôle perforée très-fine.

— M. Pierron. — Presse de son système caractérisée par le mode d'entraînement de la pulpe: celle-ci est déversée par une trémie ou refoulée par une pompe dans une capacité cylindrique creuse filtrante dans laquelle elle est entraînée et comprimée au moyen d'une hélice.

Cette presse a été construite par M. Le Banneur: elle peut, moyennant quelques légères modifications, servir comme épulpeur de jus.

— MM. Lecointe et Villette. — Un élévateur de betteraves système Gallois, formé de deux chaînes métalliques sans fin à parties articulées, et reliées par des bandes de fer recourbé, formant palettes.

Les mêmes constructeurs exposent un épierreur système Colas, caractérisé par l'emploi d'une caisse à eau à deux compartiments séparés par une cloison n'occupant que le moitié de la hauteur de la caisse et laissant un passage pour l'eau à la partie inférieure ; l'eau se répand dans les deux compartiments ; la betterave à laver arrive dans le premier, puis passe par-dessus la cloison dans le deuxième compartiment qui est fermé par une grille à la hauteur de la cloison. Un arbre vertical à palettes hélicoïdales placées au-dessous de la grille produit en tournant un violent courant d'eau entre les deux compartiments, d'où il résulte l'agitation des betteraves sans que celles-ci soient touchées par les palettes. Les betteraves arrivant au-dessus de la grille sont enlevées comme dans les lavoirs ordinaires au moyen de bras mécaniques pour être envoyées à la râpe.

— M. Champonnois. — Une râpe à force centrifuge, de son système, à capacité, formée de lumières terminées par des lames de scie, avec arrivée intérieure des matières à râper ; la pratique a pleinement sanctionné l'emploi de cette râpe ainsi que celui du coupe-racines à force centrifuge du même inventeur.

— MM. Lecointe et Villette. — Une presse système Lalouette et Alexander, dont l'idée première remonte à Leconte (1847). Cette presse, modifiée par MM. Lecointe et Villette, consiste en une caisse filtrante formée de barreaux en fonte recevant intérieurement la surface filtrante, et consolidée extérieurement par des nervures ou traverses en fonte. Par ce moyen l'on rend facile la visite et le nettoyage de la surface filtrante, et on évite les causes de rupture. Cette caisse est posée sur un socle à travers lequel monte le plateau inférieur d'une presse hydraulique ordinaire ; la pulpe est mise en couches séparées, non par des claies comme le faisait Leconte, mais par de simples serviettes ; l'arrivée de pulpe est faite au moyen d'un distributeur mesureur, cette pulpe traversant le sommier supérieur de la presse, disposé à cet effet.

— M. Durenne. — Une presse système Tissot, à deux toiles sans fin entre lesquelles est mise la matière à presser, qui passe successivement entre une série de cylindres pleins chevauchant, et finalement entre deux cylindres cannelés disposés pour permettre aux jus de s'échapper : chaque toile est formée d'une toile grossière en crin servant d'appui à une toile plus fine ; dispositions de tendeurs, nettoyeurs, etc.

— M. Bonnaire. — Une presse de son système composée d'un corps de presse hydraulique ordinaire avec tirants et sommiers dans l'intervalle desquels se place un cylindre filtrant mobile autour d'un axe ; une disposition de mouvement permet à ce cylindre de le placer en dehors de la presse pour le chargement et le déchargement ; lorsque ce cylindre est chargé de matière à travailler, il est placé sur la presse hydraulique ; ce cylindre fait joint avec le sommier et reçoit la pression du piston.

— MM. de Loynes et Linard. — Un filtre épulpeur de leur système construit par la Compagnie de Fives-Lille. Ce filtre consiste en un cylindre horizontal filtrant plongé jusqu'au-dessus de son axe dans une cuve d'arrivée de jus à purifier ; ce cylindre en tournant éloigne les pulpes tout en laissant passer le liquide filtré, le mouvement de rotation assurant le nettoyage constant de la surface extérieure du cylindre ; le liquide filtré sort naturellement par l'arbre creux du cylindre, et une pompe extrait les dépôts qui se forment dans la cuve d'arrivée. On a indiqué sur ce filtre l'emploi du tissu allemand métallique, laminé, système Liebermann.

— MM. Cail et C⁰. — Un épulpeur système Cail et Mesnard, c'est le cylindre filtrant rotatif de MM. de Loynes et Linard, mais placé verticalement dans une cuve fixe d'arrivée de jus à purifier ; on utilise ainsi toute la surface filtrante du cylindre. Un joint placé entre le panier ou cylindre filtrant et la cuve permet d'agir à l'abri de l'air : par une disposition mécanique on peut faire basculer au dehors le cylindre filtrant pour en opérer le nettoyage ou la visite. Une pompe enlève les résidus laissés dans la cuve fixe.

— MM. Mariolle frères. — Un épulpeur de leur système comprenant une cuve extérieure fixe en fonte, avec panier filtrant vertical également fixe ; le jus arrive dans le panier au travers duquel il filtre, et le dépôt qui se forme sur la surface intérieure du panier est enlevé au fur et à mesure au moyen de palettes montées en hélice sur un arbre vertical placé dans l'axe du panier; la surface filtrante est nettoyée à l'extérieur par une brosse rotative.

— M. Linard. — Le plan en relief et les dessins d'une sucrerie centrale, avec ses râperies annexes reliées, suivant son système, par un ensemble de conduites souterraines.

Étranger. — MM. Ladd et C° (section anglaise). — Une presse système Boomer et Boschert à plateau supérieur mobile au moyen d'une vis à pas inverse mue mécaniquement ou à la main, à leviers articulés prenant leur point fixe sur le sommier de la presse et leur point mobile sur le plateau inférieur.

— La Société par actions des ateliers de construction de machines à Prague (section autrichienne) expose un système de diffusion rotative. Cette batterie de neuf diffuseurs coniques en tôle, construite par MM. Lecointe et Villette, est desservie par un coupe-racines fixe à plateau horizontal recevant les lames. Les diffuseurs sont montés sur une plaque tournante à galets qui présente successivement chaque diffuseur sous le coupe-racines et devant un wagonnet ou trémie de décharge. Les diffuseurs reçoivent l'eau, les jus faibles et la vapeur au moyen de conduites centrales avec tuyaux de raccordement tournant sur ces conduites. Dispositions spéciales de ces conduites, des soupapes de vidange, etc. Le jus pour passer d'une cuve dans l'autre est chauffé à la vapeur dans un appareil tubulaire intermédiaire dit calorisateur.

Les cuves sont disposées avec une ouverture de chargement à grand diamètre, munie d'un couvercle à contrepoids, et dont la fermeture est assurée par un tuyau en caoutchouc dans lequel on introduit de l'eau sous pression au moyen d'un jet de vapeur. Ajoutons que l'ensemble des diffuseurs peut recevoir soit un mouvement de rotation continu, soit un mouvement de rotation alternatif permettant le chargement successif des cuves.

— M. Jelinek (section autrichienne). — Les dessins

indiquant une batterie de diffuseurs placés suivant un demi-cercle avec un ensemble d'installation permettant d'obtenir une grande simplification dans le chargement, le déchargement, les tuyauteries et soupapes.

— M. E. Skoda, de Pilsen (section autrichienne). — Une presse à résidus de diffusion du système Haase ; la cossette épuisée est introduite entre deux cylindres tournant dans le même sens, dont l'un intérieur est plein et tourne dans le plus grand qui est filtrant de manière que la cossette est entraînée entre deux surfaces ayant un mouvement tel que leur vitesse circonférentielle soit égale.

— M. Andry, administrateur des ateliers de Boussu (section belge). — Une presse hydraulique ordinaire modifiée et transformée en presse à coffre ; la fermeture de la caisse est obtenue au moyen d'un bloc mobile à galets ; le piston hydraulique pénètre dans la caisse formée de panneaux filtrants à enveloppe pleine avec disposition d'injection d'eau ou de vapeur pour le nettoyage, et moyen mécanique pour assurer le décollage du bloc supérieur après la pression.

— MM. Cail, Hallot et Ce (section belge). — Une presse Lalouette, à caisse filtrante à panneau en tôle perforée s'appuyant sur un coffre formé de barreaux retenus par un grillage en fonte ; cette caisse est solidaire de la gouttière d'écoulement du jus ; elle vient lors de la pression s'appuyer contre le plateau supérieur de la presse avec un joint en caoutchouc, et le piston hydraulique fait alors pénétrer le plateau inférieur dans la caisse filtrante ; deux petits pistons hydrauliques facilitent le déchargement.

Les mêmes constructeurs exposent un système de quatre pompes d'injection à double piston et à pression constante, pour la manœuvre des presses hydrauliques.

— M. Larochaymond (section belge). — Une presse continue de son système dans laquelle l'entraînement de la pulpe a lieu entre deux plateaux horizontaux, à surfaces inclinées l'une par rapport à l'autre, créant une pression graduée ; le plateau inférieur est mobile et filtrant, le plateau supérieur est fixe et non filtrant ; une enveloppe formée par les rebords de ce dernier plateau empêche la pulpe de s'échapper latéralement.

— MM. Lilpop, Rau et Lowenstein (section russe). — Une presse hydraulique à piston de fort diamètre avec chariot porte-claies du système préconisé par M. Walkoff et décrit dans son ouvrage ; l'ensemble des claies, au lieu d'être manœuvré par un treuil, l'est au moyen d'un piston hydraulique actionnant les chaînes de traction du chariot porte-claies.

— Les mêmes constructeurs exposent en combinaison avec cette presse :

1° Un carrousel à plateau tournant pour charger de pulpe les claies qui doivent garnir la presse ; au lieu des sacs, employés dans les sucreries françaises, chaque claie reçoit une serviette dont les bords sont simplement rabattus sur la pulpe. Ces serviettes posées sur les claies viennent se présenter successivement sous une trémie distribuant la pulpe, et disposée pour régler la charge de chaque serviette ;

2° Un système de quatre pompes d'injection destinées à la manœuvre de la presse hydraulique, et permettant d'obtenir pendant la montée du piston quatre pressions successives de plus en plus puissantes.

EXTRACTION. — CANNES.

France. — La Compagnie de Fives-Lille expose un moulin à cannes, à trois cylindres horizontaux, en fonte, correspondant à un travail minimum de deux cent quarante mille kilogr. de cannes par vingt-quatre heures. Ce moulin est desservi par un conducteur de cannes ou plancher mobile qu'on peut faire mouvoir ou arrêter au moyen d'un embrayage à friction, et par un conducteur de bagasse qui conduit celle-ci aux générateurs.

La machine motrice du moulin a une puissance de 55 à 60 chevaux. Elle est horizontale avec changement de marche à vis par coulisse. L'extrémité de l'arbre du volant porte une manivelle donnant le mouvement à la pompe qui élève le vesou à la défécation ou à la carbonatation après qu'il a passé sur un tamis où il laisse les fibres de bagasse qu'il contenait en suspension. La transmission du mouvement de la machine au moulin est composée de deux couples de roues d'engrenages dont les grandes roues sont formées de croisillons munis de couronnes en plusieurs segments. Cette disposition permet de remplacer facilement une partie de la couronne dans le cas où une dent viendrait à se briser.

Une disposition spéciale de la bagassière à support

médian permet d'augmenter la largeur de cette bagassière qui ne traverse plus les flasques du bâti, tout en laissant ainsi à celui-ci un surcroît de résistance.

Le moulin, sa machine et sa transmission sont montés sur bâtis en fonte creux, sans nervures extérieures, permettant une bonne utilisation de la matière et un entretien facile.

— MM. Cail et C°. — Un moulin à cannes à trois cylindres horizontaux en fonte avec machine horizontale et transmission, d'un type adopté depuis longtemps par cette maison; le changement de marche de la machine est à levier; la bagassière doit traverser le bâti pour être enlevée en cas de séparation.

— MM. Brissonneau frères et C° exposent :

1° Un modèle en bois d'un moulin à huit cylindres horizontaux superposés deux à deux, système Lahaye et Brissonneau, avec injections intermédiaires d'eau ou de vapeur, entre les couples de cylindres. La première paire de cylindres est cannelée, suivant la longueur, pour faciliter l'entraînement de la canne, qui est forcée successivement entre la série des cylindres, avec absorptions successives de vapeur ou d'eau chaude produisant ainsi plusieurs macérations intermédiaires.

2° Un moulin à cannes à trois cylindres horizontaux de $0^m,350$ de diamètre pouvant être actionné par un manége ou une transmission quelconque ; les flasques du bâti sont en fer cornière, et l'ensemble du moulin est constitué pour permettre le transport par colis n'excédant pas un poids de 80 kilogr. Une disposition spéciale permet au moulin de donner le mouvement à une petite turbine à sucre.

— M. Faure. — Un décortiqueur de canne de son système, formé d'un simple cylindre, portant sur sa périphérie une denture hélicoïde et excentrée, tournant contre une partie de denture semblable concentrique et fixe, de manière que l'espace compris entre les deux dentures varie dans un tour et suivant le travail à obtenir ; la canne ainsi désorganisée et grossièrement défibrée, sans être finement broyée, est pressée dans un moulin à canne à trois cylindres horizontaux pleins du système ordinaire. Ce défibrage n'est qu'une préparation de la canne au travail ancien du moulin dont il permet d'obtenir une action plus énergique avec une dépense de force motrice moindre.

— MM. Mignon et Rouart exposent :

1° Une machine à broyer la canne, système Labrousse, constituée par un cylindre armé de plusieurs rangées de couteaux disposés en hélice et tournant dans une enveloppe à trémie recevant la canne ; des poussoirs, à contrelames, réglés par des vis de pression, déterminent l'espace réservé au passage de la canne.

2° Une presse à cannes, système Mignon et Rouart, à piston différentiel à vapeur, agissant dans une cuve filtrante formée de barreaux trapézoïdaux cerclés et destinés au pressage de la matière produite par le broyeur précédent. Cette presse comprend trois caisses filtrantes pouvant tourner autour d'un axe pour venir successivement se présenter sous la presse à vapeur ; pendant qu'une caisse s'emplit de pulpe provenant du broyeur, une deuxième est en pression et la troisième en vidange.

— MM. Lecointe et Villette ont construit un moulin à couples represseurs, système Rousselot, dont un modèle est exposé dans la section de la Guadeloupe, ainsi qu'un dessin d'ensemble. La canne est déversée par un conducteur sur un moulin ordinaire à trois cylindres horizontaux ; de là la bagasse est relevée après addition d'eau dans une trémie alimentant une première paire de cylindres represseurs combinés avec un petit cylindre entraîneur, lesquels alimentent une deuxième paire de cylindres disposés d'une manière identique ; la bagasse extraite est envoyée directement aux générateurs où elle sert de combustible.

— Dans la section de la Guadeloupe nous trouvons également exposé un dessin montrant la disposition du moulin de repression expérimenté au « Moule » par M. Duchassaing de Fontbressin. Un premier moulin ordinaire à trois cylindres horizontaux déverse sa bagasse sur une chaîne qui la conduit après addition d'eau chaude à un deuxième moulin semblable au premier.

— Enfin dans la section de la Cochinchine nous trouvons un modèle en bois de moulin à trois cylindres verticaux disposés dans le même plan ; le cylindre du milieu, actionné par un manége, fait tourner les deux autres par l'intermédiaire de deux rangs de dents croisés.

Étranger. — MM. Buchanan et Ce (section anglaise) exposent :

1° Un moulin à trois cylindres horizontaux de 0ᵐ,350 de diamètre, à moteur vertical monté sur le même bâti, avec transmission par engrenages intérieurs permettant de diminuer beaucoup la place occupée par l'ensemble;

2° Un moulin à trois cylindres horizontaux de 0ᵐ,900 de diamètre, avec machine oscillante montée sur le même bâti, et transmission comme ci-dessus ;

3° Un moulin semblable, avec cylindres de 0ᵐ,500 de diamètre ;

4° Un moulin semblable, avec cylindres de 0ᵐ,400 de diamètre, disposé pour être actionné au moyen d'un manége.

— Dans les objets exposés par le royaume de Siam nous trouvons un modèle de moulin chinois à deux cylindres verticaux ayant environ trois pieds de hauteur, avec engrenages en bois actionnés au moyen d'une poutre à laquelle sont attelés des buffles.

— Rappelons que dans l'exposition chinoise, le modèle d'une sucrerie de cannes montre également la disposition d'un moulin à cannes chinois, à deux cylindres verticaux en pierre, et engrenages.

CARBONATATION. — BETTERAVES.

France. — M. Perret expose:
1° Un dessin de four à chaux, de son système, à capacité cylindrique avec fond formé par une grille tournante;

2° Un modèle de décanteur méthodique, à plusieurs compartiments, dans lequel chaque compartiment reçoit successivement le premier le liquide à décanter, pendant que le compartiment extrême est isolé pour permettre l'enlèvement du dépôt sans arrêter le travail.

ÉCUMES. — BETTERAVES ET CANNES.

France. — MM. Farinaux et C⁰ exposent :

1° Un filtre presse à plateaux rectangulaires donnant un tourteau lenticulaire ; ces plateaux sont suspendus en leur milieu, par un anneau, à une traverse horizontale, et serrés au moyen de deux vis avec volants distincts.

2° Un filtre-presse semblable, mais à plateaux suspendus au moyen de deux galets montés sur un arbre transversal. Ces galets peuvent rouler sur deux rails longitudinaux fixés au bâti du filtre-presse. En mettant une simple clef sur l'une des extrémités carrées de cet arbre transversal, on produit très-facilement, d'une seule main, le mouvement de translation de chaque plateau, ce qui permet la suppression d'un ouvrier pour la décharge des tourteaux.

Étranger. — M. Bowing (section anglaise). — Un filtre-presse à plateaux circulaires non filtrants, avec tissu filtrant placé entre les plateaux et servant d'écoulement aux jus extraits des matières traitées. Le liquide sortant possède une pureté très-grande, ce qui permet d'employer ce filtre-presse pour des dissolutions chimiques que l'on veut séparer de dépôts.

— M. Danchell (section anglaise). — Un filtre-presse à cuve fermée où l'on refoule la matière à purifier ; dans cette cuve sont placés des cadres formés de tuyaux perforés venant se loger dans un sac de tissu plucheux, à travers lequel le jus purifié passe pour sortir par les tuyaux.

— MM. Cail, Hallot et C⁰ (section belge). — Un filtre-presse, système Trinks, à plateaux rectangulaires, tourteaux lenticulaires, et vis centrale à volant pour le serrage des plateaux.

ÉVAPORATION ET CUITE. — BETTERAVES ET CANNES.

France. — La Compagnie de Fives-Lille expose un appareil d'évaporation dans le vide à basse température, et à triple effet, dont le principe général bien connu remonte à M. Rillieux (année 1843). L'appareil exposé, dont divers perfectionnements sont brevetés, peut concentrer, jusqu'à la densité de 25° Beaumé, 2.200 hectolitres de jus en vingt-quatre heures. Il se compose de trois chaudières verticales tubulaires de diamètres différentiels présentant une surface de chauffe totale de 333 mètres carrés.

Ces chaudières sont à distribution circonférentielle de vapeur, au moyen d'une enveloppe extérieure de chaque chaudière, ce qui permet une répartition de vapeur parfaitement uniforme; il existe dans l'intérieur de chaque chaudière un tube central de grand diamètre qui, combiné avec la distribution circonférentielle de vapeur, détermine une active circulation des jus, et un renouvellement continu des contacts. Les chaudières portent un système de robinets de communication de jus et de vapeur, tel qu'il se prête au travail à double effet de la première chaudière avec la deuxième, ou avec la troisième, ce qui permet de faire, sans arrêt, le nettoyage successif des deux dernières chaudières. Les vapeurs ammoniacales sont prises en trois points au-dessus de chaque plaque tubulaire supérieure des deux dernières chaudières, afin d'éviter à la partie supérieure des caisses tubulaires un séjour prolongé de ces vapeurs qui rongent ordinairement le haut des tubes et diminuent la surface de chauffe active.

Cet appareil est muni : 1° d'un aspirateur de jus destiné à l'alimentation de la première chaudière, et fonctionnant par le vide de la première ou de la deuxième chaudière suivant les besoins ; 2° d'un condenseur tubulaire réchauffeur avec vase de sûreté, servant à amener les jus froids à la température de 35 à 40° centigrades par la condensation d'une partie des vapeurs sortant de la troisième chaudière de l'appareil à triple effet ; 4° d'un condenseur à injection conique destiné à compléter la condensation des vapeurs de la troisième chaudière, et dont la disposition spéciale permet l'emploi d'eau plus ou moins propre ; 4° d'un vide-sirop placé en contre-bas de la troisième chaudière et qui sert de réservoir d'aspiration à une pompe disposée pour élever les sirops à 25° Beaumé sur les filtres ; 5° d'un système de pompe à air à double effet pour le service du condenseur, lequel système conduit en outre une pompe aspirant dans le vide-sirop et une pompe destinée à extraire les eaux de retour de la deuxième et de la troisième chaudière. Cette dernière pompe est à double effet, et agit à simple effet sur chacune des deux dernières chaudières. La pompe à sirop et la pompe à eaux de retour sont à clapets mus mécaniquement, ce qui assure leur fonctionnement. Les eaux de condensation de la première chaudière mélangées avec tout ou partie des eaux extraites de la deuxième et troisième chaudières servent à l'alimentation des générateurs, le surplus pouvant être employé aux lavages des noirs de la fabrique.

— MM. Cail et C⁹. — Une chaudière à cuire en grains, dans le vide, à quatre serpentins en cuivre rouge, avec calandre en tôle, fond et coupole en fonte ; le vase de sûreté est placé directement sur la chaudière. Une disposition spéciale de culottes en fonte et de robinets à soupape permet d'alimenter à volonté un ou plusieurs des serpentins soit avec de la vapeur directe, soit avec des vapeurs d'échappement.

Les mêmes constructeurs exposent également un système de pompe à air horizontale avec moteur à vapeur à action directe.

— MM. Lecointe et Villette. — Une chaudière à cuire en grains, dans le vide, à quatre serpentins en cuivre rouge, avec calandre en tôle, fond et coupole en fonte ; les points nouveaux consistent : 1° dans l'application d'un vase horizontal à tôles perforées, système Hodeck, placé entre la chaudière et le conduit allant à la pompe à air, afin d'arrêter les gouttelettes sucrées entraînées par la vapeur ; 2° dans la disposition de la soupape de vidange qui, au lieu de glisser sur le fond de la chaudière, peut basculer, et est maintenue par une vis avec volant de serrage destinés à assurer une fermeture hermétique. En outre une vanne disposée sur le bouchon de vidange permet l'écoulement de la masse cuite, sans nécessiter l'ouverture de la soupape, lorsque l'on cuit des sirops de deuxième ou troisième jet. La chaudière à cuire est actionnée par un système de pompe à air horizontale avec moteur à vapeur à action directe, et condenseur à injection ordinaire.

— Les héritiers Carion-Delmotte. — Une chaudière à cuire en grains, dans le vide, à quatre serpentins en cuivre rouge, avec calandre en tôle, fond et coupole en fonte. La soupape de vidange est à glissières horizontales du système ordinaire; mais une disposition spéciale permet, cette soupape étant en place, de la serrer sur son siége au moyen d'un levier *ad hoc*, pour assurer une fermeture hermétique. Le fond de la chaudière reçoit un robinet pour l'écoulement des cuites des bas produits.

La chaudière à cuire est actionnée par un système de pompe à air horizontale avec moteur à vapeur à action directe, et condenseur à injection ordinaire.

— M. Leblanc. — Une pompe barométrique pour faire le vide dans les chaudières à cuire.

— M. Chenaillier expose un appareil, destiné à l'évaporation et à la cuite des jus sucrés à air libre, qui est composé d'arbres horizontaux munis de lentilles en cuivre, et tournant dans un bassin contenant le liquide à évaporer. Les lentilles, dans lesquelles circule de la vapeur, portent sur leurs faces extérieures des godets qui s'emplissent en plongeant dans le liquide, et qui déversent ensuite leur contenu sur la surface desdites lentilles. On combine ainsi le chauffage à la vapeur au travers des surfaces, et l'évaporation par contact de l'air ambiant.

Étranger. — M. Buchanan (section anglaise). — Un appareil d'évaporation à air libre du système Wetzell, à tubes horizontaux soudés, en cuivre rouge, reliant deux calottes, également en cuivre, qui reçoivent la vapeur de chauffage; les points nouveaux sont les suivants : 1° mode d'assemblage des plaques tubulaires avec les calottes demi-sphériques au moyen d'une cornière et de boulons; 2° addition sur les calottes de godets relevant le jus traité et le répandant sur les calottes; 3° addition sur les mêmes calottes d'une partie renversée additionnelle augmentant l'action de l'appareil; 4° enfin disposition d'une soupape à contre-poids sur l'arbre creux formant arrivée de vapeur.

— MM. Cail, Halot et C° (section belge). — Un appareil d'évaporation dans le vide, à basse température, à triple effet, avec chaudières verticales tubulaires de diamètres différentiels, présentant une surface de chauffe totale de 240 mètres carrés. Cet appareil peut évaporer 1.500 hectolitres de jus en 24 heures. L'arrivée de vapeur se fait au moyen d'un gousset circulaire entourant le quart de chaque chaudière, et la répartition de la vapeur s'opère au moyen de cloisons de circulation placées dans l'intérieur des faisceaux tubulaires munis également d'un tube central. Les vases de sûreté sont disposés directement sur les chaudières, sans soupapes d'isolement, pour la marche à double effet. Les vapeurs ammoniacales sont prises au-dessous de la plaque tubulaire supérieure. Entre la troisième chaudière et la pompe à air, on a placé un vase de retenue, système Hodeck, dont nous avons parlé plus haut. Cet appareil à triple effet est combiné avec un système de pompe à air horizontale, avec moteur à vapeur à action directe, et condenseur à injection ordinaire.

— MM. Cail, Halot et C° (section belge). — Une

chaudière à cuire en grains, dans le vide, avec serpentins en cuivre rouge, calandre en tôle, fond et coupole en fonte; le vase de sûreté est encore placé directement sur la chaudière.

— La Société royale de construction d'Amsterdam (section des Pays-Bas). — Un appareil d'évaporation dans le vide, à basse température, à triple effet, avec chaudières verticales tubulaires de diamètres différentiels, avec disposition d'ensemble ancienne. Aucune disposition n'est prise pour la marche à double effet en cas de nettoyage. Les eaux de condensation des deuxième et troisième caisses sont perdues et envoyées directement à la pompe à air. Cette pompe à air est horizontale, avec moteur à action directe, à glissière centrale et condenseur à injection ordinaire.

L'appareil à triple effet est muni d'un monte-jus pour la vidange des sirops.

CLAIRÇAGE. — BETTERAVES ET CANNES.

France. — MM. Cail et Ce. — Un ensemble de quatre centrifuges, système Weston et Cail, avec tambour suspendu par le haut, cuve en tôle, et partie mobile dans le tambour permettant la vidange du sucre turbiné à la partie inférieure du centrifuge. La suspension est élastique, permettant au tambour de prendre un mouvement régulier malgré les inégalités de charge. L'ensemble des centrifuges est surmonté d'un bac malaxeur recevant la masse cuite sortant de la chaudière à cuire, ainsi que la clairce additionnée; à chaque turbine correspond un tuyau en relation avec le malaxeur, et fermé au moyen d'un registre que l'ouvrier manœuvre à la main; une fois la quantité de masse cuite nécessaire introduite dans la turbine, on ferme le registre et on fait basculer, au-dessous, une sorte de cuiller empêchant tout écoulement subséquent de masse cuite pendant le turbinage. La disposition de ces appareils nécessite le turbinage à chaud de la masse cuite.

— La Compagnie de Fives-Lille. — Un appareil centrifuge, à mouvement en dessus, par cônes de friction, avec débrayage spécial à double ressort. Ce centrifuge présente une application du clairçage à la vapeur et à l'air combinés, système Kœrting, au moyen d'un appareil particulier pouvant alimenter plusieurs centrifuges à la fois.

Cet appareil comprend un injecteur, à vapeur directe avec addition facultative de vapeurs d'échappement, aspirant une certaine quantité d'air préalablement lavé, et le refoulant dans un récipient en tôle: le mélange de vapeur et d'air, formant une sorte de brouillard, est envoyé sous faible pression dans les cuves des centrifuges fermées au moyen d'un couvercle en tôle en deux parties pouvant s'enlever à la main. La température du mélange d'air et de vapeur est constatée par un thermomètre placé sur le récipient en tôle, et dont les indications permettent facilement de déterminer, pour une marche régulière, l'ouverture des robinets d'arrivée de vapeur, d'eau et d'air. L'application de ce procédé a donné les meilleurs résultats pour l'obtention, à la turbine, de sucre très-blanc et très-sec; il procure en outre une augmentation de rendement provenant de la suppression de la clairce liquide et de la vapeur directe employée dans le turbinage ordinaire.

— MM. Brissonneau frères et C⁰. — Un centrifuge ordinaire à mouvement en dessus auquel est appliqué le clairçage à la vapeur sèche système Cossé, Duval et Cᵉ ; le couvercle de la turbine, qui reçoit la vapeur, est disposé pour retenir et évacuer l'eau de condensation produite par la détente de la vapeur à son entrée dans le centrifuge. Le cône de friction forme poulie de transmission.

— MM. Lecointe et Villette. — Un centrifuge à mouvement en dessus du système ordinaire sans aucune modification.

— MM. Jean et Peyrusson. — Un centrifuge comme ci-dessus.

— Les héritiers Carion-Delmotte. — Un centrifuge à mouvement en dessus, avec double ressort d'action pour le débrayage, et cône de friction formant en même temps poulie de transmission.

— M. Wauquier. — Un centrifuge à mouvement en dessus, avec double ressort d'action pour le débrayage, dont les coussinets sont en fonte ; la turbine peut être à panier en fer ou en cuivre, et disposée pour être mue par transmission ou par moteur adhérent.

— M. Cartier. — Un système d'ensachoir, et un chariot collecteur de sucre turbiné, avec trémie à ouverture verticale ; le chariot est à double bavette évitant la perte du sucre, et les taches au sac.

Étranger. — MM. Bellefroid et Lévêque (section

belge). — Un centrifuge ordinaire, avec moteur rotatif placé directement sur le prolongement de l'arbre du tambour ; le moteur employé est du système Wett à six cylindres agissant sur un plateau cône incliné : la vitesse moyenne est de huit cents tours par minute.

— MM. Cail, Halot et Ce (section belge) :

1° Un centrifuge à mouvement en dessus du système ordinaire;

2° Un centrifuge à mouvement en dessous avec transmission montée sur le même bâti que la cuve.

TRAITEMENT DU NOIR. — BETTERAVES ET CANNES.

France. — M. Schreiber. — Un lavoir à noir dans lequel le noir à laver est jeté dans un cylindre tournant plongeant en partie dans l'eau; ce cylindre est muni de palettes qui font corps avec lui, et qui enlèvent le noir et le laissent retomber dans l'eau sans le briser. Le point réellement nouveau de ce lavoir consiste dans l'addition à la sortie du lavoir proprement dit, d'un cylindre filtrant essorant le noir lavé.

— M. Schreiber. — Un four à noir de son système bien connu, à cornues verticales de revivification, cornues inclinées servant de rafraîchissoirs, et cylindres de vidange; les modifications nouvelles consistent : 1° dans l'adjonction d'un séchoir de noir formé par une superposition de trémies d'écoulement avec ouvertures latérales pour sortie de vapeurs d'eau ; 2° dans la forme des tuyaux de revivification qui sont ondulées afin de forcer le noir à changer de direction et à se mélanger continuellement pendant son passage dans le four. Le foyer est disposé pour être chauffé soit au coke, soit à la bagasse, suivant les besoins.

— M. Ruelle. — Un four tournant de son système à foyer fixe, à deux rangées concentriques de tuyaux; des dispositions mécaniques permettent de vider automatiquement les tuyaux et de régler également la quantité de noir qui doit être extrait de chaque tuyau pour un tour de l'appareil.

— Mlle Blaise. — Un modèle de four à noir, avec tuyaux horizontaux servant de séchoir, cornues verticales de revivification et de refroidissement, avec dispositions mécaniques pour la vidange.

— M. Müller. — Un spécimen de four à noir, à séchoir avec trémies successives d'arrivée d'air, et disposition de soupapes à glissières pour la vidange.

Étranger. — M. Rudski (section russe) :

1° Un lavoir à noir, genre Klusemann, formé d'une série d'augets dans lesquels se meuvent des palettes terminées par un caoutchouc afin d'éviter toute détérioration du noir lavé ;

2° Un modèle de four à noir n'offrant que des dispositions connues.

AGGLOMÉRATION DES SUCRES. — BETTERAVES ET CANNES.

France. — MM. Cail et Ce. — Une turbine système

Mérijot, destinée à produire des blocs de sucre agglomeré ; à cet effet, la masse cuite sortant de la chaudière à cuire est mise dans des sortes de cadres ou formes dans lesquelles la cristallisation s'achève en quelques heures ; ces formes destinées à être placées dans la turbine n'ont que quatre côtés, les deux côtés correspondant à l'intérieur du tambour de la turbine n'existant pas. Lorsque la masse cuite est prise dans ces formes, celles-ci sont mises dans le centrifuge, et on dispose entre elles de simples coins en bois pour les assujettir. Le clairçage se fait par un mélange d'air et de vapeur produit par un simple robinet de vapeur aspirant l'air d'un tuyau *ad hoc*. Le couvercle de la turbine est mobile au moyen de contre-poids, etc.

— La Compagnie de Fives-Lives. — Une turbine système Reishauer, destinée à préparer les sucres destinés à l'agglomération dans la presse du même inventeur ; cette turbine à mouvement en dessous, montée sur un bâti spécial séparé de la turbine, avec disposition de réglage facile, présente un point essentiellement nouveau : c'est l'emploi dans la turbine d'un sac, en fil de chanvre, dans lequel on met la masse cuite à claircer ; un tambour intérieur concentrique au premier et perforé de petits trous permet de régler la distribution de la masse cuite, puis d'effectuer le clairçage à la clairce pure à la fin de l'opération. On turbine d'abord comme à l'ordinaire pour chasser la mélasse ; le sucre étant bien purgé, on ralentit le mouvement de la turbine de façon à la laisser tourner très-doucement, et on introduit de la clairce pure qui se répartit également dans toute la masse du sucre par capillarité en produisant un effet analogue à celui obtenu dans les pains de sucre fabriqués en forme.

On remet alors la turbine en marche et l'on arrête le turbinage en ayant soin de laisser au sucre l'humidité convenable pour l'agglomération qu'il doit subir en sortant de l'appareil. Le sac en chanvre permet d'obtenir du sucre très-blanc, en grains très-fins, et sans perte sensible : à la fin de l'opération, le déchargement de la turbine s'opère d'un seul coup par l'enlèvement du sac. Ce sac ainsi rempli de sucre légèrement humide est vidé dans une trémie alimentant la presse à agglomérer du système Reishauer; des arbres à palettes placés à la partie inférieure de cette trémie assurent le mélange homogène du sucre et sa distribution régulière dans une série d'alvéoles de volume convenable, existant sur la périphérie d'un cylindre animé d'un mouvement de rotation intermittent par l'intermédiaire d'une sorte de roue à rochet; chaque mouvement du cylindre a pour effet de présenter une de ces alvéoles remplie de sucre en face d'un piston mû mécaniquement qui opère la compression et transforme le sucre en lingot de forme correspondante à l'alvéole. Le mouvement de rotation continuant, chaque alvéole contenant son lingot vient se présenter devant un piston démouleur qui pousse le lingot hors de la machine sur une tablette en bois pouvant recevoir un certain nombre de lingots. Les tablettes chargées de lingots sont mises à l'étuve pendant dix à douze heures et les lingots ainsi obtenus peuvent alors être cassés en morceaux réguliers et être livrés à la consommation. Ce procédé d'agglomération peut s'appliquer également au sucre brut et au sucre raffiné : il permet, pour ce dernier, de supprimer les pertes de temps, de matériel et d'intérêts nécessités par l'étuvage prolongé des pains; lors du cassage il évite les déchets résultant des formes coniques employées généralement pour ces pains.

— MM. Darthez et Betbèze. — Une turbine, système Freincaux, à cuve disposée pour recevoir des formes prismatiques à tissu filtrant, destinée à donner des blocs de sucre analogues à ceux obtenus dans la turbine Mérijot ; une disposition spéciale du panier et de la cuve du centrifuge permet à l'aide de directrices convenablement disposées de faire sortir la mélasse de l'appareil dès qu'elle est extraite ; on peut ainsi régler le clairçage en examinant l'aspect de la mélasse sortant de la turbine.

— M. Reynaud. — Des spécimens de toiles destinées à être placées dans une cuve ordinaire de centrifuge, ces toiles étant disposées pour recevoir de petites cloisons verticales et horizontales, qui déterminent des compartiments dans lesquels le sucre claircé forme des baguettes ou des plaquettes de sucre aggloméré pouvant être livrées telles quelles à la consommation.

Étranger. — M. Hittorff (section belge). — Des formes prismatiques, système Laugen, à compartiments transversaux ou verticaux, permettant d'obtenir dans la turbine, non plus des blocs de sucre aggloméré, mais bien des plaquettes de sucre. Ces formes étant ensuite portées à l'étuve, le retrait, produit par l'étuvage, rend le démoulage très-facile.

M. Hittorff expose également des appareils pour l'emploi de moules de clairçage à cloisonnements ; enfin il expose le modèle d'un appareil, système Seyferth, pour la production de l'acide sulfureux employé dans la cuite des sucres.

— M. Joly (section belge). — Divers modèles de formes coniques pour pains de sucre à section circulaire, ainsi qu'une forme prismatique, à section rectangulaire, terminée à la pointe par un cône à section circulaire, comme dans les formes coniques ordinairement en usage.

— MM. Lilpop, Rou et Lowenstein (section russe) exposent une presse à agglomérer le sucre en lingots. C'est un plateau horizontal tournant mû par encliquetage, et offrant successivement des alvéoles, de la forme du lingot à obtenir, à une trémie d'emplissage ; ces alvéoles, une fois remplies de sucre en poudre humide, reçoivent l'action d'un piston compresseur, animé lors de son relèvement d'un léger mouvement transversal, afin de faciliter le décollage du sucre avec le piston ; un piston semblable opère le démoulage et le rejet du lingot de l'alvéole.

SCIAGE ET CASSAGE DE SUCRE.

France. — M. Gentil :

1° Une scie à lame sans fin pour débiter les pains de sucre, coniques ordinaires, en rondelles ;

2° Une table à scies circulaires avec chariot mû à la main, recevant les rondelles pour les débiter en lingots ; en rapprochant les scies, un appareil semblable permet la division des lingots en morceaux. On obtient ainsi des morceaux de sucre sciés sur les six faces, d'un aspect amorphe peu agréable ; ce procédé a l'inconvénient de produire une grande quantité de sucre en poudre, d'un écoulement très-difficile pour les casseurs de sucre.

— M. Tovany :

1° Une lame présentant une lame de scie circulaire, pour découper le pain de sucre conique ordinaire en rondelles, puis une trémie conduisant la rondelle devant une série de scies circulaires débitant la rondelle en lingots, et enfin un ensemble de trois casseurs à lames alimentés par une trémie et produisant le sucre en morceaux. Cet ensemble est mû mécaniquement.

2° Une disposition semblable, mais avec casseur mû à la main.

— La Compagnie de Fives-Lille :

1° Le dessin d'une lingoteuse, système Scheibler, mue mécaniquement, ou à la main, mais supprimant complétement l'action de l'ouvrier sur le chariot présentant les lingots aux scies circulaires. Cette lingoteuse est formée de deux tambours, sur lesquels sont enroulées un certain nombre de courroies en cuir, étroites, animées d'un mouvement constant de translation, et venant passer entre des lames de scies circulaires ordinaires montées sur un même arbre. Il suffit de mettre la rondelle sur des courroies qui l'entraînent et la présentent à l'action des scies la débitant en lingots; ces derniers, entraînés par la courroie à l'autre extrémité de la machine, peuvent être envoyés directement aux machines à casser.

2° Deux machines à casser, système Scheibler, dont un grand modèle mû mécaniquement, et un petit modèle mû à la main ou par moteur. La première machine peut casser de 5 à 6.000 kilogr. de sucre en dix heures, et la seconde, la moitié environ. Ces machines comprennent deux couteaux animés d'un mouvement de va-et-vient, dans le même plan vertical, ce qui assure au sucre cassé une cassure nette et sans déchet ; de plus le sucre à casser, comme le sucre cassé, est entraîné sur une table fixe, disposée avec des tringles longitudinales de guidage, par des traverses mobiles au moyen de deux chaînes galles sur lesquelles elles sont articulées. Il en résulte un grand débit, une cassure très-uniforme, permettant de produire avec des pains coniques ordinaires environ 60 % de sucre rangé en morceaux très-réguliers, pouvant être mis en caisses aussitôt leur passage entre les couteaux. Ces machines, combinées avec le procédé d'agglomération en lingots produits par la pression, permettent d'obtenir seulement 1 % de poudre ou déchet par 100 kilogr. de sucre, tandis qu'avec les pains de sucre ordinaires, on produit de 40 à 50 % de sucre en poudre et faux morceaux. Des dispositions spéciales permettent de faire varier, avec une même machine, la longueur, la largeur et l'épaisseur des morceaux suivant les besoins de la consommation.

IMPRIMERIE D. BARDIN, A SAINT-GERMAIN.

Extrait des **ANNALES INDUSTRIELLES**
18, rue Lafayette, Paris.

VISITES DES INGÉNIEURS
ANCIENS ÉLÈVES DE
L'ÉCOLE CENTRALE
DES ARTS ET MANUFACTURES
A L'EXPOSITION UNIVERSELLE DE 1878

Fabrication de la Glace,

Par M. A. MILLOT (*Promotion* 1865)

Les appareils à fabriquer la glace employés aujourd'hui sont tous représentés à l'Exposition du Champ de Mars. On peut les diviser en trois groupes :

1° Les appareils basés sur l'emploi d'un mélange réfrigérant.

2° La production du froid par la vaporisation d'un liquide.

3° Le refroidissement produit par la dilatation de l'air comprimé.

Dans la première classe se place la glacière Toselli (galerie des machines, section italienne et annexe de la galerie des Machines françaises, classe 52). Elle se compose d'un cylindre tournant autour d'un axe perpendiculaire aux génératrices du cylindre. Les deux fonds sont mobiles. D'un côté on place l'eau à congeler, de l'autre de l'azotate d'ammoniaque que l'on dissout dans de l'eau. On place les couvercles et on fait tourner le cylindre 5 ou 6 minutes. On obtient ainsi en glace 1/3 du poids de l'azotate d'ammoniaque employé. Il suffit de faire évaporer la solution de nitrate d'ammoniaque au feu ou au soleil, jusqu'à 30° Beaumé, elle cristallise et on peut recommencer indéfiniment l'opération.

Deuxième classe. — Les appareils compris dans ce groupe sont les plus nombreux.

Le plus ancien est l'appareil Carré (galerie des machines françaises, classe 52). M. Mignon et Rouard ont exposé des appareils permettant de faire 1 ou 2 kilogr. de glace à la fois et un appareil industriel.

Dans les petits modèles on chauffe une solution ammoniacale à 130° centigrades. L'ammoniaque se vaporise et vient se condenser dans un récipient refroidi dans un baquet. On enlève alors le feu et on place la chaudière dans l'eau froide, une distillation inverse s'opère du récipient à la chaudière, le récipient se refroidit et se recouvre de glace. — Ces appareils sont discontinus. La durée du chauffage est d'une heure.

L'appareil industriel est continu et permet de fabriquer 3.000 kilogr. de glace en 24 heures.

Il se compose :

1° D'une chaudière à distiller l'ammoniaque à 28°, à l'aide d'un serpentin de vapeur.

2° D'un liquéfacteur dans lequel le gaz se liquéfie, dans un serpentin, refroidi par un courant d'eau, sous l'influence de la pression de la chaudière qui est de sept atmosphères.

3° D'un congélateur dans lequel l'ammoniaque liquéfiée se vaporise et refroidit une solution salée dans laquelle on place les vases renfermant le liquide à congeler.

4° D'un récipient d'absorption, les vapeurs ammoniacales sont mises en contact de l'eau épuisée de la chaudière dans laquelle elles se dissolvent, puis une pompe remonte dans la chaudière l'eau ammoniacale reconstituée.

5° D'un échangeur de température entre l'eau ammoniacale reconstituée et les eaux épuisées sortant de la chaudière.

La glace produite par cet appareil revient à 1 centime le kilogramme environ.

Deux appareils semblables se trouvent dans l'annexe des machines françaises, classe 52. L'un sert à produire de la glace, l'autre à refroidir à — 10° une chambre où l'on conserve de la viande.

Appareil Sulzer dans le parc en face la galerie des machines étrangères, section Suisse.

Dans ce système on emploie encore l'ammoniaque, mais au lieu de redissoudre l'ammoniaque gazeuse dans l'eau, on la liquéfie par compression à l'aide d'une pompe. La pression nécessaire est de 13 atmosphères environ, la température de l'eau qui sert à refroidir étant de 15°.

L'appareil exposé produit 2.000 kilogr. de glace par jour et prend une force de 7 chevaux vapeur.

Il se compose d'une pompe aspirant les vapeurs ammoniacales, et les refoulant dans un serpentin refroidi par un courant d'eau, où elles se condensent. L'ammoniaque liquide s'évapore dans l'axe d'un appareil cylindrique où elle refroidit une solution salée. Cette solution salée est enfermée dans une enveloppe garnie d'ailettes qui tournent dans une bâche remplie d'eau. Elles se recouvrent d'une couche de glace. On enlève alors la solution froide de sel marin et on la remplace par une autre que l'on a préalablement chauffée. La glace se détache alors des ailettes, et on l'emmagasine. Le prix de revient du kilogramme de glace est d'environ 1 centime.

Appareil Pictet (près la porte Tourville dans le parc en face de la classe 41, campement).

Le froid est produit par l'évaporation de l'acide sulfureux, liquide qui est livré à raison de 5 fr. le kilogramme.

La machine exposée peut produire 24.000 kilogr. de glaces en 24 heures et exige une machine à vapeur de 50 chevaux.

L'appareil se compose d'un congélateur où s'évapore l'acide sulfureux. On place l'eau à congeler dans des bacs plongés dans une solution salée refroidie par l'évaporation de l'acide sulfureux. L'acide gazeux est aspiré par une pompe à double effet, refroidie par une circulation d'eau autour du cylindre et même dans l'intérieur du piston. L'acide sulfureux gazeux est refoulé dans un cylindre tubulaire refroidi par un courant d'eau; où il se liquéfie, il ne reste plus alors qu'à faire rentrer l'acide sulfureux liquide dans le congélateur par un tube de communication.

La quantité d'eau nécessaire pour refroidir le cylindre tubulaire n'est que de 400 litres par minute, et la pression dans cet appareil n'est que de deux ou trois atmosphères.

Le prix de revient de la glace varie de $1/2^{c/m}$ à $1^{c/m}$, suivant la puissance des appareils. — Pour obtenir de la glace transparente, on envoie un courant d'air dans l'eau à congeler, ce qui empêche l'air contenu dans l'eau d'être enfermé dans la glace, ce qui la rend opaque.

Machines anglaises. — *Atlas Company.* — *Siebe et Gorman* (annexe des machines anglaises). — Dans ces deux appareils, on emploie l'éther comme liquide produisant le froid par vaporisation. Les organes sont les mêmes que dans les machines précédemment décrites, mais on fait circuler la solution refroidie de sel marin au lieu de la refroidir sur place.

Une pompe aspire les vapeurs d'éther et les refoule dans un condenseur refroidi par courant d'eau, sous la pression de 4 à 5 atmosphères. L'éther liquide s'évapore dans un refroidisseur d'où il est aspiré par la pompe, et refroidit une solution de sel marin. Cette solution est envoyée par une pompe foulante dans le congélateur où elle refroidit les bacs remplie d'eau à congeler. Pour obtenir de la glace transparente, un agitateur met constamment cette eau en mouvement pour empêcher l'air d'être enfermé dans la glace. Le prix de revient de la glace est d'environ 1 c/m le kilogramme. L'appareil de l'*Atlas Company* fournit 1.000 kilogr. de glace par vingt-quatre heures et prend 4 chevaux de force; celui de MM. Siebe et Gorman, 500 kilogr., et prend 2 chevaux.

Les appareils que nous venons de passer en revue sont destinés à de grandes productions industrielles.

M. E. Carré expose, dans l'annexe des machines françaises, classe 52, un appareil de ménage permettant d'obtenir rapidement un à deux kilogrammes de glace, et qui rentre dans cette classe. Le froid est produit par l'évaporation de l'eau à la température ordinaire, en condensant les vapeurs dans de l'acide sulfurique concentré à 66°. L'appareil se compose d'une pompe pneumatique aspirant la vapeur d'eau dans la carafe que l'on veut congeler. Les vapeurs sont absorbées dans un récipient intermédiaire en plomb antimonié, où se trouve l'acide sulfurique qu'un agitateur fixé à la pompe remue constamment.

Il suffit de soixante coups de piston pour congeler un litre d'eau.

Quand l'acide est étendu et ne marque plus que 55°, on doit le renouveler.

En Algérie, où ces machines ont reçu une très-grande application et où l'acide sulfurique est à un prix élevé, on l'évapore au feu dans des cuvettes de porcelaine, et on s'en sert de nouveau après refroidissement.

Troisième classe. — Appareil Giffard. — Galerie des machines françaises, classe 54. — Une pompe à air, à simple effet, refroidie par une double enveloppe à courant d'eau, aspire l'air extérieur, et le refoule dans un cylindre tubulaire refroidi par un courant d'eau. La pression est de 2 atmosphères. L'air comprimé vient se dilater dans un deuxième cylindre à simple effet et restitue ainsi sur l'arbre moteur une partie de la force nécessitée par la compression. L'air froid peut alors être employé comme réfrigérant. L'appareil de la classe 54 emploie 18 chevaux de force et peut produire 3.000 kilogr. de glace par jour. Le prix de revient de la glace est de 1 c/m 1/2 par kilogramme de glace. Cet appareil donne de très-bons résultats quand on a besoin d'une circulation d'air refroidi.

Applications des appareils à produire le froid. — Ces machines, dont l'emploi industriel ne date que d'une quinzaine d'années, ont reçu de nombreuses applications dans l'industrie, et leur emploi tend à se généraliser de jour en jour. Elles ont eu surtout un grand succès pour la fabrication de la bière de Bavière, qui exige une quantité de glace considérable, et se trouvait souvent arrêtée dans les pays tempérés par l'insuffisance de cet agent indispensable.

Les appareils employés sont les machines Carré et Pictet. Cette dernière doit être surtout utilisée quand on n'a pas à sa disposition une très-grande quantité d'eau.

L'appareil Carré a été utilisé, dans la Camargue, à extraire le sulfate de soude par le refroidissement des eaux mères des marais salants, d'après le procédé de M. Balard.

La machine Pictet a été employée dernièrement, à Manchester, à produire un Skating-Ring en glace de

600 mètres carrés de surface et de 50 centimètres d'épaisseur.

Une des applications les plus importantes est la conservation par le froid des substances alimentaires. A Bône, en Algérie, une usine a été construite pour congeler, à l'aide de la machine Carré, les poissons frais, ce qui permet de les envoyer à Marseille.

Le navire *le Frigorifique*, construit par M. Tellier pour apporter la viande d'Amérique, est muni d'une machine dans laquelle le liquide qui produit le froid est l'éther méthylique, qui bout à — 17°. L'appareil fonctionne comme les machines à éther ou à acide sulfureux. Le froid produit sert à refroidir de l'air qui circule dans les chambres où se trouve la viande à conserver, à une température très-rapprochée de 0°, de façon à ne pas congeler la viande, qui se conserve dans ces conditions à l'état frais et ne subit d'autres changements qu'une perte de poids.

L'appareil Giffard a été employé, dans l'usine de M. Menier, à faire circuler de l'air froid dans des chambres où se trouvent les tablettes de chocolat, ce qui permet le démoulage rapide et sans déchet.

Imprimerie D. Bardin, à Saint-Germain.

Extrait des **ANNALES INDUSTRIELLES**
18, rue Lafayette, Paris.

VISITES DES INGÉNIEURS

ANCIENS ÉLÈVES DE

L'ÉCOLE CENTRALE

DES ARTS ET MANUFACTURES

A L'EXPOSITION UNIVERSELLE DE 1878

Sur la Métallurgie du Fer.

Par M. JORDAN (*Promotion* 1854)

Avant de commencer la visite, M. Jordan a fait aux ingénieurs réunis dans la salle de la Bibliothèque technologique, et à titre d'introduction, une conférence familière dont voici le texte :

Mes chers camarades,

Il m'est impossible, — et il serait certainement prétentieux de l'essayer, — de passer en revue, même sommairement, pendant le peu d'instants que nous avons pour causer ensemble, les parties de notre grande exposition qui intéressent la métallurgie du fer. Permettez-moi donc de chercher tout de suite à résumer en quelque sorte le résultat des visites que vous avez déjà faites ou que nous allons faire tout à l'heure, en mettant en relief les deux grands faits qui me paraissent surtout se dégager de cet ensemble :

1° Changements considérables et même quelquefois bouleversement complet dans la situation industrielle des diverses régions et même des divers pays au point de vue sidérurgique, apportés par les transports économiques à grandes distances des matières premières au moyen des chemins de fer et surtout de la navigation ;

2° Importance dominante acquise par les nouveaux aciers dans les arts de la construction et de la mécanique.

Quelques mots sur chacun d'eux.

Beaucoup d'entre vous, mes anciens et mes contemporains, se rappelleront aisément l'ancienne règle économique des maîtres de forge disant qu'il fallait apporter le minerai au charbon, attendu que pour 1 tonne de fer on consommait 6 à 7 tonnes au moins de houille et seulement 3 à 4 tonnes de minerai, et par suite établir les usines sur les bassins houillers. C'était classique, et il n'était pas permis de s'écarter de la règle sans s'exposer aux prédictions les plus sinistres. Je me rappelle encore des choses fort dures qui me furent dites il y a vingt-trois ans à peu près par des fonctionnaires éminents, alors que je travaillais à la construction d'une usine à fonte située à Marseille en dehors de toutes les règles, ni sur la houille, ni sur le minerai, destinée à recevoir l'une par rail et l'autre par mer. Elle était la première dans ce cas. Qu'avons-nous vu depuis et que voyons-nous ici à l'Exposition ? Nous voyons nos minerais algériens traverser la Méditerranée et arriver par rail jusqu'au cœur de la France, au Creusot, par exemple, et à Montluçon, — ou bien passer le détroit de Gibraltar et remonter jusque dans la mer du Nord, à Dunkerque, à Anvers, à Rotterdam, à Middlesbro, pour alimenter des usines françaises (Denain et Anzin), belges (Seraing), allemandes (Phénix, etc.), anglaises (Eston, Stockton, etc.), — ou même encore traverser l'Atlantique pour aller alimenter des usines américaines. Nous voyons les minerais très-manganésifères de la côte est d'Espagne (Carthagène, Alméria) arriver à Marseille et rayonner de là dans bon nombre de nos hauts-fourneaux français ; nous les voyons même alimentant les aciéries westphaliennes, dans ces provinces allemandes du Rhin qui étaient autrefois comme la source unique des produits manganésés. Nous voyons enfin les colossaux amas de minerai de Bilbao fournir la matière première principale à toutes les grandes aciéries nouvelles du nord de la France, d'Angleterre, de Belgique, de Westphalie.

C'est la vapeur qui a permis d'effectuer économiquement ces énormes déplacements de matières, la vapeur sur les voies ferrées d'abord, la navigation à vapeur ensuite, et surtout. L'emploi de grands vapeurs à vitesse moyenne, à water-ballast (c'est-à-dire ne faisant qu'un voyage à plein, et l'autre avec un lest d'eau), pourvus de moyens rapides de chargement et de déchargement, a effectué une véritable révolution dans le coût des transports de houilles et de minerais par mer. Cette question des transports est devenue capitale pour la métallurgie : il n'y a plus de règle classique pour la situation à donner aux usines actuelles ; il faut, dans chaque cas particulier, étudier l'important problème du transport des matières premières à l'usine et de celui des produits de l'usine chez les consommateurs.

Je parlais tout à l'heure de déplacements, de bouleversements dans les situations des régions sidérurgiques. Voyez ici à côté : le Berri était une terre classique de métallurgie au bois ; les usines y fabriquaient, à l'aide des forêts du pays et des minerais en grains de son sol, les célèbres fers du Berri que vous connaissez tous. Voyez ce qu'expose la Société de Commentry-Fourchambault, l'un des plus puissants représentants de cette métallurgie du Berri : des aciers Bessemer, des aciers fondus au four à réverbère à gaz, des aciers moulés, des fontes manganésées, des ferromanganèses, etc., fabriqués avec des matières venant d'Espagne, d'Algérie, d'Italie. — Savez-vous quelles sont les usines qui actuellement se disputent souvent les fournitures de rails d'acier fondu sur le grand marché européen ? Ce sont deux usines situées l'une dans le nord de l'Angleterre, près de Middlesbro, au milieu des gisements universellement connus du minerai oolithique phosphoreux du Cleveland, dans la patrie même de défunt le rail en fer phosphoreux, l'aciérie d'Eston à MM. Bolckow et Vaughan ; l'autre est en Belgique, dans ce pays qui ne possède pas un gisement de minerai aciéreux ou sérieusement manganésifère, c'est l'aciérie Cockerill, à Seraing. Toutes deux emploient surtout le minerai de Bilbao et fabriquent à des prix dont ne peut approcher aucune usine plus voisine de Bilbao. Voilà deux régions d'où l'on n'était habitué à voir venir, il y a dix ans, que des rails de fer et des fers médiocres, qui fournissent maintenant des aciers et aussi des fers supérieurs, grâce aux minerais importés.

Enfin, un fait facile à constater et à vérifier vous fera saisir l'importance des changements qui se sont opérés, en ne parlant que de notre pays : en 1877, plus du tiers de la fonte fabriquée en France l'a été avec des minerais ayant passé la mer pour venir chez nous.

Avant de laisser ce sujet, il faut cependant que j'ajoute que les perfectionnements apportés dans l'art des transports ne sont pas absolument la seule cause de ces changements considérables. La vieille règle classique a été battue en brèche aussi d'un autre côté : on ne consomme plus depuis longtemps 6 à 7 tonnes de houille pour faire une tonne de fer; on a appris à faire des rails en fer, par exemple, avec 4 tonnes de houille seulement, à fabriquer des rails d'acier avec encore moins de combustible. On aurait pu ainsi, toutes choses égales d'ailleurs, s'éloigner davantage de la houille et se rapprocher du minerai dont on consomme au moins 2 tonnes 1/2 avec les plus riches et même 3 tonnes. Je dirai plus tard quelques mots de cette question du combustible.

Mais passons au deuxième fait dont je parlais tout à l'heure, l'importance actuellement prise par l'acier, ce métal dont les emplois étaient autrefois tellement restreints par sa rareté et sa cherté.

On entend partout parler d'acier : les chemins de fer, la marine, la guerre, les édifices et les machines de l'industrie comme les appareils, les ponts, etc., des travaux publics, sont maintenant ses tributaires pour d'énormes tonnages.

L'acier, dont le nom vient, dit-on, de *acies*, pointe, n'était recherché autrefois qu'en raison de sa dureté et de son élasticité pour la confection d'armes ou d'outils pointus ou tranchants. Maintenant on s'occupe surtout de ses propriétés résistantes, de sa ténacité, de son homogénéité, etc., qui en font une matière éminemment propre à l'établissement de structures destinées à supporter des efforts considérables.

Je ne crois pas avoir besoin de le démontrer : il suffit d'ouvrir les yeux en parcourant l'Exposition pour constater combien les nouvelles applications de l'acier sont plus étendues que les anciennes, combien les *nouveaux aciers*, permettez-moi l'expression, ont dépassé comme importance industrielle le *vieil* acier, qu'il soit de Milan ou de Solingen. Je crois même pouvoir dire qu'ils lui prendront son nom : car, malgré le décret rendu à Philadelphie par quelques professeurs métallurgistes éminents, les fabricants comme les consommateurs continuent à appeler *aciers* des substances qui, si elles ont la plus haute valeur industrielle par leurs qualités résistantes, sont parfaitement incapables de fournir des pointes trempées, de faire honneur à l'étymologie *acies*, et qui, d'après le décret philadelphien, devraient s'appeler *fer fondu*. Et, suivant moi, ils ont raison.

Je suis peiné d'être en désaccord complet sur ce point avec l'éminent métallurgiste M. Gruner, et, paraît-il, à en juger par les critiques qui ont accueilli une phrase écrite sans prétention en 1868, avec plusieurs ingénieurs du corps des Mines ; mais ma manière de voir ne peut que se consolider en voyant qu'elle est d'accord avec celle du public des fabricants et des consommateurs d'aciers. Les nouveaux aciers sont recherchés pour leurs propriétés résistantes ; ils doivent ces propriétés résistantes supérieures à leur homogénéité et à la parfaite soudure entre elles des particules qui les composent ; cette homogénéité et cette soudure sans interposition de matières étrangères sont dues à la fusion ; aussi le public, sans qu'on lui ait fait la leçon, appelle acier tout fer qui a été fondu, qu'il trempe dur ou qu'il trempe doux par un refroidissement subit. Je ne vois aucune raison pour me mettre en travers, et je ne vois pas que le décret de Philadelphie, à en juger par l'Exposition, ait modifié les choses.

Que le public soit révolutionnaire, qu'il maltraite un ancien usage, qu'il viole les règles de l'étymologie, je ne dis pas le contraire, mais je ne vois pas qu'il manque de bon sens ou qu'il soit rétrograde. Pourquoi mes honorables contradicteurs n'essayent-ils pas aussi d'empêcher le public métallurgique de se servir du mot *fonte ?* Ce mot n'est-il pas absurde en fait ? La fonte est une opération et non pas une substance ; le mot s'applique aussi bien au cuivre, au plomb, etc., qu'au fer. Il est vrai qu'on dit quelquefois *fonte de fer*, mais je défie qu'on fasse jamais comprendre au public pourquoi *fonte de fer* doit avoir un sens absolument différent de *fer fondu*. Je trouve beaucoup plus simple d'accepter la petite révolution qui s'impose à nous et de dire *fontes, fers, aciers*, en réservant ce dernier mot pour les produits malléables fondus, et sans m'inquiéter s'il y a des produits bâtards comme la fonte malléable, l'acier de cémentation, l'acier puddlé, qui forment des exceptions à cette nomenclature.

Pardonnez-moi cette digression un peu personnelle : j'ai été mis en cause bien des fois ; je n'ai jamais voulu répondre, parce que je trouve une discussion byzantine sur la définition de l'acier, affaire de métaphysicien et non de métallurgiste. Toutes les pages qu'on a écrites sur le sujet ne feront pas avancer l'industrie d'un pas, et je doute qu'elles modifient une habitude qui n'a rien de fâcheux, du reste, et qui paraît déjà assez solidement ancrée.

Autrefois l'acier était un métal entouré d'un certain mystère ; on ne savait ni le fabriquer, ni le travailler sûrement. Puis, quand l'industrie a commencé à en fournir des quantités un peu grandes par les nouveaux procédés, on a entendu certains consommateurs reprocher à l'acier le nombre de ses variétés, la diversité de leurs qualités, perdant de vue que cette diversité [même, qui permet la spécialisation de telle ou telle variété à tel ou tel emploi, est, pour l'acier, comme pour le fer, comme pour la fonte, comme pour le bois, les matières textiles, comme pour les êtres vivants même, un avantage précieux quand on a appris à le mettre à profit.

Heureusement, maintenant, la science a soulevé presque tous les voiles dont l'acier était enveloppé. Les anomalies qui inquiétaient nos devanciers sont expliquées presque toutes depuis qu'on a appris à doser des substances diverses contenues dans l'acier, et dont les proportions presque infinitésimales suffisent pour modifier notablement ses propriétés, comme le silicium, le phosphore, le manganèse, etc. S'il reste encore quelques obscurités, elles disparaîtront bientôt, grâce aux études qui se poursuivent de tous côtés dans cette direction. Aux recherches chimiques, qui sont très-avancées, viennent s'allier les études physiques sur la structure interne du métal; avec des travaux comme ceux de M. Tchernoff, de notre camarade M. Léger, par exemple, on marchera vite. Une fois bien connue l'influence des diverses substances, celle de l'état moléculaire, on saura se servir de celle-là, modifier celui-ci à son gré. Quoiqu'on n'en soit pas encore absolument là, on en sait déjà assez pour travailler l'acier presque à coup sûr, pour utiliser les produits des procédés de fabrication les plus divers.

L'acier, ou plutôt les aciers peuvent en effet être obtenus de bien des manières différentes. Passons-les rapidement en revue d'une façon générale.

I. — Avec le fer, en y associant une proportion déterminée de carbone, soit par la cémentation, soit par la fusion.

Mais les procédés basés sur ce principe, les plus importants naguère, ceux qui donnaient et qui donnent encore le vieil acier (l'*acier noble*, si l'on veut que les autres soient des roturiers, parce qu'ils ne donnent ni pointe ni tranchant), ont maintenant une importance industrielle bien faible à côté des procédés nouveaux. Les fours à cémenter ont diminué de nombre; les fonderies au creuset ne s'accroissent plus; beaucoup d'aciers fondus au creuset, au lieu de provenir comme autrefois de barres de fer cémentées, puis cassées et fondues, proviennent simplement de morceaux de fer fondus directement avec des matières carburantes. Ces aciers de fusion ont même essayé de lutter commercialement, pour certains usages, avec les nouveaux aciers, pour les tôles, pour les moulages, par exemple, comme nous pourrons le voir tout à l'heure dans la section anglaise.

La Chine et l'Inde anglaise nous montrent quelques spécimens de leurs aciers classiquement célèbres, qui sont fabriqués par le principe de la fusion du fer avec des matières carburantes végétales.

II. — Avec la fonte de fer, c'est-à-dire avec du fer associé à une proportion notable de carbone, en lui enlevant une partie de ce carbone : l'acier obtenu participe naturellement aux propriétés spéciales qui proviennent des matières étrangères préexistant dans la fonte.

On appauvrit la fonte en carbone :

1° Soit en la traitant dans des petits foyers sur lesquels agit l'air lancé par une soufflerie, sans que la température atteigne celle de la fusion de l'acier. Aussi l'acier qu'on obtient est en loupes qu'il faut ensuite raffiner par un, deux ou trois corroyages pour avoir un produit marchand. C'est ainsi qu'on obtenait autrefois l'acier dit *d'Allemagne* ou *de forge*, employé surtout pour la taillanderie. Ce procédé a presque disparu. Nous le trouvons seulement en France, et sans qu'il y ait beaucoup d'importance, chez MM. Gouvy, chez un ou deux taillandiers du Dauphiné et de la Savoie, et en Styrie dans quelques usines ;

2° Soit en formant un bain de fonte dans un four à puddler et en y faisant agir le courant d'air, sans que la température s'élève à celle de la fusion de l'acier. C'est ce qu'on appelle l'*acier puddlé;* comme l'acier affiné provenant du petit foyer, c'est un produit assez hétérogène, qui exige un raffinage soigné pour devenir marchand, et qui n'est séparé du fer dur à fin grain que par une distance presque insensible. L'acier puddlé, qui tenait la tête de l'industrie des aciers il y a quinze ou vingt ans, est maintenant presque détrôné. Toutefois l'Exposition nous montre, dans l'annexe de Saint-Chamond, dans l'exposition de MM. Charrière et C*, par exemple, qu'il défend encore sa place pour un certain nombre d'applications;

3° Soit en formant un bain de fonte liquide et en le faisant traverser par de nombreux jets d'air comprimé, suivant la magnifique invention de Bessemer. Vous connaissez tous l'importance qu'a prise ce procédé pneumatique, et vous pouvez constater à l'Exposition (Creusot, Terrenoire, Saint-Chamond, Seraing, Société autrichienne, etc.) qu'il permet d'obtenir les aciers les plus variés comme dureté ou comme mollesse, comme raideur ou comme douceur. La majeure partie des aciers qui sont consommés dans le monde est fabriquée par ce procédé ; presque tous les rails d'acier le sont. On peut dire cependant que le procédé Bessemer est plutôt appliqué à la fabrication d'aciers relativement durs. Vous savez que le bain de fonte qui est affiné par le procédé pneumatique est tantôt de 1re fusion, tantôt de 2° fusion ; les deux modes ont leurs avantages et leurs partisans convaincus. En France, nous faisons surtout de la 1re fusion ; en Angleterre et en Allemagne, comme aux États-Unis, presque uniquement de la 2° fusion.

III. — Avec la fonte encore, en y dissolvant en quelque sorte du fer qui vient délayer le carbone. C'est l'invention de Réaumur, qui se servait du creuset comme s'en servent encore quelques fondeurs d'acier (M. Dalifol, par exemple). Le creuset est très-commode et très-complaisant : il reçoit tous les mélanges qu'on veut bien lui confier, et pourvu qu'il y ait du fer dedans et qu'on chauffe assez fort, il rend une matière fondue qui est un acier — de propriétés et de qualité naturellement en rapport avec les matières introduites, — mais un acier. Aussi il ne faut pas s'étonner du nombre infini d'inventions ou plutôt de recettes différentes pour fabriquer l'acier dans le creuset. Il y en a bien quelques-unes à l'Exposition, mais il n'y a rien à en dire ici. — L'invention de Réaumur n'a pris une importance industrielle réelle qu'après l'invention du système Siemens pour le chauffage au gaz à haute température et grâce aux efforts persévérants de MM. Martin. Le procédé Martin-Siemens, c'est-à-dire la fabrication de l'acier sur la sole d'un four à réverbère chauffé au gaz, par dissolution de fer dans un bain initial de fonte, avec dosage final du degré de dureté du produit au moyen d'une addition de fonte manganésée, est devenu le rival du procédé Bessemer. C'est le procédé *lent* en quelque sorte, le procédé Bessemer étant le procédé *rapide* : 8 à 10 heures, contre 20 à 30 minutes. Cette lenteur même est une des causes des succès du procédé : l'affinage ou la réaction se faisant lentement dans une atmosphère gazeuse à peu près neutre, on peut essayer le métal en cours de transformation en quelque sorte à chaque instant, le corriger peu à peu par des additions successives, le brusquer même par une addition finale.

Ce que je disais du creuset tout à l'heure peut s'appliquer aussi au four à réverbère de fusion chauffé au gaz, qu'il soit à sole fixe comme celui de MM. Martin ou à sole mobile comme celui de M. Pernot. C'est un appareil commode et complaisant, qui permet de faire une véritable cuisine métallurgique, en ajoutant les ingrédients et les condiments les plus divers, en essayant, — j'allais dire goûtant — aussi souvent qu'on veut le produit de cette cuisine. La Société de Terrenoire nous le fait bien voir : Veut-on que le bain dans le four fournisse un métal très-doux, qui ne trempe pas, on force la proportion de fer en additions successives, on prolonge l'opération et on ajoute à la fin comme condiment une certaine dose de manganèse métallique, aussi pur que possible, c'est-à-dire aussi dépourvu de carbone que possible. — Veut-on que le métal soit assez dépourvu de carbone pour pouvoir supporter un certain alliage de phosphore, provenant de vieux rails par exemple, on prolonge assez la fusion pour que le carbone ait à peu près disparu, au risque d'avoir une certaine formation d'oxyde de fer, puis on ajoute un peu plus de manganèse qui vient réduire cet oxyde de fer. — Veut-on que l'acier soit lui-même manganésé, on force la dose de manganèse. — Veut-on qu'il soit chromé, qu'il soit wolframisé, il suffit d'avoir ces métaux sous une forme propre à assurer leur dissolution dans le bain. — Veut-on obtenir un métal doux se moulant sans soufflures, l'addition de manganèse ne suffit plus, il faut aussi un peu de silicium pour décomposer les gaz carbonés qui causent les soufflures.

Les épices de cette sorte de cuisine sont donc le ferromanganèse pour les additions de manganèse, le ferrochrome et le ferrotungstène pour les additions de ces métaux, la fonte manganésée siliciée pour les additions de manganèse et de silicium. Ces alliages peuvent eux-mêmes se préparer à l'avance dans le four à réverbère chauffé au gaz : on l'a fait longtemps ainsi à Terrenoire. Maintenant le premier et le dernier se fabriquent au haut-fourneau, comme le deuxième et le troisième pourraient sans doute aussi se fabriquer si leur emploi prenait de l'importance.

IV. — On peut fabriquer enfin l'acier avec les minerais qui contiennent le fer à l'état d'oxyde, en séparant ce métal de l'oxygène et de sa gangue, et en lui associant en quelque sorte dans une même opération la dose de carbone nécessaire pour le transformer en acier. C'était le procédé primitif abandonné par l'industrie dès qu'elle a su obtenir l'acier autrement, à cause de son coût élevé et de l'incertitude de ses résultats, le procédé catalan dont vous pouvez encore voir quelques produits dans la section espagnole. — Mais la métallurgie moderne l'a repris en le perfectionnant : elle fait servir la fonte de fer à carburer le fer réduit du minerai, et même à réduire ce minerai dans une certaine mesure. L'idée primitive de cette réaction est due à notre grand Réaumur ; elle a été reprise *il* y a une vingtaine d'années par l'ingénieux artilleur autrichien, maintenant général, Uchatius. Son procédé consistait à faire fondre ensemble dans un creuset, — toujours le creuset si complaisant, — un mélange de minerai de fer riche et pur et de fonte de fer également pure, tous deux pulvérisés : on obtient ainsi un acier dont la qualité dépend de celle des deux matières mises en présence ainsi que de leurs proportions. Ce procédé ne s'est conservé que dans une seule usine, Wykmanshyttan, en Suède, qui s'en sert pour fabriquer des aciers durs à outils de très-bonne qualité. Mais le génie des Siemens ayant mis à la disposition des inventeurs un nouvel appareil de fusion, un four à réverbère aussi complaisant, la méthode de Réaumur y a été transportée par M. Siemens lui-même, qui a ainsi créé ce qu'on appelle l'*ore-process*, — par opposition au *scrap-process* — ou procédé Siemens surtout employé pour les aciers doux et dont vous pouvez voir des résultats dans l'exposition de Landore.

Mais laissons là maintenant l'acier en disant seulement ce que chacun de vous a déjà constaté certainement que ce métal est bien détourné de son ancienne signification, belliqueuse en quelque sorte, et que nous pouvons dire que nous entrons dans l'*âge d'acier*, sans que ce mot implique pour notre époque une accusation de dureté, de cruauté ou d'amour particulier pour les armes et la guerre.

Le temps me permet-il encore de dire quelques mots des perfectionnements introduits dans le matériel des usines métallurgiques et que vous pouvez voir figurer à l'Exposition ?

C'est surtout la *science du feu*, l'art de produire et d'appliquer les hautes températures, qui a progressé. Pour chauffer à un haut degré l'air destiné à entretenir la combustion, de façon à la localiser dans un espace restreint et à obtenir ainsi un effet pyrométrique plus grand, on a les appareils Cowper et Whitwell quand il s'agit de *vent*, c'est-à-dire d'air à une haute pression, l'appareil Levèque aussi. — Quand il s'agit d'air appelé par le simple tirage de la cheminée d'un four à réverbère, on avait les régénérateurs Siemens fonctionnant par paires avec valves d'inversion ; on a maintenant aussi le récupérateur Ponsard, le récupérateur Gaillard et Haillot qui fonctionnent sans valves d'inversion, et dans lesquels l'air se chauffe par transmission de la chaleur à travers une paroi réfractaire, au lieu de se chauffer en reprenant, *en récupérant*, la chaleur déposée quelques instants auparavant dans une masse réfractaire par un courant de gaz brûlés chauds. Ce chauffage préalable, au moyen de chaleurs perdues, de l'air destiné à la combustion, a permis de réaliser de grandes économies de combustible dans les hauts-fourneaux comme dans les fours à réverbère.

Il s'est combiné, presque dès sa naissance, avec le chauffage au gaz, dans l'invention magistrale de Siemens, qui est encore aujourd'hui celle qui permet d'obtenir les plus hautes températures dans des fours à réverbère, quoiqu'elle ait pour rivaux le four Ponsard et le four Lencauchez. Le gaz combustible pour tous ces fours est produit dans des gazogènes à tirage naturel et à grille à échelons qui ont été introduits dans la pratique par M. Siemens ; on parle depuis quelque temps d'un gazogène rival, celui de Brook et Wilson, qui est soufflé, mais dont les résultats réels ne sont pas encore connus. Ce gaz combustible est quelquefois souillé par des poussières entraînées, par exemple quand il provient de hauts-fourneaux ou de gazogènes consommant des houilles à cendre infusible et abondante. M. de Langlade l'épure en le faisant passer par des appareils condenseurs et laveurs plus ou moins analogues à ceux des usines à gaz. On en fait autant en Suède dans les forges qui emploient, suivant le système Lundin, le gaz produit au moyen de sciure ou de copeaux de bois vert. En France, aux aciéries d'Allevard (MM. Charrière et Ce), on emploie le gaz de bois desséché au puddlage pour acier.

Quant aux fourneaux eux-mêmes où on applique la chaleur, j'ai déjà signalé le four Martin-Siemens à sole fixe, le four Pernot a sole mobile : je n'en vois pas d'autre qui puisse être spécialement signalé, sauf, si l'on veut, le forno-convertisseur où M. Ponsard tente de soumettre un bain de fonte à une injection de vent, tout en le chauffant au gaz, et qui n'a pas encore fait ses preuves.

La manipulation des métaux en fusion est, comme on sait, difficile, pénible et dangereuse ; on y a fait de grands progrès, surtout depuis que Bessemer a montré la route. Mais, sans aller aussi loin, vous connaissez tous combien la seule opération du puddlage est pénible pour l'ouvrier. On a tenté il y a bien longtemps, près de vingt ans, je crois, de la rendre plus aisée en mettant l'outil, le crochet du puddleur entre les mains d'une machine automate : le meilleur succès à été obtenu par M. Lemut, dont l'appareil figure encore cette année à l'Exposition. Mais dans ces dernières années on a cherché d'un tout autre côté la solution du problème. On a rendu les fours à puddler mobiles en modifiant du reste complétement leurs formes.

En 1867, nous avions vu le four Menelaus de Dowlais, espèce d'olive tournant autour d'un axe horizontal. Mais il ne s'est pas maintenu, et le premier succès a été obtenu par un Américain, M. Danks, dont l'appareil, semblable en principe au précédent, ne figure pas à l'Exposition. Il a dû être du reste considérablement perfectionné par ceux qui ont eu la persévérance de le garder jusqu'à ce qu'il fût devenu pratique, comme MM. Hopkins, Gilkes and Cº de Middlesbro, par exemple. Le four construit au Creusot, par M. Bouvard, notre camarade, rappelle dans ses dispositions générales le four Danks; mais son ingénieuse construction, qui l'a mis à l'abri des nombreux inconvénients reconnus dans l'ancien four Danks, en fait un four réellement nouveau.

Des inventeurs anglais, MM. Godfrey et Howson, ont repris l'idée du Suédois Destlund, en employant pour le puddlage une sorte de bassine ou marmite profonde, ouverte en dessus et tournant autour d'un axe lui-même susceptible d'inclinaisons diverses, et en la chauffant au moyen d'un chalumeau à gaz. Le temps me manque pour discuter les mérites de ces divers appareils, et ce n'est pas ici la place, du reste.

En ce qui concerne les élaborations mécaniques, que vous dirai-je du martelage? Vous avez vu le gigantesque marteau-pilon de MM. Schneider, le plus pesant du monde, dit-on. Ces appareils, tout puissants qu'ils sont, ont leurs détracteurs; les ingénieurs de Terrenoire, par exemple, vous diront qu'ils obtiennent des produits aussi résistants que les meilleurs aciers forgés, en coulant leurs pièces sans soufflures et en les soumettant à plusieurs trempes à l'huile. Ailleurs on préconise l'emploi de la presse hydraulique pour le façonnage des pièces de fer ou d'acier doux : voyez l'exposition des chemins autrichiens. La prochaine Exposition nous dira si le marteau-pilon a eu raison de ses détracteurs ou non. Ce qui est certain, c'est que celle-ci nous montre des produits remarquables dans l'élaboration desquels le pilon n'a pas joué le rôle principal. Je veux parler des aciers de sir Joseph Whitworth, comprimés à l'état fluide au moyen de la presse hydraulique. Cet illustre mécanicien, qui voudrait qu'on ne vît en lui que l'artilleur et qui semble bouder la métallurgie dans l'Exposition, a cependant exposé des pièces qui témoignent d'une singulière habileté dans l'art de travailler l'acier soit fluide, soit solide ; ses procédés, quoiqu'ils datent de plusieurs années, ne sont pas encore connus dans leurs détails,— au moins d'après ce que je puis savoir moi-même.

Le laminage nous fournit aussi des produits qui méritent de vous être signalés. Le laminoir de MM. Marrel frères, dont le modèle figurait à l'Exposition de 1867, a produit l'énorme bloc dégrossi pour blindage qui figure ici près et dont le soudage paraît excellent. Le laminoir des usines de Saint-Chamond, dont le modèle figure dans leur annexe, a fourni les blindages de 50 centimètres et plus en acier fondu, soudé et corroyé. Ces énormes appareils sont mûs par des machines tournant toujours dans le même sens, mais munies d'une transmission de mouvement par engrenages avec changement de marche. D'autres usines préfèrent pour les blindages, comme pour les tôles, des trains, où le renversement dans le sens de rotation des cylindres s'obtient par le renversement dans la marche du moteur ; on les appelle *trains reversing*. Les usines de Seraing vous en montrent un bel exemple appliqué à la fabrication des rails, en même temps qu'une barre de rail d'immense longueur fabriquée avec ce train. Vous comprenez l'avantage qu'il y a à obtenir une barre pouvant fournir deux, trois, quatre rails même avec deux bouts coupés seulement. Les laminoirs *trios*, qui sont employés en Amérique et dans quelques usines européennes à cette même fabrication des rails d'acier, se défendent en montrant, dans l'exposition des chemins autrichiens, une barre presque aussi longue fabriquée par l'un d'eux. Mais je doute qu'ils finissent par l'emporter dans la lutte qui existe entre le reversing et le trio.

Ailleurs vous avez vu un train, celui imaginé par M. Constant Roy et exposé par les forges du Clos-Mortier, qui supprime le serpentage si dangereux des petits trains à guides, dans lesquels on fabrique la machine de tréfilerie, et dans lequel il n'y a plus que deux cages, l'une avec quatorze cylindres, l'autre avec deux, au lieu des cinq cages successives du train classique. Les Forges de Champagne vous montrent des petits fers qui sont des chefs-d'œuvre de laminage s'ils sont fabriqués couramment et qu'elles obtiennent, dit-on, avec des laminoirs assez compliqués, à trois, quatre et même cinq cylindres.

Mais il est temps de finir, et je le fais en vous exposant un fait qui est gros de conséquences et qui peut amener encore de singulières perturbations dans l'industrie sidérurgique; les pièces justificatives sont exposées, mais plus d'un intéressé a passé devant elles sans se douter de leur importance. — Vous savez que les minerais phosphoreux ne sont pas propres à la fabrication de l'acier; les usines à rails de fer du Cleveland, en Angleterre, de la Moselle, en France, etc., ont été obligées de s'éteindre le jour où les chemins de fer n'ont plus voulu que des rails d'acier fondu. Ceux-ci exigent pour leur fabrication des minerais purs qu'on est souvent obligé d'importer de fort loin. Or, deux grands métallurgistes étrangers, M. Lowthian Bell, en Angleterre, M. Krupp, en Allemagne, semblent avoir trouvé le moyen de déphosphorer assez les fontes phosphoreuses du Cleveland et de la Moselle pour pouvoir les employer à la fabrication des rails d'acier. M. Bell a exposé des spécimens de fer épuré fabriqué avec des fontes contenant environ 1 1/2 % de phosphore et ne contenant plus que 0,054 à 0,084 % de ce fâcheux métalloïde; il en a fait des aciers qui ont supporté des essais mécaniques en fournissant des allongements jusqu'à 20 et 25 %. Son procédé, très-simple, consiste à soumettre la fonte liquide, mais maintenue à une température très-peu supérieure à celle nécessaire pour sa fusion, à l'action de l'oxyde de fer fondu ou plutôt d'une scorie très-ferreuse, et cela pendant un temps assez court. La scorie ferreuse absorbe le phosphore sans diminuer sensiblement la proportion de carbone du métal qui reste fluide, de sorte que la liquation peut être effectuée. — Si le procédé réussit en grand, comme le font espérer des essais qui ont déjà porté sur des centaines de tonnes, l'avenir est peu réjouissant pour les fabricants actuels de rails d'acier.

Maintenant, chers camarades, permettez-moi de supprimer toute péroraison et de vous montrer le chemin.

Après cette introduction a commencé la visite dirigée par M. Jordan. Voici ci-après l'indication des expositions qui ont arrêté spécialement l'attention, ainsi que des objets signalés particulièrement.

Annexe près l'École militaire.

MM. Gouvy frères *. — (Aciers fabriqués au charbon de bois et au petit foyer.)

Société de Commentry-Fourchambault *. — (Aciers Bessemer, aciers moulés, ferro-manganèse.)

MM. Marrel frères. — (Laminages et pièces de forges exceptionnelles.)

---

* L'astérisque indique les usines dirigées par d'anciens élèves de l'École centrale.

Galerie des Machines. — Classe 50.

Société des aciers Martin. — (Fours Martin et Pernot.)

Société générale de métallurgie. — (Récupérateur et forno-convertisseur Ponsard.)

MM. Gaillard et Haillot. — (Récupérateur.)

MM. Combescot et de Langlade. — (Appareils Langlade.)

M. Guyenet. — (Appareils Whitwell.)

M. Willett. — (Four à puddler Godfrey et Howson, gazogène Brook et Wilson.)

Forges du Clos-Mortier. — (Laminoir Roy pour machine.)

Section française. — Classe 43. *— Salle* III.

M. Dervaux-Ibled *. — (Nouveaux emplois de l'acier.)

Hauts-fourneaux de Labouheyre. — (Fonte au bois provenant de minerais de Bilbao.)

MM. Bietrix et C⁰ *. — (Produits en acier Martin-Siemens.)

M. Tremeau *. — (Fers au bois du Berri.)

MM. Doremieux, David Damoiseau et C⁰, Lobel et Turbot. — (Nouveaux emplois de l'acier.)

M. Legénisel*. — (Fontes malléables et aciers moulés.)

Société de la Haute-Moselle. — (Fontes au coke des minerais de Moselle. Appareils Cowper.)

MM. Charrière et C⁰ *. — (Fontes et aciers produits avec les minerais spathiques des Alpes.)

Salle II.

Forges d'Audincourt. — (Fours au bois de Comté.)

MM. Mignon, Rouart et Delinières. — (Tubes et pièces en fer soudé.)

M. Dalifol. — (Fontes malléables, moulages d'art en acier.)

Salle I.

Hauts-fourneaux de Marseille *. — (Ferro-manganèses à 87 1/2 % fabriqués au haut-fourneau.)

Forges de Champagne *. — (Petits fers profilés, feuillards et laminages fins.)

Société des forges de Denain et Anzin. — (Plan relief de l'usine de Denain.)

Aciéries de Firminy. — (Produits en acier Martin.)

Mme Ve de Mandre. — (Tréfilerie fine.)

MM. Jacob Holtzer et Co *. — (Aciers fins au creuset, ferrochrome, ferrotungstène, aciers chromés.)

Aciéries de Saint-Etienne. — (Produits en acier Bessemer, tôles en fer fin, blindages.)

MM. Haldy, Rœchling et Ce. — (Tuyaux en fonte.)

MM. Dupont et Fould. — (Produits des minerais de Moselle, plans-reliefs.)

Société du Val d'Osne. — (Fontes d'art.)

Vestibule d'Iéna.

Société de Denain et Anzin. — (Produits en acier Bessemer et en acier Pernot, aciers soudables.)

M. A. Durenne. — (Fontes d'art.)

Section anglaise.

MM. Hopkins, Gilkes and C°. — (Fer Danks.)

M. Lowthian-Bell. — (Fer épuré et acier fabriqués avec les minerais phosphoreux du Cleveland.)

Forge de Leeds. — (Fers et tôles fines du Yorkshire.)

M. Jessop. — (Aciers au creuset de Sheffield.)

MM. Th. Whitwell. — (Appareils et fonte.)

MM. Brown, Bayley et Dixon. — (Bandages et rails en acier Bessemer.)

Sir J. Whitworth. — (Acier comprimé à l'état fluide.)

West Cumberland Iron Works. — (Fontes Bessemer, barres et tôles d'acier Bessemer doux.)

M. Hadfield. — (Moulages d'acier sans soufflures.)

Sir John Brown and C° de Sheffield. — (Blindages, rails et bandages en acier Bessemer, blindages mixtes, etc.)

Ch. Cammell et C° de Sheffield. — (Blindages, rails et bandages en acier Bessemer, blindages mixtes, etc.)

Usine Siemens à Landore. — (Produits en acier Siemens au minerai.)

Section américaine.

MM. Barnum, Richardson et C°. — (Minerais, fontes et moulages trempés.)

Procédé Dupuy.

Section suédoise.

Exposition du Iern-Kontor.

Four Lundin, de Domnarfvet.

Acier Uchatius de Wykmanshyttan.

Section espagnole.

MM. Ibarra de Bilbao. — (Minerais, fers fins, procédé Chenot.)

Section chinoise.

Arsenal de Fou-tchcou. — Fers spéciaux.

Section hongroise.

Exposition de la Société I. R. P. des chemins de fer autrichiens. — (Produits des mines de Reschitza, Dognasca, Anina, etc.)

Section autrichienne.

Société de l'Innerberg. — (Aciers fins affinés, puddlés, fondus au creuset, aciers manganèse, wolframique, etc.)
Osokerite ou minerai de cire.

Section russe.

M. le prince Demidoff. — (Aciers Bessemer et Martin.)
Les héritiers Jacovleff. — (Tôles noires lustrées.)

Section belge.

Aciérie Cockerill de Seraing. — (Aciers divers, aciers Bessemer extra-doux, laminoir reversible.)

Aciérie d'Angleur. — (Essieux et bandages en aciers Bessemer.)

MM. Delloye-Mathieu, etc. — (Tôles polies.)

La visite s'est prolongée jusqu'à midi avant déjeuner, et ensuite de deux à trois heures et demie. Les annexes du Creusot, de Terrenoire et de Saint-Chamond avaient été visitées antérieurement.

Imprimerie D. BARDIN, à Saint-Germain.

Extrait des ANNALES INDUSTRIELLES
18, rue Lafayette, Paris.

VISITES DES INGÉNIEURS
ANCIENS ÉLÈVES DE
L'ÉCOLE CENTRALE
DES ARTS ET MANUFACTURES
A L'EXPOSITION UNIVERSELLE DE 1878

Visite aux Pompes de l'Exposition.
Par M. L. POILLON (*Promotion 1862*)

Bien que les systèmes de pompes soient extrêmement nombreux, on peut en simplifier singulièrement l'étude en éliminant tous ceux qui ne supportent même pas un examen purement théorique. Il est clair en effet que si ce qui est excellent en théorie n'est pas toujours bon en pratique, on ne peut que perdre son temps à vouloir faire marcher un appareil théoriquement défectueux. Dans un ensemble aussi complexe que celui des pompes figurant à l'Exposition universelle, il convient, si l'on veut se livrer à un examen profitable, d'y mettre quelque méthode, de rapprocher les idées d'un même ordre et de se préoccuper davantage des principes qui peuvent être appliqués que des détails de construction qui ont pu être adoptés. Avec de l'argent on améliore en effet quand on le veut une construction mauvaise, tandis qu'un principe vicieux ne se réforme pas. — Une erreur de principe est une idée fausse ; une erreur de construction n'est qu'une faute d'orthographe. On peut la corriger. C'est là un point de vue que l'on ne devrait pas quitter lorsque l'on examine une classe de machines quelconque ; et l'on voit trop souvent amalgamer ces deux ordres d'idées qui devraient toujours rester distincts dans l'analyse d'un système mécanique. — L'examen des principes théoriques est toujours celui par lequel il convient de commencer, puisque s'il n'est pas satisfaisant, toute autre recherche est inutile.

Appliquant cette manière de procéder aux pompes, nous pensons que la meilleure méthode à suivre pour analyser théoriquement un système quelconque consiste à employer une méthode graphique que nous avons exposée avec quelques développements et exemples à l'appui dans une brochure spéciale. Cette méthode, dont nous n'indiquerons ici que les parties essentielles, consiste à rendre visibles à l'œil les phénomènes principaux accomplis pendant une évolution complète du mécanisme. A cet effet nous traçons trois diagrammes obtenus comme il suit :

Sur l'axe des abscisses nous portons à une certaine échelle le chemin parcouru en un tour complet ou évolution complète par la partie moyenne de l'organe propulseur (piston, palette ou autre). — Nous divisons ce chemin total en un nombre plus ou moins grand de parties égales, suivant qu'il y a intérêt à considérer un plus ou moins grand nombre de positions respectives des divers organes de la pompe, et par les points de division nous élevons des ordonnées indéfinies. Cela fait, voici comment se déterminent les longueurs d'ordonnées correspondant à chacun de nos trois diagrammes : il y a le diagramme de refoulement, le diagramme d'aspiration et le diagramme de travail.

Pour le diagramme de refoulement ou de débit, on porte en ordonnée à une échelle convenue, pour chaque position, une longueur proportionnelle à la valeur de débit par seconde à l'instant considéré. — Par débit par seconde à l'instant considéré, il faut entendre le débit géométrique ou volume engendré par seconde en cet instant par l'organe ou par les organes propulseurs.

Pour le diagramme d'aspiration on porte en ordonnée pour chaque position une longueur proportionnelle ou débit par seconde à l'instant considéré *du côté de l'aspiration*. — Il semblerait au premier abord que ce diagramme doive se confondre avec le précédent. Mais il n'en est rien.

En effet, contrairement à ce qui a lieu pour la colonne de refoulement, la pression motrice de la colonne d'aspiration dépend non plus seulement du mouvement de l'organe propulseur, mais aussi du mouvement de l'eau dans cette colonne. Elle peut se trouver réduite à zéro, si pour un motif quelconque l'eau ne peut pas suivre l'organe propulseur dans son mouvement. Il ne faut pas perdre de vue, en effet, que dans la conduite d'aspiration le mouvement de l'eau est dû uniquement à la pression atmosphérique, et que si, à un moment donné, l'eau est réduite au repos ou ralentie, elle ne pourra reprendre son mouvement ou acquérir une accélération que d'après une certaine loi distincte de celle du mouvement de l'organe propulseur.

C'est ce qui fait qu'il est absurde d'installer des pompes avec de grandes hauteurs d'aspiration, lorsqu'on peut s'en dispenser, parce que l'on réduit alors à rien la charge produisant le mouvement dans le tuyau d'aspiration (indépendamment des effets fâcheux résultant du dégagement de l'air dissous dans l'eau).

Quoi qu'il en soit, notre brochure, déjà citée, donne la méthode à suivre pour déterminer dans chaque cas la loi du mouvement de la colonne d'aspiration, et nous n'insistons donc pas.

Pour le troisième et dernier diagramme, on porte en ordonnée en chaque point, à l'échelle convenue, la résultante en kilogrammes des pressions s'exerçant au point considéré sur la partie moyenne de l'organe propulseur. Il faut remarquer que ces pressions ne dépendent pas seulement des hauteurs d'aspiration et de refoulement, mais aussi de la vitesse variable avec laquelle on force l'eau à sortir des espaces dans lesquels on l'a confinée, vitesse dont l'exagération conduit dans certains cas à des pressions de beaucoup supérieures à celle qui résulte de la hauteur de refoulement. — Le travail développé pour un tour est alors exprimé par l'aire du diagramme, et le rapport du travail utile théorique à cette aire exprime le rendement théorique.

On peut donc dire que lorsque, pour une pompe quelconque, on est en possession de ces trois diagrammes, toutes les circonstances importantes de son fonctionnement sont connues, et que sans ces diagrammes il est au contraire fort difficile d'y voir clair et de ne pas négliger des éléments importants.

Ces principes généraux étant bien posés, nous diviserons en cinq grandes classes les pompes ou appareils d'élévation d'eau qui doivent faire l'objet de notre visite : 1° les pompes à piston à mouvement rectiligne alternatif; 2° les pompes centrifuges ; 3° les pompes rotatives à un axe ; 4° les pompes rotatives à deux axes ; 5° les appareils à action directe dits pulsateurs et pulsomètres.

I. — Les pompes à piston à mouvement rectiligne alternatif sont les plus anciennement connues. Les seuls inconvénients que l'on puisse reprocher à celles qui sont bonnes, sont les suivants :

a) Nombreuses transformations du mouvement entre l'arbre qui doit les commander et les pompes elles-mêmes pour arriver au mouvement rectiligne alternatif voulu, et au mouvement ascensionnel continu de l'eau ; transmissions compliquées et coûteuses, réservoirs d'air, etc. ;

b) Frottement souvent considérable du piston dans son corps de pompe, et entretien de ce piston et de ses garnitures ;

c) Travail résistant dû aux étranglements et chocs des soupapes ;

d) Inertie des colonnes d'eau et des organes en mouvement, dont la vitesse varie à chaque instant, d'où pertes de force vive et impossibilité d'atteindre de grandes vitesses sans chocs ;

e) Comme conséquence de l'impossibilité d'atteindre de grandes vitesses et de la complication du mécanisme, prix élevé d'installation et grand emplacement occupé, graissage et entretien coûteux, etc.

L'examen de toutes les pompes à pistons figurant à l'Exposition serait interminable, et nous avons d'autant moins l'intention de nous y livrer qu'un grand nombre de ces pompes ne sont que des pompes ordinaires avec mode de commande plus ou moins ingénieux ; que d'autres sont depuis très-longtemps connues comme les pompes Letestu ; que les pompes à incendie constituent une spécialité tout à fait à part, et que notre opinion est que la disparition complète des pistons à mouvement rectiligne alternatif n'est qu'une question de temps. Pourquoi, en effet, conserverait-on des appareils compliqués et coûteux alors que l'industrie est en possession d'appareils beaucoup plus simples, d'un effet utile supérieur ? Autant vaudrait rétablir des diligences sur les routes pour faire concurrence à nos grandes lignes de chemins de fer.

Ne jetant donc sur les pompes à pistons qu'un coup d'œil rapide, nous notons d'abord, comme à toutes les expositions, un nombre considérable de pompes à pistons à vapeur à action directe plus ou moins anglaises, américaines ou universelles et internationales. Ces pompes coûtent bon marché d'acquisition, consomment beaucoup d'huile et de vapeur et durent peu. Comme telles, elles ne conviennent guère qu'aux installations provisoires, croyons-nous. Il n'y a généralement là ni volant, ni distribution de vapeur rationnelle, ni rien en un mot de ce qui constitue une machine étudiée.

Notons néanmoins comme exception la pompe à vapeur à action directe à double effet, de M. Stapfer, de Marseille. Notons également, parmi les pompes à incendie, la pompe à piston à deux corps de M. Audemar, de Dôle, avec ses boulets en caoutchouc et tout son mécanisme facile à démonter et à visiter.

Dans cette classe des pompes à pistons, les seules nouveautés intéressantes à signaler (en dehors de celles que nous venons de nommer) nous paraissent être les pompes à piston à grande vitesse de MM. Farcot et fils, récemment décrites dans les *Annales Industrielles*, et le piston universel P. Giffard, employé aux pompes des machines frigorifiques de cet ingénieur.

Le piston Giffard est le plus simple de tous les pistons connus, car il consiste en un simple bloc de fonte tourné, dans lequel est pratiquée une rainure annulaire. Dans celle-ci se déplace un mince cercle en caoutchouc durci, cuir ou toute autre matière, suivant les applications. Ce cercle vient s'appliquer successivement contre le rebord supérieur et contre le rebord inférieur de sa gorge annulaire, et cette gorge communique toujours avec la pression du refoulement, d'après ce mode même de fonctionnement.

Les quatre propriétés caractéristiques du piston Giffard sont que :

1° Le frottement du piston ou de l'anneau par centimètre carré (ou frottement relatif) est proportionnel à la pression engendrée ;

2° Le frottement total ou absolu de l'anneau est modifié par le rapport entre son diamètre intérieur et son diamètre extérieur, puisque c'est sur sa face intérieure que s'exerce la pression du fluide tendant à appliquer l'anneau contre le corps de pompe ;

3° Le frottement total ou absolu est proportionnel à la hauteur de l'anneau ;

4° L'usure ne dépendant que du frottement relatif ou par unité de surface est indépendante de la hauteur de l'anneau.

Ces propriétés rendent le piston Giffard tout à fait préférable aux pistons ordinaires avec lesquels on est conduit à subir toujours plus ou moins soit un frottement exagéré, soit un défaut de jointivité dont l'influence est très-grave lorsque le piston fonctionne, comme c'est le cas le plus général, à une assez faible vitesse.

II. — Si nous passons aux pompes centrifuges, nous nous trouvons encore à l'Exposition en présence d'un nombre assez considérable de types. — Un certain nombre de personnes appellent pompes centrifuges tout ce qui est pompes rotatives, et c'est là un abus de langage qui réagit sur les idées et les fausse souvent. On doit logiquement appeler pompes centrifuges toutes celles dans lesquelles l'eau est appelée au centre d'un tambour mobile du côté de l'aspiration et projetée vers la circonférence du côté du refoulement, *sous l'influence des composantes centrifuges d'inertie* engendrées dans la rotation rapide dudit tambour. Il est inexact au contraire de qualifier de pompes *centrifuges* des pompes dans lesquelles la force centrifuge ne joue aucun rôle.

La question des pompes centrifuges a été traitée d'une façon complète et remarquable dans le volume XIX de la *Publication industrielle* de M. Armengaud. Ces pompes ont rendu et rendent encore tous les jours de grands services dans les épuisements et les travaux publics. La pompe centrifuge coûte bon marché et est très-facile à installer. Ses seuls inconvénients sont : 1° de consommer beaucoup de travail moteur, la théorie démontrant que son rendement théorique maximum ne peut dépasser 66 °/₀ et le rendement pratique étant souvent de 40 ou 50 °/₀ seulement ;

2° De se désamorcer sous l'influence des moindres

rentrées d'air, l'air se cantonnant au centre de la pompe et ne pouvant être expulsé;

3° D'exiger des vitesses considérables et des transmissions de mouvement compliquées ;

4° De ne pas se prêter à des élévations supérieures à 10 ou 15 mètres.

Nous trouvons à l'Exposition, comme types de pompes centrifuges déjà connus et décrits dans le volume cité de la publication de M. Armengaud, les pompes Coignard (constructeur M. Edoux), les pompes Gwynne et les pompes Neut et Dumont (constructeurs Jean et Peyrusson). La vogue de ces dernières, supérieure à celle des autres systèmes, s'explique par les soins plus grands apportés à leur construction.

Ce qui manque encore pour élucider complétement cette question des pompes centrifuges, c'est une bonne théorie; et jusqu'à présent il règne encore sur ce sujet beaucoup de contradictions et de confusion, parce que l'on ne s'entend pas jusqu'à présent sur les hypothèses à faire au départ. C'est dans l'établissement d'une telle théorie et non ailleurs qu'il convient de rechercher, quant à présent, la solution du problème de l'établissement d'une bonne pompe centrifuge, et si plusieurs solutions ont été proposées, il n'en est aucune encore qui soit incontestée et qui ait fait ses preuves d'une façon complète.

Parmi les tentatives récentes, rappelons les plus remarquables :

1° Tout le monde connaît les remarquables travaux de M. Guibal, et ses ventilateurs de mines.

2° M. Thomasset expose la pompe turbine de M. Harant, dont la théorie est nouvelle et a été publiée en détail dans les *Annales Industrielles*.

3° La pompe centrifuge Decœur, à ajutage circulaire, dont la théorie a paru dans les *Annales des Ponts et Chaussées*, emploie une turbine très-petite dont le débit va agir dans un ajutage circulaire, comme jet d'entraînement en quelque sorte.

4° M. Lacour, de la Rochelle, expose des pompes centrifuges nombreuses et à très-bon marché dont la théorie n'a pas été faite, croyons-nous.

5° Enfin nous avons remis il y a plus d'un an à la Société des Ingénieurs civils un mémoire sur cette même question, faisant remarquer notamment l'absurdité de l'hypothèse généralement admise d'une introduction avec vitesse nulle par un orifice nul. Comment, en effet, admettre que le produit d'une section nulle par une vitesse nulle donne comme résultat un débit déterminé ?

III. — Les pompes rotatives à un axe dérivent en grand nombre de la pompe Ramelli, inventée il y a très-longtemps déjà, et tombée dans l'oubli depuis longtemps aussi, mais reparaissant périodiquement sous un nom nouveau, avec des modifications sans importance. Il s'agit toujours d'un tambour excentré par rapport à un corps de pompe cylindrique, et portant des palettes mobiles de façon à engendrer un volume croissant du côté de l'aspiration et décroissant du côté du refoulement.

La pompe Ramelli est décrite complétement dans notre petite brochure *Notes sur les pompes*; et il y est également démontré que les frottements seuls dans une telle pompe absorbent au moins 27 % du travail moteur développé, et que le rendement net y est inférieur à 50 %.

Dans ce type, les palettes mobiles oscillent autour de pivots parallèles à l'axe de rotation.

Dans d'autres types, la jointivité des palettes se trouve assurée sans produire sur l'arête flottante une pression aussi considérable, et sans absorber par suite autant de frottements en ce point. Mais le plus souvent la différence de pression entre l'aspiration et le refoulement engendre alors une poussée plus ou moins forte dans le sens longitudinal de l'axe, et les frottements et l'usure s'exercent latéralement au lieu de s'exercer à l'extrémité de l'organe propulseur. Ce n'est pas mieux. Tel est le cas de la pompe Ortmans, que nous verrons plus loin. Enfin, un troisième dispositif, encore plus répandu, consiste à avoir des palettes glissant dans des coulisses ménagées au tambour mobile dans le sens du rayon, sous l'influence de ressorts ou de guides.

Dans ce dernier cas, il ne peut y avoir moins de deux palettes, et il n'y en a généralement pas plus de quatre.

Il est aisé de voir qu'une pompe à deux palettes donnera un débit identique à celui de deux pompes à piston à simple effet appliquées sur un arbre tournant, ou à celui d'une seule pompe semblable à double effet, la surface de la palette étant égale à celle du piston supposé.

Le mouvement de l'eau est alternativement accéléré et retardé, ce qui donne une irrégularité de diagramme et une perte correspondante de force vive et de travail, et à chaque tour la vitesse passe par un maximum et un minimum pour lequel le débit instantané est égal à zéro. C'est ce qui nécessite, comme avec la pompe à piston, l'emploi de réservoirs d'air; et telle est par exemple la pompe Erémac que nous retrouverons dans un instant.

De même une pompe rotative à un axe et à trois palettes peut être assimilée à trois pompes à piston à simple effet dont les manivelles seraient calées à 120°.

Les palettes peuvent emprunter leur mouvement radial indispensable soit à un guide fixe concentrique au corps de pompe, soit à des ressorts ; et dans ce dernier cas, il faut que ceux-ci soient relativement très-puissants pour que leur extension puisse forcer chaque palette à glisser dans sa coulisse, malgré la résistance de frottement et malgré celle opposée par la pression du refoulement. Reste aussi la difficulté d'assurer des sections suffisantes pour que les espaces intérieurs se remplissent et se vident d'eau sans exiger des vitesses d'entrée et de sortie et dépenses de force trop considérables.

Les inventeurs de pompes rotatives à un axe se butent, en résumé, toujours contre l'un des inconvénients suivants :

1° Ou bien les frottements des palettes contre les parois, lorsque l'on veut faire de la jointivité, et les frottements des palettes dans leurs coulisses, absorbent 40 ou 50 % du travail moteur dépensé, d'où mauvais rendement : cela arrive en employant beaucoup de palettes ;

2° Ou bien, si l'on réduit le nombre de palettes, le rendement baisse par les variations de vitesse de l'eau et les pertes de force vive qui en résultent ;

3° Ou bien les frottements deviennent plus doux parce que la jointivité a diminué par l'usure. Mais alors le rendement baisse par suite des fuites.

La seule disposition efficace que l'on puisse tenter pour en améliorer le fonctionnement serait de ne forcer les palettes à prendre leur mouvement radial que dans les moments où elles sont soumises à la pression minimum, parce qu'alors la puissance des ressorts, qui sont de véritables freins, serait diminuée. C'est ce que nous avons expliqué dans la brochure *Notes sur les pompes*.

Les inconvénients que nous venons de signaler seront d'ailleurs d'autant plus accusés que plus grande sera l'importance de l'appareil considéré, parce que l'amplitude relative du mouvement radial sera plus considérable. Pour des pompes à bras, d'arrosage, ou à transvaser les vins, ces faits peuvent au contraire passer presque inaperçus.

Ces principes généraux étant posés, l'examen des principaux systèmes de pompes rotatives à un axe figurant à l'Exposition universelle est facile. Signalons seulement celles qui nous ont le plus frappé :

a) Pompe Ortmans, à plateau ondulé et glissière, construite et exposée par MM. Van Gœthem, Réallier et C°, de Bruxelles. Simple et bon marché, mais forte poussée suivant l'axe ; frottement considérable ; usure rapide ; aucun rattrapage de jeu.

b) Pompe Erémac, exposée par MM. Salomon et Touchais. Deux palettes avec ressorts à mouvement radial ; inconvénients signalés plus haut ; diagramme de travail irrégulier que l'on s'est attaché à modifier par l'emploi de réservoirs d'air et en conjuguant deux pompes sur un même tuyau de refoulement ; usure assez prompte inévitable. C'est là néanmoins une des meilleures pompes rotatives à un axe exposées.

c) Pompes Stoltz, construites par M. Henry, constructeur à Paris (Montmartre). Bien construites et bonnes pour petites applications.

d) Pompes Samain, de Blois. Quatre palettes glissant

dans des coulisses radiales avec ressorts ; travail assez régulier, mais frottements énormes et usure rapide.

e) Pompes Hirt frères. Même construction générale, moins soignée, et mêmes défauts.

f) Pompe Bartrum et Powell, construite par MM. Tulpin frères, de Rouen. Ici nous pensions nous trouver en présence d'un appareil plus nouveau, le prospectus étant énigmatique et les renseignements ne pouvant être obtenus que d'une façon presque mystérieuse. Mais notre attente a été complétement déçue en étudiant cette pompe de plus près et en en traçant les diagrammes. Il résulte en effet d'un travail qui serait trop long pour trouver sa place ici, mais que nous tenons à la disposition des camarades qu'il pourrait intéresser :

1° Que la pompe en question est à très-peu de chose près la même que la pompe Knott, décrite dans la *Cinématique* de Reuleaux, pl. 4, fig. 13. Elle n'en diffère que par le mode d'évacuation de l'eau refoulée ;

2° Que la pompe Pattison, décrite dans Reuleaux, pl. 4, fig. 4, a aussi une grande analogie avec ce système ;

3° Que les diagrammes sont très-mauvais et accusent des compressions d'eau énormes. Les frottements sont considérables. On voit que les inventeurs n'ont fait aucun contrôle graphique de leur invention ;

4° Que la construction est mal étudiée au point de vue de la répartition des efforts et du graissage ;

5° Que les systèmes Knott et Pattison (abandonnés) seraient facilement rendus supérieurs à la pompe Bartrum et Powell, moyennant des modifications faciles à apporter. — N'insistons donc pas.

Si nous abordons maintenant l'examen des pompes rotatives à deux axes, nous nous trouvons encore en présence d'un très-grand nombre de combinaisons. Mais on peut en simplifier l'étude par quelques remarques préliminaires qui conduisent à éliminer un certain nombre de systèmes :

1° On ne peut empêcher d'une *façon absolue* la torsion d'un arbre soumis à un certain effort. On peut rendre cette torsion très-faible, mais elle existe toujours à un certain degré. Par suite, tout système de pompe rotative à deux axes qui exige une précision et une régularité *mathématiques* dans les positions relatives des deux axes de la pompe, ne peut convenir à l'élévation de l'eau et convient seulement au refoulement des gaz ou fluides compressibles. Encore même pour ce dernier cas subsiste toujours l'inconvénient suivant : ou l'on a laissé dans la construction de l'appareil un certain jeu entre les organes intérieurs, et alors on a des fuites; ou la plus légère usure des engrenages de conjugaison ou la plus légère torsion altèrent la corrélation des organes et engendrent des frottements entre des parties qui n'ont pas été taillées ni ajustées pour se développer les unes sur les autres.

Une seconde remarque non moins importante, c'est qu'il faut rejeter *à priori* toute pompe dans laquelle le jeu des organes tend à produire des *compressions d'eau*, ou sinon des compressions absolues, du moins des refoulements sous des pressions et avec des vitesses d'évacuation exagérées. En effet, l'eau est sensiblement incompressible, et il faut dépenser un travail considérable pour forcer un volume d'eau donné à sortir d'un espace donné par une section insuffisante.

Notre brochure *Notes sur les pompes* donne à ce sujet des développements dans lesquels il ne nous est pas possible d'entrer ici, et démontre l'impossibilité pratique de pompes telles que les pompes Evrard, Pappenheim, et autres pompes décrites par M. Reuleaux. Nous avons examiné aussi avec détail la pompe Behrens, en fournissant les diagrammes, et signalé ses inconvénients capitaux.

Nous n'avons pas remarqué à l'Exposition d'autres pompes rotatives à deux axes que la pompe Greindl et la pompe à pignons de MM. Moret et Broquet, qui exposent aussi une pompe rotative à un axe dite type J. M. B.

De la pompe Moret et Broquet, nous ne dirons rien, car tant par son mode de construction que par son principe, c'est surtout un appareil destiné à de petites applications (transvasement des vins, etc.).

Quant à la pompe Greindl, nous n'en donnerons pas la description, parce qu'en raison des nombreuses publications dont elle a été l'objet et des expériences auxquelles l'ont soumise les ingénieurs de la marine, elle est universellement connue. La pompe Greindl, très-abondamment représentée à l'Exposition (dans les machines de la Compagnie de Fives-Lille, de MM. Cail et Ce, Lecointe et Villette, Locoge et Ce, etc.), est la seule pompe industrielle exposée dont le principe soit réellement nouveau et qui soit apte à remplacer les pompes à piston à mouvement rectiligne alternatif dans toutes leurs applications, pour les gaz aussi bien que pour les liquides. Ses diagrammes sont sensiblement des lignes droites ; les frottements y sont nuls, et les fuites y sont sans importance lorsque la vitesse de rotation est convenablement déterminée en fonction de la hauteur à laquelle il s'agit d'élever l'eau.

Nous terminerons cette rapide revue des appareils à élever l'eau figurant à l'Exposition par l'étude du pulsomètre de Hall et du pulsateur Bretonnière. — Disons de suite que le pulsomètre de Hall est un instrument qui peut rendre d'excellents services dans certains cas, mais en nombre limité.

Supposez un corps de pompe sans piston, plongeant par le bas dans l'eau et portant un clapet d'aspiration un peu au-dessus du niveau de l'eau, et sur le côté un clapet de refoulement avec tuyau correspondant, le haut du corps de pompe étant fermé et communiquant avec un tuyau de vapeur muni d'un robinet. Remplissez le corps de pompe de vapeur et fermez votre robinet ; il est clair que la vapeur emprisonnée là va se condenser en partie, déterminant ainsi un vide partiel. — L'eau de la nappe inférieure montera donc dans le corps de pompe en soulevant le clapet d'aspiration en vertu de la pression atmosphérique et finira par le remplir complètement en condensant toute la vapeur primitivement contenue. A cet instant, rouvrez le robinet de vapeur : aussitôt la vapeur viendra faire pression sur le liquide et l'expulsera par le tuyau de refoulement en s'y condensant en faible partie et remplissant de nouveau le corps de pompe. — Répétant périodiquement l'ouverture et la fermeture du robinet, on voit immédiatement que l'on a un moyen (peut-être peu économique mais assurément fort simple) d'élever de l'eau par des poussées de vapeur successives, que nous pourrons qualifier de pulsations ou battements.

L'idée fondamentale étant bien comprise, au lieu d'avoir un seul corps de pompe, mettez-en deux, l'un à côté de l'autre, en réunissant leurs aspirations et leurs refoulements. Au lieu de laisser ces corps de pompes cylindriques (ce qui ne présente aucun intérêt puisqu'il n'y a pas de piston), donnez à chacun la forme d'une demi-poire à peu près, les gros bouts étant en bas. Vers le haut (queue de la poire) supposez un tuyau de vapeur unique vertical envoyant un embranchement à chaque ventricule ou compartiment; et au lieu d'un robinet à chaque embranchement, supposez une seule soupape ou encore un clapet à charnière voyageant de l'un à l'autre, de telle façon que chaque ventricule soit alternativement ouvert et fermé à l'arrivée de la vapeur. Voilà le pulsomètre; et tandis qu'un ventricule se remplit d'eau, la vapeur agit dans son voisin pour expulser par le refoulement l'eau introduite un instant auparavant. Puis la soupape sphérique (qui peut être aussi remplacée par un clapet battant) revient fermer l'introduction de vapeur sous l'influence de la condensation partielle éprouvée par celle-ci; et ainsi de suite. Les mêmes effets se reproduisent périodiquement; et les *pulsations* subordonnées au mouvement de la soupape se succèdent plus ou moins espacées suivant la pression de la vapeur, la hauteur d'aspiration, celle du refoulement, etc.

Comme on le voit, on ne peut rien concevoir de plus simple que ce mécanisme. Un appareil en fonte brute avec des clapets faciles à visiter, quelques bouts de tuyaux et un jet de vapeur; et c'est tout. Vous suspendez cela à une chaîne ou à ce que vous voulez; et vous supprimez à la fois et une bonne partie de la dépense d'acquisition, et la plus grande partie des frais d'installation. Pour assécher un puits de mine, une carrière, une cave, et pour faire en général n'importe quel travail répondant à des besoins momentanés, rien de mieux. Pour un service fixe, devant fonctionner à demeure, les avantages de simplicité et d'économie disparaissent au contraire devant l'exagération de la dépense journalière de vapeur et de combustible.

Quels sont, du reste, les résultats pratiques et économiques du pulsomètre?

C'est ce que nous allons voir maintenant.

Le travail utile d'un pulsomètre est le produit de la hauteur totale à laquelle il élève l'eau par le poids d'eau élevé par seconde. Le rapport du travail dépensé au travail utile est le rendement ou effet utile. Le travail dépensé est celui de la vapeur qui vient faire pression sur le liquide; et comme une partie de cette vapeur se condense et qu'elle travaille sans détente, on voit tout de suite qu'il n'est pas possible de s'attendre à un effet utile très-satisfaisant ni à une consommation de vapeur très-restreinte.

Le meilleur moyen de se rendre compte des phases diverses du travail de la vapeur dans les deux chambres du pulsomètre est de relever des diagrammes de ce travail, c'est-à-dire d'enregistrer les variations de la pression à l'aide d'un crayon sur un papier se déroulant d'un mouvement continu. C'est ce qui a été fait; et nous trouvons dans un journal allemand (le *Maschinen constructeur*) quelques renseignements sur des expériences de ce genre faites à Kœnigsberg et à Wilhelmshaven, et dont nous citerons tout à l'heure les résultats numériques.

Examinons auparavant d'une manière générale ce qui se passe dans chaque chambre du pulsomètre, et quelles sont les circonstances diverses de l'installation, susceptibles de modifier son fonctionnement.

Lorsque l'une des chambres est remplie d'eau et que la vapeur arrive sur l'eau pour expulser celle-ci, cette vapeur ne rencontre au début ni changement brusque de section ni surface de refroidissement bien étendue. Un peu d'air s'interpose du reste entre elle et l'eau à l'aide d'un reniflard; et la condensation est donc assez faible. Au fur et à mesure que l'eau est expulsée, les surfaces refroidissantes augmentent; et bientôt la pression de la vapeur diminue sensiblement par la condensation partielle. Si cette pression devient insuffisante pour vaincre la pression de la colonne de refoulement, l'expulsion de l'eau cesse. Il est donc indispensable qu'*à ce moment même* le clapet sphérique vienne refermer l'introduction de la vapeur sous peine de laisser se condenser en pure perte un certain volume de celle-ci; du rapport entre la pression de la vapeur et la hauteur de refoulement dépend d'ailleurs évidemment le moment où cesse l'action utile.

Dans la chambre voisine de l'instrument, que se passe-t-il pendant ce temps ? Au début, cette chambre est pleine de vapeur et communique avec l'aspiration seulement, l'arrivée de vapeur étant fermée. En présence de l'eau d'aspiration, la vapeur se condense; un vide partiel se forme; et l'eau d'aspiration se précipite dans la chambre de plus en plus rapidement à mesure que la condensation fait des progrès. La vitesse *maximum* avec laquelle l'eau peut pénétrer dans cette capacité est du reste exprimée par $\sqrt{2gh'}$, h' étant une colonne d'eau égale à la *différence* entre la pression atmosphérique de $10^m,33$ et la hauteur d'aspiration établie dans l'installation (augmentée de la tension des vapeurs restant dans la chambre, puisque le vide absolu ne peut y être atteint).

On voit immédiatement d'après tout cela que si l'on emploie de la vapeur à une pression très-élevée, on est dans des conditions favorables au point de vue du refoulement, mais que le vide s'établit d'autant plus difficilement du côté de l'aspiration, puisque celle-ci ne résulte que de la condensation de la vapeur.

En résumé, on a trouvé que 8 mètres d'eau représentaient à peu près le meilleur vide possible à obtenir dans un appareil de ce genre. Il convient donc de ne pas établir une hauteur d'aspiration supérieure à 3 ou 4 mètres, si l'on ne veut pas que l'eau arrive trop lentement et que le nombre de pulsations devienne trop faible. Si l'eau arrive dans la chambre d'aspiration avec une vitesse trop faible, il est clair, en effet, que l'on augmente les condensations en pure perte. Le temps nécessaire au refoulement de l'eau dépend de la pression de la vapeur et de la hauteur de refoulement ; et plus celle-ci augmente, plus augmente la pression de vapeur indispensable et plus il convient de réduire la hauteur d'aspiration.

Si les relations entre la pression de la vapeur, la hauteur d'aspiration et celle de refoulement ne sont pas convenablement déterminées, il peut arriver que la durée du refoulement soit moindre que celle de l'aspiration. Alors les intervalles de constance de pression avant le déplacement de la soupape sphérique deviennent plus grands ; et de la vapeur se condense là sans aucun effet utile. Cette observation explique les dépenses de vapeur très-inégales observées dans certains cas, avec les mêmes hauteurs d'aspiration et de refoulement.

Il résulte de là aussi qu'à chaque hauteur d'aspiration doit correspondre un nombre de pulsations déterminé, pour atteindre le rendement maximum.

L'observation de la température de l'eau élevée indique du reste si l'on a condensé un volume de vapeur plus ou moins considérable ; et il est évident que les conditions de marche sont d'autant meilleures que cette eau est plus froide. Toute élévation de température correspond en effet à une condensation ou destruction de fluide moteur et par suite à une perte sèche, puisque l'élévation du liquide à la hauteur voulue est le seul effet cherché.

Voici maintenant les résultats d'expériences faites en Allemagne sur le pulsomètre.

Détail des expériences.	A Kœnigsberg.		à Wilhelmshaven.
Pression dans chaudière.	35^m	35^m	40,20
Hauteur d'aspiration.....	3,58	3,807	5,40
Hauteur de refoulement.	7,70	7,70.	4,78
Hauteur totale..........	11,28	11,507	10,18
Eau élevée par minute...	423 k.	458,6	221,4
Travail par seconde.....	79,5	87,9	37,56
Température de l'eau du puits................	12°,5	12°,5	?
Température de l'eau élevée.................	17°,5	15°,5	?
Augmentation de température..............	5°,5	2°,5	2°,89
Unités de chaleur par minute...............	2115	1147	639,8
Quantité de vapeur dépensée par minute....	3,365	1,83	1 k.
1 kilogr. de vapeur donne en kilogrammètres....	1126	2882	2211,6

Depuis, d'autres expériences poursuivies par une Société d'ingénieurs de Berlin ont établi que le pulsomètre exige de 2 à 3 fois plus de vapeur qu'une pompe à vapeur bien construite d'un rendement de 0,65 à 0,90 %; et il est clair que cette dépense peut aller à 5 ou 6 fois au lieu de 2 ou 3, lorsque l'installation est mal étudiée. D'après le principe même de l'appareil, et quelles que soient les améliorations de détail que l'on pourra lui apporter, il est certain que l'on ne peut espérer en aucun cas une consommation de vapeur inférieure au double ou au triple de ce qu'exige une pompe bien établie. Et en effet la vapeur s'y condense toujours en proportion plus ou moins grande et *y travaille en outre sans détente*. Malgré cela, le pulsomètre est un excellent appareil lorsqu'il s'agit de vider un puits de mine, ou une cave, d'assécher une carrière, d'obtenir, en un mot, une fois pour toutes un résultat avec le moins de frais d'installation possible. Dans de tels cas, en effet, la dépense journalière de vapeur et de combustible perd toute importance pratique; et l'appareil lui-même peut être sacrifié une fois sa tâche accomplie.

Nous avons insisté un peu longuement sur cette question du pulsomètre, parce qu'il s'agissait d'un appareil véritablement récent et d'un principe nouveau, pouvant rendre de grands services dans certains cas donnés.

Quant au pulsateur Bretonnière (exposé par M. Bretonnière, de Philippeville, Algérie), c'est un appareil fondé sur des principes analogues, mais de beaucoup préférable. — Dans le pulsateur, en effet, la vapeur agit pour refouler l'eau non plus sur l'eau directement, mais avec interposition d'un diaphragme flexible en caoutchouc. Ce diaphragme se déplace et fléchit *sans allongement ni ex-*

tension et n'éprouve donc aucune fatigue. Sa présence a pour effet de réduire à presque rien la condensation de vapeur pendant la période de refoulement ; et la consommation de vapeur du pulsateur doit donc être très-sensiblement inférieure à celle du pulsomètre.

Quant à la simplicité et à la commodité d'installation, elles sont les mêmes avec le pulsateur qu'avec le pulsomètre ; et les prix d'acquisition sont les mêmes également pour les deux appareils. — Nous croyons donc le pulsateur appelé à un assez grand avenir, dans le même ordre d'idées et pour la même catégorie d'applications que le pulsomètre.

IMPRIMERIE D. BARDIN, A SAINT-GERMAIN.

Extrait des **ANNALES INDUSTRIELLES**
18, rue Lafayette, Paris.

VISITES DES INGÉNIEURS

ANCIENS ÉLÈVES DE

L'ÉCOLE CENTRALE

DES ARTS ET MANUFACTURES

A L'EXPOSITION UNIVERSELLE DE 1878

Visite à la Section Américaine

Par M. GUÉROULT (*Promotion de* 1863).

Télégraphe Gray. — Plume et phonographe d'Edison. — Transmission flexible. — Étau Stephen. — Machine à écrire. — Frein automatique à air comprimé Westinghouse. — Machines diverses.

Le cadre que nous nous sommes tracé et surtout l'espace dont nous disposons est trop restreint pour que nous puissions entrer dans la description détaillée des machines les plus intéressantes de l'exposition américaine. Mais nous pensons qu'à défaut de longues explications, bien difficiles à faire sans dessins à l'appui, il n'est pas impossible de donner, à des ingénieurs surtout, une idée générale des appareils les plus remarquables. Nous avons choisi ceux qui, par leur originalité, la simplicité de leur agencement, nous ont paru dignes d'être spécialement signalés à l'attention des hommes compétents, comme caractérisant le génie inventif et pratique des Américains.

Nous devons mentionner tout d'abord le télégraphe harmonique de Gray, la plume et le phonographe d'Edison. Ces merveilleux appareils sont d'invention récente et suffiraient à eux seuls pour donner à l'étude de la section américaine un intérêt tout spécial.

Télégraphe harmonique de Gray. — Cet appareil permet de transmettre simultanément sur un seul fil un nombre indéfini de dépêches. — Son principe repose sur un phénomène d'acoustique très-connu, et qui consiste en ce que deux diapasons à l'unisson vibrent simultanément si l'un d'eux seulement est mis en vibration. Pour que ce phénomène se produise, il faut que les diapasons soient placés à une distance relativement faible, afin que les ondes sonores puissent se transmettre de l'un à l'autre. Il en est tout autrement si les vibrations sont engendrées par une succession d'attractions produites par un courant électrique agissant sur deux électro-aimants entre lesquels est disposé un diapason. Si on suppose que chacune des branches de cet appareil soit munie d'un interrupteur de courant, l'amplitude et le nombre des vibrations seront différents, suivant la longueur du diapason et la note qu'il produira.

Par conséquent, les interruptions du courant agissant,

sur chacun des diapasons jumeaux placés aux extrémités d'une ligne télégraphique, ne se transmettront de l'un à l'autre qu'autant que ces diapasons seront à l'unisson.

On sait que dans le télégraphe Morse, les dépêches sont transmises par un style imprimant sur une bande de papier sans fin une série de points et de traits qui, groupés dans un certain ordre, correspondent aux lettres de l'alphabet. Chaque mouvement du style produisant un bruit spécial on peut, d'après le rhythme dans lequel se succèdent ces bruits, traduire immédiatement la dépêche.

Dans le télégraphe Gray, c'est également d'après la succession des sons émis par les diapasons qu'on peut traduire les télégrammes.

Chaque employé est isolé de son voisin par une case en verre destinée à empêcher de confondre les sons des nombreux diapasons installés à l'arrivée et au départ.

Le nombre de dépêches n'est limité que par celui des différents sons que l'on peut produire et qui sont facilement perceptibles.

Téléphones. — Phonographe et plume d'Edison. — Nous croyons inutile de faire ici la description du téléphone. Cet appareil a fait l'objet d'une communication à la Société des ingénieurs civils. Nous nous contenterons de signaler les perfectionnements réalisés par Edison et qui consistent à augmenter la portée de cet instrument en faisant circuler dans le fil un courant électrique, et en substituant à la plaque de métal employée par Bell une plaque de graphite. Avec le téléphone de Bell, on peut communiquer à une distance de 1.600 kilomètres. Les nouveaux appareils d'Edison et de Gray ont été installés au Trocadéro, au pavillon de la Presse et à Versailles, et de ces deux derniers postes on a pu entendre très-distinctement un concert donné dans la salle des Fêtes, le bruit des applaudissements, celui des portes que les auditeurs retardataires ou impatients ouvraient ou fermaient pendant l'exécution.

Peut-être, avant que l'Exposition soit fermée, pourrons-nous entendre le mégaphone, qui amplifie les sons du téléphone dans le rapport de 1 à 500. Le *microphone* de Hugues permet de percevoir, à de grandes distances, le frôlement d'une plume sur le papier (l'auteur prétend même avoir pu entendre les cris d'une mouche dont on pince la patte!). Mais, en raison de son extrême sensibilité, ce dernier appareil ne donne que des indications très-incertaines dans un local aussi bruyant que l'Exposition.

Le phonographe d'Edison est un appareil enregistreur de la voix humaine et de tous les sons ou bruits en général émis dans le téléphone. On ne saurait mieux le comparer qu'à ces appareils employés dans les observatoires, et qui tracent les diagrammes des pressions atmosphériques sur des cylindres animés d'un mouvement circulaire uniforme. Il est facile de concevoir qu'en disposant une pointe métallique au centre de la plaque du téléphone, tous les mouvements vibratoires de celle-ci imprimant à la pointe des oscillations correspondantes, si l'on fait tourner devant le téléphone ainsi modifié un cylindre recouvert d'une feuille métallique, celle-ci, par le contact plus ou moins intime, plus ou moins répété de la pointe, se couvrira d'une série de points de manière à former un véritable cliché de vibrations. Il suffira, pour reproduire ces vibrations, de renverser les rôles. Pour cela, après avoir ramené le cylindre à son point de départ, si on le fait tourner de nouveau, tous les points tracés sur la feuille et qui correspondent à autant de cavités dans lesquelles se loge la pointe du téléphone, imprimeront à la plaque les mêmes oscillations que celles produites antérieurement par le son. — On pourra donc à volonté répéter indéfiniment des bruits et des conversations et faire ainsi des conserves de paroles, conserves dont la durée est illimitée et qui peuvent être considérées comme inaltérables !

La plume d'Edison consiste en une aiguille extrêmement fine disposée dans un porte-plume, animée d'un mouvement rectiligne alternatif dont la vitesse est tellement grande que, si on promène l'aiguille sur une feuille de papier, les trous percés par cette aiguille se succèdent d'assez près pour former une ligne continue. Ce mouvement est produit par un excentrique calé sur un arbre portant un petit disque muni d'une plaque métallique, dirigée suivant un diamètre. Ce disque étant placé entre deux petits électro-aimants, si on fait passer un courant électrique après lui avoir donné une légère impulsion, l'arbre, en tournant, fera mouvoir l'aiguille avec une grande vitesse. En plaçant une feuille de papier sous celle qui a été perforée ainsi par la plume d'Edison, il suffira de faire passer un rouleau enduit d'encre d'imprimerie pour que celle-ci, en passant à travers les trous, vienne reproduire le dessin primitivement tracé. La finesse des traits ainsi imprimés est remarquable.

Type Writer ou machine à écrire. — Cet appareil se compose :

1° D'un clavier dont les touches, en s'abaissant, font relever des leviers aux extrémités desquelles se trouvent les lettres que l'on veut tracer ;

2° De la série des lettres de l'alphabet placées sur les leviers dont nous venons de parler, et qui sont disposés suivant les rayons d'une circonférence. Chaque lettre vient se placer au centre de cette circonférence lorsque l'on abaisse la touche qui lui correspond ;

3° D'une bande de toile sans fin enduite d'encre d'imprimerie et se déplaçant de droite à gauche ;

4° D'un rouleau sur lequel est enroulée une feuille de papier.

Une touche quelconque étant abaissée, la lettre qui lui correspond se relève, appuie la bande de toile sur le rouleau et vient s'imprimer ainsi sur la feuille. Un système d'encliquetage déplace, à chaque mouvement des touches, le rouleau d'une quantité correspondante à l'espacement des lettres. Lorsque le rouleau est arrivé à l'extrémité de la ligne, une sonnette se fait entendre et avertit l'opérateur, qui doit le ramener au point de départ. Ce rouleau peut être relevé pour qu'on puisse voir ce que l'on a écrit. Avec cette machine, on n'écrit pas à proprement parler, on compose et on imprime simultanément. Le tracé d'une lettre n'exigeant qu'un seul mouvement, on opère beaucoup plus rapidement qu'avec une plume ordinaire, seulement il faut connaître son clavier. Il ne s'agit pas ici, comme on le pense bien, de se délier les doigts et de faire des gammes, mais de connaître parfaitement l'emplacement des touches correspondant à chaque lettre.

On arrive en peu de temps à écrire aussi vite qu'avec la plume et toujours lisiblement, cela va sans dire, en ne se servant que d'un doigt à la fois. Lorsque l'opérateur connaît bien sa machine, il peut facilement tracer 50 lettres parfaitement nettes, tandis qu'un écrivain n'arrive qu'à en faire 30 souvent méconnaissables. — Tous les mouvements des lettres et du rouleau étant dus à la pression du doigt sur les touches, on imprime sans fatigue.

Pour avoir une idée de la puissance de cette machine au point de vue de la production de lettres, on n'a qu'à se rapporter au nombre de notes qu'un pianiste habile peut faire sortir de son instrument en une minute et en prendre la cinquième partie (puisqu'on écrit avec les deux index).

Étau Stephen. — Il existe peu d'outils qui rendent autant de services et qui soient d'un plus grand usage que l'étau (son invention serait due, dit-on, au grand saint Éloi), mais il présente les inconvénients suivants. La branche mobile s'écartant de la branche fixe en oscillant autour d'un point fixe, les mâchoires de l'étau ne resten pas dans des plans parallèles, et le serrage ne s'exerce que sur une faible partie des pièces à assujettir. L'écartement des mâchoires est aussi lent que leur rapprochement. Enfin, il est difficile de maintenir des pièces telles que les clavettes dont les faces ne sont pas parallèles l'une à l'autre, sans avoir recours à des dispositions qui prennent du temps.

Dans l'étau Stephen, la mordache mobile porte une glissière qui se meut dans une ouverture pratiquée dans la mâchoire fixe. Le desserrage et l'application de la mâchoire mobile sur la pièce à serrer se fait pour ainsi dire instantanément. Le serrage à fond, ne nécessitant qu'un déplacement extrêmement faible, est opéré au moyen d'un levier agissant sur une crémaillère à dents très-rapprochées, qui est venue de fonte sur la face latérale de la glissière de la mâchoire mobile. On dispose ainsi d'une force considérable, et le nombre des dents en prise garantit contre toute rupture. — Nous signalerons également une disposition très-ingénieuse, qui permet de serrer avec la même facilité les pièces dont les faces ne sont pas parallèles. A cet effet, M. Stephen a installé, sur la mâchoire mobile, une pièce mobile qui se déplace et prend toutes les inclinaisons en glissant dans deux rainures cylindriques.

L'ouvrier n'a donc nullement à se préoccuper du défaut de parallélisme des pièces à serrer. Nous ferons remarquer, en terminant, que ces étaux ont un écartement relativement beaucoup plus considérable que les autres.

Transmission flexible. — Il arrive souvent, lorsque l'on a des pièces un peu lourdes à travailler et d'un déplacement difficile, que les manœuvres nécessaires pour les amener sous une machine-outil et leur donner l'inclinaison voulue sont longues et dispendieuses. L'appareil de Stow, autrement dit la transmission flexible, permet de transmettre un mouvement circulaire continu dans des directions quelconques, variant à chaque instant et à la volonté de l'opérateur. Il se compose d'une série de fils d'acier enroulés en spirale concentriquement l'un à l'autre, suivant une inclinaison inverse, de manière que tout effort tendant à dérouler une série de spires a pour résultat de tendre l'autre. Les extrémités de ces spires sont soudées entre elles et l'arbre flexible ainsi formé est introduit dans un fourreau en cuir muni à l'intérieur d'une armature hélicoïdale en fil d'acier. Une poulie à gorge portant le câble qui reçoit l'action du moteur est calée à l'extrémité de l'arbre flexible (cette poulie est fortement amarrée au sol au moyen de palans) ; à l'autre extrémité est fixé l'outil quelconque qu'il s'agit de faire travailler (tarière à bois, foret, brosse, pierre à polir, rabot à lame hélicoïdale, fraise, etc., etc.). Le mouvement de rotation se transmet d'une extrémité à l'autre de cet appareil quelles que soient les inflexions qu'on lui donne.

L'arbre flexible a reçu de très-nombreuses applications en Amérique, en Angleterre et en Allemagne, notamment dans les ateliers de constructions navales et sur les bâtiments à vapeur. Les coques de navires présentent en certaines parties des espaces si restreints qu'il est difficile d'y arriver et d'y faire des travaux de réparation. L'usage tend à s'en répandre en France et ce sont les dentistes qui l'ont vulgarisé en l'employant pour fraiser et aurifier les dents.

La machine à faire les vis à métaux de Curtis peut être citée d'une manière toute spéciale comme caractérisant les tendances actuelles de l'industrie américaine. Dans un pays où la main-d'œuvre est chère il était rationnel de ne pas suivre trop à la lettre le principe si vrai et si fécond de la division du travail et d'avoir recours à des machines prenant le fer brut, faisant le décolletage, le filetage, en un mot livrant des produits complétement finis. Pour qu'un outil de ce genre fonctionne régulièrement sans exiger trop de surveillance, il est nécessaire que les organes en soient constamment graissés. L'inventeur a résolu ce problème en munissant sa machine d'une petite pompe qui aspire de l'huile et la dirige en tous les points où les frottements se répètent, et notamment sur la scie circulaire qui fend la tête des vis, sur la filière, etc. Un seul ouvrier peut facilement surveiller six appareils. Par la perfection et la régularité de son travail, la machine Curtis est extrêmement appréciée pour la confection des vis à métaux employées dans l'arquebuserie et dans la mécanique de précision. Elle peut fonctionner plus d'une année sans réparation, les pièces à remplacer et sujettes à usure sont d'un prix très-faible.

Machine à faire les tire-bouchons de Clough. — Nous pouvons encore citer cette petite machine comme un exemple frappant de la simplification que les Américains apportent à la construction des outils d'un usage courant et universel. Le tire-bouchon, tel qu'il est employé ordinairement, est d'une fabrication assez complexe; l'assemblage de la vis avec le manche laisse souvent à désirer, car le prisme rectangulaire à arêtes vives qui termine le tire-bouchon forme alésoir et arrondit le trou : il en résulte que bientôt le manche tourne sans entraîner l'hélice que l'on ne peut dès lors faire pénétrer assez profondément dans le bouchon.

M. Clough a remédié à cet inconvénient de la manière

suivante : le tire-bouchon est formé d'un fil d'acier peu trempé de façon à pouvoir être enroulé en hélice sans se casser. Ce fil est terminé en pointe effilée et est introduit dans une machine qui le ploie en deux parties inégales enroulées en spirale l'une autour de l'autre. Le tire-bouchon ainsi formé présente une boucle dans laquelle est introduit un cylindre creux qui sert en même temps d'étui. A cette boucle succède le corps du tire-bouchon, formé des deux portions de fil enroulées ensemble ; la partie la plus longue forme la vis proprement dite qui pénètre seule dans le bouchon. M. Clough a eu l'heureuse idée de faire de petits tire-bouchons pour les fioles d'encre, de colle forte liquide ; de cette manière il est facile de les déboucher et de les reboucher sans se tacher les doigts et sans abîmer le bouchon.

Nous ne pouvions donner de plus amples descriptions de ces deux dernières machines ; il est absolument indispensable, pour en comprendre le fonctionnement, de les examiner sur place. D'ailleurs on les trouvera, ainsi que l'arbre flexible, chez MM. Bichon et Ce, 113, quai d'Orsay.

Frein automatique Westinghouse. — Nous arrivons maintenant à un appareil extrêmement remarquable sous tous les rapports et qui nous semble résoudre de la façon la plus rationnelle un problème qui sollicite chaque jour de plus en plus l'attention des ingénieurs de chemins de fer. Nous voulons parler du frein Westinghouse.

Ce frein, qui est actuellement installé sur le chemin de ceinture et sur les lignes de banlieue de la Compagnie de l'Ouest, est basé sur l'emploi de l'air comprimé à une pression de 5 atmosphères, plus ou moins, suivant les circonstances, et présente sur tous ses devanciers les avantages suivants :

1° Il est plus puissant ;

2° Il fonctionne instantanément à la volonté du mécanicien, ou, si besoin est, d'un garde-frein ;

3° Il est automatique en ce sens qu'il agit toutes les fois qu'un déraillement, une rupture d'attelage se produit ou même lorsque par suite d'un accident quelconque les organes dont il se compose sont mis hors d'état de fonctionner.

La vapeur nécessaire pour la compression de l'air est empruntée à la locomotive. La pompe à vapeur qui opère cette compression est à action directe, c'est-à-dire que les pistons à air et les pistons à vapeur sont fixés sur une tige commune. Lorsque les pressions exercées par l'air et la vapeur sur les pistons sont équivalentes les pompes s'arrêtent ; elles se mettent au contraire spontanément en marche lorsque l'équilibre est rompu par suite d'une détente de l'air comprimé dans la série des réservoirs qui alimentent sur chaque voiture les cylindres moteurs des freins. Ainsi le mécanicien dispose à chaque instant d'un moteur puissant, toujours prêt à fonctionner instantanément sans qu'il ait besoin de s'en occuper.

L'air comprimé se rend par une conduite en fer (d'un diamètre de 18 millimètres environ) dans chaque réservoir disposé au-dessous des voitures. Les tronçons de la conduite en fer sont reliés par des tuyaux de caoutchouc de même diamètre intérieur qui s'assemblent avec la plus grande facilité.

Les réservoirs dont nous avons parlé plus haut sont reliés à des cylindres (de 20 centimètres de diamètre) qui agissent directement sur les bielles actionnant les freins proprement dits.

Le mouvement d'écartement ou de rapprochement des sabots s'opère au moyen de deux pistons placés au milieu des cylindres et ramenés lorsque le desserrage doit se faire dans cette position par des ressorts suffisamment énergiques. Lorsque ces pistons s'écartent ils poussent les bielles actionnant les freins ; lorsqu'ils se rapprochent ils tirent les bielles, et les freins se desserrent. La conduite qui relie les réservoirs et les cylindres porte un petit appareil désigné par l'inventeur sous le nom de triple valve, et qui a pour objet, toutes les fois qu'une détente se produit dans la conduite générale, de mettre en communication le réservoir avec l'espace compris entre les pistons du cylindre. La triple valve a encore pour but d'interrompre la communication entre les réservoirs et les cylindres et de donner une issue à l'air comprimé qui vient d'agir sur les pistons pour serrer le frein. — Nous n'en donnerons pas une description complète, mais il nous suffira de dire qu'elle présente de grandes analogies avec un tiroir de machine à vapeur et que le déplacement de ce tiroir est produit par un petit piston qui prend différentes positions suivant la rupture d'équilibre des pressions qui agissent sur ses deux faces. — Si ces pressions sont égales, le frein sera desserré ; si la pression de la face du piston qui est en communication avec la conduite principale diminue, par une cause quelconque, le piston s'abaisse, et le réservoir étant mis en communication avec le cylindre moteur, le frein se serre.

Si les dispositions que nous avons essayé de décrire sont comprises en principe, il est facile de voir que le frein Westinghouse a bien les avantages énumérés ci-dessus, et nous serions heureux que ce simple exposé pût déterminer les ingénieurs que cette question intéresse à en étudier tous les détails.

Nous recommandons spécialement à leur attention l'heureuse disposition imaginée par Westinghouse pour l'accouplement des caoutchoucs qui relient d'une voiture à l'autre les tronçons de la conduite générale d'air comprimé. Le frein que nous venons de décrire présente, dans son ensemble, dans ses détails, une supériorité incontestable, suivant nous, sur tous les freins automatiques. On trouvera à côté des machines des diagrammes indiquant la diminution de vitesse obtenue par l'application du frein Westinghouse à chaque période, ainsi qu'une étude très-approfondie de l'influence du calage des roues au point de vue du ralentissement et du rendement.

Nous aurions encore à signaler bien des appareils aussi intéressants que ceux dont nous venons d'essayer de donner une idée générale. L'espace nous manque, mais nous ne pouvons passer sous silence la machine Wheelok, qui dessert la section américaine, les machines à travailler le bois de Fay, celles à fabriquer les sacs de papier, les machines à faire les souliers, à emboutir les plats et les boîtes à sardines, etc., etc.

En résumé, nous ne croyons pas exagérer en disant que, relativement à l'espace restreint qu'elle occupe, la section américaine est incontestablement l'une des plus curieuses à visiter. L'étude attentive des appareils que nous avons essayé de décrire présente un attrait particulier, et il est impossible de ne pas éprouver un véritable entraînement à la vue de toutes ces merveilleuses découvertes d'Edison, de Bell, de Gray, de Hugues, qui ouvrent à l'imagination humaine un si vaste horizon et font entrevoir, dans un avenir prochain, des améliorations considérables dans nos moyens de communications internationales, dans nos appareils d'observations acoustiques, etc.

Imprimerie D. BARDIN, à Saint-Germain.

Extrait des **ANNALES INDUSTRIELLES**
18, rue Lafayette, Paris.

VISITES DES INGÉNIEURS

ANCIENS ÉLÈVES DE

L'ÉCOLE CENTRALE

DES ARTS ET MANUFACTURES

A L'EXPOSITION UNIVERSELLE DE 1878

Matériel des Charbonnages.

Par M. DORION (*Promotion de 1859*)

L'art des mines emprunte à toutes les branches du génie civil leurs appareils et leurs produits; il a aussi ses méthodes et ses engins spéciaux. Les questions qui se rattachent aux premiers ont déjà été traitées ou doivent l'être; nous n'y reviendrons pas.

Collections, plans et reliefs. — Les collections minéralogiques sont présentées par les sections étrangères et principalement par la Hongrie, l'Italie, l'Espagne, etc., plus complétement que par la section française. Celle-ci, au contraire, témoigne plus que les autres de la préoccupation des exploitants cherchant à obtenir par des reliefs la représentation de leurs concessions et de leurs travaux souterrains ; presque toutes les sociétés houillères de France ont abordé cette question, et cette unanimité est d'autant plus remarquable que rien ou presque rien n'avait été fait dans ce sens lors de l'Exposition universelle de 1867.

Trois procédés ont été employés.

1° Celui qui consiste à représenter par des fils métalliques recourbés suivant les inflexions des lignes de niveau, puis soudés sur des pièces transversales, le relief de la surface ; celui des travaux du fond est représenté d'une manière analogue, avec cette différence que les fils, au lieu d'indiquer des courbes de niveau, suivent les sinuosités et les dénivellations des galeries ; chaque réseau est caractérisé par une teinte spéciale. La Compagnie de Terrenoire, La Voulte et Bessèges a appliqué ce mode de représentation au relief hypsométrique de la surface de ses concessions en même temps qu'aux exploitations des mines de houille de Lalle et des mines de fer de Travers.

2° Le second procédé consiste à reporter sur des glaces transparentes les coupes des travaux, faites suivant trois séries de plans coordonnés rectangulaires, la 1re formée de plans horizontaux, la 2e de plans verticaux à peu près parallèles à la direction générale des couches ou des filons, la 3e enfin de plans verticaux perpendiculaires aux précédents et dirigés, par conséquent, suivant le pendage. L'application en a été faite par la Compagnie des mines de Blanzy et par celle des mines de Villefort et Vialas.

Ces deux manières d'opérer ont pour caractère commun de permettre à l'observateur d'embrasser à la fois d'un coup d'œil l'ensemble d'une exploitation, aussi bien ce qui est du fond que la surface du sol et les installations du jour ; cet avantage est obtenu en sacrifiant une partie du terrain à la nécessité des solutions de continuité.

3° Le troisième procédé détaille mieux les objets auxquels il s'applique en leur donnant une forme qui est celle qu'ils ont en réalité; il exige un examen plus long et plus attentif; c'est celui qui a été le plus employé. Le bois, le plâtre, le carton, quelquefois le métal, ont été mis en œuvre pour en constituer les éléments; on a ensuite donné les couleurs convenables à chacun d'eux. Quelques-uns de ces reliefs sont d'une seule pièce. La Compagnie des mines de la Loire a représenté ainsi la huitième couche du bassin avec les failles qui en affectent l'allure; la Compagnie d'Aniche, la veine Marie avec ses plissements; le Comité des houillères du Nord et du Pas-de-Calais, la surface des diverses concessions du bassin à l'exception de celles d'Anzin; la Compagnie d'Anzin, ses chantiers d'abatage, les coupes de ses terrains, ses installations; la Compagnie des mines de Béthune, une cité ouvrière avec son église et ses écoles; la Compagnie de Montrambert et La Béraudière, ses méthodes d'exploitation, sur lesquelles nous aurons à revenir; la Compagnie de Montluçon-Commentry, sa méthode d'exploitation; la Compagnie d'Épinac, la cuvette de son bassin; la Compagnie de Rochebelle, la couche qu'elle exploite, débarrassée des roches encaissantes; la Compagnie du Creusot, la surface accidentée et montagneuse de ses mines de fer d'Allevard (Isère) et de Saint-Georges (Savoie), etc.

D'autres modèles, au contraire, ont des pièces mobiles qui permettent, après l'examen d'une surface, d'apprécier les installations intérieures par l'enlèvement ou le déplacement d'une ou plusieurs de ces pièces. C'est ainsi que la Compagnie des houillères de Bessèges montre à la fois la surface de ses concessions avec la succession des terrains et ses travaux du fond; que la Compagnie de la Grand'Combe indique, sur les mêmes modèles, la configuration de la surface de ses concessions, ses moyens de transport, ses installations et ses méthodes d'exploitation ; que la Compagnie de Roche-la-Molière et Firminy, outre les surfaces, fait voir les coupes de ses terrains et de ses travaux ; que le Japon, enfin, présente une coupe-relief d'une houillère de l'île de Takashima.

Sondages et fonçages à niveau plein. — Pour mémoire. — Les procédés et le matériel employés pour les sondages et ceux des fonçages à niveau plein ont fourni déjà matière à une intéressante communication.

Méthodes d'exploitation et abatage. — Les méthodes appliquées aux couches de faible épaisseur n'ont rien de remarquable ; celles, au contraire, qui concernent les grandes couches ont été spécialement étudiées ; elles sont au nombre de quatre : 1° la méthode par tranches horizontales indiquée par la Compagnie de Montrambert, par celle de Blanzy et par celle de Commentry ; 2° la méthode par tranches inclinées et 3° celle par rabatages de Montrambert ; 4° la méthode silésienne, sans remblais.

La première se plie à presque toutes les allures des couches. D'une galerie en direction, prise au mur ou en pleine couche, partent des recoupes dont les distances relatives et la largeur varient avec le degré de dureté et la tenue des charbons ; les sous-étages se succèdent en descendant et chacun d'eux se subdivise en un certain nombre de tranches (de cinq à huit) de 2 mètres environ de hauteur et que l'on enlève successivement en montant.

La méthode par tranches inclinées convient aux couches à forte inclinaison ; la proportion des traçages y est moindre que dans la précédente et le charbon, abattu suivant ses lits de stratification, donne une plus forte proportion de grêles.

La méthode par rabatages est celle qui doit être préférée à toutes les autres, en raison de la grande production qu'elle permet d'obtenir ; elle exige, pour être applicable, des charbons d'une tenue exceptionnelle ; elle a pour objet d'enlever à la fois une épaisseur de 6 mètres. La voie principale est prise sous le toit pour le roulage des charbons ; une autre, sur le mur et à un niveau plus élevé de 3 à 4 mètres, permet l'accès des remblais. Le montage qui fait communiquer ces deux galeries sert de point d'attaque.

La méthode silésienne, indiquée par les mines de Dombrowa (section russe), s'applique à une couche de 12 mètres de puissance qu'elle enlève en deux fois : une première série de traçages horizontaux et parallèles laissant entre eux un pilier de 4 à 6 mètres, est poussée au milieu de la couche ; les chantiers sont ouverts successivement dans chacune de ces galeries, et à partir de la plus haute, en commençant par enlever le charbon sous le toit ; on fait ensuite l'abatage en descendant, jusqu'au niveau de la galerie, en remplaçant par de plus grands bois ceux qui sont devenus trop petits. Après déhouillage complet, on provoque l'éboulement des roches du toit en cassant les bois ; on rouvre ensuite le chantier en avant des remblais ainsi obtenus. On opère au bout de quelques mois pour la seconde moitié de la couche comme on a fait pour la première. Ces procédés ne peuvent être mis en œuvre que dans les pays où les bois et la main-d'œuvre sont à bon marché.

Les appareils pour l'abatage des roches et leurs moteurs sont nombreux ; nous citerons : les compresseurs d'air exposés dans la section belge, par MM. Dubois et François, ces machines sont depuis longtemps employées ; dans la section anglaise, le compresseur Hathorn ; dans la section française, ceux de MM. Sautter et Lemonnier, appareils à un ou à deux cylindres ; le compresseur Mékarski, présenté par les mêmes constructeurs et amenant l'air à la pression de 25 et 30 kilogr. par deux compressions successives : un premier cylindre à simple effet comprime à 5 kilogr. l'air qui passe ensuite dans un second cylindre, où il est amené à 30 kilogr. ; injection d'eau dans le premier et circulation d'eau autour du second.

Les machines perforatrices, à l'exception de celle au diamant noir présentée dans la section belge, agissent par percussion ; le moteur employé est l'air comprimé admis successivement sur les deux faces d'un piston porte-outil auquel il imprime un mouvement de va-et-vient. La rotation du fleuret est quelquefois automatique ; ce perfectionnement n'est obtenu qu'au dépens de la simplicité de la construction. Le plus souvent la rotation est déterminée par le mouvement d'une manivelle mue à la main. On remarque, en Angleterre, le perforateur Hathorn dit « l'éclipse ; » il est monté sur trépied ; l'avancement du fleuret est automatique et dépend des progrès de la pénétration dans la roche. Le perforateur Barnes réunit les mêmes conditions ; la principale différence entre ces deux instruments consiste en ce que, dans le premier, les mouvements du tiroir sont obtenus par différence de pression, tandis que dans le second on emploie des pièces mécaniques ; en Belgique, les perforateurs bien connus de MM. Dubois et François ; outre les quatre appareils montés sur un affût pour le percement des galeries, un autre, destiné au fonçage, est attelé à un canon en fer, pouvant être solidement fixé par une vis contre les parois d'un puits. — Le perforateur Tacquenier a sa distribution commandée par un véritable tiroir ; la rotation résulte du jeu d'une rainure hélicoïdale, tracée sur la tige porte-outil et en prise avec un prisonnier. — La machine Dunn est une sorte de perforateur qui n'a pas de mouvement de rotation ; elle sert à tracer des sillons dans la pierre. — La machine à diamant, due à Leschot, est présentée par

M. Taverdon; elle est constituée par une bague, à la surface de laquelle sont brasés des diamants noirs qui agissent sur la roche en l'usant, en vertu d'un mouvement de rotation très-rapide, qui leur est imprimé par une petite machine rotative due à M. Braconier; en Autriche, la perforatrice Mahler et Eschenbacher (système Schramm), l'appareil de rotation est placé dans le fond du cylindre supérieur; en Italie, la perforatrice Turettini. Dans la section française, la Compagnie des mines de Blanzy présente son appareil dit « Darlington-Blanzy » dans lequel le piston lui-même sert de tiroir de distribution par l'occlusion et le dégagement successifs des lumières d'admission et d'échappement. Quatre de ces appareils montés chacun sur un canon spécial sont employés au fonçage d'un puits; le tout est supporté par une charpente fixée au moyen de vis de serrage contre les parois. Cette même compagnie a aussi une perforatrice Dubois et François modifiée en ce qui concerne la rotation, cette partie de l'appareil fonctionne à peu près comme la machine Tacquenier. — La Compagnie d'Anzin s'est posé le même problème; elle l'a résolu en mettant sur l'embase du porte-outil un manchon à rainures hélicoïdales dont l'une quelconque est en prise avec un verrou fixe quand le piston est renvoyé en arrière. MM. Crozet et Ce, du Chambon, ont un appareil à double avancement; la rotation est obtenue par le jeu alternatif de deux petits pistons horizontaux qui commandent un encliquetage; cette disposition rappelle celle de MM. Dubois et François, mais elle est plus simple. La Compagnie des mines de Nœux et Vicoigne expose une perforatrice spéciale. Cette machine, dont l'appareil de rotation est le même que celui de la seconde de Blanzy, est d'une construction simple; le tiroir, mis en mouvement par différence de pression, n'agit que pour pousser le fleuret en avant, l'admission étant constante sur la face opposée du piston.

Indépendamment de ces machines mues à l'air comprimé, une autre est présentée par M. Jordan et est conduite à la main. La percussion et la rotation sont obtenues au moyen d'une came calée sur l'arbre des manivelles et qui comprime l'air dans un cylindre pneumatique.

A ce genre d'appareils se rattachent la haveuse de la Compagnie des mines de Blanzy et la bosseyeuse de MM. Dubois et François. La première opère le havage en multipliant jusqu'au contact des trous de 0^m,10 environ de diamètre déterminés par la rotation rapide de tubes creux en fer armés de dents d'acier. La seconde a pour objet le traçage des voies en veine ; elle agit par percussion, tantôt pour le forage des trous, tantôt pour le battage sur la tête d'un coin qu'elle fait ainsi pénétrer entre deux mâchoires d'acier.

Enfin l'aiguille-coin Levet a pour but de substituer à l'emploi de la poudre dans les mines à grisou, l'action d'un coin actionné par pression hydraulique et avançant de dedans en dehors entre deux pièces d'acier appuyées l'une sur le massif, l'autre sur la masse à abattre.

La Compagnie des charbonnages des Bouches-du-Rhône expose un modèle de tunnel à section circulaire ; la machine rotative qui sert à cet usage n'est pas à l'Exposition ; elle paraît être guidée par une carotte de rocher que les outils d'abatage laissent au centre de la surface rodée et qui est enlevée ensuite.

Les cartouches de poudre comprimée et de dynamite, les mèches de sûreté sont présentées par la Suisse, la Belgique, l'Autriche et la Compagnie française. Son dernier produit, la dynamite-gomme, est obtenu par la dissolution de 6 parties fulmi-coton dans 94 de nitro-glycérine.

L'action brisante de cette matière serait supérieure de 1/3 à celle de la dynamite n° 1.

Dans la section anglaise, M. James Macnab présente les modèles d'un bourrage à l'eau et d'un système d'explosion des mines au moyen d'une fusée allumée soit par l'électricité, soit par la détonation d'une capsule. Le bourrage à l'eau, c'est-à-dire l'interposition d'un cylindre en fort papier rempli d'eau entre la charge et la bourre, a un double but : empêcher toute conflagration de se transmettre au dehors du trou dans les chantiers à grisou, et utiliser en faveur d'une action plus complète de l'agent explosif l'incompressibilité du liquide.

Roulage. — Le progrès, pour l'installation des voies, consiste surtout en la substitution de la traverse en fer et du rail Vignolles aux traverses en bois et aux barres plates. La Compagnie des mines de Béthune offre un système particulier d'agrafes en tôle, rivées sur des traverses en fer et tenant le patin du rail tantôt à l'intérieur, tantôt à l'extérieur de la voie.

Plusieurs types de berlines sont offerts par les Compagnies belges et par les Compagnies françaises.

Les mines de Carmaux ont une boîte à huile pour wagonnets, dans laquelle le renouvellement de la matière lubrifiante ne se fait que tous les 25 jours. Cette boîte est constituée par l'empoise dans laquelle tourne l'essieu.

Le traînage mécanique est représenté dans la section française par quatre spécimens : deux à chaîne flottante et deux par corde-queue. La Compagnie d'Anzin montre l'exemple simple d'une chaîne flottante dans une descente pour l'exploitation en vallée ; cette chaîne est relevée sur des galets aux points d'où partent les galeries de niveau ; les berlines, arrêtées à ce moment sur un plaquage, doivent être maniées à bras d'homme pour être remises en prise avec la chaîne.

La Compagnie des mines de Ferfay a un modèle de chaîne flottante qui s'applique à deux directions horizontales successives suivies d'une descente ; le passage de l'une à l'autre est obtenu par des poulies à axe vertical ; le système comporte, à proprement parler, trois chaînes solidaires l'une de l'autre.

La Compagnie d'Aniche présente un traînage par corde-queue appliqué au cas d'un parcours unique dans une galerie ondulée ; pour le passage des courbes, la corde est guidée par des poulies et le déraillement des chariots est empêché par des buttoirs en bois. La Compagnie d'Anzin, outre sa chaîne flottante, a un traînage par corde-queue desservant avec la même machine deux parcours différents. — Les moteurs sont placés à l'intérieur, tandis que ceux d'Aniche et de Ferfay sont au jour ; le mouvement, pour ces derniers, est transmis par des cordes descendant le long du puits.

La Compagnie de la Grand'Combe, outre ses voies de libre parcours, aboutissant aux plans bisautomoteurs, fait voir un traînage par balance hydraulique sur plan incliné ; les chariots pleins, par une simple dépense d'eau, sont remontés à un niveau supérieur.

Le roulage par câbles aériens s'adapte aux contrées abruptes et aux pentes extrêmes. La Compagnie du Creusot offre des spécimens de ses installations d'Allevard et de Saint-Georges ; elle se dispose, du reste, à y renoncer en raison du faible trafic qu'elles comportent, et à leur substituer des plans inclinés à doubles porteurs, disposés en cascade et en nombre suffisant pour racheter une différence de niveau de plusieurs centaines de mètres.

La traction intérieure par locomotives est représentée par MM. Quillacq et C°, d'Anzin, et par la Société des ateliers de Passy. Les machines sont actionnées par de l'air comprimé à 25 ou 30 kilogr., et emmagasiné dans un réservoir en tôle d'acier.

La première est alimentée directement par une conduite d'air à la pression indiquée; la seconde porte un recompresseur conduit par un petit cylindre spécial et peut s'approvisionner partout où elle rencontre une prise d'air sur la conduite générale à 4 ou 5 kilogr. La première emploie la bouillotte Mékarski et fait barboter dans de l'eau à 150° l'air qui s'échauffe ainsi avant d'arriver aux cylindres moteurs.

Les treuils pour traction en vallée ou pour tout autre usage sont exposés par MM. Sautter et Lemonnier, et par la Compagnie des mines de Béthune; le premier est muni d'un frein du système Mégy, agissant automatiquement lorsque la vitesse dépasse une certaine limite; le second a des proportions très-réduites et peut être installé dans toutes les parties d'une mine; il est à deux cylindres conjugués, dont la distribution s'exerce au moyen d'une seule came contre laquelle viennent s'appuyer les galets qui terminent les tiges des tiroirs.

Extraction, montage. — Les modèles d'installations au jour sont nombreux et sont fournis par la Compagnie d'Anzin, par celle de Courrières, par celle d'Aniche, celle de Bruay, celle de Marles, celle de Montrambert et La Béraudière, celle de Carmaux. Partout la machine à deux cylindres a été adoptée, tantôt verticale, tantôt horizontale.

L'Exposition renferme quatre de ces machines : dans la section belge, celle de MM. Beer frères; dans la section suisse, celle de MM. Sulzer frères; dans la section française, celle de MM. Quillacq et C°, et celle de la Compagnie de Fives-Lille. La première est à tiroirs, les trois dernières à soupapes. Dans les trois premières, la détente est obtenue automatiquement par le régulateur ; dans la dernière, elle est opérée par la main du machiniste au moyen des cames Audemar.

La Compagnie d'Anzin expose le modèle d'un servo-moteur Farcot, appliqué à une machine d'extraction ; il est destiné à suppléer à l'insuffisance de la force de l'homme pour la manœuvre des soupapes de la machine de la fosse Renard n° 2 ; la manette du servo-moteur actionne le tiroir d'un petit cylindre spécial attelé à la distribution du moteur d'extraction.

La Compagnie des mines de Bessèges expose le modèle d'une batterie de chaudières pour puits d'extraction : suppression de tout contact de la maçonnerie avec les bouilleurs, la séparation des courants de fumée étant obtenue par des plaques en fonte ; grandes facilités pour le nettoyage des carneaux et les visites ; possibilité d'amener au dehors, et dans les cas de grosses réparations, chaque chaudière sans toucher à la maçonnerie.

Plusieurs échantillons de câbles d'extraction sont présentés par MM. Stiévenard-Cambier, Besnard et Genest, par la Commission des ardoisières d'Angers, câbles plats et câbles ronds, à section constante ou à section décroissante, en aloès, en chanvre, en fer, en acier. La section belge a un câble plat en aloès pour extraction à 1.500 mètres de profondeur.

Les cages et les parachutes sont nombreux : la Compagnie du Creusot a, dans son pavillon spécial, une cage munie du parachute Machecourt, un des premiers employés. La Compagnie des mines de Lens présente une cage à deux compartiments de quatre berlines chacun. Aux quatre berlines du compartiment inférieur peuvent être substituées deux bâches à eau, maintenues dans la cage par des vis de pression et dont le remplissage au fond est fait par une soupape automatique, la vidange au jour étant obtenue par le jeu de deux soupapes latérales mues à la main. — La longueur de la cage est suffisante pour admettre un truck chargé de bois ou un lit roulant à transporter les blessés, qui peuvent ainsi arriver au jour sans transbordement douloureux. — Le parachute est à griffes excentrées mues par un ressort; un parachute analogue est montré par la Compagnie des mines de Blanzy; seulement le ressort est un boudin enfermé dans un fourreau de cuivre, au lieu d'être formé de lames d'acier comme à Lens. — Dans le parachute de la Compagnie des mines de Carmaux, dû à M. Paul Fayol, un coulisseau à charnière est mis en avant par un ressort, et sa longueur est suffisante pour qu'il vienne s'appuyer sur les moises du guidage, lorsque le serrage n'a pas suffi pour arrêter la cage.

La Compagnie des mines d'Anzin a un parachute équilibré. Il est constitué par un câble existant sur toute la longueur du puits et avec lequel la cage fait corps au moyen d'une pince mue par un ressort. Le poids de la cage fait descendre le câble-parachute jusqu'au moment où l'extrémité supérieure de celui-ci a été mise en prise avec un nombre suffisant des poids disposés à cet effet.

Dans la section belge, le parachute Libotte obtient un arrêt à peu près instantané par le mouvement d'un coin mobile venant s'interposer entre le guide et un contre-coin fixé à la cage.

Le crochet de sûreté de la Compagnie des mines de Blanzy est à deux leviers qui doivent être actionnés, pour que le déclanchage ait lieu, dans un ordre et dans un temps relatif déterminés; cette disposition a été adoptée pour éviter que la séparation de la cage et du câble ne puisse être obtenue que par le contact des leviers contre des buttoirs *ad hoc* et non par la rencontre fortuite d'un corps quelconque tombant dans le puits. — La section anglaise possède le crochet Humble, dont le fonctionnement est obtenu par le serrage de deux bras de levier au passage d'une plaque de sûreté.

La Compagnie des charbonnages du Hasard, près Liége, a installé un sémaphore dû à son administrateur-directeur, M. d'Andrimont. Pour éviter les accidents provenant du fait de la descente des cages sur des arrêts manœuvrés à tort par suite de négligence ou de signaux mal compris, la manœuvre des taquets des différents étages est faite du jour par un ouvrier spécial placé à côté du machiniste ou par le machiniste lui-même. Des leviers, élevés ou abaissés suivant les cas, indiquent les mouvements exécutés.

M. Houdaille expose un appareil qui sert à l'extraction et se compose d'une chaîne sans fin ; les chariots pleins sont fixés de distance en distance au brin montant et les vides au brin descendant.

La Compagnie des houillères et du chemin de fer d'Épinac montre une partie du tube atmosphérique du système Z. Blanchet ; il supprime les câbles d'extraction et permet d'obtenir la sortie des produits par le moyen d'une puissante pompe déterminant le mouvement d'un piston dans un tube. Ce piston est formé de deux disques à garniture de cuir renfermant entre eux une cage à neuf chariots. Les viroles du tube sont en tôle ; celles des accrochages sont en fonte ; elles permettent le jeu des taquets, l'ouverture des portes et tous les mouvements nécessaires au fonctionnement. Le but atteint n'est pas seulement l'extraction à toutes profondeurs sans relais ; on obtient subsidiairement un aérage plus complet par une constante introduction d'air, et, dans les cas de grisou, on peut transformer la mine en une cloche pneumatique, y produire des dépressions suivies de forts courants d'air pour l'évacuation du grisou.

La Compagnie des mines de Lens expose le modèle et un spécimen de ses taquets hydrauliques; ces appareils sont placés aux recettes; ils ont pour but de rendre les manœuvres aux accrochages indépendantes de la machine du jour, et de permettre ainsi une extraction active.

Cette même Compagnie a des culbuteurs-verseurs équilibrés par des contre-poids et dont les mouvements sont rendus aussi doux que possible pour éviter le bris des charbons. — La Compagnie des mines de Bessèges a le verseur roulant Marsaut, destiné à desservir de grandes longueurs d'estacades, tout en séparant les diverses qualités de houille.

Les grands basculeurs pour le transbordement dans les bateaux appartiennent aux Compagnies du Nord.

A Anzin il se compose d'un berceau à axe horizontal et légèrement excentré sur lequel est amené le wagon qui se verse de lui-même et dont le mouvement est arrêté par des contre-poids qui se mettent successivement en prise avec une chaîne. Le mouvement de retour est modéré par un frein.

A Lens, une grue portée par une locomotive sert à faire basculer les caisses de charbon, amenées sur des trucks.

A Bruay, et à Nœux, l'effet est obtenu par des accumulateurs.

Aérage, ventilation. — La section belge est la seule à présenter un grand ventilateur de mine, un Guibal de 12 mètres de diamètre. La machine motrice est du type Corliss à soupapes, sa caractéristique est le système de détente; un baromètre anéroïde, indiquant la pression intérieure, détermine le déclanchement plus ou moins rapide, d'après cette pression, d'un taquet qui cale la soupape d'admission ; dès que celle-ci est abandonnée à elle-même, elle est vivement poussée sur son siége par un ressort à boudin qui entoure sa tige. La construction de cet appareil est due aux ateliers de Marcinelle et Couillet.

MM. Kœrting déterminent, par un moyen analogue à celui de M. Giffard, un appel d'air produit dans un orifice par un courant de vapeur ou d'air comprimé. Un appareil analogue peut être appliqué aux épuisements pour de faibles venues et de faibles hauteurs.

Les lampes de sûreté sont nombreuses aussi dans la section belge ; la lampe Mueseler est celle qui paraît préférée à toutes les autres ; la Commission, instituée par décret royal de 1868, entre autres, en offre plusieurs types ; dans la section française on trouve ceux de la Compagnie des mines d'Anzin, avec sa fermeture à soudure, de M. Gosset-Dubrulle, constructeur à Lille ; les modes de fermeture par une petite machine magnéto-électrique sont dus à la Compagnie des mines de la Loire et à M. Bréguet.

La question de l'éclairage à l'intérieur des mines paraît devoir subir, dans un temps prochain, de sérieuses modifications par l'application des moteurs magnéto-électriques et, en particulier, de la machine Gramme ; MM. Sautter et Lemonnier, constructeurs à Paris, l'emploient non-seulement à donner des foyers lumineux très-intenses, mais encore à disséminer sur plusieurs points la lumière produite.

Deux ingénieurs, M. Rolland-Banès et M. Boullenot, veulent restreindre les causes d'explosion du grisou en alimentant les lampes, non plus avec l'atmosphère ambiante, mais avec de l'air apporté du jour ; le premier obtient ce résultat en faisant descendre au fond des réservoirs remplis d'air comprimé, le second par une canalisation en tuyaux de petit diamètre ; ni l'un ni l'autre de ces procédés n'a encore été expérimenté en grand.

M. Coquillon a un appareil au moyen duquel il dose la quantité de grisou contenu dans l'air en un point déterminé de la mine : une petite cloche pleine d'eau est amenée en ce point ; l'ouverture d'un petit robinet permet l'écoulement du liquide et son remplacement par l'air ambiant ; un fil de platine, qui traverse la cloche, est rendu incandescent par un courant électrique ; l'oxygène de l'air renfermé brûle l'hydrogène carboné qui peut se trouver avec lui ; on détermine la proportion de ce dernier par la comparaison des volumes gazeux avant et après le passage du courant.

On peut doser rapidement les gaz au moyen de l'appareil Orsat : le mélange, renfermé dans une éprouvette, en est expulsé par petites quantités et en vertu de la dépression déterminée par le déplacement d'un flacon à tubulures contenant de l'eau ; il est mis successivement en contact avec de la potasse, du pyrogallate de potasse et du chlorure de cuivre par le jeu des robinets établissant la communication du gaz à analyser avec chacun de ces réactifs ; le premier absorbe l'acide carbonique, le second, maintenu dans une atmosphère d'hydrogène, s'empare de l'oxygène et le troisième de l'oxyde de carbone.

La Compagnie des mines de Blanzy présente une porte de sûreté constituée par un fort châssis en fer forgé servant d'appui à un triple tissu en toile métallique. Cet appareil, maintenu ouvert en temps ordinaire, doit être abattu par une explosion de grisou ; il isole alors l'un de l'autre deux quartiers voisins, empêche la déflagration de se communiquer de l'un à l'autre, sans cependant interrompre complétement le courant d'air.

Les appareils destinés à permettre à l'homme de vivre dans les milieux irrespirables sont exposés par M. Fayol, de Commentry, par MM. Denayrouze, par M. Galibert, et, dans la section belge, par M. Schwann.

L'appareil Fayol et l'appareil Denayrouze ont pour caractère commun de pouvoir être utilisés dans l'eau aussi bien que dans un gaz irrespirable, de fournir à l'homme, au moyen d'une pompe foulante, l'air à une pression égale à celle du milieu dans lequel il se trouve ; des tuyaux en caoutchouc, maintenus par des spires métalliques et recouverts d'un tissu protecteur, servent à transporter cet air, qui est versé par l'expiration dans l'atmosphère ambiante ; il n'arrive aux poumons que de l'air constamment renouvelé.

M. Schwann supprime les tuyaux ; l'opérateur porte sur sa poitrine un réservoir plein d'air atmosphérique ; il porte sur le dos une petite caisse pleine de chaux et de soude pour absorber l'acide carbonique produit par la respiration. L'air expiré passe dans cette caisse et retourne ensuite au premier réservoir ; en outre, l'oxygène disparu est remplacé par de l'oxygène contenu dans un petit réservoir, où il est emmagasiné à haute pression et d'où il s'écoule par le jeu d'un régulateur. L'air n'est pas renouvelé, mais reconstitué.

L'appareil Galibert est plus simple, mais moins efficace. L'air renfermé dans un sac porté sur le dos de l'opérateur arrive à la bouche de celui-ci par des tuyaux en caoutchouc. Le jeu des poumons détermine un va-et-vient entre eux et le sac. L'air n'est ni épuré, ni renouvelé ; il sert jusqu'à ce que les gaz produits par la respiration l'aient rendu impropre à cette fonction.

L'absorption et l'expulsion se font par la bouche, au moyen du jeu de légères soupapes dans les premiers de ces appareils, spontanément dans le dernier.

L'effet de tous est complété par un pince-nez qui empêche les efforts faits involontairement pour la respiration nasale, et par des lunettes adhérentes à la face qui mettent les yeux à l'abri du contact des fumées et de l'acide carbonique.

M. Fayol, outre l'appareil à courant d'air continu, en a un autre portatif, constitué par un sac en toile imperméable; il s'adapte sur le dos, est plein d'air atmosphérique et a la forme d'un soufflet en éventail; l'accès de l'air vers l'embouchure à soupapes est déterminé par une planche qui appuie sur le sac et fait corps avec lui; l'évacuation, à l'expiration, est effectuée dans le milieu ambiant. L'opérateur peut se rendre compte à chaque instant de la provision d'air qui lui reste à la seule inspection de son appareil.

L'éclairage, dans les appareils Fayol et Denayrouze, est obtenu par une lampe alimentée à la même source que l'homme; les gaz produits par la combustion s'échappent par une soupape.

Épuisement. — Une grande pompe à balancier et à rotation est exposée par les ateliers de Seraing. Le moteur est un cylindre unique et vertical, actionnant un balancier en tôle et fer à bras inégaux, le grand du côté de la puissance. Des bielles de retour donnent le mouvement à l'arbre des volants. La maîtresse tige, attelée à l'extrémité du petit bras, est formée de deux tiges jumelles en fer travaillant toujours par traction; elle est équilibrée par un balancier à contre-poids installé sous le sol dans une galerie spéciale. Le mouvement de ce second balancier est commandé par des bielles attelées au prolongement du grand bras du premier. La distribution est à soupapes, à détente et à condensation; son action automatique peut être momentanément suspendue et remplacée, pour la mise en marche, par la main du machiniste. Les pompes foulantes, dont l'action est de 60 mètres, sont toutes situées dans l'axe de la maîtresse tige; la pompe élévatoire du fond remonte l'eau à 30 mètres. Toutes sont supportées par des moises en fer calées dans la paroi du puits. — Un treuil spécial à vapeur, installé contre les montants de support, permet les visites et les réparations.

Dans la section anglaise, on remarque les pompes Tangye et Hathorn à action directe; dans ces dernières, la distribution est commandée par une cataracte.

Les pompes Audemar, Greindl, le pulsomètre Hall, s'appliquent à des épuisements de moindre importance.

M. Legat détermine le mouvement de l'eau sans le secours de pièces mécaniques; il comprime, dans un cylindre, l'air qu'il conduit dans une boîte à clapets noyée d'où il expulse l'eau dans la colonne montante.

Préparation mécanique. — Les progrès faits par la métallurgie ont obligé les exploitants à améliorer leurs produits; les résultats obtenus sont exposés dans une classe spéciale. Quant aux moyens d'action, ils sont multiples et se rapportent au triage, au criblage et au lavage. Des modèles d'ensemble sont présentés par plusieurs Compagnies, celle de Montrambert et La Béraudière, celle des forges de l'Aveyron, celle du Creusot, la Compagnie du chemin de fer d'Orléans pour ses mines d'Aubin.

Le lavoir de M. Marsaut, employé aux mines de Bessèges, est constitué par une cuve à section rectangulaire dans laquelle se meut une cage guidée; cette cage, dont le fond est formé d'une claie et dont les côtés latéraux portent des glissières horizontales pour le mouvement de trois tiroirs en bois et sans fonds, reçoit la charge préparée dans une trémie spéciale. Le mouvement alternatif lui est donné par un piston hydraulique se mouvant dans un cylindre vertical. Après avoir subi les secousses nécessaires, le tout est remonté hors de la cuve de manière à placer successivement chaque tiroir en face de la tige d'un piston hydraulique horizontal qui les vide chacun dans une trémie spéciale. La même eau sert presque indéfiniment.

Le lavoir de M. Évrard se compose d'une cuve dans laquelle se meut un piston ; un réservoir spécial rempli d'eau est mis sous pression par admission de vapeur à sa partie supérieure. L'eau refoulée détermine un courant ascensionnel dans la cuve ; le charbon y est projeté et sa chute est retardée par le mouvement de l'eau. La classification se fait par ordre de grosseurs et de densités, les schlams à la partie supérieure, les grains purs et les sables dans la partie moyenne, les pierres au fond. Le tout est amené à l'orifice de la cuve par un piston hydraulique.

Pour arriver à une épuration complète, il y a lieu de faire passer la partie moyenne dans un relaveur formé d'une table circulaire tournante, perforée et horizontale, avec piston central ; les sables sont extraits du fond du bac ; les schistes sont amenés par le mouvement de l'eau dans un compartiment annulaire d'où ils sont enlevés par une noria ; une autre noria emporte le charbon lavé.

MM. Huet et Geyler présentent leur lavoir à grilles filtrantes, dont l'action s'applique à des fragments d'égale grosseur et qui exige, par conséquent, un criblage préalable. Tous les numéros de grosseurs différentes peuvent successivement y être traités, pourvu que les trous des feuilles perforées soient en rapport avec ce numéro.

Le lavoir comporte un distributeur ; s'il s'agit de grenailles, il se compose d'une trémie dont le fond se termine par une gouttière versant sur la table de lavage ; une hélice, dont le mouvement est commandé par une bielle actionnant une roue à rochets, produit l'avancement des matières ; la course peut être à volonté augmentée ou diminuée. S'il s'agit de boues, elles sont versées dans un cône et aspirées, au moyen d'une petite turbine, dans un tube vertical partant du sommet. De là, elles sont amenées sur la table de lavage par un conduit terminé en forme d'éventail.

Comme accessoire de leur lavoir, les mêmes exposants ont un broyeur composé de deux mâchoires, l'une fixe, l'autre mobile; en modifiant leur écartement, on obtient des fragments de la dimension voulue.

MM. Huet et Geyler exposent aussi une turbine par laquelle ils opèrent l'absorption et la séparation des éléments composant un mélange de gaz, de liquides ou de poussières. La turbine est enveloppée d'une cloche plongeant dans un liquide approprié aux effets à produire; celui-ci est aspiré par la partie inférieure en même temps que la matière à traiter est appelée par la partie supérieure; il en résulte un mélange très-intime déterminant une division excessive favorable à l'absorption, à la dissolution, à la condensation des gaz, aussi bien qu'à l'arrêt des poussières.

Le lavoir de M. Rivière-Dejean s'applique aux sables aurifères; il en détermine l'enrichissement par l'élimination et l'entraînement par l'eau de la plus grande partie des matières stériles. La portion plus riche est retenue dans des rainures transversales disposées tout le long de l'appareil.

Les machines à briquettes sont au nombre de trois, toutes dans la section française.

MM. V. Biétrix et Ce, de Saint-Étienne, ont une machine dans laquelle le moteur imprime, par l'intermédiaire d'un engrenage, un mouvement d'oscillation à un balancier courbé. Le moulage se fait par la descente du petit bras et le démoulage par l'action d'un contre-balancier.

L'axe de rotation s'appuie contre un piston de presse

hydraulique qui cède par le jeu d'une soupape lorsque la pression a atteint la limite qu'elle ne doit pas dépasser. La rotation du plateau à alvéoles est obtenue par le jeu d'une plate-forme tournante portant une rainure-came.

La Compagnie des Forges et Chantiers de la Méditerranée expose une machine du genre Mazeline, actionnée par deux cylindres à simple effet ; le plus grand agit sur le petit piston d'une presse hydraulique pour la compression ; le démoulage est obtenu par le mouvement du fond mobile de chaque moule, le long d'un plan incliné circulaire. — La rotation est produite par des bras qui font avancer le plateau à alvéoles de la quantité nécessaire.

M. Couillard a une machine dont la rotation est menée par une vis sans fin. L'intensité de la compression dépend du poids placé à l'extrémité d'un bras de levier ; elle peut ainsi varier dans des limites très-étendues, suivant la nature des charbons employés.

L'appareil de démoulage est analogue à celui de la précédente.

Installations ouvrières. — Les Compagnies, en portant le siége de leurs exploitations dans des contrées dépourvues d'habitations, ont dû se préoccuper du soin de loger leurs ouvriers. Le mode de construction primitivement adopté consistait en de grandes casernes, où de nombreux ménages trouvaient à se caser ; il a été abandonné, quoiqu'il soit le plus économique. On a reconnu des inconvénients de toute nature à une aussi grande agglomération d'ouvriers sur un même point.

Les maisons que l'on construit aujourd'hui sont confortables, quelques-unes élégantes ; elles sont ou isolées ou accolées par les pignons ; chacune a son entrée particulière. De nombreux capitaux y ont été engagés. La Compagnie des mines de Blanzy représente, à une échelle réduite, les villages qu'elle a fait bâtir; la Compagnie de Béthune fait voir le relief de la cité ouvrière des Brebis, comprenant 730 maisons de types divers, une église, des écoles, une boulangerie économique, avec éclairage au gaz, distributions d'eau, etc.

Une installation toute spéciale a été faite aux charbonnages du Hasard par M. J. d'Andrimont. A côté d'une cité ouvrière se trouve installé un hôtel pour les ouvriers, l'hôtel Louise, pouvant abriter près de 400 personnes. Il comprend des chambrettes pour le logement, la cuisine, la boulangerie, le réfectoire, la lingerie, les bains et lavoirs, le magasin de denrées alimentaires et d'habillement, une bibliothèque, une école d'adultes, le tout éclairé au gaz et pourvu d'une abondante distribution d'eau. La dépense par homme et par jour n'est que de 1 fr. 20.

Ce qui précède n'est qu'un résumé succinct des visites faites avec nos camarades au matériel réuni dans les galeries de l'Exposition. L'étude complète de ce matériel aurait exigé de plus grands développements et surtout des dessins qui n'auraient pu trouver leur place dans cette courte note.

Imprimerie D. BARDIN, à Saint-Germain.

Extrait des **ANNALES INDUSTRIELLES**
18, rue Lafayette, Paris.

VISITES DES INGÉNIEURS

ANCIENS ÉLÈVES DE

L'ÉCOLE CENTRALE

DES ARTS ET MANUFACTURES

A L'EXPOSITION UNIVERSELLE DE 1878

Les Chaudières à vapeur.

Par M. MAURICE JOURDAIN (*Promotion de 1865*).

Les chaudières exposées sont nombreuses ; nous ne pouvons donc pas songer à en faire une description complète, et nous devons nous contenter de décrire sommairement les principales et surtout celles fournissant la vapeur à la force motrice.

Nous nous abstiendrons également de formuler des appréciations ; il est bien difficile, en effet, de porter un jugement absolu sur un générateur. Tous les systèmes ont leurs qualités et leurs défauts et c'est à l'ingénieur qu'il appartient d'apprécier dans chaque cas particulier, pour chaque application différente, quel est le système qui convient le mieux.

Les conditions à remplir pour une bonne installation sont multiples, et ce n'est pas toujours la chaudière qui vaporise la plus grande quantité d'eau par kilogramme de charbon qui est la plus économique ; il faut en effet se préoccuper de son prix d'installation, de sa durée probable, de sa facilité à être entretenue et réparée, de la nature des eaux d'alimentation, etc.

On peut cependant poser en principe que, toutes les fois que la chose est possible, un industriel a avantage à choisir une chaudière simple et facilement abordable partout, de façon à ce que le nettoyage, la visite et les réparations soient toujours possibles.

En effet une chaudière bien entretenue, bien nettoyée intérieurement et extérieurement, a une durée plus grande et produit la vapeur plus économiquement ; en outre, la facilité des visites complètes est indispensable pour permettre de découvrir à temps les maladies plus ou moins graves dont les tôles peuvent être affectées.

En résumé, on peut dire que la chaudière la meilleure et la plus économique est celle qui donne à son propriétaire le moins d'ennui possible au point de vue de la conduite et des réparations et qui n'occasionne, dans son usine, que les arrêts indispensables. L'ingénieur chargé d'une installation doit donc chercher à se rapprocher le plus possible de ce désidératum.

Tous les genres de chaudières peuvent être groupés en quatre classes principales, qui sont :

Les chaudières à foyer extérieur,

Les chaudières tubulaires,

Les chaudières à foyer intérieur,

Les chaudières à circulation rapide.

Tous ces types sont représentés dans les chaudières motrices de l'Exposition, qui sont réparties en neuf groupes, dont cinq pour la France et quatre pour l'étranger.

Nous commencerons par passer en revue ces diverses chaudières.

Le premier groupe étranger en partant de l'Ecole militaire comprend les chaudières de la Belgique et de la Suisse. Ce sont :

La chaudière de MM. Barbe, J. Petry et Ce de Molenbeek-Bruxelles (Belgique). — Cette chaudière, dont la surface de chauffe est de 150 mètres carrés, se compose de trois boîtes en tôle réunies par deux faisceaux tubulaires horizontaux et reliées à deux corps cylindriques supérieurs. Le foyer est placé sous le faisceau tubulaire avant ; les produits de la combustion circulent au milieu des tubes, autour des corps remplis à moitié d'eau, passent au-dessus de la boîte centrale et vont à la cheminée en circulant au milieu du faisceau arrière. Pour le nettoyage des tubes, les deux boîtes avant et arrière sont fermées par de grands plateaux en tôle bombée, boulonnés et non armés. La chaudière est munie de la soupape Barbe, dont le but est de faire une vidange rapide en cas d'excès de pression.

La chaudière de MM. de Naeyer et Ce de Willebroeck (Belgique). — Cette chaudière du genre multitubulaire se compose d'une série de tubes inclinés vers l'arrière (longueur : 3^m,000, diamètre 0^m,120) et d'un corps cylindrique à la partie supérieure.

Les tubes sont accouplés au moyen de boîtes en fonte et l'assemblage de deux tubes forme un élément. La superposition d'un certain nombre d'éléments forme une série. Les éléments sont reliés entre eux au moyen de petits tubes en fer à emboîtement conique et de communications serrées par deux étriers avec boulons.

Les tubes sont remplis d'eau et le niveau de celle-ci est maintenu à quelques centimètres au-dessus du fond du corps cylindrique. L'alimentation se fait par un collecteur à la partie inférieure arrière, la vapeur formée dans les tubes se dirige vers l'avant et monte à la partie supérieure dans un collecteur, qui communique avec le corps cylindrique.

Les produits de la combustion circulent autour des tubes avec des chicanes produites par des tôles convenablement disposées et s'échappent dans la cheminée à la partie supérieure arrière.

La chaudière système Sinclair, construite par John Mac Nicol de Seraing (Belgique). — Cette chaudière est également multitubulaire, mais elle se distingue de la précédente en ce que les tubes, au lieu d'être disposés par série, viennent tous aboutir à l'avant et à l'arrière dans des boîtes en tôle fortement armées, analogues au foyer d'une locomotive et communiquant à la partie supérieure avec un corps cylindrique formant dôme de vapeur, et un autre contenant moitié eau et où se fait l'alimentation. Pour faciliter la circulation de la vapeur, les tubes inférieurs sont inclinés vers l'avant et les tubes supérieurs vers l'arrière. La vapeur formée se réunit dans les boîtes et de là se rend dans le corps supérieur. Le nettoyage des tubes se fait au moyen de trous percés dans la tôle extérieure et bouchés par des bouchons autoclaves disposés à l'intérieur.

La chaudière de MM. Escher Wyss et Cᵉ de Zurich (Suisse) *avec foyer Ten Brink.* — Cette chaudière, d'une surface de chauffe de 46 mètres carrés, se compose de deux corps vaporisateurs et de six tubes réchauffeurs inférieurs disposés par trois et communiquant entre eux et avec les corps supérieurs par des cuissards verticaux.

Les produits de la combustion en sortant du foyer Ten Brink, dont nous parlerons plus loin, enveloppent complétement les corps vaporisateurs, descendent à l'arrière dans une grande chambre où se trouvent les six réchauffeurs et se rendent à la cheminée. Cette chaudière présente l'avantage d'être facilement visitable partout; mais la disposition de la maçonnerie devrait être modifiée dans une application en France; le décret de 1865, en effet, interdit la circulation des produits de la combustion autour des chambres de vapeur ainsi qu'elle est pratiquée dans cette chaudière.

La chaudière de MM. Sulzer frères de Winterthur (Suisse) *avec foyer Ten Brink.*—Dans cette chaudière, MM. Sulzer ont imaginé une disposition spéciale pour l'application du foyer Ten Brink. Celui-ci forme la partie inférieure d'un corps cylindrique incliné à 45°. A l'intérieur sont des tubes parallèles dans lesquels circulent les produits de la combustion en sortant du foyer. Ils sortent à la partie supérieure, entourent complétement le corps cylindrique et se rendent à la cheminée en passant par un réchauffeur tubulaire spécial en fonte. Les gaz chauds entourant la chambre de vapeur, il y a lieu de faire ici la même observation que pour la chaudière précédente.

Le foyer Ten Brink, qui est installé dans les deux chaudières qui viennent d'être décrites, se compose d'un corps cylindrique horizontal traversé par deux tubes légèrement coniques, et dont l'axe, perpendiculaire à celui du corps cylindrique, a une inclinaison un peu supérieure à 45°. Chacun de ces tubes contient une grille de forme spéciale ayant la même inclinaison. Le combustible est introduit en haut par un orifice étroit, et sous l'influence de son poids, se dispose en couches plus épaisses à la partie inférieure, dont l'orifice est bouché par les cendres et scories.

Au-dessus de la porte à combustible est une introduction d'air, que l'on peut régler à volonté. Le foyer ainsi disposé fonctionne, pour ainsi dire, comme un gazogène, et la combustion des gaz produits à la partie inférieure s'achève à la partie supérieure par suite de la plus haute température en cet endroit et de l'arrivée d'air convenablement réglée.

Les produits de la combustion sortant de l'appareil se rendent ensuite comme d'ordinaire dans les carneaux de la chaudière.

Le corps cylindrique du foyer est naturellement rempli d'eau, qui est mise en communication avec celle de la chaudière par des dispositions qui varient suivant le système, mais dont le but est toujours d'amener une circulation active.

Le second groupe de générateurs comprend :

Les chaudières de M. Louis Fontaine, de Lille, destinées à fournir de la vapeur à l'Autriche-Hongrie.

Ce sont deux chaudières identiques semi-tubulaires cylindriques, à deux bouilleurs et deux réchauffeurs latéraux, de 100 mètres carrés chacune de surface de chauffe. Les produits de la combustion entourent d'abord les bouilleurs et la partie inférieure du corps cylindrique, circulent dans les tubes que renferme celui-ci, puis vont aux réchauffeurs.

Le troisième groupe comprend :

La chaudière de MM. Séraphin frères, de Paris, destinée à fournir la vapeur aux États-Unis.

Cette chaudière, d'une surface de chauffe de 125 mètres carrés, est du genre locomobile avec un foyer circulaire vertical et un faisceau tubulaire dans un corps cylindrique horizontal. En outre, la partie supérieure du foyer est garnie de tubes Field, qui augmentent considérablement la surface de chauffe.

Les produits de la combustion se rendent directement à la cheminée en sortant des tubes.

MM. Séraphin ont une autre chaudière identique, mais plus faible, sur la berge, pour l'exposition maritime.

Le quatrième groupe étranger comprend :

Les chaudières Galloway avec Économiser Green. — Ces chaudières, au nombre de trois, se composent d'un grand corps cylindrique et de deux foyers intérieurs se réunissant dans un tube elliptique entretoisé par des tubes Galloway. Ces tubes sont coniques, avec brides à leurs extrémités, et leurs dimensions sont telles que l'on peut les introduire par l'ouverture supérieure du tube de fumée. La bride inférieure appuie sur la tôle à l'intérieur du tube, et la bride supérieure à l'extérieur, ce qui facilite le montage et les réparations.

La partie supérieure de la chaudière n'a pas été recouverte de maçonnerie, pour permettre de voir le travail de chaudronnerie.

Les produits de la combustion, sortant des foyers, circulent au milieu des tubes Galloway, qui, en les divisant, prennent leur chaleur, puis autour du corps cylindrique, et enfin passent, avant de se rendre à la cheminée dans un

Economiser Green. — Cet appareil est un réchauffeur composé de séries de tubes verticaux en fonte, reliés par des tubes collecteurs horizontaux. L'eau arrive par la partie inférieure et sort par la partie supérieure. La particularité qui distingue cet appareil, est que les tubes verticaux sont constamment nettoyés par des grattoirs, qui montent et descendent sur ces tubes mus par une transmission de mouvement. La suie se trouvant ainsi enlevée, le passage de la chaleur au travers du métal se fait beaucoup mieux, la suie ne corrode pas la fonte, et il n'est pas rare de voir l'eau sortir de l'Economiser Green à la température de la chaudière.

Il est à peine utile de dire que cet appareil n'est guère applicable à des eaux fortement incrustantes, le nettoyage intérieur devenant alors très-difficile.

Le premier groupe de chaudières motrices françaises, en venant de la Seine, comprend :

Les chaudières de MM. Chevalier et Grenier, de Lyon. — Ces chaudières sont au nombre de trois, et la surface de chauffe de chacune est de 120 mètres carrés.

Deux d'entre elles sont des chaudières cylindriques

avec deux foyers intérieurs se réunissant dans un même tube. En sortant de ce tube, les gaz circulent autour du corps cylindrique et de deux réchauffeurs avant de se rendre à la cheminée.

La troisième chaudière est d'un système différent. — Le corps cylindrique se termine à l'extrémité des foyers intérieurs et se continue en haut et en bas par des bouilleurs horizontaux reliés entre eux par de grands cuissards verticaux d'un faible diamètre.

Les produits de la combustion, avant de s'engager dans cette partie de la chaudière, séjournent dans une chambre en maçonnerie qui, se trouvant fortement chauffée, facilite une bonne combustion des gaz.

Le second groupe comprend :

Les chaudières de MM. Boyer et Villette, de Lille. — Ce sont deux chaudières identiques, cylindriques, à deux bouilleurs avec deux réchauffeurs latéraux. — La surface de chauffe de chacune est de 104 mètres carrés, répartis également entre la chaudière et les réchauffeurs.

Il n'y a rien de particulier à dire sur ce système de générateur, si simple et si pratique, que tout le monde connaît.

Le troisième groupe comprend :

Les chaudières de MM. Belleville et Ce. — Ces chaudières sont au nombre de trois, du même type. — La surface de chauffe de chacune est de 115 mètres carrés.

Ces chaudières se composent d'éléments, dont le nombre et les dimensions varient suivant la force des générateurs. Chaque élément est formé par un certain nombre de tubes assemblés en spirale à l'aide de boîtes de raccordement, dans lesquels deux tubes viennent se fixer par un pas de vis.

Chaque élément est constitué de telle sorte qu'il est indépendant des autres et peut être facilement changé et remplacé.

Les tubes inférieurs sont remplis d'eau et les supérieurs d'un mélange d'eau et de vapeur. L'alimentation se fait à la partie inférieure avant, par un tube collecteur perpendiculaire aux tubes générateurs.

La vapeur formée se rend à la partie supérieure dans un cylindre collecteur, qui est à la fois un épurateur de vapeur et d'eau d'alimentation. Là la vapeur se débarrasse de son eau par l'action de la force centrifuge, et elle se rend ensuite au tuyau de sortie par une série de tubes surchauffeurs appelés sécheurs de vapeur.

Ces chaudières sont en outre munies d'un certain nombre d'appareils accessoires fort ingénieux que nous ne pouvons qu'énumérer ; ce sont :

Un épurateur d'eau d'alimentation ;

Un récipient déjecteur des dépôts calcaires ;

Un régulateur automatique d'alimentation et de niveau d'eau, et enfin un régulateur automatique du tirage agissant sur le registre.

Le quatrième groupe comprend :

Les chaudières de MM. Weyher et Richemond. — Ces chaudières sont au nombre de trois, ayant chacune une surface de chauffe de 67 mètres carrés.

Elles se composent de deux corps cylindriques superposés et réunis par des cuissards.

Dans le corps inférieur est un foyer amovible avec tubes, du système Thomas et Laurens, dont le joint au caoutchouc se fait à la circonférence du corps.

Les produits de la combustion vont jusqu'au fond du foyer, reviennent par les tubes à l'avant et de là se rendent à la cheminée en circulant autour des corps cylindriques.

Le niveau de l'eau se trouve au milieu environ du corps supérieur.

Le cinquième et dernier groupe comprend :

Les chaudières de la Compagnie de Fives-Lille. — Ces chaudières, au nombre de deux, ont chacune une surface de chauffe de 120 mètres carrés ; elles sont du système tubulaire à foyer rectangulaire.

Les gaz se rendent directement à la cheminée sans circuler autour de la chaudière, qui est simplement garnie d'une enveloppe de liège et de tôle.

Il y a donc peu de chose à dire sur ces chaudières qui sont du type bien connu des locomotives.

Comme particularités à signaler, une des chaudières est munie d'une grille Wackernie, grille dont les barreaux peuvent être successivement soulevés et abaissés pour le décrassage, et la cheminée commune est en tôle, la Compagnie ayant trouvé cette construction plus économique pour des appareils dont la durée de fonctionnement était fixée à quelques mois.

Une dernière chaudière motrice fixe au Champ de Mars est

La chaudière de MM. Dulac frères, installée sur la berge dans l'annexe de la classe 54. Cette chaudière, dont la surface de chauffe est de 75 mètres carrés, se compose d'un corps cylindrique terminé à sa partie inférieure par une plaque tubulaire traversée par des tubes genre Field. — Le contre-tube, disposé à l'intérieur de ceux-ci, s'élève à 1 mètre environ au-dessus de la plaque et s'arrête à 0^m,200 au-dessous du niveau de l'eau ; il est entouré d'un manchon fermé à la partie inférieure, et dans lequel les dépôts viennent se ramasser.

En outre, le corps cylindrique est muni de deux augets circulaires superposés, dans lesquels se fait l'alimentation et où l'eau laisse dans des collecteurs une partie de ses dépôts avant de tomber à la partie inférieure.

Enfin cette chaudière est munie de deux bouilleurs réchauffeurs verticaux.

En plus des chaudières fixes qui viennent d'être décrites, la force motrice est fournie, dans les différentes annexes de l'Exposition, par un certain nombre de locomobiles ou de chaudières demi-fixes.

Enfin deux batteries de chaudières sont installées sur la rive droite de la Seine pour fournir la vapeur aux machines d'élévation d'eau. Elles comprennent :

Les chaudières de M. Meunier, de Lille, qui fournissent la vapeur à la machine de MM. Lecouteux et Garnier et ont une surface de chauffe de 100 mètres carrés chacune. Elles sont du système semi-tubulaire à deux bouilleurs. Les produits de la combustion circulent autour des bouilleurs, puis dans les tubes et se rendent à la cheminée en circulant autour du corps cylindrique.

Les chaudières de M. Le Brun, de Creil, qui fournissent la vapeur à sa machine, sont également semi-tubulaires avec quelques dispositions particulières du foyer et un réchauffeur commun aux deux chaudières.

La description des chaudières motrices terminée, nous passerons rapidement en revue les principales chaudières exposées.

MM. Farcot et ses fils. — Chaudière à foyer amovible formée de deux corps cylindriques superposés et contenus dans une enveloppe générale en tôle et terre réfractaire. Dans le corps inférieur se trouve le foyer amovible, qui se compose d'une partie cylindrique terminée par un faisceau tubulaire.

La jonction se fait par deux joints métalliques, l'un à l'avant, l'autre à l'arrière.

Les produits de la combustion en sortant des tubes enveloppent les corps cylindriques et vont à la cheminée à l'avant.

M. Durenne. — Chaudière semi-tubulaire à deux bouilleurs avec deux réchauffeurs et demi-cylindres avec tubes Field à la sortie des tubes du corps cylindrique.

MM. Fouché et de Laharpe. — Chaudière formée de deux corps cylindriques, disposés en T. Dans le corps horizontal est le foyer ; dans le corps vertical un faisceau tubulaire. L'eau circule dans les tubes, que l'on peut nettoyer intérieurement en enlevant un fond boulonné à la partie supérieure.

MM. Villiet frères et Lescure. — Chaudière *Thomas et Laurens* à un seul corps surmonté de deux dômes réunis par un tube formant chambre de vapeur. — Le joint du foyer est réduit au diamètre strictement nécessaire pour le passage du foyer et des tubes.

M. Armand Girard. — Une chaudière à corps cylindrique avec foyer intérieur suivi d'un faisceau tubulaire. — Une chaudière verticale avec tubes genre Field, dans lesquels le contre-tube s'élève plus haut que dans le tube Field.

MM. Ed. Victoor, Fourcy et Ce*.* — Chaudière à deux bouilleurs et basse communication se terminant à l'arrière par un corps cylindrique, muni intérieurement de tubes.

MM. Imbert frères. — Chaudière horizontale, système *Duchesne*, tubulaire à trois foyers.

M. Colombier. — Chaudière verticale avec tubes croisés et cintrés dans le foyer et double enveloppe à celui-ci pour activer la circulation de l'eau.

M. Roser. — Chaudière verticale avec tubes en serpentin dans l'intérieur du foyer.

M. Mancini. — Chaudière verticale avec tubes croisés dans le foyer, lequel est amovible.

MM. Maulde et Wibart. — Chaudière verticale avec un gros bouilleur pendant dans le foyer.

M. Aubert. — Chaudière verticale avec un faisceau tubulaire surmontant le foyer.

M. Hermann-Lachapelle. — Chaudière verticale avec bouilleurs croisés dans le foyer.

M. Rikkers. — Chaudière verticale avec tubes coniques recourbés, allant de la paroi latérale au ciel.

M. Oriolle. — Chaudière multitubulaire installée sur le yacht « *Paul Boyton.* » Elle se compose de deux boîtes en tôle réunies par de nombreux tubes inclinés vers l'avant. La moitié de ces tubes sont pleins d'eau. L'alimentation se fait dans la caisse avant en bas et la prise de vapeur dans celle d'arrière en haut.

Nous terminerons cette note en disant quelques mots sur l'exposition faite par les *Associations de propriétaires d'appareils à vapeur.*

Ces associations ont, comme on le sait, un double but : prévenir les accidents et explosions de chaudières et faire réaliser à leurs membres des économies dans la production et dans l'emploi de la vapeur.

Le premier but est atteint par des visites périodiques des chaudières, dont toutes les parties sont inspectées avec le plus grand soin.

Ces visites permettent fréquemment de découvrir des défauts graves dans les tôles. Aussi, pour montrer leur importance, les associations du Nord de la France, normande et parisienne se sont réunies et ont formé une collection aussi complète que possible de toutes les maladies dont les chaudières peuvent être affectées et qui ont été trouvées dans les visites.

Ces maladies, si elles ne sont pas découvertes et traitées à temps, peuvent amener les accidents les plus graves; il était donc intéressant de les faire connaître.

Nous voudrions, pour l'instruction de tous, pouvoir les décrire en détail; mais la place nous manquant, nous nous contenterons d'en faire une énumération rapide. Ce sont :

Les pailles, les fentes, les cassures de tôles, les corrosions intérieures, les corrosions extérieures par l'eau provenant de fuites diverses, par l'humidité des carneaux, par les produits de la combustion, les bosses et coups de feu, les mauvaises rivures, les réparations mal faites, les incrustations, etc.

Cette nomenclature de défauts, qui étaient tous représentés et qui ont été vus lors de la visite faite à l'Exposition, montre combien les chaudières sont sujettes à se détériorer et prouve la nécessité de les surveiller toujours avec un soin constant.

En présence de si nombreux accidents possibles, on peut comprendre pourquoi nous disions en commençant qu'un industriel a toujours avantage à monter une chaudière abordable partout, de façon à ce que le nettoyage, la visite et les réparations en soient faciles.

Imprimerie D. BARDIN, à Saint-Germain.

ANNALES INDUSTRIELLES
18, rue Lafayette, Paris.

VISITES DES INGÉNIEURS

ANCIENS ÉLÈVES DE

L'ÉCOLE CENTRALE

DES ARTS ET MANUFACTURES

A L'EXPOSITION UNIVERSELLE DE 1878

Le Matériel agricole

Par MM. E. CHABRIER (*Promotion de 1847*)
et P. DE SINGLY (*Promotion de 1866*).

Le matériel agricole est très-largement représenté à l'Exposition, et il faudrait, pour l'étudier en détail, plus de temps que nous n'avons à y consacrer dans ces rapides visites.

Nous nous bornerons à énoncer ici les diverses opérations qu'on se propose de faire avec chaque nature de machines; et, en parcourant les galeries, nous pourrons donner sur place les explications relatives aux diverses solutions employées pour réaliser ces opérations.

Le concours de plusieurs Exposants, qui ont bien voulu nous promettre de se trouver auprès de leurs machines, nous facilitera beaucoup cette tâche.

Les opérations de la culture se divisent en trois catégories générales qui comprennent elles-mêmes diverses subdivisions.

Ce sont :

1° La préparation du sol et l'ensemencement ;
2° La récolte et sa rentrée ;
3° La préparation ou la mise à l'état marchand.

Préparation du sol. — La préparation du sol comprend l'antique opération du labourage sur lequel il n'y a pas à s'arrêter beaucoup : la charrue, qui a commencé par être un simple soc, traîné par des animaux et dirigé par l'homme, l'ancien araire, s'est peu à peu complété du versoir pour retourner la motte soulevée, puis, de l'avant-train destiné à faciliter la marche en ligne droite ; enfin, de divers systèmes de traction qui permettent de labourer sans se servir des mancherons ; l'ouvrier règle sa charrue au départ et peut marcher à côté jusqu'au bout du sillon.

Il existe beaucoup d'espèces de charrues, suivant le but qu'elles ont à remplir : la charrue déchausseuse, la charrue vigneronne, la charrue fouilleuse, la charrue tourne-oreilles, la charrue à deux versoirs, la charrue bi-socs, tri-socs, polysocs, etc., etc.

Quelle que soit sa nature, la charrue se compose de plusieurs parties principales ;

1° Les pièces travaillantes qui sont :

Le coutre ou couteau, découpant la terre verticalement ;

Le soc, la découpant horizontalement, sa pointe est mobile, et il est relié au corps de la charrue par des supports appelés étançons ;

Le versoir, qui sert à retourner la terre.

2° Les pièces dirigeantes qui sont :

L'âge ou corps de la charrue, terminé par deux bras, les mancherons. On règle la largeur et la profondeur (entrure) de la charrue au moyen du coutre et d'une pièce appelée régulateur sur laquelle est attelé le cheval.

La charrue a surtout pour but de retourner la motte, et, à cette intention, on a beaucoup varié la forme du versoir. Les Anglais ont fait des formes très-multiples de ces versoirs ; les maisons Howard et Ransome en présentent de très-remarquables ; en France, les maisons de MM. de Dombasle et Delahaye sont restées dans des formes moins excentriques qui semblent plus pratiques.

Mais il y a en Angleterre une grande tendance à compléter, sinon à remplacer, le labourage par le défonçage qui ameublit la terre sur 0^m,40 à 0^m,50 de profondeur sans la retourner. Cette opération est très-avantageuse dans la culture des racines : carottes, betteraves, turneps, etc.; ils ont fait, dans ce but, les cultivateurs; ce sont des socs sans versoir pouvant entrer très-profondément.

A propos de ces défonçages très-profonds, permettez-nous de citer un emploi de la dynamite fait par les Allemands. Après avoir employé avec succès les capsules de dynamite à l'enlèvement des souches des gros arbres, on a eu l'idée d'en placer un certain nombre régulièrement espacés et enfoncés de 2 mètres ; en faisant partir toutes ces cartouches ensemble le sol se soulève de 25 à 30 centimètres et se trouve ameubli comme un remblai ; cette méthode n'est pas encore répandue ; on prétend que la dépense ne serait que de 600 francs par hectare.

On a naturellement cherché à remplacer le travail des animaux par le travail à vapeur dans les labours.

Il y a deux procédés bien distincts de labourage à la vapeur :

Le premier : à traction directe, appliqué par M. Fowler, est représenté à l'Exposition, section anglaise; il se compose de deux locomobiles routières, agissant sur un câble attaché à la charrue qui, pour faire plus de travail à la fois, se compose de sept socs montés sur un arbre et espacés de la largeur d'un sillon ; un système de sept autres socs, en sens opposé, est réuni au premier, sous un angle convenable pour rester hors du sol pendant que le premier travaille. Les deux locomobiles sont placées à la distance correspondante à la longueur du câble, et tirent la charrue chacune à leur tour ; à chaque changement de direction, il suffit de basculer l'appareil pour le faire travailler ; pendant qu'une des locomobiles tire la charrue, l'autre s'avance de la quantité nécessaire.

Le deuxième procédé, à poulie de renvoi, a été appliqué avant le précédent par la maison Howard.

Il n'y a qu'une seule locomobile, et c'est par des poulies de renvoi que le système de charrue, à bascule aussi, est mis en mouvement. Ce système, qui avait été très-favorablement accueilli en France à l'origine, ne s'est pas développé; il demande une mise de fonds beaucoup moins considérable, mais la pose des câbles et des poulies est ompliquée.

Le système Fowler coûte 50 à 60.000 francs d'achat celui de Howard pourrait s'établir pour 15 à 18.000 francs.

Notre camarade Débains a imaginé un système mixte qui répondra mieux à l'agriculture française qui n'a pas de capitaux libres ; il n'a qu'une locomobile ; un tender portant des treuils est attelé derrière la machine ; l'un des treuils sert à l'avancement de la charrue, l'autre agit sur une poulie de retour pour l'avancement de la locomobile.

Cette disposition est ingénieuse et sera certainement beaucoup plus appréciée en France, où la division de la terre rend difficile de grosses dépenses de matériel. L'appareil Fowler, employé avec succès par M. Decauville, à Petit-Bourg, depuis plus de dix ans, ne s'est pas répandu en France ; en Amérique et en Angleterre, au contraire, il a reçu des applications très-nombreuses et très-diverses.

Le labourage à vapeur n'est pas plus économique quand on tient compte de l'amortissement du capital engagé, mais le travail est bien supérieur ; surtout il peut être fait en beaucoup moins de temps, et alors en temps plus opportun, ce qui est une très-grave question en agriculture.

Une fois le champ labouré, il faut encore donner à la terre différentes façons pour détruire les mottes. On emploie à cet effet :

La herse, dont les dispositions varient à l'infini : la herse à chaîne, la herse articulée, la herse à billons, etc.

Le rouleau, qui est plein ou à disques ; dans ce dernier système, le plus efficace est le rouleau Croskill, dont les disques mobiles en fonte portent des dents ; les premiers rouleaux étaient en bois, on les fait maintenant en fonte.

Il y a encore les extirpateurs, scarificateurs et autres instruments destinés à ameublir la terre et qui sont employés suivant les pays, suivant la nature du sol et le produit à obtenir.

La préparation du sol comprend aussi l'ensemencement.

On a cherché à remplacer le semis à la volée par une machine afin de régler et de régulariser le travail ; ces machines sont les semoirs ; ils sont différents pour la petite culture, et pour la moyenne et grande culture.

Pour la petite culture, le petit semoir se compose simplement d'une boîte montée sur roues, dans laquelle on met la graine ; le fond est percé de trous, fermés de différentes manières, par exemple, par une brosse montée sur un arbre actionné par les roues même du semoir. La graine, poussée par la brosse, vient tomber dans des tubes terminés par un soc qui forme le sillon ; ce semoir rudimentaire rend de grands services dans les petites fermes.

Le grand semoir est beaucoup plus compliqué ; son principal type est celui inventé par M. Smyth ; tous les autres semoirs relèvent de celui-ci et sont basés sur le même principe ; les seules modifications sont des perfectionnements de détail.

On les appelle encore semoirs à cuillers, parce que l'outil principal est un disque supportant de petits augets semblables à des cuillers.

Le semoir se compose d'une caisse portée par deux grandes roues, sur le moyeu d'une desquelles sont adaptées des roues dentées qui engrènent avec un pignon monté sur l'arbre portant les disques à cuillers, et donnent le mouvement à cet arbre.

La caisse étant remplie de graines, chaque cuiller en prend une en tournant et vient la verser dans une espèce d'entonnoir communiquant avec les tubes terminés par les socs; ces socs ou rayonneurs sont fixés sur autant de barres de fer à charnières formant levier; des poids en fonte, suspendus à l'extrémité de chaque levier donnent plus ou moins d'entrée aux socs, selon la profondeur à laquelle l'on veut placer le grain.

Les leviers sont indépendants pour pouvoir suivre les ondulations du terrain, sans que le dépôt de la semence soit interrompu; ils sont rattachés au moyen de chaînes à un cylindre en bois que peut tourner une manivelle, ce qui permet de relever les socs de manière à les dégager complétement du sol.

Le coffre dans lequel se trouve la semence est mobile; on peut lui donner plus ou moins d'inclinaison, en avant ou en arrière, ce qui est nécessaire dans les terrains en pente pour que la graine ne s'échappe pas des cuillers pour retomber dans la boîte au lieu d'aller dans les cornets.

Les tubes conduisant la graine sont quelquefois d'une seule pièce; les semoirs sont dits : à socs fixes; mais le plus souvent les tubes sont en plusieurs parties rattachées les unes aux autres par des petites chaînes. Ce moyen, assez compliqué, a été avantageusement remplacé par des tubes en caoutchouc qui permettent aux socs de suivre toutes les ondulations du sol.

La quantité de semence à répandre dépend de la vitesse avec laquelle tourne le distributeur, et, par suite, du rapport entre le pignon et la roue dentée sur laquelle ce pignon engrène ; elle peut donc facilement se régler. Pour obtenir plus ou moins de vitesse on n'a qu'à changer les pignons de l'arbre qui met en mouvement les cuillers.

Les semoirs sont presque toujours munis d'un avant-train relié au moyen de chaînes, pour éviter des déviations dans la marche de l'instrument.

Les semoirs sont construits de manière à pouvoir, au moyen de manœuvres simples, changer les pignons, rendre la caisse bien horizontale, la vider, ou encore enlever l'arbre des cuillers ; car, généralement, une deuxième caisse, située à la partie supérieure, sert à semer les petites graines, telles que le trèfle.

Les principales précautions à prendre sont : de veiller à ce que les socs ne bourrent pas ; à ce que les cuillers aient toujours du grain à puiser ; à ce que la position de la caisse soit telle que la graine contenue dans les cuillers ne s'échappe pas de celles-ci, avant d'être arrivée à la hauteur des cornets qui doivent la recevoir.

Les semoirs apportent une grande réduction dans la quantité de semence employée, pour une même surface ensemencée ; en outre, ils permettent une pratique bien utile : celle du binage des blés, c'est-à-dire de les débarrasser d'une grande partie des mauvaises herbes ; en effet, les semis étant faits en lignes distantes les unes des autres de 15, 20 et même 25 centimètres, il est facile de faire passer un outil entre les lignes et de couper les mauvaises herbes.

Les outils qui servent à ce travail, et qui sont surtout employés dans la culture de la betterave, sont les houes à cheval, dont les dispositions sont très-variées ; en principe, ce sont des socs garnis de couteaux horizontaux qui coupent la terre sur une faible épaisseur et ainsi détruisent les mauvaises herbes.

La récolte et sa rentrée. — Les opérations relatives à la récolte sont celles qui demandent la plus grande main-d'œuvre à la fois, parce que, pour une même plante, tout doit être ramassé au moment de la maturité. Aussi le fauchage et la moisson amenaient-ils des déplacements considérables d'ouvriers qui couraient la campagne pour faire ces opérations à la tâche; mais les ressources que la Belgique offrait à la France à cet égard semblent de jour en jour plus insuffisantes.

C'est de l'Amérique que nous sont venus les premiers appareils à faucher et à moissonner tout à fait pratiques.

On a été quelque temps à substituer à la faux l'appareil mécanique destiné à la remplacer; toutes les tentatives faites pour imiter le mouvement de l'homme fauchant ont échoué; la disposition qui a prévalu est toute différente; c'est une lame de scie mobile, se déplaçant dans des dents fixes par le mouvement même des roues qui porte l'appareil.

La faucheuse, destinée à couper le foin, se compose d'un chariot sur lequel monte le conducteur qui a à sa droite les scies en dehors de la piste des chevaux pour qu'ils ne marchent pas sur la récolte à faire. Le mouvement est donné au moyen d'engrenages placés sur l'axe des roues. La scie peut être relevée au moyen d'un levier, lorsqu'elle ne fonctionne pas; on peut engrener et désengrener facilement en marche, et l'on peut couper plus ou moins ras.

La faucheuse, assez simple dans ses éléments, est arrivée à une grande perfection ; son fonctionnement est généralement bon ; sa construction est facile, et dernièrement, dans un concours, 35 faucheuses de modèles différents ont été présentées et ont bien fonctionné.

Après le fauchage du foin, il faut le faner, et le ramasser. La faneuse mécanique se compose d'un rouleau porté sur l'essieu de deux grandes roues qui lui impriment un mouvement rapide au moyen d'engrenages ; sur ce rouleau sont fixées de longues dents articulées qui enlèvent le foin et le lancent en l'air en le retournant.

Quand le foin est sec, on le met en andain au moyen de râteaux pour le disposer ensuite en meule.

Le râteau a été aussi l'objet d'un appareil mécanique. Ce sont toujours deux grandes roues qui portent sur leurs essieux des arêtes en forme de sections de cercles, qui se relèvent à volonté pour laisser tomber le foin quand l'andain est suffisamment fort ; l'outil est attelé d'un cheval, et un conducteur, au moyen d'un levier, fait l'opération seul. Il y a peu de faneuses à l'Exposition, mais il y a beaucoup de râteaux à cheval.

L'opération de la moisson présentait plus de difficultés, et la solution est plus compliquée. Il faut, en effet, après avoir coupé les tiges, en prendre une certaine quantité et les mettre en petit tas, dits javelles.

La moissonneuse se compose d'un appareil coupeur, tout à fait analogue à la scie de la faucheuse ; le mouvement est donné de même par la roue, mais il est plus lent ; en outre, l'appareil porte un tablier sur lequel tombent les tiges coupées ; un système d'ailettes est destiné à soutenir la tête des tiges pendant que la scie les coupe au pied, ce sont les rabatteurs, et à les enlever du tablier horizontal lorsqu'il y en a assez pour faire une javelle, ce sont les javeleurs. Les ailettes sont rabatteurs, ou javeleurs, à la volonté du conducteur.

Les moissonneuses existent depuis 1863 ; jusqu'en 1870, elles offraient beaucoup d'inconvénients : coupe sans variation de hauteur ; javelage constant et non modifiable ; le conducteur ne pouvait pas surveiller le mécanisme ; grande difficulté de manier l'instrument dans les fermes à cause du développement des râteaux, etc., etc.

C'est vers 1874 que, grâce aux perfectionnements successifs, tous ces inconvénients disparurent ; une grande partie des améliorations est due à M. Johnston ; les machines de ce constructeur, présentées au concours de Mettray en 1875, offraient la réalisation d'un grand nombre de ces petits perfectionnements, aujourd'hui introduits dans toutes les moissonneuses.

Une moissonneuse peut, dans une journée de douze heures, couper 3 à 4 hectares de récolte ordinaire avec un relai de deux chevaux. Il faut que le conducteur, placé au centre de gravité de la machine, ait sous la main tous les organes de fonctionnement, afin de pouvoir permettre de faire varier la hauteur de coupe pendant la marche, de passer par-dessus les obstacles que l'on rencontre, de retenir la javelle au tournant.

Il y a beaucoup de types de moissonneuses ; l'appareil est compliqué et se compose de plus de 200 pièces ajustées, mais ils ne diffèrent que dans des détails, les pièces principales sont toujours les mêmes.

Le prix des moissonneuses varie de 800 à 1.200 fr. ; le prix des faucheuses, de 500 à 650 fr. ; ces chiffres, élevés pour les petits cultivateurs, ont fait demander des machines combinées, c'est-à-dire étant moissonneuses et faucheuses, de manière à n'avoir qu'un seul instrument. Cette disposition mixte n'a pas donné jusqu'ici de bons résultats ; les combinaisons d'engrenage, qui sont différentes pour chaque opération, rendent l'appareil lourd ; mais la demande est telle que les constructeurs présentent beaucoup de faucheuses pouvant moissonner par l'addition d'un tablier mobile, et d'un second siége pour un homme faisant la javelle à la main ; M. Johnston présente une machine combinée avec rabatteur et javeleur, fauchant et moissonnant.

Une fois le champ moissonné, il reste à lier la javelle pour faire les gerbes. L'introduction des machines dans la culture rencontre une résistance systématique de la part des ouvriers qui entreprennent la moisson à la tâche ; les botteleurs de foin et les lieurs de gerbes font souvent la loi aux fermiers ; beaucoup de ces derniers renoncent aux machines à cause de ces difficultés. Il a donc fallu se préoccuper d'arriver à faire ces deux opérations mécaniquement.

L'Exposition présente un grand progrès dans le bottelage mécanique ; cette opération, tentée depuis longtemps sans succès réels par l'emploi de caisses dans lesquelles le foin était serré puis comprimé par des vis sans fin, avait à vaincre la résistance de l'air qui restait enfermé. Les nouvelles machines évitent cette difficulté en faisant la botte par couches successives, au moyen de coups de piston répétés, comme dans la machine américaine dont M. Albaret va faire la construction en France, ou par un enroulement hélicoïdal comme dans la machine de MM. Mabille, qui fait des bottes cylindriques.

La botte de foin ordinaire représente une densité de 40 à 50 kilogr. au mètre cube; celle du foin comprimé peut aller à 450 kilogr., ce qui suffit pour faire porter au wagon sa charge normale.

La moissonneuse-lieuse a pour but de laisser sur le sol des bottes de blé au lieu de javelles, et de se passer dès lors des lieurs qui se refusent à ce travail lorsqu'on ne leur donne pas la coupe à faire.

Les premières moisonneuses-lieuses se sont présentées à l'Exposition de 1878, et celles qui ont subi les essais très-satisfaisants faits à Mormans sur la ferme de M. Cher-temps, sont toutes américaines.

En général, les systèmes ne diffèrent que dans le détail de l'appareil lieur; la disposition consiste à placer à côté du tablier une tablette sur laquelle les tiges coupées sont conduites par une toile sans fin, et où s'opère le liage.

La gerbe rendue sur le tablier est saisie par deux bras et prise par un fil de fer, dont les bouts sont tournés au moyen d'un appareil placé sous la tablette. Dans cette disposition, le javeleur devient inutile, et le rabatteur est remplacé par un simple moulinet. — La tablette à lier, placée à l'opposé du tablier de la scie, établit un équilibre qui rend l'appareil plus stable que dans la moissonneuse ordinaire.

Les machines éprouvées à Mormans sont :

1° Celle de Mac-Cormick qui a donné le résultat le plus remarquable.

2° Celle de Wood.

3° Celle de Osborne.

Ces appareils, si ingénieux, n'ont pas encore fait leurs

preuves dans la pratique; mais leur marche en expériences a été si régulière que l'on peut regarder ce résultat si important comme acquis, et comme permettant d'espérer un grand développement dans l'usage des moissonneuses.

Pour le liage, on a employé jusqu'ici le fil de fer; cela présente quelques inconvénients; s'il reste quelques morceaux de fil de fer dans le fourrage, il peut arriver des accidents aux animaux qui le mangent; on a essayé avec de la corde, mais les résultats obtenus ne sont pas encore satisfaisants.

Les moissonneuses, dont nous venons de parler, sont employées en France et suffisent; mais pour des pays de très-grande culture, on a cherché à rendre encore le travail de la récolte plus expéditif.

Un constructeur américain a exposé un appareil à moissonner, dont la scie a une longueur trois ou quatre fois plus grande que les autres; les tiges tombent sur un monte-paille qui les conduit directement dans une charrette à fourrages, marchant à côté de la moissonneuse, et qui emporte la récolte à la ferme, où elle peut être battue de suite sans avoir été liée.

La section anglaise présente une moissonneuse à vapeur qui a bien fonctionné à Mormans. C'est une locomobile routière, poussant devant elle un appareil à moissonner de grandes dimensions; la scie a 4 mètres de longueur, et un moulinet proportionné rabat la tige sur le tablier; la paille est entraînée au moyen d'une toile sans fin qui la rejette sur le côté en andain sans former la javelle.

Citons encore, pour mémoire, un appareil plus prétentieux, moissonnant et battant à la fois. Dans les immenses plaines de l'Australie, où la paille n'a aucune valeur, on fait usage d'une moissonneuse qui n'a pas de scie ; un simple peigne placé à la hauteur des épis les arrache de leurs tiges, ces épis sont envoyés dans un cylindre batteur qui sépare le grain ; ce dernier est déposé en tas au bout du champ ; la paille, non mangée par les troupeaux, est enfouie par le labour et sert d'engrais.

Préparation ou mise à l'état marchand. — La récolte faite, rentrée ou mise en meules, il faut procéder à sa mise en état de pouvoir se présenter sur le marché.

La principale opération de préparation est le battage, qui est suivi du nettoyage des grains.

Le battage au fléau, en usage autrefois, et le dépiquage au rouleau ou aux chevaux, encore employé dans le Midi, cèdent le pas à la machine à battre après une lutte longue et pénible.

Une machine à battre se compose essentiellement d'un batteur et d'un contre-batteur ; le reste du mécanisme ne sert qu'au nettoyage du grain.

Le batteur est un cylindre qui tourne à de très-grandes vitesses autour de son axe (de 700 à 900 et même 1.000 tours par minute). Le contre-batteur est une pièce demi-cylindrique, formant pour ainsi dire une enveloppe au batteur ; il est semi-circulaire, à jours, et peut être rapproché plus ou moins du batteur.

Les machines à battre se divisent en deux catégories :

Les batteuses en bout et les batteuses en travers, suivant que les tiges se présentent longitudinalement ou latéralement.

Dans le premier cas l'épi est attaqué directement et la

vitesse du batteur peut être moins grande, mais la paille entraînée dans le mouvement de rotation est brisée.

Dans les batteuses en travers les tiges se présentent parallèlement aux génératrices du batteur et passent sans être altérées ; l'épi seul, fortement renvoyé du batteur au contre-batteur, se désagrège et laisse sortir le grain.

Ces deux méthodes, en présence depuis l'origine des machines à battre, semblent aujourd'hui se localiser suivant les pays.

Tandis qu'en Amérique et en Suisse la machine en bout est préférée, les cultivateurs français persistent à employer la machine en travers, qui leur donne une paille parfaitement marchande, au lieu de la paille brisée que les Suisses préfèrent pour les litières.

La machine en bout est aussi préférée pour le battage à la main ou au manége ; la machine à battre en travers exige une machine à vapeur et doit dès lors faire un grand travail pour utiliser ces outils d'un prix élevé.

Le grain battu est amené, suivant les machines, dans un sac ou dans les appareils de nettoyage. Quant à la paille, elle est rejetée au moyen de secoueurs, sortes de persiennes en mouvement, qui la dépouillent des grains restés dans les épis.

Le grain passe, suivant les appareils, sur un plus ou moins grand nombre de claies, en subissant le vent d'un ventilateur qui le débarrasse de la poussière et des menues pailles, ou même il est trié et séparé des mauvais grains ; certaines machines le relèvent au moyen de chaînes à godets pour le trier de nouveau et le livrer tout à fait marchand.

Pour les machines qui ne font que battre, le cultivateur

doit se munir des appareils de nettoyage, auxquels notre camarade Hignette a fait faire de grands progrès ; ces appareils sont des tamis, plans ou cylindriques, mus d'un mouvement de va-et-vient ou rotatif.

Le prix élevé des batteuses en travers (de 2 à 3.000 fr.) a fait créer dans les campagnes une industrie nouvelle : le battage mécanique à façon ; il existe beaucoup d'entrepreneurs de battage avec une machine à battre et une locomobile ; ils se rendent de ferme en ferme et battent à tant la gerbe.

On construit la machine à battre locomobile depuis plus de vingt ans ; aussi est-elle arrivée à un grand degré de perfectionnement ; à l'Exposition, rien de bien saillant n'a été fait ou ajouté, soit dans la section française, soit dans les sections étrangères, mais le nombre des machines exposées est considérable et atteste du grand nombre de ces outils demandés.

Nous avons encore à parler des nombreuses petites machines imaginées pour les travaux d'intérieur de fermes.

Le coupe-racines, si utile pour l'alimentation des bestiaux par les betteraves ou les turneps ; les hache-paille, qui ont permis de mélanger la paille aux pulpes de betteraves provenant de sucreries ou de distilleries ; les appareils à cuire la nourriture des bestiaux à la vapeur.

Les pressoirs portatifs pour la construction desquels MM. Mabille ont imaginé un encliquetage très-ingénieux et permettant une grande pression avec peu d'effort.

Les aplatisseurs de grains, destinés à faciliter aux chevaux le mastiquage indispensable pour la digestion quand les chevaux ont les dents usées.

Les divers moteurs, manéges et locomobiles.

Mais nous sortirions du cadre dans lequel notre communication doit se tenir.

Nous devons cependant vous signaler une innovation bien heureuse, et dont l'idée première revient à notre regretté camarade Corbin : le porteur universel. La question du déplacement des matières en agriculture est très-importante, surtout depuis que la culture de la betterave se répand.

Cette plante, qui demande beaucoup de fumier (40 à 50.000 kilogr. à l'hectare), donne 50 à 60.000 kilogr. de racines pour la même surface. Il était rationnel d'offrir aux agriculteurs des moyens de déplacement perfectionnés, et l'idée de la voie portative de Corbin, a été reprise et améliorée dans la construction par M. Decauville aîné, à Petit-Bourg, dont le frère est sorti de l'Ecole Centrale il y a un an, les voies de M. Decauville sont en fer ; ses wagons et ses trucs sont aussi en fer ; il expédie des chemins de fer complets avec changements de voies, plaques tournantes et wagons, à la demande.

Pour donner une idée de l'importance que prend le matériel agricole il suffit de dire qu'à l'Exposition de 1878 soixante-quatre Exposants français présentent dans la classe 51 :

60 locomobiles ;

80 batteuses de tous systèmes ;

Et 25 moissonneuses ou faucheuses.

L'Angleterre et l'Amérique ont été les premières nations à construire la machine agricole, parce que le manque de bras était bien plus sensible chez elles qu'en France.

Pendant fort longtemps la France a été tributaire de ces pays ; mais, en voyant la section française en 1878, on peut être assuré qu'un jour prochain viendra où la construction des machines agricoles sera aussi renommée en France qu'en Angleterre et en Amérique.

Extrait des **ANNALES INDUSTRIELLES**
18, rue Lafayette, Paris.

VISITES DES INGÉNIEURS

ANCIENS ÉLÈVES DE

L'ÉCOLE CENTRALE

DES ARTS ET MANUFACTURES

A L'EXPOSITION UNIVERSELLE DE 1878

Essais sur la Résistance des Matériaux

Par M. THOMASSET (*Promotion de* 1868)

L'étude de la résistance des matériaux occupe aujourd'hui une place des plus importantes dans la construction en général, et plus spécialement dans les constructions métalliques. Cette importance se justifie par deux raisons principales : d'abord c'est la seule voie rationnelle qui reste ouverte à l'ingénieur qui, ne voulant pas fermer la voie au progrès, acceptera tous les matériaux offerts à la seule condition de mettre sa responsabilité à l'abri en étudiant leur résistance propre ; ensuite, il faut absolument s'assurer par des essais répétés durant toute fourniture que non-seulement les matériaux satisfont bien aux conditions imposées aux fournisseurs par le cahier des charges, mais encore que les coefficients de résistance prévus dans les calculs primitifs sont bien dans le rapport voulu avec les coefficients divers fournis directement par les expériences.

On peut diviser en deux catégories assez tranchées les objets à essayer : dans la première, je range tout ce qui est *échantillon* de la matière à essayer, *échantillon* ou *éprouvette*, à laquelle je donne la forme qui me convient suivant l'essai à faire ; dans la seconde catégorie, je comprends tout ce qui est objet complet à essayer avec les formes définitives qu'il conserve dans l'emploi que l'on doit en faire, ainsi par exemple : les rails, les essieux, les bandages, les chaînes, les tendeurs d'attelage, les câbles, etc., feront partie de la seconde catégorie, tandis que, une éprouvette prise dans un rail ou un bandage, une éprouvette faite avec du fer dont doit se composer une chaîne, un fil métallique d'un câble, un cube de brique, de pierre, etc., rentrera dans la première catégorie.

Je crois fermement qu'il faut s'occuper de la résistance des matériaux au point de vue expérimental sous ses quatre faces : traction, compression, flexion, torsion ; encore aujourd'hui on se limite presque à la traction. Si les efforts que doit subir la pièce dont on essaye un échantillon ne sont que des efforts de traction, je n'y trouve pas beaucoup à redire ; mais ce qui me semble pour le moins indispensable, c'est que l'on fasse des essais correspondants à tous les efforts auxquels une pièce doit être soumise volontairement ou accidentellement. L'étude des quatre circonstances : traction, compression, flexion et torsion, conduira également à quelques rectifications probables dans les hypothèses généralement admises dans les formules usuelles de ces différents cas.

Tout ce que j'ai dit jusqu'ici s'applique indistinctement à toutes les matières ou matériaux possibles ; je vais maintenant, en parlant des méthodes généralement suivies dans l'expérimentation, considérer plus particulièrement l'acier, le fer et la fonte, de manière à fixer les idées sur certains points spéciaux encore peu connus dans les essais.

Puisque l'essai par traction est encore de beaucoup le plus suivi, supposons donc une éprouvette en acier très-doux sur laquelle nous allons produire des efforts de traction. Le métal va passer par trois périodes assez distinctes les unes des autres. D'abord la période élastique, puis la première période de déformation partant de la limite d'élasticité pour arriver au maximum de résistance, et enfin la seconde période de déformation partant du maximum de résistance pour aboutir à la rupture complète. De telle sorte que si nous représentons sur deux axes perpendiculaires entre eux les efforts et les allongements, nous aurons pour la première partie l'élasticité en ligne droite ascendante, pour la deuxième partie, la courbe de déformation ascendante jusqu'au maximum de résistance, et pour la troisième partie la courbe de déformation descendante jusqu'à rupture : cette explication de figure suppose que c'est sur l'axe vertical que l'on a compté les charges, l'axe horizontal servant à marquer les allongements.

Voilà ce qui se passera devant tout expérimentateur qui aura eu soin de placer son éprouvette de telle sorte que, si d'un côté l'on produit la puissance à l'autre bout de l'éprouvette soit attachée la balance qui équilibre à chaque instant et automatiquement la résistance propre de l'éprouvette.

J'ai dit à dessein que je supposais de l'acier très-doux pour avoir les trois phases de l'expérience très-marquées : et ici je m'arrête pour vous parler de suite d'un fait que m'a révélé la pratique du laboratoire. Une des questions assez agitée dans les essais est celle de la dimension en longueur des éprouvettes ; et aujourd'hui encore vous avez couramment suivant les pays, et même les administrations d'un même pays, 100, 200 ou 300 millimètres de longueur d'éprouvette ; eh bien, en attendant que l'accord se fasse sur ces longueurs, j'ai remarqué que quelle que soit la longueur de l'éprouvette dans les dimensions que je viens de citer les résultats sont parfaitement comparables entre eux si on s'arrête comme comparaison au maximum de résistance, c'est-à-dire à la fin de la deuxième période, ou si vous voulez encore jusqu'au point où la tangente à la courbe devient horizontale dans la figure que je considérais tout à l'heure.

La question étant assez importante, permettez-moi de vous tracer un exemple : supposons que nous coupions bout à bout dans de l'acier très-doux et très-homogène une éprouvette de 200 et une de 100 millimètres. Cela fait nous diviserons celle de 100 millimètres en deux parties de 50 millimètres chacune et celle de 200 millimètres en quatre parties de 50 millimètres. Nous les soumettons l'une et l'autre à la traction sur la même machine, et dans les mêmes conditions de vitesse et de durée d'expérience. Tant que nous n'aurons pas atteint le maximum de résistance nous serons dans les mêmes conditions pour les deux éprouvettes, et même pour les six parties de 5o millimètres. Donc la comparaison entre des éprouvettes de longueurs différentes peut se faire à cette condition, mais il faut bien noter que si vous avez le maximum de résistance vous n'avez pas à ce moment le maximum d'allongement ; vous noterez l'allongement correspondant au maximum de résistance dans les deux cas, ce sont ces chiffres qui sont comparables. A partir du maximum de résistance, et pour la troisième période, la déformation va se *localiser* dans une partie de l'éprouvette, les autres restent absolument stationnaires, et c'est ici que cette déformation, et par conséquent cet allongement *local*, va avoir une influence sur l'allongement % de l'éprouvette suivant sa longueur initiale ; nous avons alors le phénomène de la *striction*, et finalement la rupture. Au point de rupture correspond l'allongement le plus grand. La diminution de section de l'éprouvette au point de rupture joue un assez grand rôle pour l'appréciation du métal ; cependant je dois faire ici une observation relative à cette coutume assez souvent observée dans les tableaux de résultats de mettre la résistance du métal par rapport à la section de rupture en prenant pour cela le chiffre de la résistance totale maximum. Si c'est purement et simplement un rapport de chiffres, je n'en vois pas l'utilité, et cela ne peut donner aucun point de comparaison sérieux ; si, au contraire, comme je l'ai vu affirmer bien souvent, c'est une résistance réelle que l'on veut écrire, c'est une grave erreur. La résistance réelle de cette section de rupture, si on désire l'inscrire, est la charge à la rupture divisée par la section de rupture, rien de plus ; et dans les aciers très-doux la *charge totale de rupture* n'est très-souvent que la moitié de la *charge totale maximum*, supportée par l'éprouvette, et si, par exemple, la section au point de rupture devenait aussi moitié de la section initiale, on aurait à inscrire la même charge par unité de surface pour les deux cas. Pour me résumer, je dis donc que les points à noter dans l'expérience que nous examinons sont les suivants : période élastique, limite d'élasticité et allongement correspondant, maximum de résistance et allongement correspondant, résistance au moment de la rupture et allongement maximum qui correspond effectivement à ce moment.

Je ne dis point par là que ce soient là les seuls points à noter : en principe, pour bien faire une expérience, il faut la suivre sans passer brusquement d'un point à un autre, et ici je laisse de côté les expériences faites dans les laboratoires par d'habiles expérimentateurs, mais je veux parler des essais de réception de métaux assez soignés dans lesquels on se contente cependant de prendre pour ainsi dire la résistance totale, l'allongement maximum, de comparer ces résultats avec ceux prévus au cahier des charges, et tout est dit. Il faut examiner de bien plus près la chose, ne serait-ce qu'en regardant l'éprouvette au fur et à mesure de sa déformation, et pour appeler votre attention sur ce point, je vous citerai des fers assez phosphoreux, qui, convenablement affinés, donnent parfaitement 35 à 36 kilogr. de résistance et 15 à 18 % d'allongement ; mais si vous observez l'éprouvette, vous apercevrez des *criques transversales* bien avant le maximum de résistance, vers 20 kilogr. par millimètre carré le métal est déjà tout criqué, et cependant, à première vue, les résultats totaux feraient accepter ces fers dans bien des cas, où ils deviendraient dangereux.

Un des points les plus importants à considérer pendant l'expérience est sans contredit la période élastique, mais je dis de suite que ce n'est pas la seule importante dans l'étude des métaux principalement. Dans les constructions en effet dans lesquelles les métaux vont travailler de diverses manières, il importe avant tout que les pièces qui les composent ne prennent pas de déformations permanentes, un métal doit donc être connu par *sa limite d'élasticité*. Il semble difficile de se mettre d'accord sur les chiffres indiquant la limite d'élasticité des métaux, je crois que les différences signalées proviennent surtout du mode d'opérer. Quand il s'agit de métaux, et surtout d'aciers fabriqués avec soin, je crois être certain que la limite d'élasticité reste bien semblable pour une même fabrication. Seulement, voici d'où, selon moi, proviennent les différences : il est assez en usage d'observer les allongements élastiques avec des cathétomètres disposés à cet effet et donnant le $1/100^e$ de millimètre et quelquefois plus; pour cela on vise deux traits dont on a pris avec soin l'écartement initial, on charge progressivement l'éprouvette, et on la décharge après avoir relevé à la lunette l'allongement sous charge ; si l'éprouvette déchargée revient à sa forme primitive, si, en un mot, les traits reviennent aux zéros du cathétomètre, il n'y a pas d'allongement permanent, il y a allongement élastique, nous sommes donc dans la période élastique. Le premier point que je signale est le suivant : vous avez dans bien des cas, un instrument pour mesurer les allongements beaucoup plus sensible que ne peut l'être la machine d'essai, quel que soit d'ailleurs son système, et alors, d'une expérience à l'autre, il pourra y avoir une différence provenant de ce fait. Le second point, c'est ce que j'appellerai le retour à zéro ; vous agissez par tâtonnement pour arriver à cette limite d'élasticité, et il est impossible de prévoir d'avance combien de fois vous chargerez et déchargerez votre éprouvette pour arriver au résultat voulu, et comme il ne faut pas oublier qu'en dehors de l'exactitude absolue que l'on peut demander aux chiffres d'une expérience, il y a surtout la comparaison des résultats à considérer, il s'ensuit que les expériences les meilleures seront celles qui seront faites dans des conditions d'identité absolue. Il faudrait donc, dans les expériences de retour à zéro, opérer sur chaque éprouvette un même nombre de retours, ce qui est impossible. Mais le retour à zéro a encore un autre inconvénient dans les expériences, et voici cet inconvénient. Toutes les fois qu'une éprouvette a été chargée d'un certain poids, si on la décharge et qu'on recommence l'expérience, les conditions de résistance de l'éprouvette ont été changées, et voici de quelle façon l'expérience le démontre.

Prenez une barrette d'acier, par exemple, déterminez la limite d'élasticité par la méthode du retour à zéro, si vous voulez, puis arrêtez-vous là : chargez ensuite votre éprouvette de la moitié de la charge de sa limite d'élasticité, restez même un certain temps sous cette charge ; enlevez-là, et recommencez, comme vous l'avez fait, à déterminer la limite d'élasticité : cette limite sera reculée, la période élastique augmentera : donc, les retours à zéro ont pour effet de déplacer la limite élastique. Je répète que ce n'est que parce qu'il est impossible de se placer dans des conditions identiques dans deux expériences consécutives, que je trouve cette manière d'opérer défectueuse.

Je signalerai encore un fait qui prouve l'influence des arrêts sous charge pendant les expériences.

Supposons que nous ayons sur une barrette dépassé le maximum de résistance, et que nous soyons en plein dans notre période de résistance décroissante, que j'ai appelée troisième période ; supposons que la striction soit parfaitement apparente et locale, précisons encore d'avantage, supposons une barrette de fer d'Audincourt martelé A, qui ayant $20^{m/m}$ de diamètre aura supporté une charge de 13 tonnes au maximum, et sera descendu à 11 tonnes : arrêtons l'expérience une demi heure, tout en restant sous charge ; et au bout de ce temps reprenons l'expérience, nous verrons l'éprouvette se charger à nouveau jusqu'à 12 tonnes 1/2, par exemple, avant de redescendre jusqu'à rupture. Ainsi de même que dans la période élastique, l'influence de l'arrêt est très-grand, et, comme il faut avant tout expérimenter dans des conditions identiques, pour que les résultats soient comparables, il faut supprimer les arrêts dans les expériences. Ce qu'il ne faut pas oublier non plus, c'est que ces cathétomètres donnant le $1/100^e$ de millimètre sont assez difficiles à manier, fatigants pour l'œil, deux causes qui peuvent conduire à faire moins d'essais que l'on devrait ou voudrait en faire.

Je dirai encore qu'il y a, pour moi, quelque chose d'anormal dans ce fait, qui est tout d'actualité, que de ces instruments précis pour mesurer les allongements, instruments plus sensibles que ne peut l'être la machine à tirer, nous tombons sans transition aux essais journaliers qui, avec le plus vulgaire pied à coulisse, constatent la charge maximum et l'allongement maximum : la période élastique ainsi que les autres circonstances étant absolument ignorées.

De tout ce que je viens de dire, la conclusion est qu'une fois la barrette en expérience, il faut poursuivre jusqu'à rupture sans arrêt, et cependant noter tous les points qu'il s'agit de relever. En voulant bien se reporter à ce que j'ai dit plus haut de ce qu'il y avait à voir dans un essai, on en en déduit ceci : que pour les éprouvettes usuelles la période élastique se trouve comprise toujours dans les deux premiers millimètres d'allongement, ayez alors pour étudier cette période, un petit appareil donnant au maximum deux millimètres par cinquantième de millimètre, cet appareil se posera sur votre éprouvette elle-même, et fonctionnera automatiquement : vous noterez les charges correspondantes à chaque cinquantième très-facilement. L'appareil s'enlèvera facilement à ce moment sans interrompre l'expérience, et à partir de ce moment vous noterez les charges par demi-millimètre, par exemple, jusqu'à rupture. Vous aurez là tous les éléments pour tracer votre courbe complète, et l'œil se représentera très-aisément tout ce qui s'est passé pendant l'expérience, à quelque point qu'on la considère, ce qui a son importance. Vous voyez que nous tombons là dans une méthode graphique, et je vous avoue avoir grande confiance dans ce système qui m'a donné les meilleurs résultats.

Il y a dans cette méthode bien appliquée toute la sécurité désirable et en outre la possibilité de faire un grand nombre d'essais types; ce qui a son importance, surtout au point de vue des aciers. On comprend d'ailleurs que la besogne soit bien simplifiée dans un laboratoire où on aura d'avance des feuilles quadrillées aux échelles des instruments dont on se sert et si vous voulez en essayer, vous serez facilement convaincus que cette méthode donne des résultats d'une très-grande précision.

Le grand avantage de photographier pour ainsi dire l'expérience, est que vous voyez très-bien comment se comporte le métal à quelque moment qu'on le considère, et je crois qu'il y a une très-grande importance à considérer ce qui se passe au commencement de la déformation et vers la rupture. Ainsi, par exemple, il m'est arrivé d'étudier des aciers à la flexion, et les charges maxima étaient dans bien des cas presque identiques : mais ce qui ne l'était pas du tout c'étaient les flèches ou les déformations correspondant à chaque charge ; de là découlaient des appréciations bien différentes qu'il eût été impossible d'avoir sans avoir tous les points intermédiaires de l'expérience.

Nous passons maintenant aux machines d'essai, et puisque vous avez bien voulu me permettre ces considérations générales qui ont, je crois, leur utilité, je vous demanderai encore, avant de vous montrer le fonctionnement de mes machines, de vous décrire en quelques mots par quelle série de déductions j'ai passé pour arriver à ce système qui a déjà rendu quelques services.

Que doit-on demander à une machine d'essai ? Elle doit pouvoir donner un effort de traction, flexion, compression ou torsion sur la pièce soumise à l'épreuve, et d'autre part, mesurer exactement la résistance qu'oppose cette même pièce à la puissance développée sur elle. Quelque soit le moyen dont on se sert pour donner la puissance, il y a une condition à remplir, c'est de donner cette puissance lente ou rapide, mais sans secousse, et sans arrêt, si l'on veut suivre ce que j'ai dit plus haut. Comme les grands efforts sont presque toujours donnés par la pression hydraulique, l'emploi des pompes ordinaires se trouve par là même proscrit, et j'ai été conduit à adopter un instrument appelé *compresseur*, dont le but est de transmettre cette pression hydraulique sans secousse et sans arrêt. Tous les organes qui donnent la puissance sont des organes en mouvement, il y a donc là des frottements, des résistances passives. Le plus simple est donc de s'arranger pour que tout cela n'entre en aucune manière dans l'évaluation de la résistance de l'éprouvette : la puissance sera donc d'un côté, et de l'autre sera évaluée la résistance : entre les deux, formant le trait-d'union sera l'éprouvette.

L'évaluation de la résistance, voilà le côté délicat de l'opération. Le plus simple à première vue, paraît être de fixer à une branche d'un levier l'éprouvette, et de suspendre un plateau et des poids à l'autre branche, et de faire en sorte de maintenir toujours l'équilibre. Quand il s'agit de toutes petites machines, ce système serait encore applicable, mais vous allez voir ce qui se passe s'il s'agit de mesurer des résistances de 25, 50 et 100 tonnes. Il faut que la machine soit d'un maniement facile, ce qui revient à dire que les poids à manier pour augmenter ou diminuer la résistance, doivent être faibles, et alors deux hypothèses se présentent : 1° ou l'on ne prend qu'un seul levier : dans ce cas le rapport des bras de levier sera très-grand, et il deviendra très-difficile de bien faire manœuvrer ce long levier sur ses couteaux et d'empêcher les trépidations et oscillations latérales qui se traduiront en secousses sur l'éprouvette. Ce n'est pas tout, la longueur absolue du petit bras sera très-faible, et d'autant plus faible que l'on voudra éviter les défauts du long levier, défauts que je viens de signaler ; mais cette petite dimension pourra varier malgré tout le soin d'un ajustage parfait ; n'oubliez pas qu'il s'agit d'efforts de 50 et 100 tonnes, et les lignes des couteaux ne sont plus des lignes géométriques, mais bien des surfaces arrondies pour pouvoir résister à l'egrénement ; dans ce cas, pouvez-vous affirmer ne pas avoir de légères variations dans vos lignes de contact, et par conséquent dans la longueur et le rapport de vos bras de levier? et alors la longueur absolue du petit bras étant très-faible, le plus léger déplacement a une influence notable sur la lecture du poids, qui deviendra fausse.

2° Pour parer à ces deux inconvénients, l'autre solution est alors d'avoir une suite plus ou moins nombreuse de leviers articulés les uns aux autres. Cette solution présente alors le désavantage de rendre la machine plus inerte, plus paresseuse; la tare de la machine devient difficile : et ici encore, la multiplicité des couteaux donne lieu à de petites erreurs dont le principal défaut est de faire changer la tare de la machine, d'une expérience à l'autre. En outre, la vérification et le contrôle d'une telle machine, à seule fin de s'assurer si tous les leviers fonctionnent normalement, devient presque impossible, si on a affaire des machines puissantes.

Quelque soit celle de ces deux hypothèses que l'on

choisisse, elles ont un défaut commun, celui d'exiger le maniement de poids qui donnent infailliblement des secousses et en outre avec de telles machines l'éprouvette ne faisant pas automatiquement l'équilibre de sa résistance, il est impossible de préciser le maximum de résistance, et de constater la troisième période dont je parlais en commençant. Je dirais même que vers le point de rupture on n'aura qu'à charger un peu vite l'éprouvette et on pourra faire atteindre par le résultat constaté une résistance contraire à la réalité des faits. Le poids curseur actionné par une vis le long d'un levier à également l'inconvénient de forcer l'opérateur à toucher au levier : et la maladresse involontaire ou volontaire, peut troubler les résultats. Et j'appelle votre attention sur ce point important : du moment que l'opérateur est tenu de toucher pendant l'expérience aux organes qui mesurent la résistance, vous vous obligez en quelque sorte à avoir toujours le même opérateur, et nous tombons dans le défaut que je voudrais éviter, celui d'empêcher un grand nombre d'essais de se faire.

Cette suite de leviers articulés sur couteaux a encore l'inconvénient de ne pas pouvoir se mettre en équilibre sans avoir les uns par rapport aux autres des déplacements importants dans certains cas ; c'est ici alors qu'il y aura des résistances passives impossible à éviter, et qui viendront troubler les résultats. La conclusion ici est donc que plus grande sera la simplicité de la mesure de la résistance, plus grande sera la certitude des résultats, plus grande sera la facilité des expériences.

Je viens m'expliquer maintenant sur cette opinion qui prévaut encore quelquefois, surtout à l'étranger, d'avoir une seule machine d'une grande puissance et qui serve à la fois pour la traction, la flexion, la compression et la torsion. Tel n'est pas mon avis, et ce que je viens de dire facilite ma tâche, puisqu'il est bien plus simple et surtout plus exact, de supprimer tous les frottements ou autre résistance impossible à évaluer dans une machine, plutôt que de chercher par des combinaisons adroites et ingénieuses à les atténuer d'une façon quelconque. De plus une telle machine pour passer d'une expérience de traction à une expérience de flexion ou de torsion nécessitera des démontages partiels de pièces lourdes, toutes causes qui auront pour résultat de nuire à la facilité des expériences et d'en supprimer même une partie. La question de devis ne vient même pas donner raison à cette opinion ; puisque dans tous les cas dont je me suis occupé, il m'a toujours été facile d'établir avec la même dépense totale des machines séparées pour chaque expérience, et par conséquent toujours prêtes à fonctionner. Il y a, en outre, une importance capitale à mettre la sensibilité de la machine en rapport avec les essais à faire, et ne pas dire ici, qui peut plus peut moins. Quel que soit le système de la machine, vous ne pouvez pas demander à une machine de 100 tonnes la sensibilité d'une machine de 25 tonnes, pas plus que le chimiste ne songe à aller poser les résidus de ses analyses sur un pont à bascule. La puissance totale de la machine doit donc varier avec les divers cas de la pratique.

Etant données les objections que je viens de présenter, voici comment j'ai tâché de m'y soustraire. Je vous ai déjà dit qu'à l'aide d'un appareil que j'appelle le compresseur, je produis une force lente ou rapide, mais sans secousse, et qui se trouve très-facilement conduite suivant l'opérateur, un agencement spécial permet également de venir prendre très-facilement l'éprouvette, et de pouvoir essayer en suivant des éprouvettes de différentes longueurs sans avoir à changer aucune pièce, vous jugerez de ces détails en visitant les machines. Pour mesurer la résistance de l'éprouvette, je l'attache effectivement au petit bras d'un levier dont le plus grand rapport est 1/5, et de plus la longueur absolue du petit bras est toujours très-grande, de telle sorte que les lignes de contact des couteaux viendraient-elles à varier jusqu'à 1$^{m/m}$ ce qui est trop fort, le résultat serait une erreur maximum de 7 à 8 milièmes du poids réels. Car une chose qu'il ne faut pas perdre de vue pour apprécier une machine, c'est qu'elle sera d'autant meilleure qu'on pourra juger de l'erreur possible que chaque organe peut introduire dans les résultats. Au bout du grand bras de ce levier unique et court, et calculé de manière que même les déformations élastiques n'aient aucune influence sur la longueur des bras, je fais équilibre, et équilibre statique à la résistance de l'éprouvette, à l'aide d'un poids de mercure, et cet équilibre est automatique. Supposez qu'au bout d'un levier, vous suspendiez une cuve dans laquelle vous feriez couler un liquide en un jet aussi faible que vous voudrez en suivant la résistance de l'éprouvette par l'horizontalité du levier, vous aurez là, pour bien des personnes l'idéal d'une machine: c'est l'appareil Monge encore prescrit, mais là encore, vous n'aurez pas l'équilibre automatique et le maximum réel de résistance peut vous échapper. Dans mon système, le grand bras de levier appuie sur un plateau qui transmet sa pression par l'intermédiaire d'un diaphragme en caoutchouc à une nappe liquide ; la pression fait élever ce liquide dans un tube en communication directe avec la nappe liquide d'un côté, de l'autre le tube est à air libre. Le poids qui fait équilibre à la résistance de l'éprouvette est donc égal à la surface du plateau multipliée par la hauteur du liquide au-dessus du zéro dans le tube et par la densité de ce liquide ; l'application pratique est que c'est de l'eau qui se trouve dans la cuvette, le mercure ne se trouve que dans une boîte au bas du tube qui, comme dans le baromètre Fortin, a une surface de mercure telle, que l'élévation du mercure ne change pas le niveau de départ. Comme je vous l'ai dit j'ai donc supprimé tout mouvement appréciable des organes ; en effet, mon levier ne peut osciller pendant l'expérience qu'à la condition que l'extrémité de son grand bras oscille lui-même : or cette extrémité ne peut se déplacer que si le plateau s'abaisse ou s'élève lui-même ; et le déplacement de ce plateau n'a lieu que par suite du volume du liquide qui s'élève dans le tube : eu égard à la surface du plateau, ce volume donne une hauteur de déplacement qui est absolument insignifiante et qui correspond à 1/10 de millimètre pour des efforts de 50 ou 100 tonnes. Si vous craignez que la déformation du diaphragme en caoutchouc ne vienne troubler les résultats, vous voyez qu'elle ne peut pas exister puisqu'il n'y a pas mouvement ; de plus la pression sur le caoutchouc est 3 kilogr. par centimètre carré. Si vous voulez vous reporter à ce que je vous ai dit touchant toutes les phases d'un essai, vous voyez qu'il n'y a qu'à lire ces phases successives en suivant le mercure le long du tube. Personne ne touche pendant l'expérience aux organes mesurant la résistance, et l'éprouvette se fait constamment et automatiquement équilibre à elle-même. Aucun coefficient empirique n'est introduit dans la graduation ; et la satisfaction la plus parfaite peut être donnée sous le rapport de l'exactitude puisque quelque soit la force de la machine, on peut vérifier ces plateaux à l'aide de romaines à poids directs. Toutes les machines de ce système sont donc pour les mêmes puissances totales identiquement semblables, il n'y a aucune graduation par expérience. Et ici, je vous disais que c'est précisément ce genre de vérification qui m'a fait voir combien d'un côté, ce système présentait de sensibilité, et de l'autre, combien la plus légère secousse dans les romaines à poids se traduisait par un choc sur l'éprouvette; puisque, malgré toutes précautions, il est impossible de placer des poids dans le plateau de le romaine, sans faire osciller le mercure dans le tube, et il ne faut pas beaucoup pour faire des chocs de 2 et 300 kilogr.

Avec cette méthode vous lisez l'expérience pour ainsi dire d'un bout à l'autre, vous suivrez la désagrégation de la matière et, vous le voyez, on peut se rendre compte de tous les phénomènes dont j'ai parlé dans les conditions générales qui précèdent.

Les facilités d'expériences sont très-grandes, et la conséquence est que les essais se multiplient avec des machines précises, et surtout donnent des résultats parfaitement comparables.

Avant de terminer ces considérations générales sur les recherches expérimentales de la résistance des matériaux, il me reste à vous parler des essais au choc. Je dois d'autant plus vous en dire quelques mots que vous ne verrez figurer dans mon exposition aucun appareil propre à ce genre d'essai. Vous me permettrez de vous donner ici mon opinion personnelle sur la question, et chacun de vous sera à même d'apprécier la valeur de mes arguments. On fait des essais aux chocs soit sur de petits échantillons de matière, soit sur des objets ayant leur forme définitive : pour les petits échantillons, on n'a pas la prétention de se mettre par l'expérience dans un cas déterminé de la pratique, et dès lors pourquoi ne pas faire subir à cet échantillon, au lieu du choc, la flexion, la torsion ou la compression ? si vous avez des classifications soigneusement faites par des études au choc, et avec de petits appareils, soyez certains, et j'en ai fait l'expérience, qu'une des quatre figures : traction, flexion, torsion et compression, vous les classera plus nettement encore. Ainsi la fonte, par exemple, je puis vous dire très-nettement que la plus résistante au choc sera celle qui donnera le plus haut coefficient à la traction et à la flexion, et il est bien plus facile d'étudier une traction ou une flexion que d'étudier un choc.

Dira-t-on que ces petits essais sont faits pour constater le plus ou moins de fragilité du métal ? Ce n'est pas ainsi que vous constaterez ce qui se passe la plupart du temps dans les pièces en service; ce qu'il faut rechercher dans ce cas, c'est l'influence de secousses ou chocs infiniment répétés sur des pièces préalablement soumises à des essais réguliers de traction, compression, flexion ou torsion ; et alors je comprendrais que l'on fît subir à des éprouvettes ce genre d'expérience. Le choc n'entrerait ici que comme moyen de dénaturer la résistance première d'une éprouvette, sans cependant jamais arriver à lui donner des déformations permanentes, pour pouvoir constater ensuite quelle aura été la variation des coefficients d'élasticité ou de rupture à la traction ou à la flexion, par exemple, par expérience nouvelle. En tous cas, si l'on admet, dans une certaine mesure, les petits essais au choc, qui sont presque de petits essais à flexion, je pense que les essais au choc tels qu'on les pratique, par exemple, pour les essieux, les bandages et autres objets, sont tellement barbares que j'hésite à les faire entrer dans le rapide exposé que je vous présente, il suffit de les voir faire, et de se rendre compte qu'il est impossible d'avoir deux essais consécutifs dans des conditions identiques, pour se demander quels résultats comparatifs on pourrait bien en obtenir ; or ici, la comparaison est tout. Je vous signalerai donc avec plaisir, comme rentrant dans cet ordre d'idées, la machine à essayer les essieux et les bandages que j'ai établie pour la Compagnie des chemins de fer de Paris à Orléans, et que vous examinerez tout à l'heure en la voyant fonctionner.

Je dirai la même chose des essais au choc sur les tôles avec un poinçon ; étudiez ces mêmes tôles avec des poinçons à tranche plate ou pointue, et mesurez exactement les efforts de compression correspondants ; vous verrez que vos recherches seront bien mieux coordonnées, et les résultats seront surtout bien comparatifs parce que vous pourrez vous replacer dans des conditions identiques à chaque expérience.

De tout ce qui précède, vous pouvez conclure que l'ordre d'idées dans lequel je me place pour étudier la résistance des matériaux, est le suivant :

Il faut que les conditions de l'expérience soient toujours parfaitement déterminées dans chaque cas, pour que, dans une expérience suivante, il soit possible de reproduire exactement les mêmes conditions que la première fois.

Voilà ce que j'avais à vous dire ; beaucoup parmi vous

sont initiés à ces expériences, ils pourront donc juger très aisément de la valeur de ces observations, et si j'ai à formuler une demande, c'est que chacun me fasse part de ses critiques, ce sera la meilleure manière d'arriver à une solution complète.

Je termine en mettant sous vos yeux les machines suivantes :

Une machine disposée pour les essais à la traction seulement de la force de 50 tonnes, avec divers dispositifs pour saisir les barrettes, les tôles, les chaînes, les boulons, etc.

Un cathéthomètre horizontal pour mesurer les allongements, divers autres instruments remplissant le même but.

Une machine disposée pour les essais à flexion, à compression et de poinçonnage, de la force de 100 tonnes ; vous verrez les divers dispositifs employés pour les essais des rails, des poutrelles de fer et d'acier, pour l'écrasement des fontes, des pierres, etc., et pour le poinçonnage en particulier.

Une machine à torsion, pouvant rompre jusqu'à 10 centimètres carrés de section d'acier : vous examinerez la simplicité de la machine et la facilité avec laquelle la torsion élastique et la torsion permanente.

Une machine disposée pour les essais spéciaux à la flexion des essieux et de leur fusées, et pour la compression jusqu'à rupture des bandages jusqu'à $2^m,500$ de diamètre. Cette machine est destinée à la Compagnie de Paris à Orléans. Force totale 100 tonnes.

Enfin deux petites machines de 5 tonnes et de une tonne disposées pour de petits essais, avec dispositifs pour la flexion des petites barrettes, ou la traction de fils fins ou de bandes de tôles minces.

Je vais faire procéder devant vous à quelques expériences pour mettre en relief les points spéciaux que j'ai cru devoir vous signaler ce qui terminera notre visite.

Imprimerie D. BARDIN, à Saint-Germain.

Extrait des **ANNALES INDUSTRIELLES**
18, rue Lafayette, Paris.

VISITES DES INGÉNIEURS

ANCIENS ÉLÈVES DE

L'ÉCOLE CENTRALE

DES ARTS ET MANUFACTURES

A L'EXPOSITION UNIVERSELLE DE 1878

Les Produits chimiques

Par M. CAMILLE VINCENT (*Promotion de 1862*)

Je m'étais proposé de passer en revue dans cette visite les produits chimiques à l'Exposition. Mais, en raison du peu d'instants consacrés à cette visite, et du nombre considérable de produits exposés, j'ai dû me limiter à l'examen d'un nombre restreint d'entre eux. Je me suis arrêté à l'étude du goudron de houille et de ses dérivés colorables et colorés, dont le nombre et l'importance augmentent pour ainsi dire chaque jour.

A l'origine de l'industrie du gaz de l'éclairage, le goudron de houille était un résidu encombrant dont on ne savait comment se débarrasser : on en utilisa de petites quantités pour faire des enduits, mais l'industrie du gaz se développant, on s'en servit comme combustible.

L'époque n'est pas encore éloignée où la Compagnie parisienne du gaz chauffait des fours avec du goudron dont elle ne savait que faire. Plus tard on distilla ce résidu pour en obtenir le brai, servant, mélangé à l'asphalte naturel, à faire des enduits pour les trottoirs et pour les usines ; les divers produits huileux qu'on obtenait trouvaient difficilement un emploi restreint, et on fut conduit à en utiliser une bonne partie comme combustible. Il y a à peine une vingtaine d'années que l'on commença à utiliser les produits extraits des goudrons de houille, et aujourd'hui, non-seulement on utilise tous les goudrons obtenus dans la fabrication du gaz de l'éclairage, mais encore on recueille déjà une partie de celui que fournit la fabrication du coke métallurgique.

Le goudron de houille est devenu maintenant la source d'un nombre presque illimité de produits importants et de matières colorantes ; au lieu d'être un *caput mortuum* encombrant, il constitue une matière première des plus précieuses.

L'Angleterre seule produit annuellement près de 130.000 tonnes de goudron ; la France 35.000 tonnes, dont la Compagnie parisienne du gaz seule fournit 25.000 tonnes ; la Belgique 10.000 tonnes. Cette énorme quantité de matière suffit à peine aux besoins de l'industrie chimique.

Dans la fabrication du gaz, les matières azotées de la

houille sont décomposées en donnant naissance à des cyanures et à des produits ammoniacaux, qui, mêlés à de la vapeur d'eau, se condensent en même temps que le goudron. On obtient ainsi un liquide renfermant du carbonate, de l'acétate, du chlorhydrate, du sulfhydrate et du sulfocyanhydrate d'ammoniaque, qui est désigné sous le nom d'*eau ammoniacale du gaz*, et qui est l'une des sources les plus abondantes de produits ammoniacaux. Par le traitement de ces eaux, la Compagnie parisienne fabrique annuellement environ 4.000.000 de kilogr. de sulfate d'ammoniaque et une quantité de chlorhydrate et d'alcali représentant environ une quantité équivalente de matière alcaline.

Le goudron est une matière noire, plus ou moins visqueuse, très-complexe, renfermant à la fois des produits liquides et solides, basiques, acides, neutres, aqueux et huileux. Il faut faire subir à ses parties constituantes un premier classement ; l'eau doit être d'abord éliminée, puis les produits liquides huileux séparés des matières solides ; enfin ces deux classes de produit doivent être subdivisées chacune en plusieurs catégories de façon à permettre en dernière analyse une séparation parfaite des divers éléments. Le procédé fondamental suivi est la distillation.

Le goudron, surnageant l'eau ammoniacale et séparé d'elle par le repos, est avant tout traitement déshydraté aussi complétement que possible, car la présence de l'eau le fait boursoufler lorsqu'on le soumet à la distillation. Par un long repos dans de grands réservoirs en tôle il abandonne peu à peu son eau qui se rassemble à la partie inférieure. La séparation est d'autant plus rapide et plus complète que le goudron est plus fluide et plus léger. Les goudrons lourds retiennent toujours de l'eau qu'on ne peut faire séparer qu'en les chauffant vers 60°; on opère ce chauffage à l'aide de serpentins de vapeur. Dans les grandes usines à gaz comme celles de la Compagnie parisienne, ce chauffage est inutile, car le goudron sortant des appareils de condensation est recueilli en grande masse, et il conserve une température suffisante pour permettre la séparation de l'eau.

La distillation du goudron déshydraté se pratique dans des chaudières en fonte ou en tôle, portant à la partie inférieure un robinet de vidange et à la partie la plus élevée un trou d'homme, un tuyau de départ de vapeur, et un tuyau pour l'emplissage. La fonte n'est employée que pour les appareils de petites dimensions; les grandes chaudières en fonte devant être épaisses pour avoir une solidité suffisante, et pouvant présenter des défauts dans leur épaisseur, dont l'effet serait de les faire fendre sous l'action du feu.

On préfère aujourd'hui les appareils en tôle chauffés sur voûte et préservés de toute surchauffe par de la brique. La forme des chaudières est très-variable suivant les pays; les unes sont cylindriques et d'un diamètre supérieur à la hauteur avec fond plat ou légèrement bombé en dedans; les autres sont cylindro-sphériques; ces dernières sont usitées dans la Saxe prussienne; d'autres sont cylindriques verticales, d'un diamètre moindre que la hauteur, avec fond rentré et couvercle bombé. Ces chaudières sont très-employées en Angleterre. Enfin en France on préfère les chaudières horizontales cylindriques ou en forme dite *à tombeau*, le fond étant soit plat, soit rentré en dedans. Ces chaudières présentent l'avantage que la diminution de volume du goudron par l'effet de la distillation se fait dans la partie de plus grande contenance, et le niveau ne s'abaisse que de la quantité *minima*. On construit des chaudières à goudron de capacité très-différente, depuis 200 kilogr., jusqu'à 25 et 30 tonnes.

— La Compagnie parisienne a adopté les chaudières dites à tombeau, à fond rentré, et disposées sur la voûte d'un foyer; les flammes ne viennent au contact de la tôle qu'au second étage de carneaux. Ces chaudières reçoivent une charge de 6.500 kilogr. de goudron; et lorsque la distillation est terminée le niveau du brai restant dans la chaudière est bien supérieur à celui du dernier carneau, de façon à éviter toute surchauffe des tôles. A l'extrémité de ces chaudières, opposée au foyer, se trouvent deux robinets de vidange placés sur deux larges tubulures faisant suite aux deux gouttières inclinées que détermine le bombement du fond; ces robinets servent à l'écoulement du brai résidu de l'opération. Cette disposition de chaudière est une des meilleures.

Les vapeurs dégagées du goudron sont conduites dans des réfrigérants formés de tuyaux en fonte, en fer ou en plomb. Ces appareils présentent des dispositions très-diverses, suivant les usines; ils doivent être disposés dans des bacs en tôle ou en bois dans lesquels on fait passer un courant d'eau froide au début de la distillation.

On doit chauffer d'abord doucement le goudron afin d'éviter une ébullition vive et le boursouflement de la masse; il se dégage des produits ammoniacaux et des gaz inflammables, puis bientôt on recueille de l'eau ammoniacale et un produit huileux qui la surnage, c'est *l'essence de naphte*. Peu à peu la quantité d'eau condensée diminue tandis que la proportion de produit huileux augmente. Les produits qui distillent jusqu'à 200° sont désignés sous le nom *d'huiles légères*, et représentent 2 à 6 % environ du goudron. On recueille souvent à part les produits qui passent avant 150° et ceux qui distillent de 150 à 200°. Les premiers sont désignés sous le nom *d'essences légères* et ont une densité de 0,78 à 0,85 ; ils marquent 25 à 26° Cartier.

Les produits du deuxième fractionnement sont les huiles *moyennes*; elles ont une densité de 0,83 à 0,89 et marquent 15° Cartier.

A partir de 200° on recueille les huiles *lourdes*. A cette période de l'opération, il est nécessaire de laisser la température de l'eau s'élever afin que les produits qui distillent alors (naphtaline) ne puissent pas se solidifier dans le réfrigérant et l'obstruer.

La densité des huiles lourdes varie suivant la température à laquelle la distillation a été poussée ; en général, elles marquent 5° B. Enfin les dernières portions qui distillent sont plus lourdes que l'eau ; ce sont les huiles anthracéniques, qui sont d'autant plus abondantes que la distillation a été poussée plus loin ; on les recueille à part pour en extraire l'anthracène.

En général le goudron perd de 30 à 40 % de son poids pour laisser du brai gras, et de 40 à 50 % pour donner du brai sec.

Lorsque la distillation est terminée on éteint le feu et on fait écouler le *brai* résidu. Mais comme ce produit est à une température très-élevée il émettrait à l'air d'abondantes vapeurs ; on doit le recevoir, soit dans une chambre en maçonnerie voûtée fermée par des portes en tôle, soit dans un réservoir en tôle. Au bout de quelques heures on le fait ensuite couler dans des fosses où il se refroidit complétement, et d'où on l'extrait à la pioche.

A la Compagnie parisienne le brai (représentant 65 %
du goudron traité), en sortant des chaudières, coule dans
des bacs fermés en tôle, où après six heures sa température est abaissée à 200° environ ; on le fait alors couler
dans une grande citerne fermée, en tôle, qui reçoit les
produits de toute une série de chaudières.

Enfin de cet appareil il s'écoule sous une couche de
brai déjà refroidie à l'air, pour se rendre dans un immense parc à brai, formé par une aire pavée limitée par
des murs. C'est là qu'il achève de se refroidir en huit ou
dix jours ; on peut alors le diviser à la pioche pour le
charger directement sur les wagons qui arrivent dans le
parc.

Les plans de ces appareils étaient exposés dans le pavillon de la Compagnie parisienne.

Lorsqu'on veut obtenir une grande proportion d'huiles
anthracéniques, on pousse la distillation du goudron de
façon à avoir du brai sec. Ce brai est impropre à la fabrication des agglomérés, car il ne fond qu'à une température élevée, et il n'est pas assez collant. En raison de la
quantité considérable de ce produit fabriqué dans certaines
localités, on a cherché à le rendre plus fusible afin de
l'employer pour fabriquer les agglomérés. Le procédé
suivi consiste à le fondre soit avec de la naphtaline brute,
soit avec de l'huile lourde, soit enfin avec du goudron
privé des huiles légères ; c'est ce qu'on appelle *revivifier* le brai : on préfère revivifier au goudron, qui rend
plus complétement au brai les propriétés agglutinatives
désirables. Cette opération est pratiquée sur une grande
échelle aux mines de Blanzy, en chauffant au moyen de
la vapeur, dans une double enveloppe, le mélange de brai
sec et de 10 à 20 % de goudron.

Les usages du brai sont la fabrication des agglomérés, la fabrication du mastic bitumineux des trottoirs, des mastics pour les besoins de la grande industrie chimique.

TRAITEMENT DES PRODUITS BRUTS
EN VUE D'EN SÉPARER LES DIVERS ÉLÉMENTS IMMÉDIATS.
USAGES DE CES ÉLÉMENTS.

Nous venons de voir que le goudron distillé donnait :

1° Des huiles légères ;
2° Des huiles moyennes ;
3° Des huiles lourdes ;
4° Des huiles anthracéniques ;
5° Enfin du brai résidu.

Nous allons examiner rapidement comment on traite ces produits bruts pour en extraire les matières destinées à la fabrication des couleurs. Les huiles moyennes redistillées donnent une certaine proportion de produits avant 140°, qu'on ajoute aux huiles légères ou n° 1. Les produits recueillis entre 140 et 200° constituent les huiles *moyennes rectifiées*. Les huiles n° 1 sont également rectifiées et l'on met à part tout ce qui passe avant 140° et qui forme les *huiles légères rectifiées;* les portions distillant au delà sont réunies aux huiles moyennes.

1° *Huiles légères*. — Les huiles légères rectifiées sont agitées à froid avec 5 % environ d'acide sulfurique concentré, afin d'enlever les alcaloïdes et certains hydrocarbures, puis soutirées et traitées de même par 2 à 3 % de lessive de soude caustique à 36°, afin d'enlever les phénols ; elles sont alors rectifiées à feu nu ou mieux à la vapeur. On recueille avant 80° un mélange de carbures très-volatils, de sulfure de carbone, de cyanure de méthyle, etc., qu'on met à part, puis, à partir de 80°, un mélange de carbures désigné sous le nom de *benzol*, et qui est surtout constitué par la benzine, le toluène et ses homologues.

Les benzols sont vendus dans le commerce à 30, 60 et 90 %; ce qui signifie qu'ils renferment 30, 60 et 90 % de produits distillant au-dessous de 100°. Ces benzols servent à la fabrication de l'aniline plus ou moins riche en toluidine, destinée à faire la fuchsine et le bleu. Lorsque le benzol est passé à la distillation, si on continue l'opération on obtient des carbures homologues inférieurs qui servent comme dissolvants des graisses.

La Compagnie parisienne fabrique des benzols avec les produits de ses goudrons.

Pour la fabrication de certaines couleurs, notamment pour les violets et pour le vert méthylés, pour les *éosines*, il est nécessaire d'avoir de la benzine aussi pure que possible, il est de même nécessaire d'avoir du toluène pur pour préparer ses dérivés, notamment le chlorure de benzyle.

La séparation industrielle de ces carbures a été réalisée en 1863 par M. Coupier, en appliquant à cette opération les appareils servant à la rectification de l'alcool et modifiés convenablement. Il obtient ainsi la benzine, le toluène, le xylène dans un très-grand état de pureté (ces produits figurent dans sa vitrine). Cette séparation industrielle des couleurs fit époque, et permit aux chimistes d'entreprendre des recherches sur les dérivés de ces produits : on sait depuis lors les magnifiques résultats obtenus et le développement rapide que prit cette industrie des couleurs artificielles. La benzine $C^{12}H^6$ et le toluène $C^{14}H^8$ servent actuellement à la fabrication d'une foule de produits dont nous ne pouvons qu'à peine ici mentionner le nom. Je crois utile de donner cependant quelques détails sur la fabrication de la résorcine, phénol diatomique obtenu à l'aide de la benzine, et qui sert, avec l'acide phtalique, à produire toute une série de matières colorantes nouvelles, désignées sous le nom d'éosines.

La benzine sert à fabriquer la nitro-benzine qui, par l'action de l'hydrogène naissant, donne l'aniline $C^{12}H^7Az$, dont on a obtenu un si grand nombre de dérivés colorés : fuchsine, bleu lumière, violets, verts, etc.

L'aniline sert à faire la méthylaniline avec laquelle on obtient les magnifiques violets, violet de Paris, etc., et du vert. Chauffée sous pression avec du chlorhydrate d'aniline, l'aniline donne la diphénylamine, matière première de la préparation d'un bleu très-beau et d'une couleur orange. La diphénylamine, traitée par un éther méthylique, donne la méthyldiphénylamine avec laquelle on prépare un bleu très-recherché (bleu de M. Bardy).

Ces matières premières, aniline, méthylaniline, diphénylamine, méthyldiphénylamine ont été exposées par MM. Brigonnet et fils, de Saint-Denis. Les matières colorantes dérivées figuraient dans les vitrines de M. Poirrier et des fabricants suisses, MM. Gerber et Uhlmann, et M. Geigy, de Bâle ; MM. Monnet et Cie, de Genève ; Bindschedler et Busch, de Bâle, etc.

La résorcine $C^{12}H^6O^4$ est un phénol diatomique qui se prépare généralement en traitant le phénylène-disulfite de soude par la soude caustique. On obtient ce dernier produit en faisant couler peu à peu de la benzine pure dans l'acide sulfurique fumant, chauffé à 80°, en opérant dans un appareil fermé en plomb, muni d'un cohobateur ; la benzine est absorbée, et, au bout de 2 à 3 heures, elle est transformée complétement en acide phénylsulfureux ; on distille alors jusqu'à ce que la température de la masse soit à 280°. On recueille un peu de benzine et d'eau acide, tandis que l'acide phénylsulfureux passe à l'état d'acide phénylène-disulfureux. On laisse refroidir, on traite par l'eau, puis on sature par la chaux, on filtre (au presse-filtre) pour recueillir le sulfate de chaux, et on précipite la liqueur claire par le carbonate de soude, pour avoir du phénylène-disulfite de soude. Ce produit évaporé à sec est chauffé avec de la soude caustique vers 270°, pendant 8 à 9 heures, puis traité par l'eau et l'acide chlorhydrique. Par l'action de la soude, l'acide phénylène-disulfureux s'est décomposé en eau, résorcine et acide sulfureux ; l'acide chlorhydrique élimine ces deux derniers produits de leur combinaison avec la soude. La résorcine, en dissolution dans l'eau, est extraite par l'éther. La dissolution éthérée étant évaporée en vase fermé, communiquant avec un serpentin, donne la résorcine qu'on purifie par distillation ; l'éther recueilli sert pour une opération suivante.

La France et la Suisse ont exposé de magnifiques échantillons cristallisés de ce produit, notamment : MM. Poirrier et Casthelaz en France ; MM. Monnet et Geigy en Suisse. M. Casthelaz avait exposé les acides auréosiques et rubéosiques, oranges de résorcine de MM. Willm Bouchardat et Girard.

Le toluène $C^{14} H^8$ sert à faire la toluidine, le chlorure de benzyle, l'acide benzoïque, l'hydrure de benzoïle ; le chlorure de benzyle est un produit très-important, car il sert à la fabrication de toutes les couleurs dans lesquelles entre la molécule benzyle ($C^{14}H^7$), telles que le violet méthylé, benzylé, d'une nuance magnifique, dont M. Poirrier a exposé de superbes échantillons. Les dérivés du toluène étaient exposés dans la vitrine de MM. Brigonnet et fils, de Saint-Denis.

2° *Huiles moyennes*. — Ces huiles, traitées par l'acide sulfurique, puis par la soude caustique et par l'eau, sont rectifiées ; elles donnent au-dessous de 180° des carbures qui servent à dissoudre les matières grasses et les résines ; les produits supérieurs, riches en naphtaline, sont ajoutés aux huiles lourdes.

3° *Huiles lourdes*. — Abandonnées au refroidissement les huiles lourdes laissent cristalliser abondamment de la naphtaline, qu'on sépare par décantation et essorage. La partie liquide, traitée successivement par l'acide sulfurique et par la soude caustique, cède à ces réactifs une forte proportion d'alcaloïdes nombreux inutilisés, et de phénols. Les huiles sont ensuite agitées avec une dissolution de sulfate de fer pour retenir les composés sulfurés, puis elles sont rectifiées. Les portions qui distillent avant 200° sont réunies aux huiles moyennes ; celles passant entre 200 et 230 sont composées surtout de naphtaline $C^{20}H^8$; puis *viennent* des carbures liquides, utilisés pour le graissage des machines, et enfin apparaissent des huiles verdâtres, riches en anthracène $C^{28}H^{10}$, et qu'on mélange aux huiles anthracéniques.

A l'état brut les huiles lourdes servent, après dépôt de la naphtaline, à l'injection des bois et particulièrement des traverses de chemins de fer ; elles servent pour la fabrication du noir de fumée de belle qualité, destiné à faire de l'encre d'imprimerie; elles ont été employées comme combustible pendant le siége de Paris pour chauffer des chaudières à vapeur. Ces huiles sont très précieuses pour la production des hautes températures; elles doivent être brûlées à l'aide de grilles spéciales dues à M. Sainte-Claire Deville.

La lessive de soude à 40° qui a servi au traitement des huiles moyennes et des huiles lourdes s'est chargée de phénols en s'épaississant. C'est de ce produit brut qu'on extrait les phénols. A cet effet on le traite par l'eau chaude, de façon à dissoudre les phénates et à permettre la séparation des carbures insolubles. La liqueur, éclaircie par le repos, est saturée par l'acide sulfurique étendu; aussitôt les phénols mis en liberté se séparent et viennent former une couche huileuse; on les lave, on les sépare, et on les dessèche par un courant d'air barbotant dans le liquide chauffé, puis on les rectifie. On obtient par distillations et cristallisations l'acide phénique sous forme d'une masse blanche en longues aiguilles fusibles à 35°. La Compagnie parisienne du gaz, M. Bowder et M. Ch. Lowe de Manchester avaient exposé de volumineux et très-beaux échantillons d'acide phénique pur.

L'acide phénique $C^{12}H^6O^2$ sert à faire l'acide trinitrophénique ou acide picrique employé pour teindre la soie et la laine en jaune; la coralline jaune ou acide rosolique; la coralline rouge, amide rosolique; enfin il est employé comme agent antiseptique et en thérapeutique.

La naphtaline brute est purifiée pour servir à la fabrication de plusieurs matières colorantes. On la presse d'abord, puis on la fait bouillir à plusieurs reprises avec une lessive faible de potasse afin d'enlever les phénols, qu'elle retient en petite quantité, enfin on la traite à chaud par 10 % d'acide sulfurique faible pour enlever les alcaloïdes. La matière est ensuite distillée dans une chaudière en fonte.

La naphtaline pure $C^{20}H^8$ est recueillie de 210 à 220°; on la reçoit dans des moules où elle se solidifie. A l'état de pureté elle fond à 79° et bout à 217.

La naphtaline est devenue depuis quelques années seulement le carbure générateur de matières colorantes très-recherchées dont nous dirons quelques mots plus loin.

La Compagnie parisienne et M. Casthelaz avaient exposé de la naphtaline très-bien purifiée.

Ce carbure sert à fabriquer la naphtylamine, le naphtol ou phénol naphtalique $C^{20}H^8O^2$, dont le dérivé binitré est une matière colorante jaune d'or.

Le naphtol et le nitro-naphtol figuraient dans les vitrines de MM. Poirrier, Casthelaz, en France; Geigy et Durand et Hugunin, de Bâle.

La naphtaline sert enfin à préparer l'acide phtalique [1],

---

[1]. Pour préparer l'acide phtalique, on suit généralement le procédé de MM. Depouilly, qui consiste à attaquer à froid la naphtaline en poudre par l'acide chlorhydrique et le chlorate de potasse; il se forme du tétra-chlorure de naphtaline mélangé de tétra-chlorure de chloronaphtaline : ce mélange est essoré, puis oxydé lentement par l'acide azotique à 40° dans des touries chauffées au bain-marie. Après quelques jours, l'oxydation est terminée et la masse traitée par l'eau bouillante donne l'acide phtalique cristallisé; on distille le produit pour le rendre anhydre. On obtient ainsi soit de longues aiguilles comme nous en avons admiré dans la vitrine de M. Poirrier et d'un des expo-

point de départ d'une nombreuse classe de produits nouveaux, les *phtaléines* sur lesquels je vais appeler un instant votre attention.

M. Baeyer a désigné sous le nom de phtaléines des produits qu'il a découverts en 1871, et qui résultent de l'union de l'acide phtalique anhydre avec les phénols mono- ou di-atomiques, avec élimination d'une ou plusieurs molécules d'eau.

La phtaléine de la résorcine est la fluorescéine, matière jaune soluble dans l'eau et présentant une superbe fluorescence verte.

La phtaléine pyrogallique (galléine) donne sur coton et sur laine des nuances violettes très-solides, rappelant les couleurs des extraits d'orseille. Traitée par l'acide sulfurique la galléine donne la *céruléine*, matière verte permettant de teindre le coton et la laine en vert foncé d'une grande solidité.

Ces deux dernières matières ainsi que les laques carmins de galléine et de céruléine, et les couleurs de naphtylamines étaient exposés par MM. Durand et Hugunin, de Bâle. Ces messieurs ont appris à appliquer les dérivés des phtaléines à l'industrie des fleurs artificielles; et grâce à ces nouvelles matières, tout le monde a pu juger, en examinant les bouquets artificiels, exposés au milieu des produits, avec quelle perfection on est arrivé pour les

---

sants suisses, soit un liquide qui, par refroidissement, se prend en masse si on opère rapidement.
L'acide phtalique anhydre fond à 178-180°.

nuances des feuilles, des coquelicots et des roses, à imiter la nature.

La fluorescéine dont nous venons de parler sert à faire les *éosines* (ἠώς, aurore), dont les nombreuses variétés figuraient dans les vitrines de M. Poirrier, en France, de MM. Brooke, Simpson et Spiller, en Angleterre, et de MM. Monnet, Bindschedler et Busch, Freund et Merlanchon, en Suisse.

L'éosine ordinaire est la tétra-bromfluorescéine sodium, obtenue en traitant la fluorescéine par le brome, puis saturant le produit par la soude caustique; par évaporation on obtient l'éosine cristallisée; cette matière donne les nuances depuis le rose le plus tendre jusqu'aux couleurs rouge feu. — Les produits désignés sous le nom de rose bengale, de phloxine, et de cyanosine sont des dérivés bromés et iodés de la fluorescéine; l'écarlate et l'hortensia sont des fluorescéines bromonitrées. La pyrosine est la fluorescéine biiodée.

MM. Monnet et Ce avaient exposé une belle collection de ces remarquables et tout nouveaux produits. M. Reverdin y avait ajouté la *chrysoline* ou sel sodique de la fluorescéine benzylée, matière qu'il a découverte, et qui donne de belles nuances jaunes.

MM. Bindschedler et Busch avaient également exposé une belle collection d'éosines, *bromées*, *nitrées* et méthylées.

4° *Huiles anthracéniques.* — Les huiles anthracéniques servent à la préparation de l'*anthracène* $C^{28}H^{10}$

Abandonnées au refroidissement elles se prennent en une masse butyreuse verte (*green grease*, ou *coaltar grease*, des Anglais). Cette matière est injectée à l'aide d'une pompe dans un filtre-presse. La majeure partie de l'huile s'écoule, et on obtient des tourteaux d'anthracène brut, qu'on soumet à l'action d'une forte presse hydraulique dont les plateaux sont chauffés à 30 ou 40°. Les tourteaux pressés renferment une forte proportion d'anthracène pouvant aller à 50 %. Les huiles écoulées des presses abandonnent une nouvelle quantité de produits solides qui sont repressés.

L'anthracène brut est divisé et lavé à froid par déplacement avec de l'huile légère de houille ou de l'essence de pétrole, afin d'éliminer les dernières portions de naphtaline et d'huile lourde. La masse égouttée est chauffée dans une chaudière fermée reliée à un serpentin réfrigérant, afin d'enlever par distillation tout le liquide volatil et de le condenser ; l'anthracène restant est fondu. Ce produit renfermant 80 % environ de produit pur est livré aux fabricants d'alizarine artificielle.

L'anthracène sert à faire l'anthraquinone, l'alizarine, l'anthrapurpurine, l'alizarine mononitrée (orange d'alizarine), le bleu d'alizarine, la purpurine.

Pour obtenir l'alizarine[1] on transforme l'anthracène en

---

1. En 1868, MM. Graebe et Liebermann soumirent l'alizarine à l'action de la poudre de zinc et obtinrent ainsi de l'anthracène. Peu après, ces chimistes obtinrent l'alizarine artificiellement au moyen de l'anthracène. Ce fut le point de départ d'une des grandes révolutions opérées dans l'industrie chimique. Aujourd'hui, grâce aux travaux de quelques chimistes, on produit artificiellement une des matières colorantes les plus importantes et les plus anciennement connues.

anthraquinone $C^{28}H^8O^4$, qui, par plusieurs procédés, peut être convertie en alizarine, qui est la dioxyanthraquinone.

Ne pouvant ici rappeler les différents procédés suivis pour cette fabrication, je décrirai rapidement l'un d'eux qui donne de bons résultats.

L'anthracène broyé est chauffé vers 200° et sublimé dans un courant de vapeur surchauffée ; on le condense sous forme de neige dans une chambre, puis on le broie en pâte sous des meules avec de l'eau. Le produit ainsi préparé est oxydé par un mélange de chromate de potasse et d'acide sulfurique étendu d'eau, et converti ainsi en anthraquinone qui est recueillie dans un filtre-presse, lavée et séchée. On purifie cette matière en la chauffant à 80° avec de l'acide sulfurique à 66° pour la dissoudre ; puis on la précipite par l'eau bouillante. L'anthraquinone est recueillie dans un filtre-presse et lavée. Les eaux retiennent les impuretés de l'anthracène à l'état d'acides sulfoconjugués. L'anthraquinone est transformée en dérivés sulfoconjugués par l'action à 160-170° de l'acide sulfurique fumant (à 45 °/₀ d'anhydride sulfurique) en opérant dans des chaudières émaillées. Le produit de cette réaction est saturé par la chaux, filtré puis précipité par la soude carbonatée, filtré, évaporé à sec, puis fondu en vase fermé avec trois fois son poids de soude caustique et assez d'eau pour obtenir une pâte liquide ; on opère à 165-170°, en agitant. Au bout de deux à trois fois vingt-quatre heures tout est transformé en alizarate de soude, qu'on extrait de l'appareil. La masse est traitée par l'eau qui la dissout, puis par l'acide chlorhydrique afin de précipiter l'alizarine en même temps qu'il se dégage de l'acide sulfureux. On recueille l'alizarine dans un filtre-presse; on la lave et on la vend en pâte à 10 % de richesse.

MM. Bindschedler et Busch ont exposé une belle collection d'alizarine pour rouge et pour violet; cette dernière sorte obtenue par la fusion de l'anthraquinone monosulfite de soude pur représente de l'alizarine presque pure; elle portait le n° V.

A l'aide de l'alizarine on peut par oxydation obtenir la purpurine, qu'on rencontre avec l'alizarine dans la racine de garance. La purpurine est une trioxyanthraquinone.

Depuis ces dernières années la fabrication de l'alizarine et de la purpurine artificielles a pris une énorme importance, et on peut dire qu'actuellement ces matières remplacent presque complétement les produits naturels extraits autrefois de la garance, sauf pour quelques nuances. En France la culture de la garance est actuellement presque supprimée, tandis qu'il y a quelques années à peine on cultivait annuellement, dans les environs d'Avignon, pour une valeur de près de 18.750.000 francs de garance.

Je pense, par cet aperçu rapide, avoir fait comprendre l'importance des dérivés du goudron de houille, la multiplicité presque infinie des matières colorantes qu'on est parvenu à en obtenir et la nature des produits nouveaux si remarquables dont nous avons admiré les nuances magnifiques.

Imprimerie D. BARDIN, à Saint-Germain.

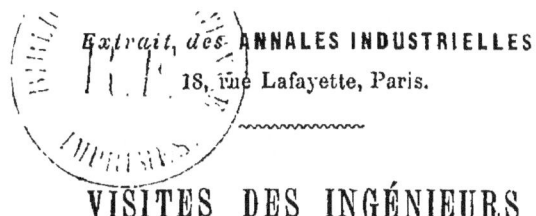

Extrait des ANNALES INDUSTRIELLES
18, rue Lafayette, Paris.

VISITES DES INGÉNIEURS

ANCIENS ÉLÈVES DE

L'ÉCOLE CENTRALE

DES ARTS ET MANUFACTURES

A L'EXPOSITION UNIVERSELLE DE 1878

Travail de la laine peignée.

Par M. FAURE-BEAULIEU (*Promotion de* 1863)

CONSIDÉRATIONS GÉNÉRALES.

Depuis l'Exposition de 1867, l'industrie de la filature n'a pas fait, au point de vue mécanique, les grands progrès qu'on avait pu constater alors à cette époque. La peigneuse mécanique, le bobinoir et le self-acting ou renvideur, ces machines qui sont les éléments principaux du travail des laines peignées, se sont répandus de plus en plus dans les établissements français et étrangers ; les constructeurs ont perfectionné ces machines avec intelligence, mais on peut dire qu'il ne s'est pas révélé cette année d'invention nouvelle proprement dite, capable de produire quelque révolution, quelque changement complet dans l'industrie des laines. Tout en rendant pleine justice à nos constructeurs français et étrangers, à leurs efforts persévérants, nous devrons tout d'abord constater l'absence regrettable de notre Alsace à l'Exposition. C'est dans ce pays de filatures par excellence que se trouvaient nos premiers constructeurs de machines, et il n'est pas douteux que sans leur abstention forcée, l'industrie de la laine eût été plus dignement représentée. Qu'il suffise de dire qu'il manquait à ce grand concours les maisons A. Kœchlin, Schlumberger, Stehelin, pour ne citer que les plus universellement connues.

On peut ranger tous les tissus de laine en général en deux grandes divisions : les tissus ras ou en laine peignée, les tissus feutrés ou en laine cardée.

Dans les tissus en laine rase ou peignée, on peut facilement distinguer l'entrelacement, le croisement des fils au tissage, et ces tissus se prêtent à une plus grande variété de dispositions. Exemple : les articles de fantaisie et de nouveautés pour modes, l'orléans, le mohair ou poil de chèvre, le mérinos, le cachemire, les tulles, les dentelles, les châles, les tricots et les différents articles de bonneterie. Les centres principaux de fabrication sont en France : Reims, Tourcoing, Fourmies, le Cateau, Saint-Quentin, Amiens, Paris.

Les tissus foulés, feutrés ou en laine cardée, se distinguent des précédents en ce qu'ils doivent, aux propriétés feutrantes de la laine, de pouvoir, par divers procédés de fabrication, se recouvrir de poils et de duvet, de manière à ne plus laisser apparaître les fils du tissage. Toute la fabrication des draps se rattache à cette variété, et les principaux centres de fabrication sont : Sedan, Louviers, Elbeuf, Vienne, Mazamet en France, — Verviers en Belgique.

PRÉPARATIONS DIVERSES AVANT LE PEIGNAGE.

Les premières préparations du travail des laines sont à peu près identiques pour les laines peignées et les laines cardées.

Triage. — Le triage se fait encore à la main et les ouvriers, dans une même toison, distinguent jusqu'à huit et même neuf numéros de triage, suivant le degré de finesse et de longueur des brins. On doit comprendre qu'on ne peut obtenir ultérieurement un fil régulier qu'en travaillant ensemble des brins de longueur et de finesse sensiblement égales.

Battage. — Le battage de la laine, sans être universellement employé, sert à la débarrasser des poussières et des corps étrangers adhérents aux toisons. On se sert dans ce but d'un batteur analogue à celui qui est employé pour le coton ; un rouleau garni de barrettes tournant à grande vitesse dans une caisse.

Dégraissage. — Le dégraissage a pour but d'enlever le suint et les matières grasses qui se trouvent autour des brins de la laine. Il s'opère en faisant passer la laine successivement dans plusieurs bacs contenant des proportions variables de savon. Ce travail, assez long, se faisait autrefois à la main ; mais, aujourd'hui, le dégraissage mécanique est universellement répandu, et on a pu en voir plusieurs dispositions à l'Exposition. La plus complète était certainement celle de Mme veuve Snœck, à Ensival, près Verviers. Elle se compose d'une suite de cinq bacs rectangulaires en tôle, dont trois désuinteurs contenant de l'eau savonneuse, et deux rinceurs à eau claire. Chaque bac contient des râteaux à longues dents destinées à remuer continuellement et à pousser la laine vers un râteau extracteur qui la retire du bain pour la jeter sur un tablier sans fin conduisant à deux rouleaux comprimeurs dont l'un est couvert de caoutchouc. La laine, débarrassée d'une partie de son eau de lavage, tombe dans le bac suivant et ainsi de suite jusqu'à l'extrémité du dernier bac rinceur qui la livre alors à une essoreuse particulière commençant l'opération du séchage. La transmission de mouvement de cette essoreuse est en dessous et cachée. Le graissage du pivot se fait automatiquement en suivant une spirale taillée dans la broche fixe. L'huile est entraînée par la force centrifuge jusqu'au sommet du pivot et le graissage est continu. Il y a de plus, pour l'arrêt, un débrayage spécial qui soulève le panier de son pivot et l'oblige à tourner sur une large surface de cuir. On évite ainsi en grande partie les vibrations inhérentes à ce genre de machines, et l'on peut alors économiser des fondations coûteuses. Deux ouvriers suffisent parfaitement pour le service de ce lavage complet qui peut recevoir 400 kilogr. de laine brute par heure

Dans la section française, MM. Pierrard-Parpaite et fils, de Reims, ont exposé comme type un seul bac finisseur de leur train de dégraissage automatique. Ce bac est en fonte, en deux pièces seulement assemblées par le milieu dans toute la longueur. Quelques perfectionnements apportés dans le jeu des fourches, du releveur et des presses rendent cet appareil très-pratique.

Séchage. — Le séchage se faisait autrefois à l'air libre et exigeait un grand emplacement et une main-d'œuvre coûteuse. Le séchoir automatique ou mécanique commence aujourd'hui à se répandre presque partout. C'est encore dans l'exposition belge que nous avons trouvé les spécimens les plus complets de ce séchage. — Mme veuve Snœck, d'Ensival, a exposé un séchoir du système Bolette. Il se compose d'un grand coffre en tôle surmonté d'un réchauffeur tubulaire à air chaud, pouvant atteindre la température de 40 à 50 degrés centigrades. La laine, au sortir de l'essoreuse, précédemment décrite, est chargée au bas de l'appareil et conduite par des tabliers sans fin et des releveurs jusqu'à la partie supérieure. Le chauffage est méthodique ; l'air chaud, aspiré par un ventilateur, entre à la partie supérieure et traverse toute la masse de la laine en suivant un trajet inverse à celui de cette dernière. On peut sécher avec cet appareil de 1.500 à 1.800 kilogr. de laine lavée par jour.

M. Longtain, de Verviers, a exposé un autre séchoir mécanique assez intéressant et occupant fort peu de place. Il se compose d'un coffre en tôle renfermant neuf claies en fil de fer galvanisé. La surface occupée est de 2 mètres sur 3 mètres. La chaufferie est formée de 96 tuyaux superposés, traversés par la vapeur et renfermés dans un canal souterrain. Un ventilateur, déplaçant 150 mètres cubes d'air par minute, refoule l'air chaud par le bas de l'appareil. Dès que la laine contenue dans une claie est suffisamment sèche on la retire par le bas en amenant la claie au dehors de l'appareil et on la remplace par une autre pleine. Un système de bascule monte cette dernière à la partie supérieure, ouvre une porte et l'ouvrier doit seulement la pousser dans le séchoir. Un mécanisme fait descendre progressivement ces claies qui doivent rester environ 25 minutes dans l'appareil. La production est de 700 à 800 kilogr. de laine séchée en 12 heures. La force totale employée, ventilateur compris, n'est que de 1 cheval 1/2 à 2 chevaux-vapeur. — Comme on l'a vu, le chauffage est encore méthodique dans ce séchoir et on peut y appliquer au besoin l'échardonnage chimique.

Graissage et cardage. — Le graissage de la laine a pour but de faciliter le glissement des brins les uns contre les autres et de diminuer les ruptures. On emploie pour cet usage l'huile d'olive ou mieux l'oléine dans la proportion de 2 à 4%, du poids de la laine. Cette opération se fait le plus souvent immédiatement avant le passage à la carde. MM. Platt Brothers and C°, d'Oldham, ont exposé une carde dans laquelle l'appareil à huilage, système Garnett, de Bradford, est ajouté sous le premier cylindre échardonneur. L'huile est fournie à une auge dans laquelle tourne un rouleau uni; au-dessus se trouve un autre rouleau revêtu de drap qui est en contact avec le premier ainsi qu'avec le cylindre échardonneur. Le rouleau revêtu de drap reçoit l'huile du rouleau uni et la conduit vers les dents du cylindre, lequel la transmet à la laine qui lui est livrée. Au moyen d'un siphon l'auge est régulièrement alimentée d'huile par un réservoir.

Le cardage a pour but de développer, de redresser les fibres de la laine et de les réunir en une nappe ou en un ruban. Mmes veuve Mercier et L. Mercier, de Louviers, ont exposé plusieurs cardes, une double et une simple avec avant-train. Les tambours et les travailleurs sont en fonte pour remédier à la dilatation irrégulière du bois. Ces cardes, bien connues et d'une construction soignée, n'offrent aucune particularité nouvelle. Nous mentionnerons encore sans nous y arrêter les cardes de M. Célestin Martin, de Verviers, pour laine cardée, et celle de MM. Platt Brothers and C°.

Défeutrage. — Après le cardage les brins sont plus ou moins enchevêtrés, feutrés, il s'agit de commencer à les peigner en quelque sorte, à les rendre parallèles en les épurant. Le défeutrage, comme toute la préparation proprement dite de la filature, que nous verrons plus loin, repose en principe sur l'application répétée de glissements méthodiques et progressifs imprimés dans le même sens à la masse des fibres de manière à les forcer à cheminer parallèlement entre elles et à former des rubans de volumes et de poids déterminés *a priori*. Dans ce but on fait passer le ruban primitif entre deux ou plusieurs paires de cylindres lamineurs tournant à des vitesses différentes et produisant ainsi des glissements de la matière. Entre ces cylindres on place un organe à peigne soit circulaire comme dans le bobinoir ordinaire, soit à lames mobiles comme dans le gill-box. Un seul type de ces derniers appareils se trouvait dans la section anglaise, exposé par MM. Platt Brothers et C°, et réunissait les rubans, provenant de la carde, en bobines destinées à la peigneuse.

PEIGNAGE.

Le peignage de la laine, qui se faisait autrefois difficilement à la main, se fait partout aujourd'hui mécaniquement et l'Exposition nous a montré un assez grand nombre de machines destinées à ce travail. — Le peignage a pour but de fractionner les rubans de laine en mèches pour les traiter isolément, pour les paralléliser complétement, les épurer et de réunir les brins de même longueur pour les assembler de nouveau en un ruban continu.

La peigneuse Heilmann, d'invention déjà ancienne et qui est si répandue en France, a été très-heureusement perfectionnée par M. Meunier dans sa machine construite par la maison Grün, de Bitschwiller. — Une ingénieuse disposition permet à une petite barrette de venir forcer la mèche à entrer dans le peigne nacteur qui est double. Il en résulte un peignage plus complet, plus parfait qui a pu être bien apprécié par les visiteurs. Cette machine peut peigner 5o à 6o kilogr. par jour.

MM. Pierrard-Parpaite, de Reims, ont exposé également une peigneuse Heilmann modifiée. Le peigne nacteur est fixe et c'est le secteur en cuir qui vient par sa partie arrondie frapper la mèche courbée par la pince, la relève vivement en lui communiquant sa vitesse et la fait entrer complétement dans le peigne nacteur, dont les aiguilles sont voisines de la pince. La fixité du peigne nacteur permet de modifier beaucoup les différents organes de transmission de la machine qui se trouve ainsi très-simplifiée. Sa production est de 4o à 5o kilogr. par jour.

Mmes veuve Mercier et L. Mercier ont exposé une peigneuse, système Noble, peignant la laine au moyen d'un grand peigne circulaire et de deux autres petits intérieurs sans aucun changement à signaler au système connu. — Nous indiquerons comme un perfectionnement de cette peigneuse Noble la machine brevetée de Beecroft et Wright, exposée par MM. John Crossley and sons, d'Halifax. Les brosses qui appuient la laine dans le peigne circulaire sont supprimées et remplacées très-avantageusement par de petits cadres mobiles en cuivre. Pour les laines longues cette peigneuse doit donner un très-bon travail.

MM. Platt Brothers and C° ont exposé une grande peigneuse circulaire, brevet Little et Eastwood, différant un peu des systèmes précédents. Le ruban de laine traverse d'abord les barrettes d'une sorte de gill-box ; il est ensuite tiré par un cylindre à mâchoires qui le force à passer par les aiguilles des barrettes, peignant ainsi une partie de la mèche de laine. Puis le cylindre à mâchoires, par un mouvement de rotation, emporte cette mèche peignée et la dépose sur les aiguilles du peigne circulaire en plaçant le côté non peigné derrière les aiguilles. Les cylindres enleveurs peignent alors la blouse en la faisant passer à travers les aiguilles du peigne circulaire.

Enfin M. Hubner, déjà bien connu pour ses perfectionnements divers dans le peignage du coton et des déchets de soie, a exposé une peigneuse pour laine d'un nouveau système. L'alimentation se fait au centre par des boîtes mobiles garnies d'aiguilles qui entrent dans les rubans de laine et les forcent à descendre par un mouvement alternatif. La mèche est peignée d'un côté par un peigne circulaire, puis de l'autre côté par un peigne nacteur également circulaire, placé au centre de la machine et animé d'un mouvement tout spécial pour entrer dans la mèche qu'il s'agit de peigner. Ce mouvement, caché par le bâti de la machine, est donné au moyen d'un système très-ingénieux de combinaisons d'engrenages. L'inventeur, qui n'a pas encore livré sa machine à l'industrie, annonce pouvoir produire 150 kilogr. par jour de peigné bien net et bien épuré.

Nous mentionnerons en terminant une carde-peigneuse circulaire pour laine exposée par MM. Platt Brothers and C°. Elle a trois têtes d'alimentation munies de trois cylindres-cardeurs revêtus de filets en acier, un peigne circulaire à deux rangées d'aiguilles et des cylindres enleveurs horizontaux. Cette machine convient spécialement pour les longues laines communes et aussi pour les déchets communs de filage, de tissage et de dévidage.

Dégraissage et lissage. — Le lissage de la laine se fait avant le peignage, le plus souvent chez le fabricant peignant lui-même ses produits. On a remarqué qu'il épure mieux la laine et donne plus de nerf aux brins. Dans les peignages à façon, le lissage se fait après le peignage parce qu'il donne à la laine une apparence lisse et brillante beaucoup plus flatteuse pour la vente du peigné. MM. Platt Brothers and C° ont seuls exposé une lisseuse. Elle se compose de deux cuvettes à laver contenant de l'eau de savon munies chacune de deux paires de cylindres d'immersion. Les rubans de laine peignée passent dans ce bain et se dégraissent, puis viennent s'enrouler autour de cinq cylindres en cuivre, chauffés par la vapeur qui les sèchent complétement et les lissent. La machine est terminée par une peloteuse à deux têtes avec gill-box pour défeutrer, épurer encore les rubans et les réunir en bobines.

PRÉPARATION.

Le peignage ayant fourni un ruban aussi homogène, aussi régulier que possible, il s'agit ensuite de lui faire subir une série d'allongements, d'étirages pour l'amener au point voulu, au degré de finesse nécessaire pour le filage. C'est ce qui est appelé en filature la *préparation*. Elle se compose en France, spécialement pour les laines fines, longues et courtes, d'étirages, dont nous avons décrit plus haut le principe, et de bobinoirs.

Dans le bobinoir on rencontre d'abord le principe de l'étirage à peigne à la suite duquel on a ajouté un organe frotteur, composé ordinairement de deux manchons en buffle tournant l'un au-dessus de l'autre et animés d'un mouvement de va-et-vient. Le ruban de laine passe entre ces manchons et se trouve roulé, frotté de manière à acquérir un peu plus de cohésion, de force pour le déroulement ultérieur des bobines.

Deux bobinoirs à laine se trouvaient dans la section française : l'un exposé par M. Flécheux aîné, de Rouen, à double cannelle. L'autre exposé par MM. Pierrard-Parpaite et fils, de Reims, de 40 cannelles et à double rangée faisant quatre mèches. C'est le système adopté aujourd'hui pour les mèches multiples permettant de diminuer la longueur des bobinoirs et de faire une économie sensible sur la main-d'œuvre. D'un autre côté, ces métiers demandent plus d'attention de la part de l'ouvrière et plus d'habileté pour les conduire.

Dans ce travail de la préparation le même ruban doit

passer à travers trois à quatre étirages et cinq à sept bobinoirs.

La préparation pour les laines très-longues, en Angleterre spécialement, se fait sans bobinoirs. Ces derniers sont remplacés le plus souvent par des gill-box et des bancs à broches, semblables à ceux dont on se sert pour le coton, et donnant au ruban une légère torsion. La section anglaise offrait une grande variété de ces machines, mais travaillant toutes le coton.

FILAGE.

Les métiers à filer employés aujourd'hui sont de deux systèmes bien différents : le métier continu et le renvideur ou selft-acting, perfectionnement du muljenny ancien. Dans les deux systèmes il y a tout d'abord un même principe commun, les mêmes organes de laminage et d'étirage entre des cylindres de révolution à vitesses différentielles, puis torsion par la rotation de la mèche étirée autour d'un axe ou d'une broche. La différence se produit seulement dans le principe du renvidage. Dans le continu, l'étirage, la torsion de la mèche et le renvidage du fil ont lieu simultanément et d'une manière continue. Dans le renvideur ou selfacting le renvidage se fait après l'étirage et la torsion et d'une manière intermittente, c'est-à-dire pour une aiguillée de fil de longueur déterminée.

Les métiers continus à filer employés depuis longtemps pour le coton, pour la soie, diffèrent peu de ceux qu'on emploie pour la laine. M. Flécheux aîné a exposé un modèle de continu à curseur avec un mouvement de levée automatique, facilitant beaucoup la main-d'œuvre.

A cause de la tension sur le fil, exigée pour entraîner l'ailette de la broche ou le petit curseur, le métier continu ne peut donner que des fils assez résistants ayant une assez forte torsion. Or, pour les trames des tissus, pour la bonneterie on exige souvent des fils floches ayant le minimum de torsion et conservant à la laine du gonflant et de l'élasticité. M. Ryo-Catteau, de Roubaix, prétend avoir trouvé un continu sur lequel on pourra filer toutes espèces de fils. Le métier qu'il a exposé est un continu à retordre, mais le principe est le même pour le métier à filer. Au moyen de deux engrenages différentiels donnant le mouvement à la broche et à l'ailette on peut faire varier à volonté la tension du fil enroulé. Le service du métier pour le changement des bobines est peut-être un peu compliqué et demanderait certainement à être simplifié pour devenir tout à fait pratique. Signalons encore à ce métier l'addition d'un casse-fil aussi simple qu'ingénieux qui écarte le fil cassé au delà des rouleaux de pression et l'empêche de se dérouler en déchets.

Le métier renvideur ou self-acting diffère du mull-jenny primitif en ce que le renvidage du fil et la forme de la bobine ou de la cannette se font mécaniquement au lieu d'exiger la force et l'habileté de l'ouvrier. MM. Pierrard-Parpaite et fils ont exposé un très-bon renvideur de 500 broches à engrenages, avec chariot métallique. On obtient ainsi pour le chariot une plus grande légèreté, une rigidité complète et une dilatation régulière sur la longueur, de sorte que l'engrènement des roues et des pignons des broches ne varie pas. Il y a encore une disposition particulière de l'embrayage de l'arbre à deux temps qui permet d'opérer le changement de mouvement par un plateau à friction garni de cuir. On a ainsi plus de douceur, un réglage facile et on évite les chocs. A ce renvideur se trouvait adapté le système breveté de brise-mariages de MM. Dauphinot, Martin et Lesquilbet qui réalise d'une manière simple et pratique la suppression des fils doublés sur le métier.

M. Flécheux aîné a exposé également un modèle de renvideur à laine, dans lequel la rentrée du chariot est produite par un cône à friction garni de cuir. Le chariot est en bois et le mouvement est communiqué aux broches par des cordes.

Parmi tous les renvideurs de la section anglaise un seul de 340 broches à cordes, exposé par MM. Platt Brothers and C°, était destiné au travail de la laine. Comme principaux perfectionnements nous ferons remarquer une disposition spéciale arrêtant les cylindres, délivrant le fil si le chariot vient à s'arrêter par accident. — Un appareil permettant de diriger le mouvement du quadrant et lui facilitant l'enroulement d'un plus grand nombre de tours de fil pendant la descente de la baguette.— Un régulateur aumatique proportionnant le mouvement de renvidage à l'accroissement de la cannette. — Un mouvement de baguette et de contre-baguette bien combiné pour dépointer vivement et renvider le fil avec une tension convenable sur la pointe de la cannette.

Nous mentionnerons encore les machines suivantes pour certaines opérations qui suivent le filage :

La machine à doubler, la moulineuse et la cannetteuse de M. Ryo-Catteau, de Roubaix ;

Les dévidoirs mécaniques avec casse-fils arrêts de Mme veuve Snœck et de MM. Platt Brothers and C°;

Les continus à retordre et la paqueteuse de M. Flécheux aîné, de Rouen.

Le tissage de la laine peignée n'offrant aucune particularité à signaler et se faisant avec les mêmes métiers que ceux qui sont employés pour la laine cardée, pour le coton et d'autres textiles, nous en laisserons l'examen détaillé à notre camarade, chargé de diriger la visite du travail des laines cardées et de la draperie.

Ainsi donc en résumé, l'industrie de la laine peignée a pû être intéressante à suivre à l'Exposition, à cause de certains perfectionnements apportés dans les machines employées, mais rien de bien nouveau, de bien saillant ne s'est affirmé qui puisse accuser un grand progrès.

Imprimerie D. BARDIN, à Saint-Germain.

Extrait des **ANNALES INDUSTRIELLES**
18, rue Lafayette, Paris.

VISITES DES INGÉNIEURS

ANCIENS ÉLÈVES DE

L'ÉCOLE CENTRALE

DES ARTS ET MANUFACTURES

A L'EXPOSITION UNIVERSELLE DE 1878

Le Matériel fixe des Chemins de fer

Par M. HENRY MATHIEU (*Promotion de 1841*)

Je diviserai le matériel que nous avons à examiner en plusieurs sections :

1° *La voie normale*, comprenant : les rails, les éclisses, les coussinets, les traverses, etc. ;

2° *La voie métallique*, c'est-à-dire la substitution du fer au bois, pour les traverses et les longrines ;

3° *Les appareils de la voie*, comprenant : les changements et croisements de voie, les signaux et appareils de sécurité du block-system, les plaques tournantes, les barrières, les grues, etc.

4° *Le petit matériel*, tels que les appareils à relever les voies, les tricycles, etc.

I. — Voie normale.

Rails. — L'Exposition nous montre de nombreux spécimens de rails à double champignon et de rails Vignole.

En France, on trouve des partisans de ces deux types ; sur les six grandes Compagnies de chemins de fer, trois ont conservé le rail à double champignon, et trois ont adopté le rail Vignole.

A l'étranger, le rail Vignole semble être plus en faveur sauf toutefois en Angleterre, où le double champignon est, en ce moment, d'un emploi exclusif.

Les motifs donnés par les Anglais pour justifier l'emploi du type double champignon, malgré l'économie de premier établissement que procure le type Vignole, sont les suivants :

1° Facilité d'obtenir une voie *pesante*, et, par suite, stable, à un prix relativement faible, par l'emploi du coussinet en fonte, dont la valeur au kilogramme est, environ, la moitié de celle du rail d'acier ;

2° Facilité et rapidité de remplacement du rail pendant le service ;

3° Plus grande utilisation du rail, par suite du retournement, sur quatre positions ;

4° Conservation plus grande des traverses qui se trouvent mieux garanties contre le soleil et la pluie par une couche plus épaisse du ballast qui les recouvre.

Le poids des voies anglaises est pour les grandes lignes, en moyenne, de 250 kilogr. le mètre courant ; en

France, il est seulement de 210 kilogr., et avec le rail Vignole, il ne dépasse pas 180 kilogr.

Avec l'emploi de l'acier, la longueur normale des rails a augmenté ; elle est actuellement en France de 8 mètres, sauf au chemin de fer du Midi qui fait un essai de rails de 11 mètres, soit deux fois la longueur de son rail de 5^m,50.

L'emploi de pareilles longueurs présenterait certainement, en raison du poids à transporter, des difficultés pour l'entretien en recherches, *avec des rails en fer*, mais avec l'acier, dont l'usure est moindre et plus régulière, cet inconvénient perd beaucoup de son importance, attendu que les remplacements se feront, selon toute probabilité, par sections, et que, dès lors, le transport des rails pourra être effectué sur wagon.

Le mode de cintrage des rails, avant la pose, au moyen de la chute de ces rails, sous des hauteurs variables, pour obtenir la courbure voulue et usitée avec les rails en fer, a disparu avec l'emploi de l'acier. Cette courbure s'obtient maintenant à l'aide d'appareils spéciaux.

Nous en trouvons un, en Autriche, inventé par M. Schrabetz. Sa construction est simple et sa manœuvre facile, c'est une sorte de petit cric à vis, mis en mouvement à l'aide d'un grand levier.

Le cintrage se fait sur les chantiers : cinq ou six rails réunis dans une chape servent de base d'appui, le rail à courber est appuyé contre l'autre extrémité de ladite chape ; deux appareils Schrabetz, placés dans l'intervalle libre, et symétriquement, par rapport aux extrémités du rail, sont manœuvrés par deux hommes qui peuvent ainsi faire facilement fléchir, de la quantité voulue, le rail à courber.

Éclisses. — En France, les éclisses n'offrent rien de particulier comme profil. Toutefois, la Compagnie Paris-Lyon-Méditerranée a exposé un type d'éclisse coudée, dans le plan vertical, pour permettre, dans l'entretien, le remplacement d'un rail neuf entre deux autres déjà usés de quelques millimètres.

L'éclissage est généralement en porte-à-faux, sauf toutefois pour la Compagnie du Nord.

A l'étranger l'éclissage est aussi en porte-à-faux, mais les éclisses sont renforcées, soit par des nervures horizontales (Autriche et Italie), soit par le prolongement de la partie verticale au-dessous des rails (Suède : éclissage Sundberg). Ces dispositions semblent indiquer qu'on a constaté, en ce point, un manque de rigidité.

Coussinets. — *La Compagnie de l'Ouest* a placé, sur une partie des voies qu'elle a exposées, un type de coussinet à large base, du poids de 17 kilogr. environ, qu'elle emploie sur les sections très-fréquentées.

L'usine Head Wrighson et Ce présente, dans son exposition, un modèle de coussinet à large base ($190^{m/m} \times 370^{m/m}$) sans aucun évidement à la partie inférieure, et avec stries horizontales sur le côté qui sert d'appui au coin ; l'idée de supprimer l'évidement sous la semelle, généralement usité en France, semble indiquer que l'on a cherché, (tout en augmentant le poids de la voie), à diminuer par unité de surface le poids supporté par la traverse.

Coins. — Rien de particulier de ce côté, si ce n'est le modèle de coin fendu, exposé dans la section anglaise ; son but est de faire ressort dans le coussinet, et, par suite, d'éviter le desserrage ; mais quelques essais fait en France ont démontré que ce coin avait l'inconvénient de se fendre complétement, soit lorsqu'il est chassé à la masse, soit après sa mise en place.

Traverses en bois. — Un certain nombre de traverses en *pin*, préparées à la créosote et au sulfate de cuivre, exposées *par la Compagnie du Midi*, montrent ce que l'on peut obtenir, comme durée, avec des bois de cette essence injectés avec soin et en temps opportun. Ces échantillons sont encore dans un état très-satisfaisant de conservation après 15 et 20 ans de service.

La quantité de sulfate de cuivre absorbée dans les préparations de la Compagnie du Midi varie de 6 kilogr. à $6^k,5$ par mètre cube, soit en moyenne $0^k,56$ par traverse.

Quant à la créosote, la quantité absorbée est de 7 à 8 kilogr. environ par traverse.

La Compagnie de l'Ouest expose un spécimen de traverse en *hêtre*, injectée à la créosote (18 kilogr. par traverse), et qui, mise en service il y a 19 ans, se trouve encore dans un état satisfaisant de conservation. En raison des bons résultats ainsi obtenus, l'emploi du hêtre a été généralisé, concurremment avec le chêne.

La même Compagnie emploie également des traverses en sapin créosoté, à raison de 13 kilogr. par traverse.

M. Blythe, de Bordeaux, expose des échantillons de bois divers, préparés par son nouveau procédé, à la créosote vaporisée. Les résultats obtenus paraissent satisfaisants; des essais en grand se font, du reste, à la Compagnie de l'Ouest (chantier de Mantes).

Le procédé de M. Blythe a fait l'objet d'une communication très-complète de M. Leroide, à la Société des Ingénieurs civils, en juillet 1877 ; nous renvoyons pour les détails à la note publiée à cet égard dans les bulletins de cette Société.

Des documents statistiques exposés par la Compagnie du Nord-Empereur-Ferdinand d'Autriche, il résulte que le chlorure de zinc paraît inférieur à la créosote pour la préparation des traverses, au moins pour celles en chêne.

Poteaux télégraphiques. — 1° *Bois.* — La Compagnie du Midi a exposé quelques échantillons de poteaux préparés à la créosote et mis en service depuis vingt et vingt-deux ans. Ces échantillons sont encore en très-bon état.

2° *Fer.* — On peut remarquer, au parc découvert de la voie, quelques types de poteaux télégraphiques en fer, mais c'est surtout à l'exposition de l'administration des lignes télégraphiques que se trouvent les spécimens les plus importants.

Il est certain que ce genre de poteaux est appelé à rendre de grands services, principalement aux bifurcations, là où il y a un grand nombre de fils qui, se réunissant sous des angles différents, nécessitent, par conséquent, des poteaux rigides.

II. — VOIE MÉTALLIQUE.

Voici, en partie, les considérations qui ont conduit à rechercher une voie entièrement métallique :

1° La crainte de voir le prix des bois s'élever d'une

façon importante, par suite du déboisement progressif des forêts, et la crainte ensuite d'en manquer ;

2° Les mauvais résultats obtenus dans certaines contrées avec les traverses en bois, notamment en Égypte, en Algérie, dans les Indes, etc., où elles sont promptement détériorées ;

3° Enfin, le débouché que cette utilisation du fer donnerait à la métallurgie.

Mais voici, d'autre part, les inconvénients que l'emploi du fer ou de l'acier pour cet usage peut présenter.

1° Diminution du poids de la voie métallique de 40 à 45 kilogr. environ par mètre courant, comparé à celui de la voie sur traverses en bois, et cela malgré un prix double ;

2° Difficulté de trouver une forme de traverse, qui, noyée ou encastrée dans le ballast, puisse donner autant de stabilité que le bois en présente ;

3° Difficulté de trouver une attache simple et solide du rail sur la traverse.

Beaucoup d'essais ont été faits jusqu'ici, mais aucun n'a donné une solution absolument pratique. L'Exposition nous montre cependant un grand nombre de modèles, et il en est peu qui soient dignes d'intérêt. Nous citerons seulement :

En France : la *traverse Brunon*, en tôle d'acier emboutie à la presse hydraulique, avec attache spéciale (boulon coudé et taquets). Le bourrage paraît facile faire, tant par bout que par côtés, et, de plus, l'attache a donné jusqu'ici complète satisfaction dans les essais faits par une des grandes Compagnies de chemins de fer.

Traverse Vautherin. — Ce type déjà ancien est appliqué sur une assez grande échelle en Algérie et en Allemagne; l'attache cependant ne paraît pas offrir toute garantie de solidité.

Traverse Vidal. — C'est un large fer en U dont les extrémités recourbées s'enfoncent dans le ballast, afin de donner à la voie de la stabilité dans le sens transversal.

En Angleterre : les coussinets cloches, en acier embouti, de Mac-Lellan, exposés sous la locomotive Scharp-Stewart, paraissent devoir remplacer, avec avantage, les cloches « Greave » en fonte, au point de vue de l'élasticité et de la solidité. Ils sont employés, paraît-il, dans les Indes.

En Autriche-Hongrie, nous trouvons la longrine de MM. de Serres et Battig, formée de deux pièces symétriques qui embrassent le rail en le coinçant. Cette voie, très-ingénieuse et bien étudiée, est composée de trop de pièces; inévitablement elle *ferraillera* au bout d'un certain temps, et si l'on veut adopter une voie sur longrine, ne serait-il pas préférable et surtout plus économique de revenir à la forme du rail Barlow avec emploi de l'acier et amélioration du profil.

III. — APPAREILS DE LA VOIE.

Changements de voie. — La *Compagnie de l'Ouest* a exposé une demi-*traversée à aiguilles* avec croisements en acier fondu, martelé et raboté.

Le but de cette disposition est de faire communiquer entre elles, et dans toutes les directions, deux voies qui se coupent sous un angle aigu (de 5°,30 à 7°,30).

Ces appareils sont plus employés en Angleterre et en Allemagne qu'en France ; ils sont cependant avantageux pour le triage des wagons quand on manque de place.

La Compagnie de l'Ouest n'en a encore qu'un seul en service, il est à la gare de Vitré.

L'exposition autrichienne nous montre un changement de voies ordinaire, avec appareil de sécurité de « Paravicini, » dont le but est d'assurer le *contact parfait* entre l'aiguille et son rail-appui, et d'écarter, par ce fait, toute cause de déraillement.

Ce résultat est obtenu de la manière suivante : une forte barre de fer A, longue de 2 mètres environ, est placée parallèlement au rail-appui extérieur et en avant de la pointe de l'aiguille ; cette barre peut osciller à une de ses extrémités autour d'un axe horizontal qui traverse le rail, tandis que son autre extrémité repose sur un plan incliné terminant un levier d'équerre horizontal relié à la pointe de l'aiguille.

Lorsque l'aiguille est faite, la barre A ne se trouve au niveau du rail, et par suite en dehors de l'action du bandage des roues, qu'à la condition que le contact de l'aiguille soit parfait ; dans le cas contraire, elle y est ramenée par le bandage des roues de wagons du train qui passe, et par suite, elle détermine le contact de l'aiguille.

En France, les *Compagnies du Nord* et de *l'Ouest* appliquent chacune, pour le cas de manœuvre à distance, une disposition spéciale de commutateur électrique dont le but est de donner à l'agent, par le bruit d'une sonnerie, la certitude que l'aiguille a bien obéi à la manœuvre, et que le contact est parfait. Un spécimen de chacune de ces deux dispositions figure à l'Exposition.

MM. Saxby et Farmer présentent, dans leur exposition, une disposition différente, mais atteignant le même but. Elle consiste dans un enclanchement à distance des aiguilles, tel qu'il ne peut s'effectuer que lorsque le contact entre l'aiguille et le rail existe. Lorsque cet enclanchement est fait, l'agent est alors assuré que l'aiguille a complétement obéi à la manœuvre.

De plus, par l'addition d'une longue pédale placée à l'intérieur de la voie, et dont le fonctionnement est dépendant de celui de l'aiguille, la manœuvre de cette dernière ne peut avoir lieu pendant le passage d'un train, parce que le boudin des roues en s'y appuyant l'empêche de se produire. Il suffit, en outre, pour éviter toute chance d'erreur, que la longueur de la pédale soit égale, ou un peu supérieure au plus grand écartement de deux essieux, soit d'un même wagon, soit de deux wagons successifs.

Nous trouvons dans *l'exposition américaine* un petit modèle de changement Warton, décrit par M. Malézieux dans son rapport de mission. Le but de cette disposition est d'éviter de couper les rails de la voie principale ; ce qu'on obtient en faisant passer les trains sur la voie déviée, par-dessus les rails de la voie directe. Ce système est, paraît-il, assez apprécié aux États-Unis, notamment sur la ligne de Philadelphie à Reading.

Croisements. —. La *Compagnie de l'Est* a exposé un type de croisement en *rails assemblés* dont elle a fait une application générale sur son réseau. Depuis 1867 et jusqu'au commencement de cette année, on compte plus de 3.000 de ces appareils en service.

L'avantage de cette disposition est de permettre le remplacement des parties usées, indépendamment les unes des autres, mais elle présente, il est vrai, l'inconvénient de toutes les pièces assemblées dont le dérangement peut être cause d'accident. L'emploi général de ce système, par la Compagnie de l'Est, semble indiquer que, dans l'espèce, l'inconvénient est plus théorique que pratique.

Le modèle de croisement exposé par la *Compagnie de l'Ouest* est d'une seule pièce en acier fondu, martelé et raboté. Ce type est employé depuis près de vingt ans par cette Compagnie qui s'en déclare satisfaite. L'introduction dans la métallurgie des procédés Bessemer et Martin a rendu cette fabrication très-courante ; 3.000 pièces environ sont actuellement en service sur le réseau.

La *Compagnie du Midi* expose un spécimen de croisement en *fonte trempée* retiré des voies (pour être envoyé à l'Exposition) au bout de huit ans de service. Ce croisement est dans un bon état de conservation, bien que le nombre de passages de trains ou machines de manœuvre qu'il a eu à supporter soit évalué à plus de 400.000.

Ces pièces sont exclusivement employées sur les voies de garages ou les voies principales sur lesquelles la vitesse des trains est inférieure à 50 kilomètres à l'heure ; elles sont fabriquées très-couramment par les usines des Landes situées sur le réseau du Midi.

Le prix est d'environ 190 francs par appareil (soit 345 francs la tonne). Le nombre des pièces en service au commencement de l'année 1878 était de 2.200 environ.

L'Autriche et la Suède nous montrent également des spécimens de croisements en fonte trempée.

Signaux. — Enclanchements réciproques des signaux et des aiguilles.

Le but que l'on se propose par cette disposition est d'éviter que, par inadvertance ou négligence, on puisse donner accès en même temps, sur une même voie, à plusieurs trains ou machines isolées. Le point de départ de tous les systèmes actuellement employés a été celui imaginé par M. Vignier, Ingénieur de la voie au chemin de fer de l'Ouest, lequel système a figuré à l'Exposition de 1867, et y a obtenu la grande médaille d'honneur.

Compagnie de l'Ouest. — La Compagnie de l'Ouest expose, au parc découvert de la voie, un poste d'enclanchement des signaux et aiguilles du système Vignier, légèrement modifié dans ses détails.

La modification consiste à réduire l'espace nécessaire à l'établissement de postes importants, en disposant les verrous d'enclanchement *verticalement*, et en les reliant, par des arbres situés dans un plan parallèle à celui des glissières, ce qui permet de leur donner toute la longueur nécessaire pour leur faire porter le nombre de verrous utiles.

La *Maison Rothmüller* (Autriche) expose un système d'enclanchement dont le principe est sensiblement le même que celui des Chemins de l'Ouest, mais avec addition d'une disposition permettant la manœuvre d'une même transmission par plusieurs leviers.

La *Maison Saxby et Farmer* expose le spécimen réduit d'un poste pour la commande des aiguilles à distance et les enclanchements de signaux correspondants, le tout établi suivant les derniers perfectionnements de détails apportés dans cette question.

Les enclanchements sont obtenus au moyen de barres horizontales garnies de taquets, d'une part, et d'autre part par de petites pièces ayant la forme de *grils*.

Lorsque l'on amène les taquets des barres en face des vides des *grils*, la manœuvre de ces dernières pièces, et par suite, des leviers correspondants, est possible, ils sont alors déclanchés; dans le cas contraire, ils sont enclanchés.

Ces appareils, dont les détails sont étudiés avec le plus grand soin, sont très-usités en Angleterre, où l'on trouve des postes de plus de 100 leviers, et dont la manœuvre est confiée à deux hommes seulement.

Il est bon de signaler qu'avec la disposition Saxby et Farmer, le mouvement de manœuvre imprimé à un levier quelconque avant même d'être achevé, détermine, et sans un grand effort, l'enclanchement de tous les leviers avec lesquels ce levier est conjugué. Il ne peut donc pas y avoir d'accident par suite d'une erreur de manœuvre incomplète.

Le *déclanchement* de ces leviers n'est *complétement effectué* que lorsque le levier manœuvré est à fond de course.

MM. Saxby et Farmer ont complété leur système de

manœuvre en le rendant, au besoin, dépendant du fonctionnement d'appareils électriques solidaires des signaux commandés par le block-system.

Un représentant de MM. Saxby vous expliquera sur place toutes ces ingénieuses combinaisons.

Sémaphore Lartigue. — Son but est de réaliser d'une manière plus complète qu'il ne l'a été jusqu'ici le « block-system, » en rendant, pour une même section, la manœuvre des signaux extérieurs de protection solidaire de celle qui donne les indications télégraphiques de voie libre ou de voie fermée.

La Compagnie du chemin de fer du Nord a un certain nombre de ces appareils en service entre Paris et Chantilly.

Vous trouverez des descriptions très-complètes de ces appareils dans les *Annales des Ponts et Chaussées*, par M. l'Ingénieur Clérault (2ᵉ semestre 1877, page 197), et par M. Lartigue, dans les *Mémoires de la Société des Ingénieurs civils.*

Du reste, M. Lartigue, qui a bien voulu nous prêter son concours, vous donnera lui-même, tout à l'heure, la démonstration de ses appareils.

Parmi les nombreux modèles de signaux et mâts de signaux exposés, nous citerons :

1° *Le sémaphore à six ailes de la Compagnie Paris-Lyon-Méditerranée*, dont le but est de remplacer, par raison d'économie, les deux ou trois sémaphores d'une bifurcation ;

2° *Les signaux d'arrêt absolu des Compagnies Paris-Lyon-Méditerranée et Ouest*, dont la principale différence consiste dans la disposition employée pour produire les deux feux qui s'obtiennent, dans l'appareil de Paris-Lyon-Méditerranée, avec la lanterne ordinaire et un jeu de miroirs extérieurs, et dans celui de l'Ouest, au moyen d'une lampe placée au centre de la lanterne, de deux réflecteurs paraboliques et de deux miroirs inclinés à 45°.

3° *Le modèle d'appareil de conjugaison de la manœuvre de deux disques*, exposé par la *Compagnie du Midi*, et à l'aide duquel il devient impossible d'ouvrir, par inadvertance, sur la voie unique, l'entrée dans une station à deux trains qui se présentent en même temps aux extrémités opposées.

Toutes les stations en voie unique du réseau ont une semblable disposition ; le poids de chaque appareil est de 400 kilogr. et son prix de 230 francs environ.

4° *Le mât de signal en tôle* exposé par la *Compagnie Paris-Orléans* a la forme d'un T, ce qui lui donne une très-grande résistance, et il repose, en outre, sur un trépied en vieux rails.

Nous trouvons, dans les expositions *autrichienne* et *hongroise*, deux spécimens de signaux dont le fonctionnement est basé sur l'emploi de l'électricité pour enclancher et déclancher un mouvement de contre-poids qui commande le signal. Le premier est présenté par M. Langie, et le second par M. Banowits.

L'examen de ces deux appareils, très-intelligemment combinés du reste, fait ressortir leur complication, qui ne paraît pas en rapport avec les services qu'ils sont appelés à rendre.

Différents types de mâts métalliques et de manœuvres de signaux sont exposés au Trocadéro, par MM. Baudet, Delom, Ollivier, Bonnefond. Leurs détails n'offrent rien à recommander d'une manière particulière.

Plaques tournantes. — La *Compagnie d'Orléans* expose une plaque de $6^m,20$ de diamètre construite pour permettre de tourner les nouvelles voitures des trains rapides de cette Compagnie, qui ont $5^m,50$ d'écartement entre les essieux.

Cette plaque ne diffère d'ailleurs des types ordinaires que par ses dimensions. Elle est à peu près entièrement en fonte ; le tablier est en tôle avec interposition de feutre entre ledit tablier et le bâti pour amortir le bruit, lors du passage des trains.

Son poids est de 19 tonnes 1/2 environ.

La *Compagnie de l'Ouest* expose un pont de 14 mètres de diamètre pour tourner les locomotives et tenders accouplés.

Le point à signaler dans cet appareil, c'est la suppression des fondations en maçonnerie, lesquelles sont remplacées par un large plateau en fonte qui porte le pivot et qui repose directement sur une couche de ballast fortement damée.

Les dimensions de ce plateau sont telles que la pression sur le ballast, lorsque le pont est chargé des plus fortes machines avec leur tender, ne dépasse pas 1 kilogr. par centimètre carré.

Le poids total est de 33^t 1/2 environ, y compris la cuve extérieure, et le prix de revient est de 17.000 fr. environ.

Différents modèles de plaques tournantes, type *P.L.M.*

et *Nord*, sont exposés aux annexes du Trocadéro par les constructeurs ; elles n'offrent rien de particulier.

Nous trouvons, dans l'exposition de la Société Impériale-Royale privilégiée autrichienne, un spécimen de plaque tournante en fer et fonte sans chemin de roulement ; la plaque ne repose sur des galets, placés à son pourtour, que lorsqu'elle est dans sa position normale pour le passage d'un véhicule.

Nous citerons également, comme type spécial, le modèle de plaque exposé par M. Weikum, et dans lequel le pivot et les galets sont remplacés par des boulets retenus entre deux cercles en fer.

Barrières métalliques. — Trois spécimens ont été exposés au parc de la voie :

1° *Type de la Compagnie d'Orléans.* — Barrière pivotante en treillis avec poteaux en vieux rails, plus résistants que le bois et aussi économiques, en raison du peu de valeur des rails usés. Le treillis est doublé à la partie inférieure par des bandelettes de fer, dans le but d'éviter l'introduction sur la voie des animaux de petite taille. Ce type est en usage à la Compagnie d'Orléans depuis 1868 ;

2° *Compagnie du Midi.* — Barrière roulante métallique en fer et cornières, avec poteaux et chemin de roulement en vieux rails Brunel ; des supports en fonte remplacent les dés en pierre pour fondations. Un spécimen de ces supports en fonte est exposé à côté de la barrière.

L'emploi de ces supports en fonte pour fixer ensemble les poteaux et le chemin de roulement est, en général, plus économique que l'emploi des dés en pierre ; il présente sur ceux-ci l'avantage de permettre un montage simple et précis des barrières à l'atelier même.

Le poids d'une barrière de 4 mètres de ce type est de 1.200 kilogr., et son prix de 400 fr. environ.

3° La maison Baudet expose un spécimen de barrière pivotante en fer à deux vantaux (de 3^m,50 chacun) et portillon pour passage, de 7 mètres, type de l'ancienne Compagnie des Charentes.

APPAREILS DE LEVAGE ET DE PESAGE

Grues fixes. — Parmi les grues exposées, nous citerons :

1° Plusieurs spécimens appartenant à la *Compagnie de l'Ouest* et qui ont été utilisés lors de l'installation des expositions individuelles. Ces appareils sont munis de frein à embrayage automatique, système Bourgougnon, dont le but est de remplacer la roue à rochet qui, dans le cas de chocs, n'offre pas toutes les garanties désirables. Le frein Bourgougnon qui s'embraye automatiquement et par friction semble, par son principe même et sa simplicité, appelé à rendre de grands services. La Compagnie de l'Ouest l'applique à toutes ses grues ;

2° Le système de grue *exposé par M. Eiffel*, dans lequel les fondations en maçonnerie sont remplacées par une cuve en fer et fonte remplie de sable qui sert de base d'appui à l'appareil ;

3° Le modèle de grue avec plateau en fonte remplaçant également les fondations et représenté par deux spécimens, l'un au parc de la voie, exposé par la *Com-*

pagnie de l'Est, le second aux annexes du Trocadéro, exposé par MM. *Capitain Gény et C°*.

Les détails de cette grue ont été combinés de telle façon que l'on ne peut débrayer l'arbre des manivelles pour un changement de vitesse sans que le frein fonctionne. Cette disposition est certainement bonne au point de vue de la sécurité, mais ne paraît pas valoir le frein Bourgougnon, en ce sens qu'elle ne supprime pas la roue à rochet et les inconvénients qui peuvent en résulter.

Les *usines de Maubeuge et de Marquise* ont exposé, comme spécimen de construction, chacune un type de grue roulante.

La grue de l'usine de Marquise est munie d'un système de frein fondé sur le mouvement différentiel réalisé par engrenage et dont l'invention appartient à l'usine qui, paraît-il, en obtient également de bons services.

Différents types de *grues à vapeur* ont été exposés, nous citerons en particulier :

Celle de la maison Voruz qui a été utilisée pour la manœuvre des fortes pièces lors de l'installation des expositions partielles, et la grue roulante à vapeur d'Appleby, exposée dans la section anglaise.

Ponts à bascule. — Ici encore, on remarque l'emploi de cuves en fonte, pour remplacer les maçonneries, ce qui a l'avantage de faciliter beaucoup la pose et le déplacement des appareils.

Le pont exposé par la Compagnie du chemin de fer de Lyon offre ceci de particulier que le passage par inadvertance d'un véhicule, sans que l'appareil soit calé, ne peut se produire.

Dans la position normale, le pont est calé, quand on le décale on fait mouvoir en même temps quatre taquets ou sabots en fonte reliés au mécanisme de calage et qui viennent se placer sur les rails de manière à emprisonner le véhicule à peser; il en résulte que, pour le faire sortir, après pesage, l'agent ne peut oublier de caler à nouveau le pont, puisqu'il lui faut faire écarter les taquets de fonte, mouvement dont la conséquence est précisément de produire le calage.

IV. — PETIT MATÉRIEL.

Appareils à relever les voies. — Nous en trouvons quatre spécimens à l'Exposition :

1° *Cric Manier* (Annexes du Trocadéro). — Cet engin, que deux hommes peuvent assez facilement transporter, est composé d'un bâti léger en fer reposant sur le ballast par deux sortes de patins en tôle et d'un cric à la partie supérieure avec une pince du genre de celles dites à étrier, destinée à saisir le rail. Le mouvement de cet appareil n'est pas exposé à être endommagé par le ballast, et le fonctionnnement en est relativement assez rapide; il peut rendre des services dans les relèvements à grande hauteur. (Les leviers ordinaires ou anspects paraissent jusqu'ici d'un emploi plus simple et d'un transport plus facile, surtout lorsqu'il s'agit d'un relèvement de faible hauteur au-dessous de $0^m,050$ par exemple) ;

2° *Cric Clément Ader*, exposé par les constructeurs MM. Raynaud-Béchade. Cet appareil est double, et, en raison de son poids, il est disposé pour être transporté sur les rails par l'intermédiaire de quatre galets; de là la nécessité de le rejeter en dehors de la voie dans le cas du passage d'un train. Le volume de cet appareil et le manque de liaison entre ses différentes parties semblent être un inconvénient sérieux.

3° *Verin-Beugger* (exposé par MM. Corpet et Bourdon). — Cet appareil est portatif, d'un poids relativement faible (30 à 35 kilogr.) ; il repose sur le ballast par une base en tôle qui forme le fond de l'espèce de caisson dans lequel se trouve au repos la partie en X, faisant levier et recevant son mouvement par l'intermédiaire d'une vis manœuvrée à l'aide d'une clef à béquille.

L'inconvénient que l'on peut lui reprocher est la lenteur du mouvement et aussi la proximité du ballast qui peut altérer la vis. Cet appareil, qui est très-usité, paraît-il, en Allemagne et en Suisse, est essayé en ce moment sur les chemins de fer de l'État.

4° Enfin, nous trouvons en Autriche l'appareil Schwarz, dont le but est le même, avec cette différence qu'il semble disposé pour agir sous la traverse ; les inconvénients de la lenteur du mouvement et de la proximité du ballast sont les mêmes que pour le précédent appareil.

Tricycles. — Nous trouvons plusieurs spécimens de tricycles en fer, du reste à peu près tous semblables entre eux, tarés pour le pesage direct des bagages, et permettant de transporter les colis sans transbordement, depuis les trottoirs des cours d'arrivée jusqu'au fourgon des trains.

La tare de ces tricycles est de 100 kilogr. environ, les roues sont garnies de bandes de caoutchouc pour en diminuer le bruit.

Ce système, très-employé en Angleterre, est également

appliqué en France depuis quelques années par les Compagnies du Nord, de l'Orléans, de Lyon et du Midi.

Il est certain que lorsque la disposition des gares s'y prête, il y a, par l'emploi de ce système, économie de main-d'œuvre et de temps.

RÉSUMÉ.

Si l'on cherche à résumer l'exposé que nous venons de faire, on voit qu'en ce qui concerne la voie et le matériel fixe, il ne s'est révélé aucune de ces innovations qui font époque dans l'industrie des chemins de fer. Il est, toutefois, certains points saillants qui se dégagent de cette étude et que je constate ci-après.

1° Le remplacement des rails en fer par des rails en acier est aujourd'hui général, et l'avenir ne fera, certainement, que confirmer cette substitution d'un métal à l'autre ;

2° La comparaison entre la voie champignon et la voie Vignole se poursuit avec un succès égal de part et d'autre.

Si la voie champignon se maintient en faveur en Angleterre, la voie Vignole trouve toujours des partisans en Allemagne.

En France, les deux systèmes sont appliqués également et tous deux sur des échelles telles, que l'on ne peut dire que l'un est disposé à laisser la place à l'autre.

Quant au poids des rails, il paraît s'établir entre 36 et 38 kilogr. le mètre courant pour les grandes lignes et à 30 kilogr. pour les lignes secondaires d'intérêt général ;

3° Les traverses métalliques continuent à être l'objet, de la part des maîtres de forges surtout, d'études persévérantes, et leur emploi a fait dans ces derniers temps quelques progrès ;

4° On a cherché à s'affranchir, dans la pose de certains appareils, tels que plaques tournantes de grand diamètre et ponts à bascule, des fondations en maçonnerie usitées depuis longtemps.

Les dispositions que présentent les appareils de cette nature, figurant à l'Exposition, permettent de les placer directement sur le sol, et, par suite, d'en opérer le déplacement dans des conditions beaucoup moins dispendieuses qu'autrefois ;

5° Les recherches ayant pour but de faire concourir les appareils de la voie, etc., à la sécurité des trains, se poursuivent partout avec ardeur et avec un succès incontestable.

L'appareil d'enclanchement de M. Vignier et celui de MM. Saxby et Farmer, d'une part; de l'autre, les appareils de MM. Lartigue et Tesse, pour assurer le block-system, mettent sur la voie d'une solution pratique.

Imprimerie D. BARDIN, à Saint-Germain.

Extrait des ANNALES INDUSTRIELLES
28, rue Lafayette, Paris.

VISITES DES INGÉNIEURS

ANCIENS ÉLÈVES DE

L'ÉCOLE CENTRALE

DES ARTS ET MANUFACTURES

A L'EXPOSITION UNIVERSELLE DE 1878

Visite au Palais du Trocadéro

Par MM. BOURDAIS (*Promotion de 1857*)
et MOUCHELET (*Promotion de 1867*).

Le palais du Trocadéro comprend un grand bâtiment central semi-circulaire, flanqué de deux pavillons principaux, et de deux longues galeries latérales curvilignes.

Le bâtiment central contient la vaste salle des fêtes; il est percé de neuf grandes baies en plein cintre, séparées par des contreforts carrés constituant, aux yeux du spectateur, l'ossature robuste de la construction. Au-dessous de ces baies et en saillie un portique à deux étages se présente couvert par une large terrasse ornée de statues.

De chaque côté s'élèvent deux tours couronnées par un belvédère surmonté d'un dôme doré.

Les pavillons situés à droite et à gauche renferment au rez-de-chaussée les vestibules et au premier étage les salles de conférences.

Les galeries en aile sont doublées du côté du Champ de Mars d'un portique dont la longueur n'a pas moins de 200 mètres de chaque côté. Ces galeries, s'étendant en courbe concave, forment une heureuse opposition avec la saillie de la masse centrale.

Tel est l'aspect général du monument dont nous allons passer en revue la disposition intérieure et les principaux détails [1].

La salle des fêtes. — La salle du Trocadéro présente en plan la forme d'un œuf dont la pointe est occupée par l'orchestre. Les neuf fenêtres cintrées qui l'éclairent ont 7 mètres de largeur sur 8 mètres de hauteur; elles sont garnies de meneaux de pierre, ou supports verticaux, reliés entre eux par des arcs dont l'ensemble constitue l'encadrement des vitrages.

---

[1]. Les gravures intercalées dans cette notice sont extraites de l'ouvrage intitulé : *Le Palais du Trocadéro*, publié par la librairie Vᵉ A. Morel et Cⁱᵉ, 13, rue Bonaparte, à Paris. 1 vol. in-18. — 3 francs.

Coupe sur le grand axe de la salle des fêtes.

Les spectateurs sont distribués suivant quatre natures de places : amphithéâtre, loges, parquet, tribunes.

Fauteuils de parquet....	1.391
Strapontins de parquet..	196
42 loges couvertes......	378
50 loges découvertes....	252
Amphithéâtre..........	1.965
Tribunes.............	483
Total ...	4.665 places.

Les dégagements sont obtenus par 34 portes (17 à chacun des deux étages) donnant accès sur des escaliers en pierre occupant l'espace compris entre les deux murs concentriques qui enveloppent la salle.

La partie réservée à l'orchestre a 30 mètres de largeur : 350 musiciens et choristes peuvent y trouver place sur une surface de 275 mètres carrés.

Au fond est l'orgue colossal, établi par M. Cavaillé-Coll, et mesurant 15 mètres de largeur sur 16 mètres de hauteur. Il se compose de 66 jeux manœuvrés par 72 registres, distribués sur 4 claviers à mains et un pédalier en console, de 21 pédales de combinaison ; il comprend en tout 4.070 tuyaux.

La décoration de la salle présente certains détails intéressants.

La paroi verticale de l'orchestre est occupée de chaque côté par deux colonnes en marbre violet avec chapiteaux et bases de bronze. Ces colonnes sont surmontées d'un piédestal portant une *Renommée* aux ailes déployées, œuvre de M. Carrier-Belleuse.

Sur le grand tympan qui surmonte l'archivolte du grand arc recouvrant l'orchestre, M. Lameire a peint une très-belle page ayant pour sujet : *La France, sous les traits de l'Harmonie, accueille les nations.*

La partie inférieure de la salle est d'une tonalité sombre ; la coloration des parties supérieures devient de plus en plus claire à mesure qu'on s'élève au-dessus de l'amphithéâtre.

La voûte qui couvre la salle et dont le plus grand diamètre a 50 mètres est une voûte surbaissée, dont la surface constitue un *velum* maintenu par 12 nerfs solides ; le velum est peint d'un ton jaune de Chine orné de bandes vertes.

Au sommet de la voûte est une ouverture circulaire de 15 mètres de diamètre, destinée à l'entrée de l'air de la ventilation.

Deux loges d'avant-scène sont placées de chaque côté de l'orchestre, dans le mur de soubassement : l'une est destinée au Président de la République, et l'autre au ministre de l'agriculture et du commerce.

A l'extérieur (côté du jardin), la salle est entourée d'un portique ouvert à deux étages et couronné de 30 statues représentant les sciences, les arts et les diverses branches de l'industrie. Ces statues ont chacune $2^m,30$ de hauteur.

Au-dessus de la large terrasse accessible au public, la

Vue de la salle des fêtes, prise d'une des tribunes.

paroi de la salle s'élève de 15 mètres et le comble de 50 mètres de portée est couronné d'une Renommée due au talent de M. A. Mercié.

Les annexes. — Du côté de la place du Trocadéro, le bâtiment principal adossé à la salle des fêtes a 78 mètres de longueur sur 20 mètres d'épaisseur. Aux deux extrémités sont les grands escaliers sur plan carré ayant chacun une révolution centrale de 3 mètres et deux révolutions en retour de 2^m,50 de largeur.

Au rez-de-chaussée et au premier étage règne une double galerie de 50 mètres de longueur, recevant le jour par neuf baies ouvertes sur la place du Trocadéro.

La décoration extérieure est très-simple. La façade est en moellons piqués, interrompus par des bandes de marbre du Jura non poli.

Les corniches, bandeaux et autres motifs en saillie ou portant moulures sont en pierr

A droite et à gauche s'élèvent les tours couronnées par des belvédères auxquels on monte par un ascenseur entouré d'un escalier héliçoïdal.

La plate-forme des tours est le point accessible le plus haut de Paris. La hauteur du Panthéon au-dessus du sol est de 78 mètres, soit 136 mètres au-dessus du niveau de la mer. Le dôme des Invalides a 100^m,70 d'élévation par rapport à la voie publique et 139 mètres par rapport au niveau de la mer. Les tours du Trocadéro ont 82^m,50 de hauteur et leur sommet se trouve à 144 mètres au-dessus du niveau de la mer.

Pavillons de conférences. — Les deux bâtiments qui relient la salle des fêtes aux galeries latérales comprennent au rez-de-chaussée les vestibules et au premier étage les salles de conférences.

Ces pavillons ont $24^m,50$ de longueur sur $16^m,50$ de largeur. Le plancher en fer du premier étage est supporté par 8 colonnes groupées deux à deux ; elles ont $0^m,75$ de diamètre. Ces colonnes monolithes en marbre du Jura sont polies ; leurs bases et chapiteaux sont en pierres de Ravière. Les poutres principales sont en tôle ; elles ont $0^m,68$ de hauteur. Des fers à double T de $0^m,26$, posés sur ces poutres, forment des caissons décorés de panneaux en staff, c'est-à-dire en plâtre et étoupe de $0^m,01$ d'épaisseur totale.

Les deux salles de conférences ont chacune $16^m,50$ de largeur sur 12 mètres de hauteur. Elles sont éclairées par trois baies en plein cintre, au-dessus des portes d'entrée des vestibules, et par trois autres fenêtres du côté du jardin.

Les façades sont en moellons piqués ; les assises ont $0^m,166$ d'épaisseur séparées de deux en deux par des bandes de marbre du Jura.

Galeries latérales. — Les ailes du palais sont formées de deux galeries curvilignes ayant chacune 200 mètres de longueur sur $12^m,80$ de largeur dans œuvre.

Façade sur la place du Trocadéro.

Elles sont divisées en trois travées par deux pavillons intermédiaires et terminées par un pavillon de tête plus important que les deux autres.

Les fermes en fer, soutenant la couverture des galeries, sont constituées par deux arcs semi-ogivaux, composés de cornières et de tôles découpées en rinceaux. Les retombées portent sur des corbeaux en pierre scellés dans les murs : il n'y a ni entrait ni tirant ; ces pièces ayant été calculées comme poutres posées sur deux appuis.

Cette charpente franchement accusée est un exemple de ce que peut être l'application rationnelle du fer dans l'ornementation des édifices.

Au sommet du comble règne une lanterne vitrée de $6^m,30$ de largeur.

Les murs extérieurs, du côté de l'avenue du Trocadéro, sont percés de baies géminées de $2^m,75$ de hauteur sur $1^m,90$ de largeur. Pendant la durée de l'Exposition, ces fenêtres ont été condamnées par des cloisons, afin de laisser toute la paroi verticale intérieure entièrement disponible.

Pavillons de tête. — En égard à la configuration du sol qui s'infléchit en plan incliné vers la Seine, les pavillons de tête ont un soubassement de 8 mètres de hauteur qui renferme un vestibule ayant accès sur le jardin. L'entrée est formée d'une large baie divisée en trois parties par deux piédroits légers.

Le plafond du vestibule accuse la disposition du plancher métallique dont les poutres et fers à T dessinent des caissons recouverts d'ornements en staff ou en plâtre moulé.

Un escalier de 4 mètres de largeur conduit aux galeries supérieures et à la salle principale du pavillon de tête ; celui-ci est surmonté d'un dôme sur plan carré.

Les peintures murales des pavillons de tête ne sont pas les mêmes dans les deux pavillons ; leur décoration a été confiée à des artistes différents. Les baies en plein cintre et à meneaux sont occupées par des verrières dont les sujets retracent divers épisodes de l'histoire des beaux arts.

La cascade. — Au centre du portique de la salle des fêtes, en face le pont d'Iéna, est la cascade qui se compose de trois parties : le château d'eau, les cascatelles et le grand bassin.

Le château d'eau porte sur sa plate-forme supérieure un bassin de 130 mètres superficiels qui reçoit, par deux tuyaux de $0^m,60$ de diamètre, l'eau qui lui vient du réservoir extérieur de la place du Trocadéro. La nappe liquide tombe avec un développement de 15 mètres de largeur sur 9 mètres de hauteur. Le débit est d'environ 3.000 mètres cubes par heure.

Sous les voûtes du château d'eau existe une grotte percée de baies latérales pour l'entrée et la sortie ; l'ouverture en façade est un grand arc plein cintre flanqué de deux arcades plus étroites.

La plate-forme est ornée de six figures représentant les

parties du monde (l'Amérique donnant lieu à deux personnifications); ces statues sont dues au ciseau de MM. Falguières, Aimé Millet, Mathurin Moreau, Schœneverck, Delaplanche, Hiolle; elles ont été exécutées en fonte dorée.

Les cascatelles, qui relient le château d'eau au grand bassin, couvrent un espace de 22^m,5o de largeur sur 62^m,5o de longueur, coupé par des gradins en déversoirs et suivant la pente du terrain.

A la partie inférieure s'étend le grand bassin dont le contour, formé de segments courbes et de parties droites, présente quatre points angulaires principaux ornés de motifs de sculpture en fonte dorée. Le bœuf, le cheval, le rhinocéros et l'éléphant, qui y sont représentés, sont dus à MM. Caïn, Rouillard, Jacquemart et Frémiet.

Historique de la construction. — Le 25 août 1876 M. le Ministre de l'Agriculture et du Commerce confiait l'exécution du palais du Trocadéro à MM. Davioud et Bourdais, architectes, dont les projets avaient été adoptés, après le concours universel ouvert pour l'édification des palais de l'Exposition.

On commença les travaux le 8 octobre.

Dès le début, il fallut vaincre des difficultés considérables dues à la présence des anciennes carrières ouvertes sous le Trocadéro; il fallut exécuter des travaux de consolidation importants et de nature très-variée. Les fondations furent faites dans des conditions de solidité et de durée exceptionnelles malgré la rapidité de l'exécution.

A la fin de mars 1877 l'édifice sortait de terre et on achevait de poser les planchers en fer du rez-de-chaussée. On avait dépensé près d'un million. Le reste du palais devait-il être construit pour survivre ou non à l'Exposition universelle? Le terrain appartenait à la ville de Paris, et l'État, simple concessionnaire pour deux ans, subvenait aux dépenses de construction. Une convention, en date du 12 avril 1877, régla les droits de chacun; elle stipulait que la ville de Paris se réservait la faculté de racheter le palais au prix de 3.000.000 fr., payables en six annuités.

Cette somme, escomptée d'avance, fut dès lors ajoutée au crédit primitif de 5.220.000 francs, qui, par des augmentations successives en améliorations de diverses natures, fut porté définitivement à 9.490.000 francs.

Il convient d'ajouter que le chiffre primitif des dépenses avait été fixé en dehors de toute participation des architectes.

Au mois de décembre 1877 le gros œuvre était fait et la couverture de la grande salle terminée; on commença la décoration générale intérieure. A mesure qu'on approchait du terme fixé, une plus grande activité était déployée dans l'avancement des travaux.

En avril 1878, le montant des dépenses atteignit 30.000 francs par jour!

Enfin, le 5 juin, la salle des fêtes achevée fut livrée au public.

Une période effective de dix-huit mois avait suffi pour

la construction de ce vaste édifice, qui restera comme un souvenir brillant de l'Exposition universelle ; peut-être sera-t-il considéré comme une œuvre originale de l'architecture contemporaine.

Chauffage et ventilation. — La question du chauffage et de la ventilation du palais a été étudiée avec le plus grand soin. En raison de la saison pendant laquelle devait se tenir l'Exposition on se préoccupa surtout de l'aération de la grande salle des fêtes, qui devait renfermer plus de 5.000 personnes. L'État ne construisant le palais qu'en vue de la période de l'Exposition, aucun appareil de chauffage ne fut construit.

Le problème se posait ainsi :

Fournir à chaque personne 40 mètres cubes d'air par heure, soit pour toute la salle 200.000 mètres cubes ou 56 mètres cubes par seconde.

Les architectes établirent en principe qu'il fallait faire arriver l'air pur loin des spectateurs et évacuer l'air vicié à la partie inférieure par des bouches ouvertes sur le plancher en nombre égal au nombre des places.

Pour éviter les violentes rentrées d'air produites par l'ouverture des portes, la salle fut mise en pression par des moyens mécaniques. L'air pur recueilli dans une cheminée spéciale put être pris, soit au-dessus du toit, soit dans les carrières du Trocadéro. L'air, lancé par un propulseur, arrive donc par le centre de la grande voûte, il descend et s'écoule par les 5.000 bouches ou tubes d'évacuation disposés entre les sièges, pour être entraîné par un organe expulseur qui le rejette au dehors.

En raison des frottements ou pertes de charges dans les divers canaux de ventilation, on a calculé qu'une pression effective de 6 millimètres d'eau (6 kilogr. par mètre carré) était nécessaire pour assurer le mouvement de l'air. Cette pression a été décomposée en deux parties égales : l'une, positive, de 3 $^m/_m$, obtenue par l'apparei de propulsion, et l'autre négative, de 3 $^m/_m$, produite par l'organe d'aspiration.

Ces appareils sont des hélices soufflantes et aspirantes dont on peut régler la vitesse de façon à réduire au minimum la pression effective de l'air dans la salle.

Acoustique. — Les conditions d'acoustique d'une aussi vaste salle ont fait l'objet d'une étude toute spéciale. C'est un problème difficile et complexe que les architectes ont essayé de résoudre par la méthode scientifique, sans rien laisser au hasard.

On sait que le son se propage avec une vitesse de 340 mètres par seconde. S'il se présente sur son parcours un obstacle quelconque flexible ou rugueux, comme une étoffe, par exemple, le son est absorbé, tandis qu'il est, au contraire, réfléchi si l'obstacle est dur et lisse, tel que du marbre. Si la surface répercutante est située très-près de l'organe d'émission, les rayons sonores directs et réfléchis arrivent presque simultanément à l'oreille du spectateur qui perçoit ainsi un son renforcé ; si la surface répercutante s'éloigne un peu, il en résulte pour l'auditeur

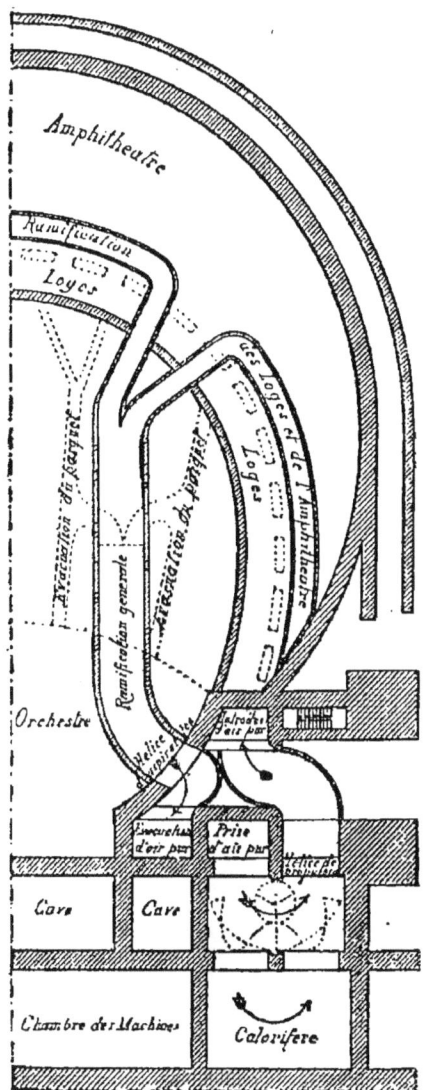

Plan de la moitié
de la salle des fêtes : ventilation.

un prolongement du son. Si la surface est très-éloignée, le rayon direct et le rayon réfléchi arrivant trop longtemps l'un après l'autre, il y aura écho.

Il s'agissait donc de trouver la distance pour laquelle on pût obtenir un maximum de sonorité sans écho.

De nouvelles données du problème étaient nécessaires.

En effet, l'expérience a prouvé que l'oreille est impressionnée par un même son pendant un dixième de seconde. Ce laps de temps correspond à un espace de 34 mètres parcouru par le son : c'est par conséquent la limite des différences de trajet entre les rayons directs et les rayons réfléchis, intervalle en dedans duquel la réflexion peut ajouter un renforcement utile. En tenant compte de l'aller et du retour des rayons indirects, on voit que la surface réfléchissante devra être placée à une distance maxima de 17 mètres de l'organe sonore.

En vertu de ce principe, toute paroi de la salle située à plus de 17 mètres de l'orchestre doit être rendue absorbante : ce sont les murs et la voûte ; au Trocadéro on les a recouverts d'une étoffe en bourre de soie sur laquelle toute la décoration a été peinte d'avance. Au contraire, les surfaces placées à moins de 17 mètres de l'orchestre ont été rendues répercutantes. C'est ainsi qu'on a construit au-dessus de l'orchestre cette voûte ou *conque*, dont le tracé a été fait géométriquement par points, de façon à renvoyer partout, mais plus particulièrement aux places les plus éloignées, ces rayons réfléchis destinés à renforcer le son.

La voûte, exécutée en briques creuses, a été recouverte

d'enduits lissés successivement jusqu'à siccité et durcissement complet. L'effet pratique de cette conque répercutante est excellent et a confirmé la théorie si rationnelle que les architectes ont suivie.

Les premiers concerts qui ont eu lieu dans la grande salle ont révélé un certain écho au sujet duquel bien des critiques se sont produites. Pour tout homme de science, s'il ne juge pas sur l'apparence seule des choses, cet écho ne prouve pas que le problème ne soit résolu et démontre seulement que le son n'est pas suffisamment étouffé par les murs et la surface de la voûte. En effet, la bourre de soie employée n'est pas assez épaisse, et son degré d'absorption, qui jusqu'ici n'a jamais été déterminé scientifiquement, est moins grand qu'on pouvait le supposer. En augmentant l'épaisseur de l'étoffe il est certain qu'on rendra la paroi complétement sourde et la salle deviendra parfaite au point de vue de l'acoustique.

En résumé, l'application de la méthode scientifique a permis de vérifier ces deux règles positives : qu'il faut enfler le son près des organes d'émission, et qu'il est indispensable de l'étouffer loin de ces organes ; il a démontré enfin l'utilité d'expériences précises sur le degré d'absorption des étoffes.

Imprimerie D. Bardin, à Saint-Germain.

LE PALAIS DU TROCADÉRO.

Vue générale du Palais, côté du jardin.

Extrait des **ANNALES INDUSTRIELLES**
18, rue Lafayette, Paris.

VISITES DES INGÉNIEURS

ANCIENS ÉLÈVES DE

L'ÉCOLE CENTRALE

DES ARTS ET MANUFACTURES

A L'EXPOSITION UNIVERSELLE DE 1878

Société anonyme

de Commentry-Fourchambault

Par M. IVAN FLACHAT (*Promotion de* 1850).

La Société anonyme de Commentry-Fourchambault occupe en France un rang des plus importants, tant par l'ancienneté de ses établissements que par la prodigieuse variété de leurs travaux. Elle a envoyé à l'Exposition des spécimens des produits extraits de ses mines, préparés dans ses forges, ou fabriqués dans ses ateliers. Les ingénieurs, anciens élèves de l'École Centrale, qui ont bien voulu examiner les objets exposés, ont été guidés dans cette visite par M. Ivan Flachat (1850), ingénieur de la Société, et par MM. de Place (1859), Planche (1863) et Adhémar (1867).

La Société anonyme comprend aujourd'hui :

1° La houillère de Commentry ;
2° La houillère de Montvicq ;
3° Le chemin de fer de Commentry au canal du Berry et ses prolongements ;
4° Les exploitations de minerai dans le Berry ;
5° Les hauts-fourneaux de Torteron (Cher) ;
6° Les hauts-fourneaux et aciéries de Montluçon ;
7° Les forges, aciéries et ateliers d'Imphy ;
8° Les forges et tréfileries de Fourchambault ;
9° Les fonderies et ateliers de Fourchambault ;
10° Les fonderies et ateliers de la Pique, près Nevers.

Sa direction embrasse ainsi un ensemble de travaux comprenant l'extraction de la houille, l'extraction du minerai de fer, leur transport par rails et par eau, la fabrication de la fonte, du ferro-manganèse, du fer et de l'acier sous toutes leurs formes, et enfin l'application de ces métaux combinés entre eux, avec d'autres métaux, avec le bois, la maçonnerie, et bien d'autres matières encore, pour livrer à l'industrie des locomotives, des ponts et charpentes métalliques, des canons avec leurs affûts et leurs projectiles, des wagons complets et des objets de la plus minime importance, tels que des pelles, des chaînes, des fils de fer, dont le diamètre fait assurément un contraste marqué avec celui des tuyaux de $1,^m10$ qui amènent les eaux de la Vanne à Paris, exposés par la même Société. On voit que cette direction exige un ensemble de connaissances des plus étendus : la géologie, l'exploitation des mines, la métallurgie, la mécanique, les questions de navigation et de transports sur terre, et enfin celles non moins complexes que font surgir un mouvement commercial important de fonds et de marchandises de diverses natures, et la conduite d'un personnel de 7.000 à 8.000 ouvriers.

Il ne nous serait pas possible, dans le cadre restreint consacré à cette monographie, d'accorder à chaque point l'attention qu'il mérite ; nous nous bornerons à indiquer les plus intéressants, en signalant la part qu'y ont prise nos camarades et les collaborateurs principaux. Mais avant tout, nous devons mettre en lumière les noms du président du conseil d'administration, M. le baron de la Rochette, et de MM. les administrateurs membres du comité de direction, MM. de Sessevalle, résidant à Paris, qui a bien voulu faire les honneurs de la visite, Glachant, résidant à Fourchambault, et S. Mony, président du comité, résidant à Commentry.

Le pavillon annexe de la classe 43, dans le voisinage de la bibliothèque technologique, renfermait une grande partie des produits de la Société de Commentry-Fourchambault. Il renfermait, entre autres, un bloc de houille de dimension fort extraordinaire, puisque, sous un cube à peu près régulier, il ne pesait pas moins de six mille kilogrammes ; et on ne sait si l'on doit féliciter davantage ceux qui l'ont détaché de sa couche, ceux qui l'ont emballé pour le transporter à 350 kilomètres sans le briser, ou celui qui a pensé que toutes ces opérations pourraient être menées à bonne fin, et les a dirigées.

Ce bloc est un échantillon, peu commercial, il est vrai,

du charbon de la mine de Commentry. Il a été laissé au Champ de Mars pour faire partie du musée industriel en formation. Ce charbon est un des meilleurs de France par la richesse du gaz qu'il produit pour l'éclairage, et la Compagnie parisienne le fait entrer pour une proportion notable dans ses approvisionnements. Sa richesse en gaz à la distillation a pour corollaire une qualité bien précieuse; la houillère de Commentry est une des privilégiées qui ne comptent dans leurs annales aucun sinistre occasionné par le *grisou;* néanmoins la direction a eu à lutter contre des ennemis non moins redoutables, l'*eau* et le *feu*.

En 1840, une grande partie de la couche entamée par l'exploitation était en feu. Au prix de quels efforts est-on parvenu à lutter contre ce terrible élément et à le chasser de tous les chantiers d'exploitation pour le cantonner sur un coin des affleurements? C'est ce que nous ne saurions décrire en quelques lignes qui doivent être plutôt consacrées à exposer l'état actuel de l'industrie que l'historique des difficultés et des victoires passées. Aujourd'hui, l'on est parvenu à mettre l'exploitation à l'abri de toute surprise nouvelle de ce genre, et pour cela il a fallu étudier avec soin les causes qui produisent dans les houillères les incendies spontanés. Par des expériences des plus intéressantes, on a reconnu que la rapide absorption de l'air par les poussières de charbon en élevait la température plus qu'aucune autre cause ; et les mesures les plus énergiques et les plus intelligentes ont été prises pour y obvier, soit en évitant que les tassements occasionnés dans les couches de houille par l'enlèvement des tranches inférieures n'amènent des dislocations réduisant le charbon supérieur en menu et en pulvérulent, soit en évitant l'accumulation des menus fraîchement extraits en des masses trop considérables.

A plusieurs reprises, l'eau d'une petite rivière dont le lit est superposé à une partie des couches de charbon a fait invasion dans les galeries; des ouvriers ont été atteints, et les journaux de l'époque ont raconté les péripéties du sauvetage de cinq ouvriers enfermés par les eaux pendant quatre-vingt-dix heures. Aujourd'hui, le lit de cette petite rivière a été entièrement maçonné à la traversée des mines, et ses infiltrations ne sont pas plus à craindre que ses crues subites et capricieuses.

La production de la mine de Commentry est d'environ 5oo.ooo tonnes; elle s'est élevée tout près du chiffre de 6oo.ooo tonnes, et pourrait y atteindre aisément, si la confiance et l'esprit d'entreprise, se réveillant en France, amenaient dans les départements du centre des demandes suffisantes.

La moitié environ de la production des mines de Commentry et de Montvicq est réservée au commerce; le surplus est consommé dans les usines de la Société.

On a pu voir dans la grande galerie des machines, à la classe 5o, des échantillons des trois principales couches de la mine de Commentry et des roches voisines, ainsi que d'une roche dioritine qui affirme son origine ignée d'une façon bien remarquable, car, au point où le soulèvement terrestre lui a donné passage à travers les couches de charbon, elle a transformé celui-ci en coke.

Des modèles en relief indiquaient les méthodes d'exploitation adoptées aujourd'hui ; toutes sont basées sur le remplacement de la houille par un égal volume de matières inertes. Cette marche a pour but de s'opposer autant que possible à la dislocation de la houille pour diminuer à la fois la quantité de menu produit et les chances d'incendie.

Un album manuscrit contenait tous les détails de l'exploitation, depuis le plan général des couches de la concession jusqu'au dessin de l'outil le plus minime, tel qu'il était employé au début de l'exploitation et tel qu'il est en usage aujourd'hui. Peut-être quelque inventeur en quête de perfectionnements nouveaux a-t-il pu consulter avantageusement cet album, où il aura pu retrouver, abandonnée aujourd'hui, une idée qu'il supposait bonne avant de l'avoir appliquée, et évitera-t-il ainsi de marcher en arrière, croyant marcher en avant.

Tout à côté, deux mannequins frappaient le regard. Ils étaient habillés en mineurs, armés de leurs outils, munis de leur lanterne et équipés pour travailler dans des milieux irrespirables. Les deux grands ennemis des travaux intérieurs de la mine, l'eau et le feu, qui envahissent très-brusquement les galeries ; les éboulements, heureusement fort rares, qui interceptent la ventilation, exigent les secours les plus prompts. Il faut que les hommes puissent pénétrer partout avec une provision d'air, et aller au secours de leurs semblables.

L'appareil exposé par la Société est dû à l'Ingénieur de la mine, M. Fayol, dont il porte le nom. Il a été expliqué par M. de Place (1859), qui a fait une étude spéciale des appareils pour travailler dans les milieux irrespirables. Il est un des plus simples et le plus efficace de tous ceux qui ont été combinés pour le même objet. On en prendra une idée suffisante en se figurant un gros soufflet qu'un homme porte sur son dos, et qui, par deux orifices munis de tubes en caoutchouc, fournit de l'air pur à sa bouche et à sa lampe. Au moyen d'un pince-nez à soupape, l'air aspiré se répand dans l'atmosphère, comme l'air brûlé dans la lampe, et la provision d'air reste pure et à la même pression, le soufflet se refermant à mesure qu'elle diminue. Cet appareil est d'une telle simplicité qu'en une demi-minute un homme peut être équipé pour porter secours où il est nécessaire, pendant une dizaine de minutes. Quand le travail exige une installation plus durable, on établit un système de pompe avec tuyaux à réservoir d'air, et on débarrasse les épaules de l'ouvrier du poids de l'appareil.

L'exploitation des houillères entraîne la consommation d'une grande quantité de bois, soit pour les traverses, soit pour le boisage des galeries. Des expériences suivies ont été faites depuis 1867 sur le choix des meilleures essences et des meilleures préparations. L'album manuscrit donne toute la série de ces essais et l'Administration des Forêts les a trouvés assez intéressants pour leur consacrer une brochure spéciale et une place dans la galerie de la classe 44. On a employé le chêne, le pin, l'aune, le frêne, le saule, l'acacia, l'orme, les érables, les peupliers, les cerisiers, le bouleau, le charme, le hêtre. On a essayé la créosote, les sulfates de fer et de cuivre, le chlorure de zinc, le goudron, la carbonisation, etc. Bornons-nous à dire que les meilleurs résultats ont été donnés soit par le pin préparé à la créosote ou au sulfate de zinc, soit plutôt par le chêne immergé dans l'eau acide de la mine, et mieux encore dans une dissolution de sulfate de fer. Enfin les bois se conservent mieux dans les galeries les mieux aérées.

Le chemin de fer de Commentry au canal du Berry, concédé en 1844, est établi avec une voie de un mètre seulement entre les faces intérieures des rails. Le profil en long offre cette particularité d'être interrompu par deux plans inclinés desservis par des machines fixes. Le surplus de la ligne est exploité au moyen de locomotives construites dans les ateliers de la Société, d'un modèle très perfectionné dont les dessins figurent dans son album de 1878, et mieux encore dans l'album manuscrit dont il est parlé plus haut. On y trouvait le nouveau type rapproché du plus ancien, avec une série de détails intéressants sur le matériel de ce chemin de fer à voie étroite, dont le trafic ne s'élève pas à moins de 400.000 tonnes par an sur la distance entière.

A Commentry, la ligne se ramifie pour desservir tous les puits et la gare de la Compagnie d'Orléans. Elle a été récemment prolongée sur la mine de Montvicq.

La Société n'a pas envoyé d'échantillons de ses minerais. La position centrale de ses hauts-fourneaux lui permet de s'approvisionner de minerais étrangers en Italie, en Afrique et sur les côtes sud et nord de l'Espagne. Sa consommation principale est toutefois celle des minerais du Berry, qu'elle a commencé à exploiter souterrainement. On n'a pas encore trouvé le moyen économique d'utiliser les fontes du Berry à la fabrication de l'acier fondu par le procédé Bessemer ; il ne faut toutefois pas désespérer d'y arriver dans un prochain avenir, si la réussite avec les fontes du Cleveland est aussi complète qu'on le dit.

La production métallurgique des usines de la Société embrasse à peu près la totalité des besoins qui s'adressent au commerce des fontes, des fers et des aciers.

Les fontes sont produites dans les hauts-fourneaux de Torteron et de Montluçon.

Les fers proviennent du puddlage des fontes de la Société à la forge de Fourchambault, ou de leur affinage au four Howson. Les barres obtenues sont mises en paquets avec d'autres barres provenant du réchauffage de ferrailles achetées au dehors.

Les aciers sont obtenus à l'usine de Montluçon, de fontes spéciales traitées par le procédé Bessemer; ou affinées sur la sole d'un four Siemens par l'un des procédés décrits par Le Chatelier, dans le brevet de 1863, pris au nom de MM. Boigues, Rambourg et Ce, ancienne raison sociale de la société actuelle de Commentry-Fourchambault, ou encore de la fusion des riblons de fer et d'acier, et des loupes obtenues au four Howson et au four à puddler.

Les lingots sont laminés à Imphy ou à Fourchambault, suivant les besoins du commerce. C'est aussi à Imphy que l'on fond au creuset les aciers pour les mouleries et pour les barres de qualités supérieures.

En suivant l'ordre d'élaboration des matières, l'attention a été attirée ensuite sur les échantillons de ferromanganèse fabriqué aux hauts-fourneaux de Montluçon.

Chacun sait que pour la fabrication de l'acier Bessemer on introduit dans une grande cornue quelques milliers de kilogrammes de fonte en fusion et qu'aussitôt on insuffle de l'air par la partie inférieure. La matière en fusion, loin de se refroidir à son contact, s'échauffe encore, au contraire, par la combustion du carbone et des métalloïdes qu'elle contient. Une partie du fer est aussi brûlée, et pour ramener le produit à la teneur en carbone que comporte l'acier, il est nécessaire d'ajouter, à la fin de l'opération, une petite quantité de fonte. La présence du manganèse dans cette fonte améliore le produit, et l'on est d'accord aujourd'hui pour introduire le moins possible de carbone avec la quantité de manganèse nécessaire. C'est ainsi que la fabrication des fontes manganésées, dite *Spiegeleisen*, contenant 10 à 12 % de manganèse, a été peu à peu transformée à l'usine de Montluçon et atteint aujourd'hui les teneurs de 80 à 85 % de manganèse. Ces produits se sont fait une juste réputation à l'étranger et notre camarade Forey (1837), qui a créé en 1874 cette fabrication à l'usine de Montluçon dont il est directeur, a eu l'honneur d'en expédier des quantités importantes en Angleterre et en Allemagne et entre autres à l'usine Krupp à Essen. Ces fontes se fabriquent couramment au haut-fourneau et portent le nom de *ferro-manganèse*.

Parmi les mouleries en fonte trempée ou non, l'usine de Torteron présente une série de tuyaux, dignes d'attention. Cette usine est la première où les tuyaux aient été coulés debout, ce qui permet d'assurer la régularité de l'épaisseur et de réduire celle-ci au minimum, eu égard à la résistance exceptionnelle des fontes du Berry. C'est ainsi qu'il y a longtemps déjà, l'usine de Torteron l'emporta en Espagne sur les fabriques anglaises en offrant à l'acheteur de notables avantages, non plus sur le prix de la tonne, mais sur le prix du mètre courant. Depuis lors, la longueur des tuyaux a été augmentée pour diminuer le nombre des joints et les chances de fuites. Torteron fabrique les tuyaux de 3oo millimètres de diamètre intérieur et au-dessus, à 4 mètres de longueur utile, soit $4^m,10$ avec l'emboîtement ; et les tuyaux de moindre diamètre jusqu'à 6o millimètres à $3^m,10$ de longueur, ce qui n'était encore obtenu dans aucune autre usine à l'ouverture de l'Exposition. M. Chauveau (1859) est le directeur actuel de cette usine.

Les mouleries en acier se fabriquent à Montluçon et à Imphy. Les premières, provenant des fours Siemens, peuvent s'obtenir sans soufflure, à la condition d'être nourries par une masselotte considérable ; les secondes, provenant de creusets chauffés dans des fours à gaz, sont exceptionnellement remarquables au point de vue de l'absence de soufflures et de la malléabilité du métal. Dès échantillons de roues en acier fondu, non martelé, dont la surface a été à peine entamée au tour, d'autres échantillons de fragments de ces roues martelés, percés, tordus et façonnés en burins ou en formes bizarres attiraient l'attention des hommes compétents. On a observé spécialement les petites roues montées sur essieux et garnies de boîtes à graisse, tout en acier fondu moulé, qui sont demandées en quantité considérable pour l'exploitation des mines et des carrières. On avait jusqu'à ces derniers temps adopté pour la circulation dans ces voies, sans cesse remaniées et nécessairement mal entretenues, des essieux en fer à bon marché, garnis de roues en fonte trempée ou non, mal ou pas graissées. Ces essieux montés finissent toujours, malheureusement, par la rupture, dans un des déraillements qui sont journaliers sur les chantiers. La Société a donc fait mieux, et ses essieux montés entièrement en acier fondu, malgré leur prix plus élevé, donnent un avantage final de plus du tiers sur les meilleurs trains d'essieux en fer montés de roues en fonte. Mieux encore qu'au verre trempé, on peut leur appliquer l'épithète d'incassables.

C'est aussi l'usine d'Imphy qui a produit les nombreux spécimens de *pelles* et de *bêches*, non plus en fer soudé et martelé, mais en acier fondu, laminé et forgé, de telle sorte que ces outils sont assurés d'une durée que ne saurait abréger le défaut de soudure et l'exfoliation. Puis on remarquait le rapprochement de *chaînes* de différents modèles, les unes en fer, les autres en acier : celles-ci, pour lesquelles un matériel de fabrication a été installé spécialement dans ces derniers temps, par les soins de M. de Pierredon, directeur de l'usine, sont fabriquées par le découpage dans des barres d'acier fondu soigneusement martelées et corroyées, et n'offrant dans toute la série des transformations que subit le lingot pour arriver à la forme d'un maillon, aucune espèce de soudure. La fabrication des chaînes en fer les expose au contraire à tous les inconvénients des dessoudures, puisque chaque maillon est formé d'un morceau de fer coupé à la longueur nécessaire, et dont les deux bouts sont rapprochés et soudés; le fer lui-même étant formé d'éléments plus ou moins bien soudés et rapprochés au laminoir. On comprend d'après cette comparaison que la chaîne en fer n'offre pas une sécurité supérieure à celle du maillon le moins bien soudé, et que la chaîne en acier fondu, absolument homogène, peut supporter en toute confiance des efforts plus considérables. Ces chaînes sont brevetées au profit de MM. David et Damoizeau.

Dans la section anglaise, on a retrouvé les mêmes chaînes en acier. Il a été expliqué que les concessionnaires du brevet en Angleterre n'ayant pas encore achevé leur installation, l'usine d'Imphy avait fabriqué les chaînes qu'ils exposent; et qu'ainsi, sur cette question, la France avait le pas sur l'Angleterre.

Quant aux autres produits exposés : rails, barres, ferrures, mouleries, matériel de chemin de fer et autres produits courants en fer, fonte et acier, nous devons nous borner, pour abréger, à signaler les fils de fer et d'acier galvanisés, cuivrés en rouge et en jaune, etc., dont quelques échantillons étirés à la filière en section carrée et triangulaire, et surtout des fers plats d'une qualité assurément remarquable : MM. Mignon, Rouart et Delinières ont dit qu'après plusieurs tentatives avortées pour introduire en France la fabrication des tubes en fer creux, ils n'avaient pu réussir eux-mêmes que par l'emploi de ces fers plats de Fourchambault à leur usine de Montluçon. Cette usine est encore à cette heure la seule en France pour fabriquer ces produits.

M. Bouchacourt a exposé les produits de sa boulonnerie, obtenus avec les fers de Fourchambault. Nous pouvons signaler notamment sa fabrication de tire-fonds dont la vis est obtenue très-économiquement par le forgeage à chaud, supprimant ainsi le déchet, et la main-d'œuvre du filetage à froid. M. Henri Saglio est le directeur de la forge de Fourchambault, et M. Armand Delille (1864) dirige les ateliers de M. Bouchacourt; M. Lardy (1873) est ingénieur des forges de Fourchambault.

Dans l'annexe de la classe 66, située au bas du Trocadéro, figurait le fumage des bois par le procédé Fréret, exposé par notre camarade Clausel de Coussergues (1859). Une étuve a été installée aux ateliers de Fourchambault pour la préparation des bois et la fabrication des wagons. Elle donne les meilleurs résultats.

Un peu plus loin, la Société de Commentry-Fourchambault a exposé huit dessins et un modèle. Les huit dessins comprennent la partie métallique des barrages éclusés de la Marne, des halles de la ville de Dijon, d'un grand pont à poutres droites en fer et de trois ponts en arc en fonte.

Le pont *Balta*, composé de 3 arches de 25 mètres et de deux de 8 mètres d'ouverture, présente un spécimen du genre d'ornementation qui semble le mieux approprié aux ponts en arc. Il a été établi à *Lima* (Pérou) en 1869-1870, sur les dessins des Ingénieurs de la Société et en prévision des tremblements de terre.

Les églises du *Vésinet* et de *Clermont* (Oise) sont des spécimens de construction avec ossature métallique qui permet de donner, avec de petits matériaux, le caractère monumental que l'on aime à trouver dans les édifices religieux.

Le pont construit en 1869 sur la Mayenne, à *Changé*, a été établi à la suite d'un concours sur un programme établi par l'administration des ponts et chaussées. Les concurrents ont présenté des projets dont le poids variait de 76.015 kilogr. à 101.868 kilogr., et les prix à forfait de 41.985 francs à 47.800 francs. La Société l'a emporté avec deux projets dont le plus économique comportait un poids de 55.395 kilogr. seulement et un prix de 35.800 fr. Le crédit disponible étant supérieur à cette somme, le projet a été légèrement modifié surtout pour en améliorer l'aspect extérieur. Finalement, la partie métallique pèse 71.000 kilogr., soit 5.000 kilogr. de moins que le projet concurrent le moins lourd, et a été payée 41.600 francs.

Le viaduc sur le *Gardon d'Alais*, dont le modèle figurait à l'Exposition, livre passage à une voie de fer de 0^m,80 en utilisant les appuis d'un ancien pont suspendu. La difficulté était double, le tablier devait être aussi léger que possible pour ne pas surcharger ses appuis déjà sollicités par les câbles entrant verticalement dans les chambres d'amarre, et assez rigide pourtant pour résister au mistral si fréquent dans ces contrées, qui détermine des oscillations considérables dans le tablier du pont suspendu. On a établi une pile métallique au milieu de la rivière, formée de deux colonnes très-inclinées latéralement, solidement entretoisées, comprenant entre elles un espace suffisant pour laisser jouer le tablier du pont suspendu. La portée des travées a été ainsi établie à 45^m,50 entre les appuis; toutes les pièces ont été calculées avec un soin minutieux, et le poids de ces grandes travées ne s'élève qu'à 1.250 kilogr. par mètre. Celui du viaduc courbe à la suite, d'une longueur de 54 mètres en deux travées, ne dépasse pas 800 kilogr. par mètre. La hauteur des poutres du tablier, pour les portées de 45^m,50, est seulement de 2^m,50. Ces deux chiffres sont dans le rapport de 1 à 18,2. Il n'existe pas, à notre connaissance, d'ouvrage métallique où ce rapport soit aussi faible; la plupart des traités sur les ponts en fer conseillent de prendre la hauteur des poutres entre le dixième et le douzième de leur portée, bien que les exemples où ce rapport descend au quinzième soient déjà nombreux et satisfaisants. Le viaduc du Gardon d'Alais, avec un rapport inférieur au dix-huitième, est en place depuis près de dix ans et se comporte bien, malgré les vents violents qui règnent dans cette vallée.

Les études de ces ouvrages métalliques ont été faites par les soins de MM. Ivan Flachat (1850), Jolant (1858) et Adhémar (1867). Ils ont été mis en œuvre aux ateliers de Fourchambault sous la direction de M. Al. Chayet, ancien élève de l'École polytechnique, directeur de l'usine. Le modèle du viaduc sur le Gardon d'Alais qui figurait au Trocadéro a été exécuté par MM. Regnard frères (1864 et 1876).

La Société de Commentry-Fourchambault était encore représentée dans la galerie des arts libéraux, à la classe 6 de l'enseignement primaire. Le directeur des écoles chrétiennes de Commentry y avait envoyé une dizaine d'albums contenant les dessins progressifs des jeunes élèves auxquels on enseigne le dessin linéaire en commençant par le croquis à main levée. Cette méthode, qui fait appel à l'intelligence de l'élève, donne les meilleurs résultats. Il y avait dans la même salle le beau plan en relief de la commune de Commentry et de ses environs, entièrement levé sur le terrain par les jeunes élèves, et leur mérite à cet égard était d'autant plus incontesté qu'il n'existe nulle part dans le commerce de plan exact de cette commune, dont la population s'est développée si largement dans ces dernières années, au point qu'elle a décuplé en trente ou quarante ans. Beaucoup de ces jeunes gens resteront dans le pays, retenus par les débouchés qu'offrent à leur activité l'industrie du mineur et celle du métallurgiste, et il ne faut pas oublier qu'à la mine de Commentry les habitudes d'épargne sont telles que soixante ouvriers sur cent, dès l'âge de trente ans, sont devenus propriétaires.

Nous terminons cette notice, comme l'a été la visite elle-même, par quelques explications sur la fabrication de l'acier par le procédé Bessemer et par le procédé Le Chatelier.

Le premier appareil Bessemer qui ait été installé en

France a fonctionné dans l'usine de Saint-Seurin-sur-l'Isle (Gironde), aujourd'hui propriété de la Société de Commentry-Fourchambault. Il y a été construit et mis en marche par M. Jackson, que cette Société a aidé de toutes les manières, jusqu'au moment où elle a fabriqué dans ses propres établissements, successivement à l'usine d'Imphy et à celle de Montluçon.

C'est aussi dans l'usine de Montluçon qu'a été établi, en 1863, le premier four destiné à fondre et à fabriquer l'acier sur la sole d'un four à réverbère construit en matériaux suffisamment réfractaires, au moyen de l'application des fours à gaz et à chaleur régénérée, brevetés en 1861, par M. Siemens, et suivant les procédés imaginés par le très-regretté inspecteur général des mines Le Chatelier. Le brevet, transcrit en entier de la main de l'ingénieur de la Société sur la minute de Le Chatelier, a été pris au nom de MM. Boigues, Rambourg et Ce, le 24 février 1863 ; et les variantes décrites aux paragraphes 4 et 5 servent encore aujourd'hui, plus de quinze ans après, et sans aucune modification, soit à la refonte des riblons de fer et d'acier, soit à la fabrication de l'acier sur sole tiré directement du minerai au moyen d'un bain initial de fonte.

La première opération faite à Montluçon, en 1863, donna lieu à un accident dû à l'excès de chaleur qui fit fondre les matériaux réfractaires eux-mêmes. Un échantillon de ces matériaux fondus a été mis sous les yeux des visiteurs. Les circonstances qui suivirent retardèrent la reconstruction du four, et les anciens associés de la famille Boigues, à la fonderie de Fourchambault, MM. Martin, reprirent dans leur usine de Sireuil, grâce à l'abandon du brevet au domaine public, la fabrication de l'acier sur sole, en y ajoutant divers perfectionnements de détail.

En résumé, la Société de Commentry-Fourchambault est la première en France qui ait donné les indications nécessaires à la fabrication de l'acier sur sole, dit acier Siemens et acier Martin, et c'est à sa participation financière qu'est due la généralisation dans notre pays de la fabrication de l'acier Bessemer.

Imprimerie D. Bardin, à Saint-Germain.

Extrait des **ANNALES INDUSTRIELLES**
18, rue Lafayette, Paris.

VISITES DES INGÉNIEURS

ANCIENS ÉLÈVES DE

L'ÉCOLE CENTRALE

DES ARTS ET MANUFACTURES

A L'EXPOSITION UNIVERSELLE DE 1878

Matériel et Procédés de la Télégraphie

Exposition

de l'Administration des Télégraphes[1].

L'Exposition de la Télégraphie (section française), située dans une des annexes du palais du Champ de Mars, occupait une surface rectangulaire de 720 mètres

---

1. Cette visite a été faite sous la direction de M. Clérac, Inspecteur-Ingénieur des télégraphes. — Le compte-rendu qui fait l'objet de la présente notice a été rédigé par M. A. Maîtrejean, commis principal, attaché au Contrôle du matériel de l'Administration des lignes télégraphiques.

carrés ; sur les quatre côtés de la salle, d'élégantes vitrines renfermaient les produits des constructeurs et des fournisseurs de l'Administration des Télégraphes, MM. Bréguet, Digney, Dumoulin-Froment, Hardy, Postel-Vinay, pour les appareils de transmission; MM. Menier et Rattier, pour la fabrication des câbles ; M. Desgoffe, pour les poteaux en tôle, etc.

L'Exposition de l'Administration des Télégraphes, placée au centre de la salle, couvrait une surface de plus de 300 mètres carrés. On y trouvait tous les types du matériel de ligne, de poste, toutes les dispositions d'installation de bureaux. L'espace inoccupé par les grandes tables qui recevaient ce matériel était réservé aux appareils Hughes installés en duplex ; aux systèmes télégraphiques de MM. Ailhaud, Bontemps, Girarbon, Lenoir, Meyer et Baudot, qui seront décrits plus loin.

Au centre de cette exposition s'élevait une colonne monumentale en caoutchouc durci dont les six nervures étaient en câble télégraphique. Le sommet était couronné d'une sphère que surmontait un télégraphe aérien de Chappe. Ce trophée a été établi par la maison Menier, d'après les plans et sous la direction de M. Clérac, inspecteur-ingénieur des Télégraphes.

Quelques chiffres empruntés aux documents statistiques et aux cartes murales qui étaient exposées par l'Administration permettront de se rendre compte de l'importance du service télégraphique en France.

Le réseau a un développement de fils de 150,000 kilomètres ; le nombre des bureaux ouverts est de 4,600, occupant 5,700 employés; les dépêches transmises en 1877 s'élèvent à 12.422.000 ; les recettes à 20.017.200 francs.

Pour faire face à tous les besoins du service des transmissions, l'Administration française dispose d'un grand nombre d'appareils que nous classerons pour faciliter l'étude de la manière suivante :

1° Appareils à cadran et appareils Morse ;
2° Appareils imprimeurs de MM. Dujardin, Hughes et Olsen ;
3° Appareils disposés en duplex et quadruplex ;
4° Appareils multiples Meyer et Baudot ;
5° Appareils autographiques Meyer, Lenoir et d'Arlincourt ;
6° Accessoires de la Télégraphie.

Appareils à cadran. — Le télégraphe à cadran de M. Bréguet est le seul qui, depuis son invention, n'ait pas changé de forme. Il était sorti si parfait des mains de son inventeur que les constructeurs, tout en le modifiant dans quelques détails, n'ont pas altéré sa forme primitive. C'est encore l'appareil le plus répandu en France, sur les lignes de chemins de fer, et il mérite en effet cette préférence par la simplicité et la sûreté de son fonctionnement.

Le transmetteur, que chacun a pu voir dans les stations de chemins de fer, consiste en une roue à gorge sinueuse, mise en mouvement à l'aide d'une manivelle, et qui fait mouvoir un levier dont chaque oscillation détermine l'envoi d'un courant de pile sur la ligne. Au poste d'arrivée, chacun de ces courants traverse l'électro-aimant du récepteur, dont l'armature reproduit fidèlement les oscillations du levier transmetteur. Un mécanisme d'horlogerie transforme celles-ci en un mouvement circulaire imprimé à un axe portant une aiguille qui indique, sur le pourtour d'un cadran, les caractères de l'alphabet et les chiffres de la dépêche qu'il s'agit de recevoir.

Cet appareil ne laisse aucune trace de la dépêche transmise, ce qui est un très-grave inconvénient, en ce qui concerne les responsabilités qui incombent aux chefs de gare en cas d'accident ; on a dû chercher un système permettant d'inscrire les signaux. Ce problème a été résolu très simplement par Morse.

Appareil Morse. — Le transmetteur ou manipulateur se compose d'un levier pivotant en son milieu et dont l'une des extrémités peut être mise en communication avec la pile, l'autre avec le récepteur ; le centre est relié à la ligne.

Le récepteur comprend en principe un mouvement d'horlogerie, qui fait dérouler avec une vitesse uniforme, une bande de papier et un électro-aimant dont l'armature, reliée à un levier, produit l'impression des signaux.

L'alphabet Morse repose sur la combinaison de points et de traits produits par des courants de courte et de longue durée.

Lorsque l'armature est attirée par le courant reçu, elle presse l'extrémité du levier contre le papier qui vient toucher un disque imprégné d'encre par un tampon et laisse sur la bande une trace, qui sera un point ou un trait, selon que le manipulateur aura été abaissé pendant un temps plus ou moins long.

MM. Rault et Chassan, agents spéciaux des Télégraphes, exposaient un poste Morse complet contenu dans une boîte occupant un petit volume, et deux récepteurs munis d'un réservoir d'encre, qui permet l'encrage automatique et régulier de la molette (la disposition est représentée ci-dessous, figuré 1) et d'un système de réglage de l'armature à l'aide de noyaux mobiles (figure 2).

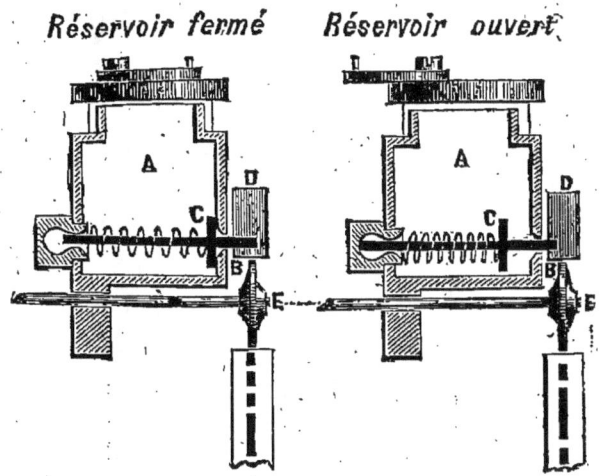

Fig. 1. — Appareil Morse à encrage automatique
(système Rault et Chassan).

A. réservoir. — B. orifice pour le passage de l'encre. — C. piston. — D. frotteur régularisant l'encre à sa sortie de l'orifice B sur la molette. — E. molette.

Notons deux types de poste complet pour bureau municipal. L'installation est des plus simples et parfaitement conçue. Elle est due à M. Charles, directeur des ateliers de l'Administration.

L'appareil Morse est employé sur les fils secondaires desservant quelques préfectures, la plupart des sous-préfectures et dans tous les bureaux municipaux. Il y a en service 4.500 de ces appareils. Le Morse, par sa simplicité, peut être mis entre les mains d'un employé encore peu exercé ; une fois la dépêche reçue, il arrête son appareil et prend le temps nécessaire pour déchiffrer les signaux. Malgré tous ces avantages incontestables, il y avait un vé-

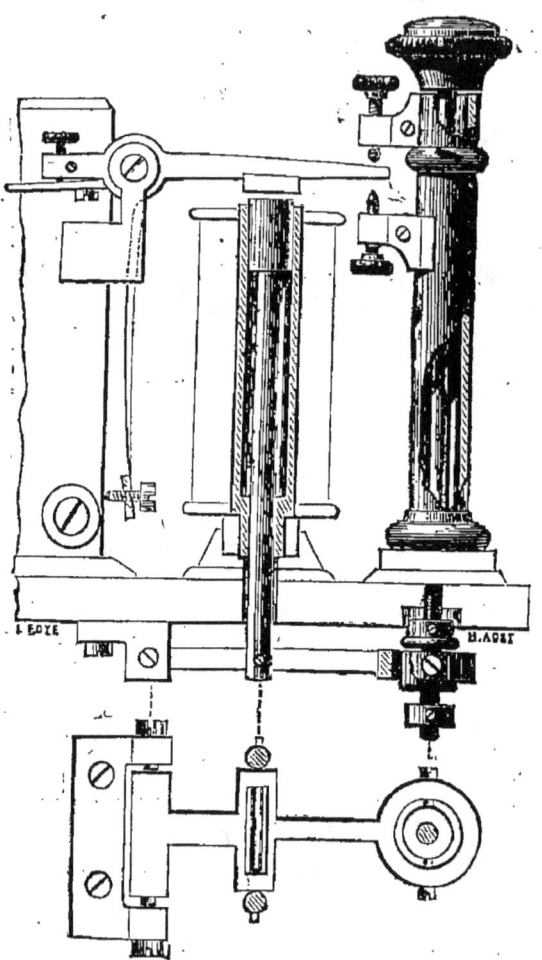

Fig. 2. — Réglage à noyaux mobiles pour appareil Morse (système Rault et Chassan).

ritable intérêt à obtenir la dépêche imprimée. Tel est le but que se sont proposé certains inventeurs.

Appareil imprimeur de M. Dujardin, à Lille. — Le manipulateur dans ce système a une certaine analogie avec celui de l'appareil à cadran. Il consiste en un clavier composé de 28 touches. Lorsqu'on appuie sur l'une d'elles, on enfonce une tige qui vient arrêter une roue sinueuse mise en mouvement à l'aide d'une pédale. Les courants émis sont alternativement positifs et négatifs. A l'arrivée, ces courants impriment à l'armature d'un électro-aimant polarisé un mouvement oscillatoire. Deux mécanismes d'horlogerie indépendants produisent l'impression; l'un sert à mettre en mouvement la roue des types, qui s'arrête pendant le temps nécessaire pour imprimer la lettre; l'autre sert à produire le soulèvement et l'avancement du papier. Le rendement de cet appareil est le même que celui du Morse.

Télégraphe imprimeur de M. Hughes. — Cet appareil, d'origine américaine, a été importé en France, en 1860. Depuis, il a reçu de grands perfectionnements. Le but que se proposait l'inventeur était de transmettre une lettre imprimée au moyen d'une seule émission de courant en n'employant qu'un seul fil. Son invention repose sur le principe du synchronisme de deux mouvements d'horlogerie disposés aux extrémités d'un fil conducteur. Un poids sert de moteur à chaque appareil. Un des axes porte une roue sur le pourtour de laquelle sont gravés les différents caractères, lettres et chiffres; c'est l'organe essentiel du récepteur. Un second axe vertical porte un levier mobile qui constitue le manipulateur. Ce levier possède la même vitesse angulaire que la roue des types;

il passe au-dessus d'un disque percé de 28 trous, traversés par autant de petits goujons en acier, commandés par les touches correspondantes d'un clavier. Au moment où un goujon soulevé est rencontré par le chariot, le courant est envoyé sur la ligne. Au poste de réception, ce courant traverse un électro-aimant dont l'armature provoque la projection du papier contre la roue des types, et par suite l'impression d'un caractère. En retombant, un mécanisme spécial fait avancer le papier. Une disposition particulière permet d'imprimer à volonté, avec les mêmes touches, les lettres ou les chiffres et les signes de ponctuation. L'appareil Hughes donne d'excellents résultats. Il permet à un employé exercé de transmettre environ 1.700 mots à l'heure. C'est, par excellence, l'appareil des grands postes.

Appareil imprimeur de M. Olsen, constructeur à Christiania. — Il est fondé comme le précédent, sur le synchronisme établi entre deux appareils correspondants ; l'impression d'une lettre s'opère également sans arrêt de la roue des types. Il peut servir à volonté à la transmission manipulée à l'aide d'un clavier, ou à la transmission automatique à l'aide d'un organe spécial et d'une bande de papier perforée au préalable. Un appareil distinct « *le perforateur* » sert à préparer cette bande dans laquelle deux poinçons percent des trous à des intervalles convenables, et que le mécanisme d'horlogerie fait avancer synchroniquement avec la roue des types du récepteur correspondant. Cette bande passe en regard de deux aiguilles qui, en pénétrant dans ces trous, envoient sur la ligne les courants positifs ou négatifs chargés de produire l'impression. Le simple déplacement d'une manette permet de passer de la transmission automatique à la transmission par le clavier. De plus, il peut être établi en « *duplex* », c'est-à-dire servir à la transmission et à la réception simultanées de deux dépêches par un même fil.

Transmission automatique appliquée à l'appareil Hughes. — M. Girarbon, agent spécial des télégraphes, exposait un système dans lequel la bande est divisée en une suite de longueurs égales à la circonférence décrite par le chariot de l'appareil. Chaque longueur comprend 28 divisions correspondant aux 28 goujons. Il suffit de perforer sur cette bande un trou en regard de la lettre à imprimer pour qu'un frotteur armé d'un stylet et relié à la pile ferme le circuit au moment où il passera au-dessus de ce trou. La même bande peut servir à plusieurs transmissions.

Appareil Hughes à échappement mécanique de MM. Terral et Mandroux, agents spéciaux des Télégraphes. — Cette modification consiste à produire mécaniquement l'échappement de la détente à l'aide d'une petite bielle articulée, actionnée par le levier du chariot. Cette disposition ingénieuse permet d'utiliser l'appareil Hughes dans les transmissions en duplex et d'envoyer directement sur la ligne le courant de la pile.

Télégraphe automatique de Wheatstone. — Ce système, d'origine anglaise, permet de transmettre automatiquement les dépêches en signaux Morse, à l'aide d'une composition préalable qui consiste à perforer sur une bande des trous ronds, disposés de façon à reproduire le point, le trait et l'intervalle de l'alphabet Morse. La bande ainsi préparée à l'aide d'un « *perforateur* » est portée sur le transmetteur, dont le mécanisme imprime à deux tiges verticales un mouvement alternatif rapide. Le courant est envoyé sur la ligne chaque fois que ces tiges rencontrent l'un des trous pratiqués dans le papier, et il est positif ou négatif selon l'aiguille qui l'a émis. Le récepteur comporte un électro-aimant polarisé dont les mouvements de l'armature correspondent aux courants envoyés par le transmetteur. Les signaux sont imprimés sur la bande à l'aide d'une molette encrée, qui suit les mouvements de l'armature. Cet appareil fonctionne avec une très-grande rapidité ; les dépêches sont transmises par séries. Sur certaines lignes, on arrive à écouler 2.500 mots à l'heure. Il peut également fonctionner en duplex.

Transmission double en sens contraire ou système duplex. — La transmission duplex consiste à transmettre et à recevoir en même temps deux dépêches par un même fil. Les premiers essais eurent lieu à Vienne, en 1853, mais ce n'est qu'en 1868 que *Stearns*, de Boston, rendit pratique la double transmission par l'emploi de condensateurs.

Deux systèmes sont en usage, le « *duplex-différentiel* » et le « *duplex-pont* ».

Dans le premier, on se sert d'un relais sur l'électro-aimant, duquel sont enroulés parallèlement deux fils séparés. Les extrémités intérieure de l'un et extérieure de l'autre sont reliées au manipulateur ; l'une des extrémités opposées est reliée à la ligne et l'autre à la terre à travers un rhéostat d'une résistance égale à celle de la ligne. Lorsque ce rhéostat est convenablement réglé, le courant de départ n'agit pas sur l'électro-aimant, parce qu'il se produit deux actions égales et contraires. Le manipulateur est disposé de manière à se trouver en contact avec la pile quand le levier est abaissé et avec la terre quand il est relevé, et, grâce à une disposition ingénieuse, un contact a toujours lieu avant que l'autre ne cesse. A l'arrivée, il passe plus de courant dans les deux circuits intérieurs du relais qu'à travers les circuits reliés au rhéostat, l'armature est actionnée alors comme dans un appareil Morse ordinaire.

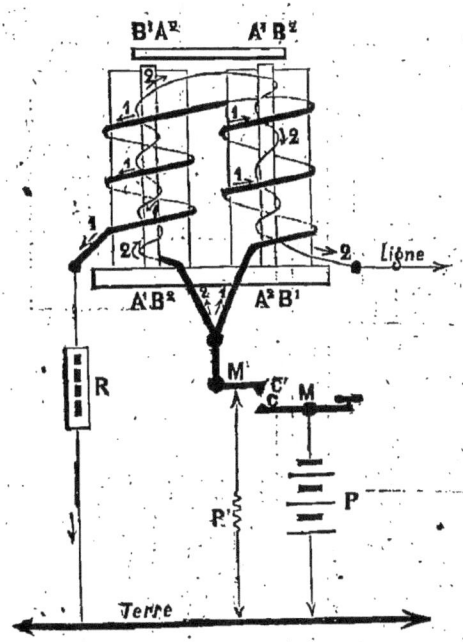

Fig. 3. — Figure théorique du duplex différentiel.

La figure 3, ci-dessus, indique la marche théorique du courant. Le levier M' est en communication avec la terre à travers un rhéostat de compensation R', dont la résis-

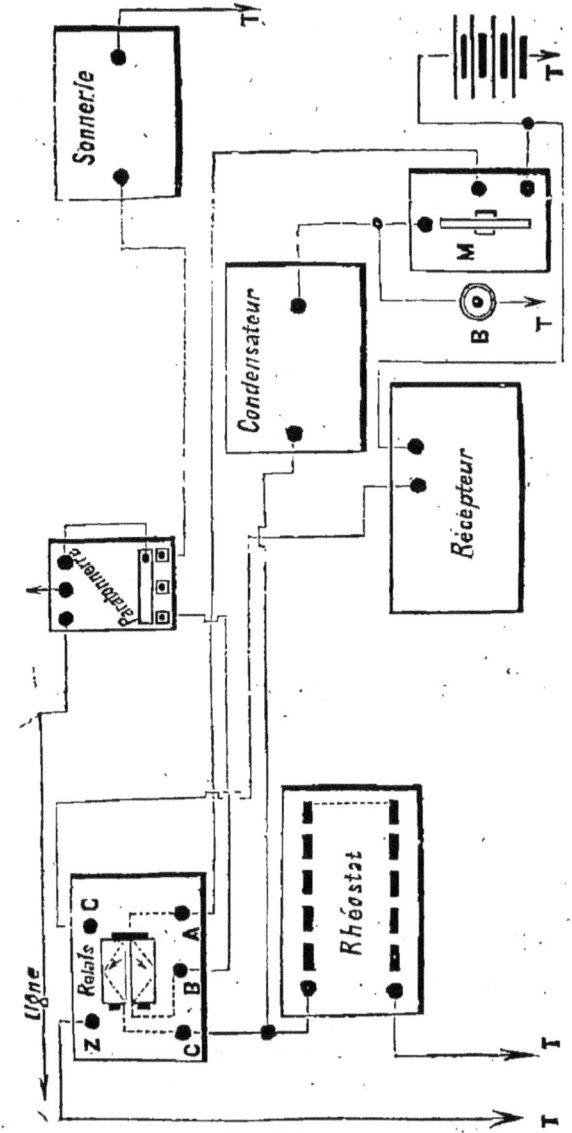

Fig. 4. — Installation d'un poste Morse en duplex, méthode différentielle.

tance est égale à celle de la pile ; si l'on abaisse le manipulateur M, on supprime cette terre et le courant de la pile est envoyé par les contacts C et C' dans le relais différentiel ; il se divise alors suivant les flèches 1 et 2 ; la moitié s'écoule à la terre par le rhéostat R (courant 1), l'autre moitié à la ligne (courant 2). L'examen de la marche du courant dans la figure permet de reconnaître que l'aimantation développée dans les noyaux de fer doux est nulle si le rhéostat R est convenablement réglé.

Nous reproduisons ci-contre une installation de poste Morse en duplex différentiel (fig. 4).

Le « *duplex-pont* » repose sur le principe de la balance de Wheatstone, d'après lequel un courant se partageant entre deux circuits reliés par un fil transversal ou « *pont* », il n'en passe aucune partie dans cette transversale si les résistances des quatre côtés sont égales ou proportionnelles deux à deux.

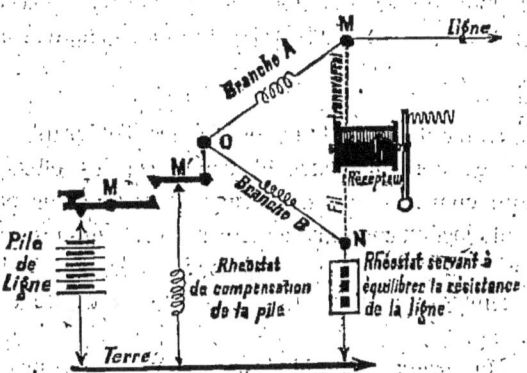

Fig. 5. — Duplex-pont. Disposition des circuits.

L'application consiste à disposer deux résistances ayant

un sommet commun, reliées au levier du manipulateur et dont les extrémités opposées aboutissent, l'une à la ligne et à l'entrée du récepteur placé dans la transversale, l'autre à la sortie du récepteur et à la terre, à travers un rhéostat équilibrant la résistance de la ligne.

En se reportant au diagramme ci-dessus, figure 5, on voit que quand le manipulateur M est abaissé, le courant de la pile se partage au point O en deux parties : l'une se dirige sur la ligne par la branche A, l'autre s'écoule à la terre par la branche B et par le rhéostat. Le récepteur placé dans la transversale ne sera pas actionné si le rapport des résistances des branches A et B est égal au rapport des résistances de la ligne et du rhéostat. La portion de ce courant, qui arrive à la station opposée, se subdivise encore en M ; il en passe néanmoins une quantité suffisante dans le récepteur pour le faire fonctionner.

Ce mode de transmission est appliqué avec succès aux appareils Morse et Hughes. (Installations, figures 6 et 7.)

M. Ailhaud, Inspecteur général des Télégraphes, supprime les condensateurs et compense les effets statiques de charge et de décharge du conducteur par des courants locaux convenablement réglés. Une autre disposition imaginée par ce fonctionnaire permet d'employer la transmission duplex sur le câble de Marseille à Alger.

M. Mandroux a combiné un système de transmission duplex, dans lequel la ligne est constamment parcourue par un courant, et où les effets statiques résultant des variations de charge du conducteur sont compensés par

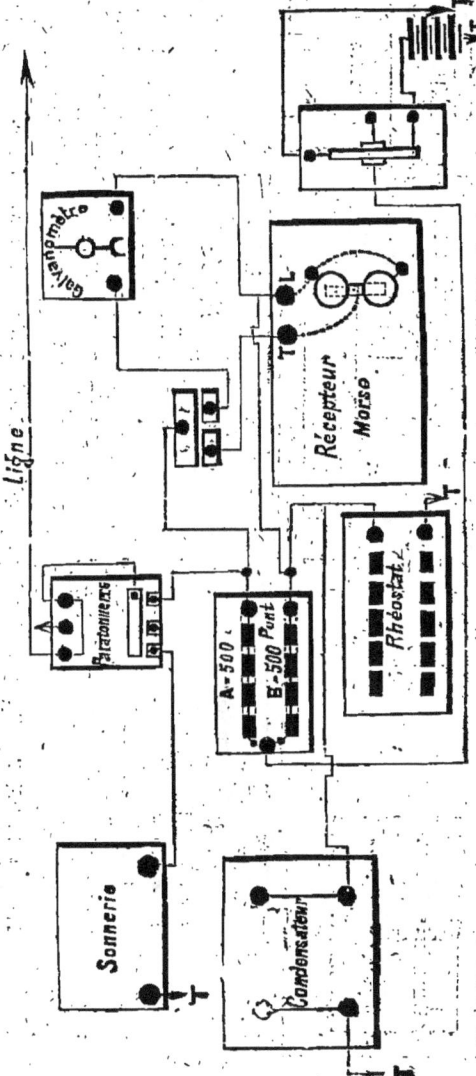

Fig. 6. — Installation d'un poste Morse en duplex. — Méthode du pont de Wheatstone.

— 16 —

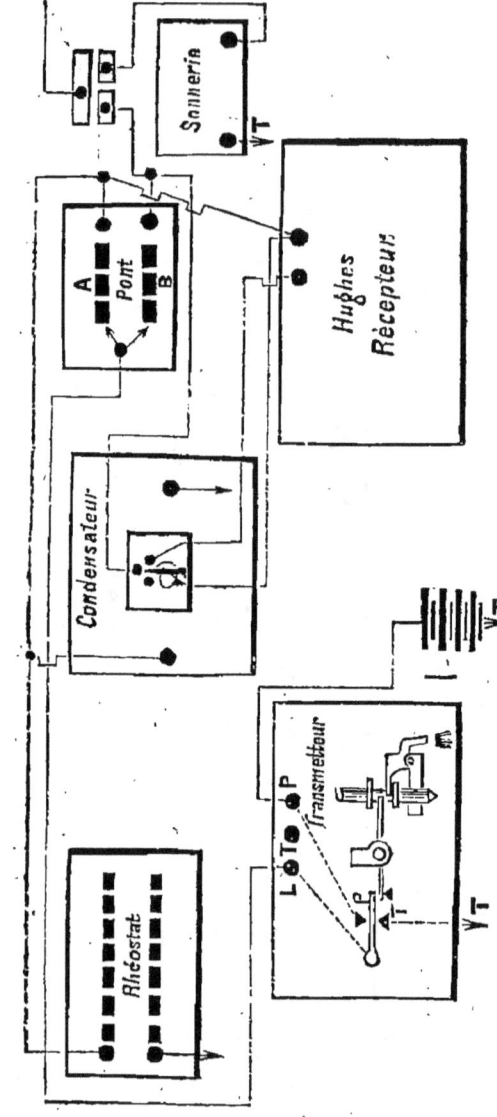

Fig. 7. — Installation d'un poste Hughes en duplex. — Méthode du pont de Wheatstone.

des courants d'induction. La disposition adoptée est représentée figure 8.

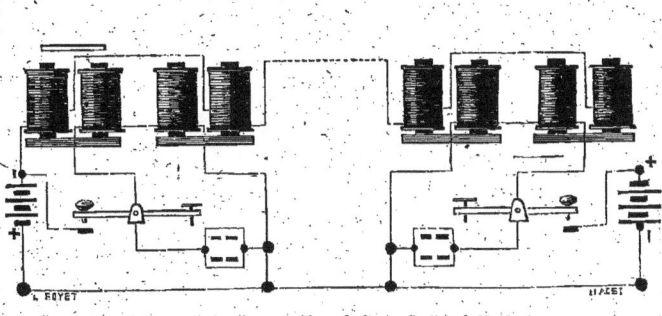

Fig. 8. — Installation d'un poste Morse duplex. — Système de M. Mandroux.

— 18 —

Quadruple transmission ; système de M. Sieur, fonctionnaire des télégraphes. — Cet électricien a résolu le problème de la transmission quadruple d'une façon originale par la combinaison de la double transmission dans le même sens avec la méthode Stearns.

Ce système est basé sur l'emploi d'un distributeur ou inverseur automatique, émettant sur la ligne, à intervalles égaux, des courants alternativement positifs et négatifs. Ces émissions s'effectuent par l'intermédiaire de deux manipulateurs Morse A et B, figure 9, et l'abaissement de l'un d'eux a pour effet de supprimer, selon le cas, soit les émissions positives, soit les émissions négatives.

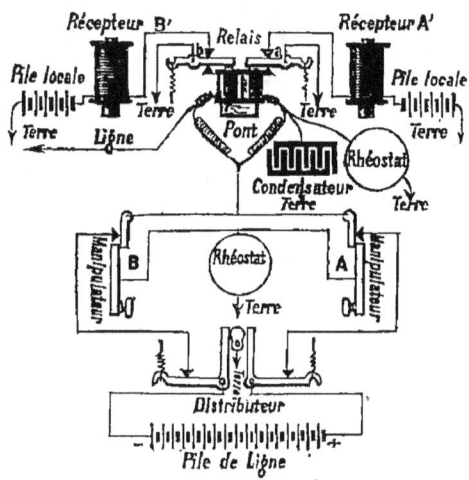

Fig. 9. — Quadruple transmission.

Ces courants vont à l'arrivée actionner un relais polarisé, dont les deux armatures, a et b, vibrent à la vitesse des émissions du distributeur, l'une sous l'influence des courants positifs, l'autre sous l'influence des courants négatifs. Pendant ces vibrations, ces armatures restent comme suspendues, entre les deux vis de repos et de contact de pile, et n'actionnent pas les récepteurs qu'elles commandent. Mais dès que, par l'abaissement d'un des manipulateurs A, par exemple, on supprime les émissions de courant, correspondant à l'armature a, celle-ci cesse de vibrer, et vient buter contre son contact de repos, elle fait alors fonctionner le récepteur A'. Si les deux manipulateurs étaient abaissés en même temps, les deux armatures, et par suite, les deux récepteurs fonctionneraient à la fois. La figure 9 représente l'installation de deux postes Morse, disposés pour la transmission quadruple.

Système quadruple de M. Mercadier, ingénieur des télégraphes. — Ce système consiste dans la substitution d'un électro-diapason au distributeur automatique de M. Sieur. L'une des branches du diapason est reliée au pôle positif, l'autre au pôle négatif de la pile, le pied est en communication avec la ligne. On conçoit que cet instrument distribuera les courants avec une régularité parfaite. A l'arrivée, ils sont reçus dans des rappels aimantés dont les armatures vibrent comme les branches du diapason. Les interruptions de courant ferment un circuit local qui fait fonctionner le récepteur.

Télégraphe électro-harmonique. — M. Elisha Gray, de Chicago, a imaginé un système de télégraphe harmonique, très original, qui permet de transmettre huit dépêches à la fois sur le même fil. Ce système qui fonctionne avec succès en Amérique, était exposé à la classe 65 (États-Unis).

Il est basé sur la propriété que possède une lame métallique, de reproduire sous l'action de courants ondulatoires émis par une tige vibrante placée à l'extrémité opposée d'un fil conducteur, des vibrations identiques, à celles de ce transmetteur. Si ce fil relie plusieurs groupes de transmetteurs de même nature, mais donnant des notes différentes, les ondes électriques ainsi transmises se superposeront sans se confondre et chaque récepteur ne vibrera que sous l'influence de l'appareil avec lequel il est réglé symphoniquement.

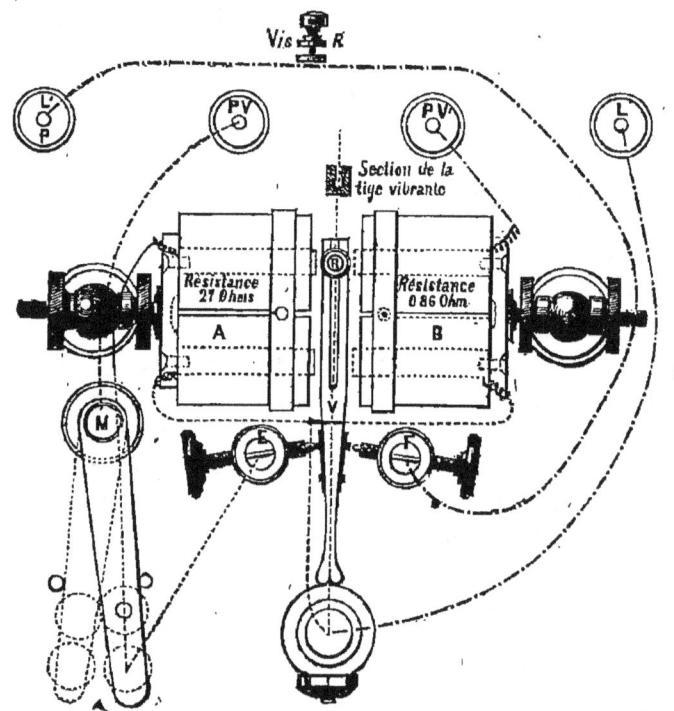

Fig. 10. — Télégraphie harmonique de M. Elisha Gray. — Vibrateur.

L'installation de deux stations comprend essentiellement un certain nombre d'appareils, les « *vibrateurs* » (l'un d'eux est représenté figure 10) (transmetteurs), autant « *d'analyseurs,* » (récepteurs), et un nombre correspondant de manipulateurs, avec les relais, et les piles. Les tiges des vibrateurs doivent être réglées de façon à donner pour chacune d'elles des nombres différents de vibrations. A chaque oscillation, la tige actionnée ferme le circuit de la pile principale et de la ligne. En abaissant l'un des manipulateurs, on modifie l'intensité du courant émis et par suite l'amplitude des vibrations sonores perçues dans l'analyseur correspondant. Si plu-

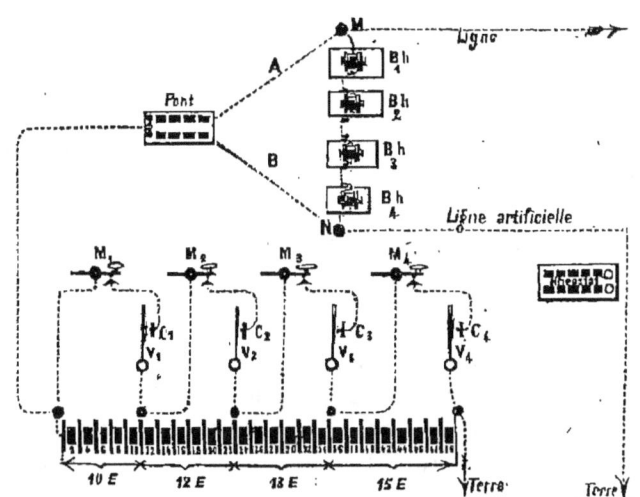

Fig. 11. — Télégraphie harmonique.
Système octuplex de M. Elisha Gray, à Chicago.

sieurs manipulateurs sont abaissés à la fois, il parvient simultanément à la station opposée des vibrations de caractères différents. Chaque analyseur choisit en quelque sorte les impulsions électriques qui lui sont propres, pour les transformer en signaux empruntés au code Morse. Les analyseurs sont disposés sur des caisses résonnantes de façon à renforcer les sons et à les rendre perceptibles.

Dans la figure 11, V_1, V_2, V_3, V^4, représentent les vibrateurs, M^1, M^2, M^3, M^4, les manipulateurs Morse ordinaires; Bh_1, Bh_2, Bh_3, Bh_4, les boîtes harmoniques placées dans la transversale du pont MN; les contacts d'émission de la pile principale se font en C_1, C_2, C_3 C_4. Cette disposition permet de transmettre simultanément huit dépêches sur un même fil.

M. Gray a combiné le télégraphe harmonique avec l'appareil Morse, ce qui constitue ainsi une variété de système duplex. L'application consiste à utiliser un fil omnibus desservant plusieurs bureaux intermédiaires employant l'appareil Morse, de manière à en faire un fil direct dont les extrémités sont desservies par deux groupes d'appareils distincts permettant la transmission simultanée de deux dépêches dans le même sens, ou en sens inverse.

Le diagramme ci-dessus, figure 12, représente l'installation d'une station extrême comprenant un poste harmonique et un poste Morse. Les bureaux intermédiaires sont tous installés selon la disposition figurée à droite du dessin. Dans la transmission harmonique, la manipulation se fait à l'aide de la clef M; les courants ondulatoires sont transmis sur la ligne par le vibrateur V; le contact r^1, la vis V^1, et le ressort p. — A l'arrivée, ils sont reçus dans le relais Gray ou analyseur, et les vibrations de son armature sont transformées en signaux Morse à l'aide

— 23 —

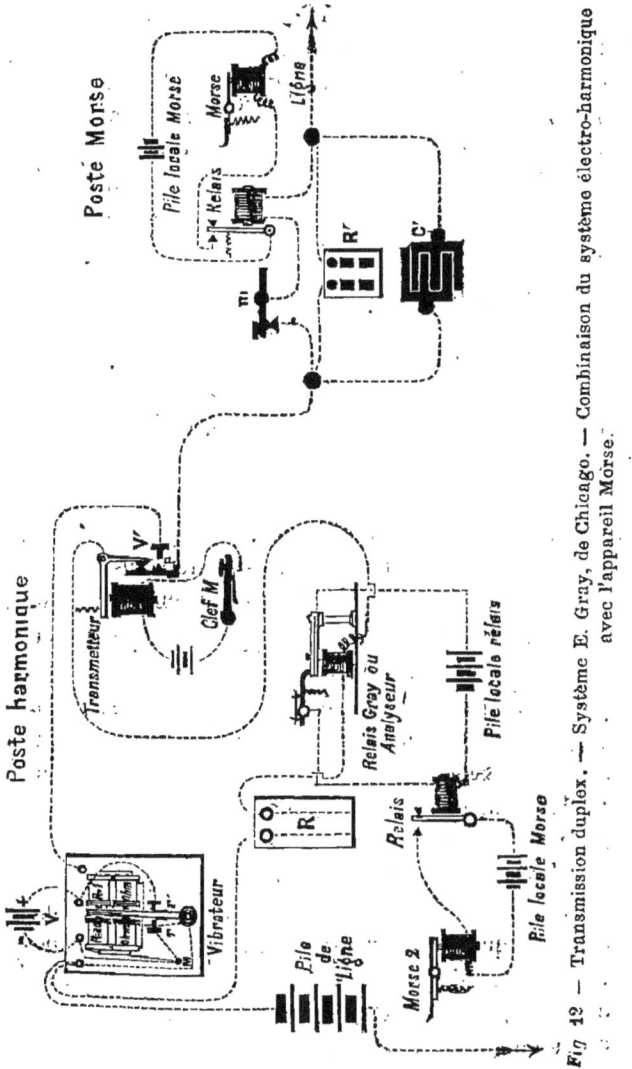

Fig. 12 — Transmission duplex. — Système E. Gray, de Chicago. — Combinaison du système électro-harmonique avec l'appareil Morse.

d'un relais ; ces signaux sont lus sur un appareil ordinaire (Morse 2). Dans la transmission Morse, le soulèvement *m* produit une variation dans l'intensité du courant. La résistance du circuit ordinaire comprenant le rhéostat R', le condensateur C' et le relais, se trouve suffisamment augmentée, par la suppression de celui-ci, pour produire le mouvement de l'armature du relais correspondant, qui vient fermer un circuit local dans lequel se trouve le récepteur Morse.

Ce système a fonctionné avec succès, sur le fil de Chicago à Dubuque (189 milles) et sur lequel il y avait dix-sept bureaux intermédiaires. Les transmissions avaient lieu directement entre ces deux points, à l'aide de ces deux systèmes, sans entraver en quoi que ce soit le service omnibus.

Appareil à transmissions multiples, de M. Meyer, fonctionnaire des télégraphes. — La transmission multiple a pour but d'utiliser les intervalles pendant lesquels le fil reste libre dans une transmission, pour effectuer l'envoi d'autres signaux de même nature.

L'appareil qui était exposé par M. Meyer réalise cette combinaison ; il permet de transmettre six dépêches à la fois. Les émissions n'ont pas lieu simultanément, mais successivement et de façon à obtenir de la ligne le maximum de rendement. La partie originale du système est l'application de l'hélice à l'impression des signaux.

Les deux appareils situés aux extrémités de la ligne sont symétriques et marchent synchroniquement. Chacun d'eux est muni d'un disque partagé en six secteurs égaux subdivisés eux-mêmes en huit parties. Chaque disque est parcouru par un frotteur communiquant avec la ligne. Si les deux aiguilles partent en même temps d'un point correspondant, elles se trouveront au même instant sur les divisions de même ordre.

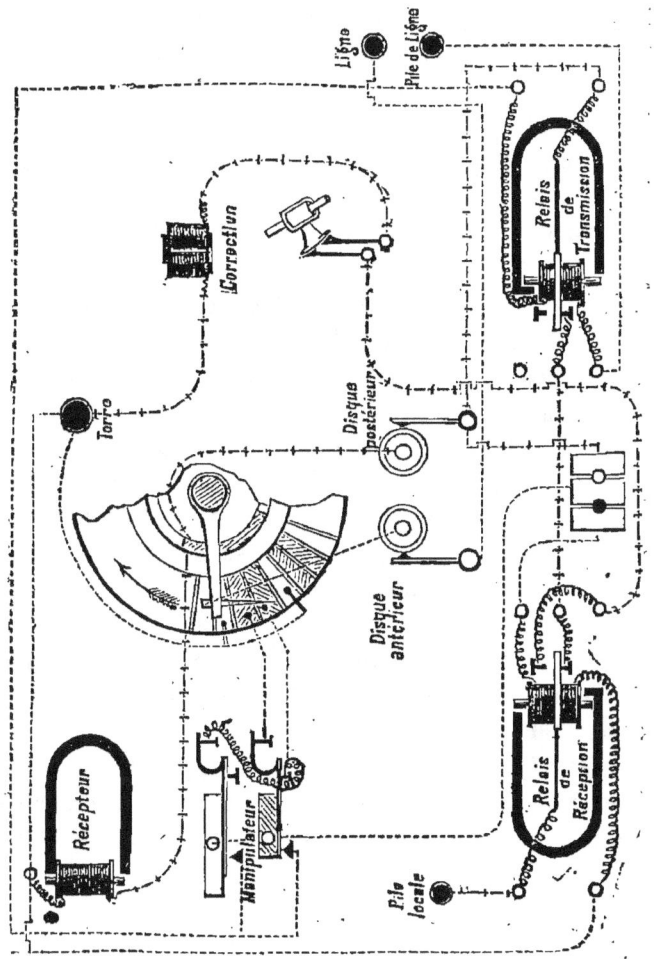

Fig. — Appareil Meyer. — Marche des courants.

Chaque secteur est au départ en relation avec un clavier transmetteur, fig. 13, et à l'arrivée avec un récepteur, les six transmetteurs sont donc successivement en relation avec les six récepteurs correspondants, et, par suite, les signaux émis sont reçus exactement par les appareils auxquels ils sont destinés. Chaque manipulateur comprend un clavier à huit touches chargées d'amener les courants aux subdivisions voulues du distributeur. Selon la touche abaissée, les émissions sont brèves ou longues.

Chaque récepteur se compose d'un cylindre portant en saillie un sixième d'hélice encrée par un tampon. Les six cylindres sont disposés de telle sorte que placés bout à bout, ils forment une hélice complète. Une bande de papier glissant sur un chassis porté par la palette d'un électro-aimant est amenée sous l'action du courant, au contact de l'hélice qui y trace dans le sens transversal un trait ou un point, selon la durée de l'émission.

En résumé, chaque employé dispose des 5/6 de la révolution du frotteur pour préparer le signal à envoyer, mais celui-ci n'est lancé sur la ligne et imprimé à l'arrivée que pendant le sixième de tour qui met en relation les deux appareils considérés. Sur le fil de Paris à Lyon, où l'appareil Mèyer est employé, on peut obtenir 150 dépêches à l'heure.

M. Hardy a exposé un appareil multiple du même système, à huit transmissions, dont le rendement pourra atteindre 200 dépêches sur les lignes de moyenne longueur.

Appareil multiple imprimeur de M. Baudot, fonctionnaire des Télégraphes. — L'appareil de M. Baudot repose, comme le précédent, sur le principe de la division du temps et sur l'emploi de distributeurs synchroniques, mettant alternativement en communication, deux à deux, et dans l'ordre naturel des nombres, deux groupes d'appareils semblables disposés aux extrémités d'un fil conducteur; mais il diffère de l'appareil Meyer en ce qu'au lieu d'imprimer des signaux de convention, il reproduit la dépêche en caractères typographiques.

En le réduisant aux organes essentiels, voici en quoi consiste cet appareil, disposé pour cinq transmissions.

Au départ, un distributeur, divisé en cinq secteurs comprenant chacun cinq subdivisions correspondant à autant de leviers d'un même manipulateur; à l'arrivée, ces subdidivisions correspondent à cinq électro-aimants polarisés. Le récepteur de l'appareil considéré consiste en une roue des types contre laquelle une bande de papier est lancée à un moment donné. On conçoit que, si chaque roue ne portait que cinq caractères, il suffirait d'abaisser l'une des cinq touches du manipulateur pour obtenir à volonté l'impression d'une des lettres; mais les caractères étant en réalité au nombre de 31, et chaque secteur ne pouvant être subdivisé en 31 parties, sans réduire dans des limites impraticables la durée des émissions de courant, l'inventeur a dû trouver le moyen de produire, à l'aide des cinq touches et des cinq électro-aimants, 31 combinaisons permettant, par un effet mécanique, de lancer le papier contre la roue des types à l'un des 31 moments de sa révolution. Ce résultat est obtenu à l'aide d'un organe spécial « *le combinateur* » qui, selon que l'un ou plusieurs des électro-aimants auront fonctionné, fermera le circuit d'une pile locale chargée de produire l'impression au moment où la roue des types présentera le caractère à reproduire en regard du papier.

Le combinateur ne peut être décrit ici, il suffit de dire qu'il est basé sur le principe des nombres disposés en progression géométrique.

En résumé, chaque appareil comprend à la fois un manipulateur à cinq touches, un récepteur à cinq électro-aimants, un combinateur et une roue des types, disposés de telle sorte que, dans une révolution de l'aiguille du distributeur, cinq employés peuvent transmettre cinq lettres appartenant à autant de dépêches différentes, et cela soit dans le même sens, soit en sens inverse, suivant les besoins du service.

L'appareil de M. Baudot a été construit par M. Dumoulin-Froment. Le rendement, sur une ligne de 600 kilomètres de longueur, est de 36.000 lettres à l'heure.

Appareils autographiques. — Ces appareils sont basés sur la marche synchronique de deux stylets situés aux extrémités d'un conducteur et décrivant des hélices à pas serrés autour de cylindres semblables. La dépêche originale, tracée sur une feuille métallique avec une encre isolante, est placée au départ sur l'un des cylindres. Le stylet transmetteur parcourt successivement tous les points de sa surface, et le courant est envoyé sur la ligne chaque fois qu'il rencontre un caractère. Ce courant va actionner le stylet d'arrivée occupant une position identique au-dessus de la feuille de papier disposée sur le cylindre récepteur et y laisse une trace. La juxtaposition de ces traces reproduit en fac-similé les signaux de la dépêche originale.

Trois appareils de ce type figuraient à l'Exposition.

Autographe Meyer. — Dans celui de M. Meyer, le

synchronisme est établi à l'aide d'un pendule conique à tige élastique. Au lieu d'un stylet, le cylindre récepteur porte une nervure héliçoïdale d'un pas égal à la longueur du cylindre et se développant au-dessus d'une bande de papier commandée par l'armature d'un électro-aimant. Chaque émission du courant a pour effet de mettre la bande en contact avec l'hélice humectée d'encre et de reproduire à l'aide de hachures le texte original. La figure 14 représente la marche des courants dans l'autographe Meyer.

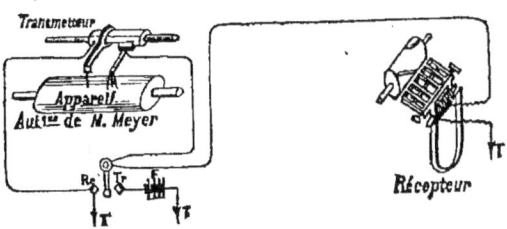

Fig. 14. — Appareil Meyer autographique.

Autographe de M. d'Arlincourt. — Le mouvement uniforme des appareils est obtenu à l'aide de deux tiges vibrantes à spirales. Les variations de vitesse sont corrigées à chaque révolution du cylindre à l'aide d'un courant envoyé par l'appareil récepteur. A l'arrivée, au contact de la pointe de fer du stylet, la dépêche est exactement reproduite en traits bleus par décomposition électro-chimique, sur une feuille de papier imprégnée de ferrocyanure de potassium.

Cet appareil peut transmettre jusqu'à 300 mots en 17 minutes sur une ligne de 500 kilomètres.

Autographe de M. Lenoir. — Dans cet appareil c'est un moteur électro-magnétique qui met en mouvement les deux cylindres. A l'arrivée, le stylet est remplacé par une plume métallique ordinaire imprégnée d'encre et actionnée par un électro-aimant. A chaque émission la plume s'abaisse sur le papier et laisse un trait dont la longueur correspond à la durée du courant.

Téléphone. — Cet appareil consiste essentiellement en un électro aimant polarisé dont l'armature est formée d'un disque en fer doux susceptible de vibrer sous l'action de la parole. Les extrémités du fil de la bobine des appareils correspondants sont reliées aux deux fils de la ligne. Au départ, les vibrations du disque transmetteur, développent dans l'hélice magnétisante des courants induits qui vont à l'arrivée faire vibrer le disque récepteur, qui reproduit fidèlement les sons.

L'un de ces téléphones, celui inventé par M. Bell, se compose d'une petite boîte circulaire en bois, adaptée à l'extrémité d'un manche, qui renferme dans son intérieur un barreau aimanté. A l'une des extrémités polarisées de ce barreau est fixée une petite bobine d'électro-aimant, dont les deux bouts du fil qui forme l'hélice magnétisante traversent le manche dans sa longueur et aboutissent à deux petites bornes que l'on peut relier aux fils de ligne. Au-dessus de cette bobine est placé un disque vibrant en fer doux dont la circonférence, appuyée sur une bague en caoutchouc, est fixée fortement par le bord du couvercle de la boîte. Cette lame est rapprochée autant que possible de l'extrémité polaire de l'aimant, sans toutefois qu'il y ait contact. L'embouchure, par laquelle on parle, a la forme d'un entonnoir. Le téléphone permet de transmettre la parole à une assez grande distance. C'est un instrument curieux et susceptible d'une foule d'applications.

Téléphone Phelps. — Un autre genre de téléphone, dû à M. Phelps, à la forme d'une tabatière. Il est formé de deux plaques en ébonite renfermant dans la partie évidée un petit aimant fermé, deux bobines d'électro-aimant et deux plaques vibrantes. Les fils des bobines sont reliés en tension et leurs extrémités viennent s'adapter aux deux conducteurs de la ligne. Ces téléphones essayés sur la ligne de Paris à Versailles ont donné d'excellents résultats.

Téléphone à charbon d'Edison. — Les deux genres de téléphones décrits plus haut, fonctionnent sans courant de pile, mais ils affaiblissent notablement l'intensité du son. M. Edison a pensé remédier en partie à cet inconvénient, en disposant le téléphone de départ de façon à ce que les vibrations de la plaque soient employées à modifier l'intensité du courant d'une pile intercalée dans le circuit de la ligne, ou à transformer ces variations d'intensité en courants d'induction à l'aide d'une bobine de Rumkorff.

Il consiste en un disque de charbon maintenu entre deux plaques de platine reliées au circuit de la pile et d'une membrane vibrante de fer doux placée au-dessus de l'une des plaques. Les vibrations de la membrane sont transmises au charbon, d'où résulte un changement dans la résistance électrique de celui-ci. Un téléphone ordinaire sert de récepteur. M. Edison emploie aussi une bobine d'induction dont le fil inducteur est dans le circuit de la pile et du transmetteur, et le fil induit dans celui de la ligne et du récepteur.

Microphone de M. Hughes. — Dans le microphone de M. Hughes, les vibrations sont transmises par la voix à deux crayons de charbon fermant un circuit formé d'une pile et d'un téléphone récepteur. Sous l'influence de ces vibrations, les molécules des deux charbons qui se trouvent en contact, se compriment plus ou moins et modifient la résistance qu'elles opposent au passage de l'électricité, de manière à produire des courants ondulatoires, dont le régime détermine à l'arrivée des vibrations du disque récepteur correspondantes aux ondes sonores émises par l'organe de la parole.

Cet appareil était exposé par M. Gaiffe. Il se compose d'un crayon de charbon de cornue disposé verticalement et supporté par deux petits prismes également en charbon, dont l'un est relié à un pôle d'une pile de quelques éléments, et l'autre à la ligne, l'autre pôle de la pile étant mis en communication avec le second fil de ligne.

Le microphone est surtout un instrument d'études et qui est déjà entre les mains de son inventeur l'origine de nombreuses découvertes.

Phonographe de M. Édison. — Cet appareil était exposé par l'inventeur dans la section américaine, et à la classe 65, par M. Hardy, qui en est le constructeur pour la France.

Il se compose d'un cylindre enregistreur, mis en mouvement à l'aide d'une manivelle tournée à la main, et devant lequel est fixée une lame vibrante munie extérieurement d'une embouchure de téléphone, et sur sa face postérieure d'une pointe traçante. Une feuille mince d'étain est appliquée sur le cylindre. Sous l'influence de la voix, la pointe traçante déprime à chaque vibration la feuille d'étain et détermine une sorte de gaufrage plus ou moins profond, suivant l'amplitude du son. Pour faire répéter à cet appareil, ce qui a été dit, il suffit de recommencer la même manœuvre en faisant partir le cylindre de son point d'origine. Les gaufrures impriment à la pointe des mouvements rapides de va et vient qui se transmettent à la membrane et déterminent des vibrations identiques à celles qu'elle a subies primitivement sous l'influence de la voix, mais moins intenses. L'expérience peut être répétée plusieurs fois avec la même feuille.

Télégraphie pneumatique. — La télégraphie pneumatique était représentée par l'administration et par deux de ses constructeurs. MM. Mignon et Rouart et M. Crespin et Marteau. M. Bontemps, chef de ce service, exposait un appareil de démonstration dont le tube en cristal d'une longueur de 200 mètres permettait de suivre la marche d'un petit curseur mis en mouvement par l'air comprimé et attiré par l'air raréfié. La durée du trajet était de 17 secondes. A côté, se trouvaient un chronographe et divers organes électriques disposés de manière à déterminer avec précision, en cas de dérangement, le point d'arrêt d'un train dans un tube pneumatique. Un plan relief de ce réseau dans l'ancien Paris, permettait d'en suivre le développement et l'extension qui va lui être donnée.

M. Roussy avait exposé de magnifiques cartes murales donnant les communications électriques de la France.

Notons aussi un intéressant spécimen de ligne souterraine du système de M. Baron, directeur-ingénieur, et un plan en relief des communications télégraphiques de Paris, exposé par M. Beau, fonctionnaire de l'Administration.

Accessoires de la télégraphie. — L'exposition de M. Charles, directeur des ateliers de la télégraphie, comprenait un grand nombre d'appareils. Citons en particulier la balance électro-magnétique combinée pour toutes les recherches relatives aux électro-aimants, aux armatures et à leur construction, soit par la méthode des pesées, soit par les attractions; un galvanomètre à miroir, avec ses rhéostats disposés pour la mesure des courants, d'après la méthode du pont de Wheatstone; un galvanomètre Stearns; des manipulateurs à double clef, pour la transmission sur les câbles sous-marins; des modèles variés de récepteurs Morse, etc.

Avertisseur d'incendie. — M. Petit, fonctionnaire des Télégraphes, avait installé un avertisseur d'incendie en usage dans le service municipal de Paris. Ce système comporte l'emploi d'un récepteur à cadran divisé en chiffres et relié à une série de transmetteurs répartis dans les différentes sections d'un même édifice ou d'un même quartier. Chaque transmetteur émet, au moyen d'une roue dentée, un nombre déterminé de courants qui actionnent le récepteur et arrêtent l'aiguille sur le chiffre correspondant au numéro du poste qui donne l'alarme. Une sonnerie montée en dérivation avec l'appareil fonctionne en même temps et appelle l'attention.

MM. Menier et Rattier avaient exposé une collection

complète de câbles sous-marins, sous-fluviaux, souterrains et aériens.

L'Administration avait disposé une vitrine renfermant les types variés de tous les câbles en usage en France ou sur les côtes. Des photographies représentaient son usine à câbles de Toulon, et des plans permettaient de se rendre compte de l'aménagement de son bateau « *la Charente*, » disposé spécialement pour la pose des câbles sous-marins.

Appareils pour l'échange des dépêches pendant la marche des trains, système *de M. Cacheleux, fonctionnaire des Télégraphes.* — Le sac de dépêches à échanger est soutenu par un fort et large anneau placé sur un petit plan incliné près de la portière du wagon. Le sac à reprendre est placé d'une façon analogue sur une potence fixée à demeure sur le côté extérieur de la voie. Lorsque le wagon passe devant cette potence, les deux plans inclinés s'engagent réciproquement dans les anneaux et l'échange se fait.

Dans un autre modèle, le wagon est disposé pour que l'échange des paquets ait lieu dans l'entre-voie. Le sac à déposer est placé sur un plateau qui s'abaisse lorsqu'un galet, servant de guide, s'engage dans une coulisse attenant au rail. Une autre coulisse, placée à quelques mètres de la première, relève le second plateau, lorsqu'il a atteint le paquet à reprendre.

Pile de M. Beaufils, contrôleur de l'Administration des Télégraphes. — Le caractère distinctif de l'élément Beaufils consiste dans l'emploi d'un sel dépolarisateur pour former avec le charbon un aggloméré solide permettant de constituer une pile portative appelée à rendre de grands services. Cet élément se compose essentiellement d'un vase en ébonite, d'un disque de zinc et d'un prisme de charbon auquel est attachée une plaque de poudre de charbon et de sulfate d'oxydule de mercure agglomérés. Cet aggloméré est séparé de la plaque de zinc par un morceau d'éponge imbibée d'eau. La pile Beaufils est en service sur quelques lignes importantes et donne de bons résultats. Sa force électro-motrice est celle de la pile Marié-Davy.

Poteaux en tôle. — Les poteaux de M. Desgoffe sont formés de tronçons composés chacun de deux tôles courbées et à bords plats rivés entre eux. Le diamètre va en diminuant de la base au sommet de manière à former un solide d'égale résistance. Quelques-uns de ces poteaux sont munis de boîte à coupures du système de M. Clérac, qui permettent de faire toutes les expériences ou permutations de fils rendues nécessaires par l'état des lignes. M. de La Taille, Directeur-Ingénieur à Orléans, exposait des poteaux de 5 à 8 mètres, en fer à simple T et à double T, pouvant supporter jusqu'à 3o fils. Ces poteaux sont placés dans un socle en béton et jouissent d'une grande solidité.

M. Papin avait exposé quelques poteaux en fer cornières assemblées avec des feuilles de tôle à l'aide de vis.

Citons encore l'appareil enregistreur des votes à l'usage

des grandes assemblées, exposé par M. Clérac, Ingénieur des télégraphes, et M. Guichenot, Ingénieur des arts et manufactures. Cet appareil, qui ne comporte aucun mécanisme, permet de recueillir et d'enregistrer instantanément les suffrages d'une assemblée, si nombreuse qu'elle soit.

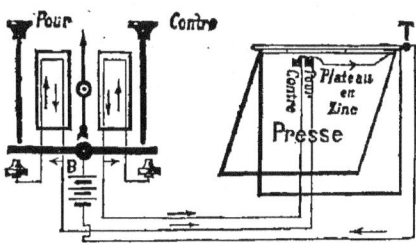

Fig. 15. — Appareil enregistreur de MM. Clérac et Guichenot.

La figure 15 indique la marche du courant dans ce système qui comprend, pour chaque votant, un galvanomètre, muni de deux touches, P (pour) et C (contre), et dont l'aiguille indicatrice fait connaître, par le sens de la déviation, si le vote exprimé a bien été transmis. Tous ces votes sont imprimés instantanément, par décomposition électro-chimique, sur une feuille de papier disposée sur la presse, munie de petits blocs métalliques, pour et contre placés dans le circuit de la batterie B et du galvanomètre qui leur correspond.

A côté de tous ces appareils figuraient encore d'autres instruments dont l'énumération serait trop longue. Bornons-nous à signaler les plus intéressants d'entre eux, tels que les indicateurs d'appels de poste de MM. Lorin, Grassi et Beux, le condensateur de M. Lagarde, un appareil pour étudier les électro-aimants de M. Perrin, le pyromètre électrique de M. Germain, le perforateur de M. Morris, l'électro-aimant de M. Héquet, etc.

La bibliographie était représentée, à la classe 65, par les ouvrages de M. du Moncel, les traités de télégraphie de MM. Blavier, Boussac et Bontemps; les traités pratiques de MM. Borel, Houzeau et Le Tual; la collection complète des annales télégraphiques; une traduction du traité de la mesure électrique de Latimer Clark, et une collection complète de tous les documents administratifs.

Extrait des ANNALES INDUSTRIELLES
18, rue Lafayette, Paris.

VISITES DES INGÉNIEURS

ANCIENS ÉLÈVES DE

L'ÉCOLE CENTRALE

DES ARTS ET MANUFACTURES

A L'EXPOSITION UNIVERSELLE DE 1878

Mines de Pyrites Cuivreuses
De la Péninsule Ibérique.

Par M. H. POLLET (*Promotion de* 1851)

Les mines de Rio-Tinto et Tharsis étaient représentées, dans la section espagnole, et celle de Santo-Domingo, dans la section portugaise, par des échantillons de leur minerai et des plans de surface et d'exploitation.

Nous allons donner sur l'ensemble de ces mines, et sur

chacune d'elles, les renseignements les plus saillants qui pourraient intéresser les ingénieurs.

Presque tous les gisements de pyrites de fer et de cuivre de la partie sud de la Péninsule, mais surtout les principaux, sont compris entre 37°,30′ et 37°,50′ latitude nord, aussi bien en Espagne qu'en Portugal.

Les trois mines exportent ensemble 7 à 800.000 tonnes de pyrites en Angleterre, et fabriquent sur place 7 à 8.000 tonnes de cuivre de cément. La teneur moyenne de ces minerais est de :

>   48 soufre.
>   3 cuivre.
>   42 fer.
>   7 divers.
> ―――
> 100

Ces gisements ont une direction à peu près constante de O.-N.-O. à E.-S.-E. dans toute cette partie de la Péninsule, et ont la forme d'amas lenticulaires plus ou moins allongés.

L'importance de ces amas est très variable et peut aller, comme à Rio-Tinto, jusqu'à 2.500 mètres de longueur, 200 mètres de puissance et une profondeur jusqu'à présent inconnue, mais ayant en ce moment dépassé 100 mètres.

Chacune de ces mines possède un chemin de fer spécial à voie étroite pour le transport de ses produits.

Le mode commun d'exploitation pour ces trois mines est l'extraction du minerai par ciel ouvert, et par conséquent la création de grands chantiers de terrassements.

pour l'enlèvement, au-dessus du minerai, des couches de stérile, atteignant des hauteurs de 25 jusqu'à 40 mètres.

Nous allons exposer maintenant, aussi succinctement que possible, les particularités de chacune de ces mines.

RIO-TINTO.

Il y a trois grands filons parfaitement déterminés, mais un seul est actuellement en exploitation par ciel ouvert. Un plan à grande échelle, placé dans la grande galerie, indique ces filons, ainsi que tous les travaux de la surface.

Le gouvernement espagnol, qui possédait cette mine jusqu'en 1872, époque à laquelle il l'a cédée, moyennant 100 millions de francs à une société anglaise, n'avait que des travaux souterrains dans ce même filon, sur sept étages différents. Aujourd'hui, le filon est en partie déblayé sur 500 mètres de longueur et 80 à 90 mètres de largeur, avec hauteur moyenne de 25 mètres de déblais. L'extraction du minerai se fait alors à ciel ouvert par grands gradins droits de 8 à 10 mètres de hauteur, sur une profondeur de 40 mètres environ.

Les déblais se transportent par chemin de fer à voie de $1^m,20$, avec faible inclinaison vers la décharge, et desservie par locomotives.

Le transport du minerai se fait également par voie ferrée : celui destiné à l'expédition descend toujours jusqu'à la tête de ligne du chemin de fer, mais celui destiné à la fabrication doit remonter jusqu'aux lieux de grillage.

Un triage à la main se fait maintenant dans la mine,

pour la séparation du minerai le plus riche que l'on destine à l'expédition, lequel, chargé en wagon, se rend directement à Huelva, port d'embarquement.

Un grand tunnel de 800 mètres de longueur, qui débouche au niveau et près de la station du chemin de fer, traverse le filon, en donnant une hauteur de 80 mètres de minerai au-dessus de lui, et sert également à l'épuisement de la mine.

Le chemin de fer qui va de la mine à Huelva a 84 kilomètres de longueur et suit la vallée du Rio-Tinto. Il y a 330 mètres de différence de niveau entre les points de départ et d'arrivée, avec une pente presque continue dans le sens de la charge, les contrepentes étant insignifiantes.

La voie est de 1^m,20.

Les wagons se déchargent par le fond et sont portés sur des ressorts, afin de diminuer autant que possible la quantité de menu produit par la trépidation pendant le transport. Ces wagons ont un poids brut de 2.500 kilogr. et chargent 6.500 kilogr. de minerai. Un train de 25 wagons pleins, soit 225 tonnes, plus un fourgon, soit 9 tonnes, en tout 234 tonnes, consomme à la descente 360 kilogr. de charbon, la machine faisant souvent office de frein. Ce même train remontant à vide consomme 700 kilogr. de charbon pour une charge de 71 tonnes en poids brut.

Les rayons des courbes ne sont pas inférieurs à 300 mètres.

Le trajet se fait en trois heures.

Le chemin de fer se termine dans la baie de Huelva,

par un môle d'une longueur de 750 mètres, disposé pour charger directement jusqu'à quatre navires à la fois, soit plus de 2.000 tonnes par jour. Ce môle, bâti sur pilotis, est à trois étages. Ces pilotis sont en fer creux de $0^m,40$ de diamètre extérieur et munis à la partie inférieure d'un filet entier d'hélice de $1^m,10$ de diamètre, qui est vissé dans la vase plus ou moins résistante formant le fond de toute la baie de Huelva ; un plancher, solidement établi en poutres et palplanches, posé sur la vase dans toute l'étendue du môle, a été fortement relié à ces pilotis afin de les rendre tous solidaires. Des pilotis en bois et palplanches défendent le môle contre les chocs des navires qui doivent accoster. Le premier étage est destiné à recevoir le chargement du navire, charbon, fer, etc., etc. ; il va devenir aussi le môle d'embarquement de la tête de ligne du chemin de fer de Huelva à Séville-Cordoue-Madrid. Les deux étages supérieurs sont destinés à la manœuvre des wagons pour opérer un chargement automatique et le retour des wagons vides, au moyen de la pesanteur, jusqu'à l'origine du môle.

Les wagons se déchargent par le fond, qui est mobile, et le minerai tombe dans une coulotte qui peut se mettre à quatre niveaux différents, suivant la hauteur de la marée au moment du chargement, la coulotte déchargeant le minerai dans la cale même du navire. Le modèle de ce môle est exposé dans la grande galerie des machines, section espagnole.

Fabrication sur place. — La fabrication du cuivre, à Rio-Tinto, se fait par la méthode du grillage à l'air libre, on perd par conséquent le soufre.

A Rio-Tinto, on fait des tas coniques d'une contenance

de 100 tonnes de minerai cru environ, ce minerai étant concassé à la main assez grossièrement pour passer dans un anneau de 7 à 8 centimètres de diamètre. Ces tas brûlent pendant 5 à 6 mois ; puis le minerai grillé est transporté dans des bassins de dissolution faits en maçonnerie, les parois verticales étant revêtues d'asphalte et le fond de madriers.

Le minerai séjourne 5 à 6 jours dans ces bassins, où il reçoit plusieurs eaux afin d'en épuiser le cuivre à l'état soluble. Les résidus sont mis en tas que l'on arrose, et donnent pendant plusieurs années des eaux contenant encore du cuivre.

Les eaux chargées de cuivre sont amenées dans des bassins contenant de la fonte, sur laquelle il se dépose alors du cuivre dit de cément, en échange du fer qui se dissout. Ce cuivre de cément est recueilli, séché et même grillé à Rio-Tinto, dans un four à réverbère, il contient en moyenne 65 % de cuivre et est expédié ainsi en Angleterre. La dépense en fonte est en moyenne 2,15 pour 1 de cuivre.

Pour avoir l'eau nécessaire à cette fabrication, qui est environ de 2 mètres cubes par tonne de pyrite crue, il a fallu créer des retenues d'eau par barrage, dont le plus important à Rio-Tinto a 22 mètres de hauteur. La construction de ce barrage est du système mixte, c'est-à-dire que sa partie centrale, sur 4 mètres d'épaisseur, est en béton, et de chaque côté on a pilonné des terres avec talus de 2 pour 1 à l'amont et 1 1/2 pour 1 à l'aval, le tout recouvert d'un perré général. J'ai remarqué d'assez forts tassements dans ces remblais, et ce système n'est peut-être pas un modèle à suivre.

THARSIS.

Cette mine se compose de trois filons, dénommés Nord, Centre et Sud. Le dernier n'est pas encore en exploitation ; celui du Centre est exploité depuis peu d'années à ciel ouvert sur une petite échelle. Le filon du Nord est celui sur lequel s'est porté principalement l'exploitation. Ce filon, d'une longueur de 1.500 mètres environ, a un découvert sur 600 mètres de longueur, 50 mètres de largeur au niveau du minerai, avec des hauteurs de déblai de 30 à 45 mètres.

Ici on est moins bien placé que Rio-Tinto pour le transport des déblais, car on est obligé d'en remonter la plus grande partie pour en opérer la décharge. Ce transport du stérile ne se fait que par traction de chevaux, sur voie de $0^m,50$ et souvent avec rampe de $0^m,05$ par mètre.

Le minerai est abattu par gradins droits de 7 à 8 mètres de hauteur, et doit sortir par un tunnel avec rampe de 5 % pour arriver à la station du chemin de fer. Tharsis a aussi son chemin de fer spécial et son môle d'embarquement.

Le chemin de fer a une longueur de 45 kilomètres, auquel vient se joindre un môle sur pilotis de 1 kilomètre de longueur avançant dans la rade de Huelva, en face de cette ville, mais un peu en amont.

Le chemin de fer est à voie de $1^m,10$ et avec alternatives de pentes et rampes assez fortes, quoique l'altitude de Tharsis et la conformation du terrain eussent permis de n'avoir qu'une rampe à la descente, sur tout le parcours. De minimes considérations de frais de premier établissement ont seules dû intervenir pour l'adoption d'un tel profil.

Les wagons sont sans ressorts et pèsent 1.500 kilogr. en moyenne avec chargement de 4 tonnes de minerai.

Ils se composent simplement d'une caisse en tôle fermée, reposant directement sur le châssis.

La décharge a lieu au débarcadère en enlevant le wagon par une grue et l'amenant au-dessus du navire, il se décharge dans la cale par retournement ; aussi le môle de Tharsis n'est-il qu'à un seul étage et à 3 mètres seulement au-dessus des eaux moyennes. Ce transport et ce mode de déchargement occasionnent beaucoup plus de menus qu'à la mine de Rio-Tinto.

Fabrication. — Elle s'y fait par le même procédé qu'à Rio-Tinto, seulement les tas de grillage ou téléras y sont plus considérables et de forme prismatique plus ou moins allongée. Le reste de l'opération est la même qu'à Rio-Tinto, seulement le cuivre de cément ou cascara n'y est obtenu qu'à la teneur de 50 % en moyenne.

SANTO-DOMINGO.

Cette mine est située en Portugal, son filon est de plus petite dimension que celui des deux autres mines ; mais son exploitation, bien comprise, ayant été pendant plusieurs années la seule en grande activité, fit de cette affaire, commencée avec un capital relativement restreint, une des plus lucratives connues en Europe.

Tharsis avait inauguré l'exploitation à ciel ouvert sous l'habile direction de M. Deligny, mais Santo-Domingo, quoique commençant plus tard ce genre d'exploitation, ne tarda pas à rejoindre son aînée, et l'on voit aujourd'hui un découvert de 500 mètres de longueur sur 50 de largeur au niveau du minerai, et des hauteurs de déblais atteignant 45 mètres. Un village entier construit sur cet emplacement a dû disparaître pour l'ouverture du ciel ouvert.

Le transport des déblais se fait par traction de chevaux et par locomotives sur voie de $1^m,08$ (la même que celle du chemin de fer), et toujours avec légère pente vers la décharge.

L'abatage du minerai se fait aussi par grands gradins droits de 7 à 8 mètres de hauteur. Le transport du minerai a lieu de différentes manières, suivant sa profondeur. Pour celui compris entre 0 et 12 (0 étant la cote de l'affleurement du minerai), on le remonte par locomotive sur rampe de 5 % par tranchée à ciel ouvert. Chaque locomotive, de la force de 25 chevaux, à 4 roues couplées, remorque 6 à 7 wagons contenant chacun 4.500 kilogr. de minerai, et, en moyenne, 300 tonnes de minerai par jour pour une dépense de 700 kilogr. de charbon. Pour les étages inférieurs à la cote 12 mètres, on se sert d'une machine fixe remontant les wagons au moyen d'un câble. L'étage à la cote 28 mètres est desservi par un tunnel à la pente de $0^m,20$ par mètre. Suivant l'axe de ce tunnel et à 100 mètres de la tête est percé un autre tunnel à la pente de $0^m,33$ par mètre. A la jonction de ces deux tunnels une portion de voie, tournant autour du point commun, s'abaisse ou s'élève pour laisser circuler les wagons soit dans le tunnel de 0,33 de pente qui aboutit à l'étage 52, soit dans le prolongement du tunnel à $0^m,20$

de pente. Le tunnel à 0ᵐ,33 de pente se prolonge aussi jusqu'à l'étage 65 mètres.

Un autre tunnel partant de la surface, et à la pente de 0ᵐ,33 par mètre, va aussi rejoindre les mêmes étages 52 et 65, et est mis en communication avec le précédent, afin de pouvoir opérer le transport, soit par l'un, soit par l'autre de ces tunnels en cas d'accident. Le second tunnel est desservi aussi par la même machine fixe que le précédent, mais avec son câble spécial.

En 1876, on a remonté des étages 28, 52 et 65, environ 200 tonnes par jour, avec dépense de 2.000 kilogr. de houille anglaise par 24 heures.

Les wagons pour transport de minerais sont en tôle et posés directement sur châssis en bois et sans ressorts ; ils ont une porte basculant par la partie supérieure, leur poids est de 1.500 kilogr. ; la charge moyenne en minerai est de 4.500 kilogr.

Le minerai chargé dans la mine va aussi directement à l'embarquement.

Épuisement. — A Santo-Domingo, il y a un épuisement assez important, ce qui n'existe pas dans les autres mines.

Dans un puits de 112 mètres de profondeur, on a établi trois pompes aspirantes et élévatoires, système Cornwall. Celle qui est à la partie supérieure élève l'eau directement à 65 mètres de hauteur. Le diamètre du piston est de 0ᵐ,43, et sa course peut aller jusqu'à 2 mètres. Une machine horizontale à détente fixe commande ces pompes, à une distance de 350 mètres, par l'intermédiaire d'une tige en fer agissant sur un balancier. Comme dans ces mines les eaux sont acides, il faut éviter leur contact avec le fer, la fonte et même le bronze ordinaire, qui seraient réduits très rapidement. Les parties en bronze se composent d'un alliage de 16 parties de cuivre pour 3 d'étain, qui les rend inattaquables par ces eaux. Les tuyaux en fonte sont intérieurement garnis de douelles en bois de 2 centimètres d'épaisseur, et le tout est goudronné. Les corps de pompe et les chapelles sont intérieurement garnis de plomb de 1 centimètre d'épaisseur.

Chemin de fer. — Une distance de 16 kilomètres seulement sépare la mine du port d'embarquement sur la rivière Guadiana, mais le terrain est fort accidenté et la solution était assez difficile. On a résolu le problème en exécutant d'abord le chemin de fer le plus économique possible de premier établissement, en adoptant des pentes et rampes assez fortes et des courbes de petit rayon, principalement sur le parcours d'une vallée assez encaissée dont on épousait tous les contours. Ce chemin, établi à la voie de $1^m,08$, était un petit casse-cou, il est vrai, mais il a permis l'expédition de plus de 200.000 tonnes par an pendant plusieurs années et a contribué pour sa part à la prospérité de l'affaire. Dans l'origine, on avait même établi une traction mixte par chevaux sur rampes fortes, et par locomotives sur le reste du parcours, mais on a renoncé très vite à l'emploi des chevaux.

Depuis quelques années, on a réformé ce chemin de fer en diminuant les rampes et surtout en rectifiant les courbes, ce qui a occasionné des frais de tranchées et de tunnels qu'on n'aurait pu se permettre à l'origine, et qui font maintenant de cette petite ligne un chemin dans de bonnes conditions. L'embarquement se fait sur la rive gauche du Guadiana, où il a été établi un quai en maçonnerie.

La décharge s'opère par l'intermédiaire d'un petit truc à bascule sur lequel on fait monter le wagon, dont on ouvre la porte au moment où l'on fait basculer le truc, et on décharge ainsi, soit directement dans la cale du navire par une coulotte, soit en formant des dépôts en se maintenant sur une voie plus élevée.

Ce quai est malheureusement exposé à des crues considérables, et, dans l'espace de 20 ans, toutes les constructions établies pour le service du débarquement ont été deux fois presque complètement arrasées par des crues de 10 à 14 mètres au-dessus de l'étiage.

Fabrication. — A Santo-Domingo, on ne fait aucun grillage de minerai par suite de difficultés avec le gouvernement, à cause des fumées, ce qui a conduit à adopter un procédé sur la valeur duquel il est encore très difficile de se rendre un compte exact. On étend tout simplement le minerai cru, préalablement concassé assez grossièrement, en tas de 3 mètres de hauteur, on arrose et l'on recueille les eaux. Par l'exposition à l'air et un arrosage fréquent, il s'est produit une sulfatisation naturelle des pyrites et le cuivre se recueille à l'état de sulfate. On obtient ensuite du cuivre de cément comme à Rio-Tinto et Tharsis. Ce procédé exige beaucoup d'eau, aussi a-t-on créé un immense réservoir de plus de 3 millions de mètres cubes d'eau par l'endiguement d'une vallée, avec mur de 26 mètres de hauteur, construit entièrement en maçonnerie.

Considérations générales. — Traitement des minerais en Angleterre. — On voit que ces mines sont principalement organisées pour l'exportation d'un minerai de faible valeur, avec tous les éléments d'une production aussi économique que possible, par l'exploitation à ciel ouvert de grandes masses et transport aussi réduit que possible sur un chemin de fer à voie étroite appartenant à la mine même. La fabrication du cuivre sur place n'a lieu que pour les minerais de trop faible teneur (ils ne dépassent pas 2 1/2 %) qui ne peuvent supporter les prix d'exportation.

Il reste à voir ce que l'on fait de cette énorme quantité de pyrites venant chaque année sur le marché anglais. Ces pyrites, contenant en moyenne 48 % de soufre, ont presque complètement remplacé le soufre de Sicile pour la fabrication de l'acide sulfurique, tant en France qu'en Angleterre, il s'agissait donc de retirer ensuite, aussi complètement et économiquement que possible, les 3 à 6 % de cuivre restant dans les résidus grillés. La méthode usitée maintenant en Angleterre est celle de la chloruration, qui consiste à griller ces résidus, préalablement broyés avec 15 % de leur poids de sel marin, dans des fours à réverbère, de manière à transformer tout le cuivre en chlorure cuivrique soluble $CuCl^2$, évitant la formation de chlorure cuivreux Cu^2Cl^2 et d'oxydes insolubles.

Ces résidus grillés sont repris par l'eau pour en obtenir la dissolution du cuivre, que l'on traite alors par le fer, pour recueillir le cuivre de cément, que l'on obtient à une teneur de 75 %.

Par ce procédé on retire, à 2 % près, tout le cuivre

contenu dans les pyrites, avec le minimum de dépense de fer.

Métaux précieux. — Toutes ces pyrites contiennent une faible proportion d'argent (de 30 à 60 grammes par tonne), mais comme la quantité traitée en est considérable, il pouvait être profitable d'en faire l'extraction.

M. Claudet a imaginé un procédé qui est maintenant en pratique et qui permet de retirer presque tout l'argent contenu dans ces minerais.

Par la méthode de la chloruration, on a transformé l'argent contenu dans les pyrites grillées en chlorure d'argent soluble dans la liqueur saline ; le procédé de M. Claudet consiste alors à ajouter dans les eaux obtenues par le lavage des minerais, et avant l'extraction du cuivre, une dissolution d'iodure de potassium exactement calculée pour précipiter l'argent à l'état d'iodure d'argent qui se dépose dans la dissolution cuivreuse.

Les précipités d'iodure d'argent des diverses opérations sont réunis et traités par le zinc métallique, qui réduit l'argent et forme de l'iodure de zinc soluble qui sert pour une nouvelle opération.

L'argent ainsi recueilli est affiné, et cette opération d'affinage a permis d'en retirer une quantité d'or suffisante pour payer tous les frais de désargentation ; c'est à peine si la présence de l'or avait pu être signalée dans la composition de la pyrite crue.

On extrait actuellement en Angleterre pour un million

de francs d'argent des pyrites espagnoles et portugaises.

Sous-produits. — Le principal est le peroxyde de fer, contenant 67 % de fer métallique, que l'on retire des résidus insolubles.

La production est en moyenne de 800 kilogr. de peroxyde à l'état sec par tonne de pyrites crues.

Ce produit, par sa composition toujours uniforme et son état de division, sert principalement à revêtir les fours à puddler.

Les autres produits, comme le sulfate de soude, l'hématite de fer et un peu de sulfure de cobalt, que l'on retire des eaux-mères, ne s'extraient que lorsque le charbon est à un prix très minime, car, sinon, ils se fabriqueraient en perte.

Mines diverses. — Il existe encore beaucoup d'autres mines de pyrites que les trois que nous venons d'indiquer en Espagne et en Portugal, les unes en activité et d'autres encore à exploiter.

Le soufre peut difficilement être utilisé par le traitement sur place, il faut donc se résoudre à perdre ce produit ; mais l'on peut améliorer la fabrication du cuivre de manière à en obtenir immédiatement la presque totalité, en remplaçant le grillage à l'air libre par celui en vase clos des pyrites préalablement broyées ; ce procédé ayant aussi l'avantage de diminuer considérablement la dépense du fer pour la cémentation.

C'est dans la résolution économique de ce problème qu'est l'avenir des autres mines de pyrites, qui ne peuvent plus songer aujourd'hui à envoyer leurs minerais en Angleterre.

Extrait des **ANNALES INDUSTRIELLES**
18, rue Lafayette, Paris.

VISITES DES INGÉNIEURS

ANCIENS ÉLÈVES DE

L'ÉCOLE CENTRALE

DES ARTS ET MANUFACTURES

A L'EXPOSITION UNIVERSELLE DE 1878

Travail de la Laine cardée

Par M. SERGUEEFF (*Promotion de* 1861)

Le travail de la laine cardée intéresse au plus haut point l'art de l'Ingénieur, soit au point de vue des machines dont se sert cette industrie, soit à celui des procédés dont elle fait usage. — Les nations qui, pendant l'Exposition de 1878, ont pris part à la lutte pacifique du Champ de Mars, dans l'industrie de la laine cardée, au point de vue de son emploi dans la fabrication des draps et de celui de l'outillage, sont l'Angleterre, la France, l'Amérique et la Belgique. Quelques autres nations ont exposé des produits fabriqués, mais rien ayant rapport au mode de travail.

Les opérations préparatoires sont communes à la laine peignée et à la laine cardée. Ce sont : le tissage, le battage, le dégraissage et le séchage, et elles ont été déjà décrites dans la visite faite sous la direction de M. Faure-Beaulieu.

Nous reprendrons l'étude que nous avons faite au Champ de Mars, après le travail préparatoire des laines. Nous devons, pour l'intelligence de la description, énumérer les opérations subies par la laine avant d'être transformée en drap. Ces opérations sont :

Le cardage; le filage; le dévidage; l'ourdissage; l'encollage; le tissage; le dégraissage; l'épinçage; le foulage; le lainage; le tondage; le séchage à la rame; le passage à la vapeur; le décatissage, et enfin le pressage à chaud.

La laine en suint, avant d'être transformée en drap, subit 21 opérations différentes.

CARDAGE.

Après que la laine a été préalablement graissée, la première opération qu'elle subit est le *cardage*.

Le cardage a pour but de paralléliser les fibres de la laine, de façon à faire une nappe continue qui est destinée à faire un fil.

Nous trouvons dans la galerie des machines, section belge, exposées par M. Célestin Martin, à Verviers, trois cardes : la première dite briseuse à six travailleurs de 1^m,50 d'arrasement, forme un ruban de 0^m,07 de largeur, qu'un chariot roulant dispose en travers devant l'alimentateur de la seconde carde, de façon à obtenir le mélange le plus intime des différentes qualités de laines qui entrent dans la composition du filet. — Cette carde, en dehors des six travailleurs, se compose d'un grand tambour, d'une carde circulaire appelée volant, et d'un autre tambour appelé *roule ta bosse*. Les différentes dents de carde sont disposées de façon à remettre la laine, après l'avoir retirée du travailleur sur le tambour, et finalement du tambour sur le volant ; de ce dernier, la laine est prise en ruban continu par un peigneur rectiligne. Le ruban de 7 centimètres sortant de la première carde est remis sur la seconde, dite repasseuse, qui forme un matelas de 14 mètres de longueur. La disposition de tambour des travailleurs est à peu près la même que celle de la première carde. Le matelas de 14 mètres de longueur, enroulé sur un cylindre, est porté à la troisième carde, dite finisseuse ; elle a pour mission de paralléliser davantage les fibres de la laine et d'en faire un fil continu, qu'on pourra étirer et filer. Du dernier tambour de la carde finisseuse, la laine est prise par un peigne qui la détache en nappe mince et régulière et la conduit à la fileuse, qui se compose de deux tambours garnis de peau, dits *rota-frotteurs*, animés d'un mouvement très rapide de va-et-vient et qui donne au fil une torsion suffisante, pour qu'il puisse subir les opérations d'étirage, sur des métiers continus, ou des renvideurs. Ces trois cardes portent le nom d'assortiment. Dans la même nation, classe 56, exposants MM. Duesberg-Bosson à Verviers, nous trouvons un assortiment complet de trois cardes à 1,50 d'arrasement. La carde briseuse est, outre son appareil échardonneur, munie d'un avant-train spécial, composé d'un tambour et de deux couples de travailleurs. La longueur de la nappe sortant de la carde repasseuse est de 12 mètres. La troisième carde ou carde boudineuse a à sa sortie un seul peigneur à deux prises ; on détache de la fileuse 80 bons fils et deux faux fils à 4 cannettes de 20 fils chacune. Tous les travailleurs sont en fonte d'un poids de 40 kilogr. pour 1,50 d'arrasement. Cette exposition, faute de place, a du être restreinte de beaucoup. Nous trouvons chez les mêmes exposants une carde continue ou carde boudineuse, à deux peigneurs de 1,80 d'arrasement, cette grande largeur est quelquefois demandée en Russie pour travailler les laines longues de ce pays. Comme dans la précédente carde, tous les travailleurs sont en fonte. La carde est munie d'un appareil de tension commandant les *rotafrotteurs*.

Dans la section française, classes 56 et 57, la maison Mercier de Louviers exposait une carde repasseuse à 6 travailleurs faisant une nappe de 12^m,70, une carde finisseuse à 5 travailleurs de 60 fils, à deux prises et à détacheur cylindrique. Un appareil Martin à 100 fils, à une prise et à deux frottements pour des cardes à grande finesse, enfin une carde double pour la laine peignée. Les cylindres des travailleurs sont en bois. Toutes ces cardes sont en repos. Dans la même section, nous trouvons une carde en bois exposée par M. Alexandre.

Dans la section anglaise, MM. Platt frères, à Oldham, ont exposé une carde double pour laine peignée avec le cylindre *roule ta bosse* chauffé à la vapeur et un appareil Heuleur. En dehors des appareils que nous venons de citer, nous ne trouvons rien qui ait trait à l'opération du cardage.

FILAGE.

Métier continu. — Nous avons vu que la carde fileuse nous donne un fil continu très légèrement tordu ; ce fil doit être allongé et suffisamment tordu pour être travaillé. Les appareils qui font cette opération peuvent être groupés en deux grandes classes : les métiers continus et les renvideurs. Le métier continu, comme l'indique du reste son nom, prend le fil de la dernière carde, l'allonge, entre deux cylindres cannelés animés de vitesses différentes et le renvide d'une manière continue, sur une cannette, après lui avoir fait subir une certaine torsion. Le renvideur qui n'est qu'une modification du mull-jenny, l'étirage et le renvidage sont alternatifs.

Parmi les métiers à filer continus, nous trouvons dans la classe française, un métier exposé par M. Flécheux aîné, à Rouen, qui se compose de deux rangées de 72 broches à 3 cylindres cannelés ; la torsion s'exécute par l'intermédiaire d'un curseur ayant un mouvement de lever automatique, ce qui facilite la main-d'œuvre. Dans les continus, l'ailette ou le curseur exerce sur le fil une certaine tension, et le fil produit est plus résistant et plus tordu que dans les métiers renvideurs ; pour certains articles comme la bonneterie par exemple, on exige que le fil soit plus élastique, plus gonflé et moins tordu ; pour obtenir ce produit, on ne pourrait pas avoir recours aux continus. Dans la même classe, nous trouvons un continu de deux fois 60 broches de $0^m,10$ d'écartement, exposé par MM. Ryo-Cateau de Roubaix ; c'est un continu à retordre avec casse-fil placé au-delà des rouleaux de pression et qui empêche le fil de se rouler en déchet. Dans cet appareil, on peut varier la tension du fil enroulé, au moyen de deux engrenages différentiels, donnant le mouvement à la broche et à l'ailette.

Dans la section belge nous ne trouvons qu'un seul continu exposé par M. Célestin Martin à Verviers, c'est un continu à lanière, à curseur, de deux fois 60 broches.

Dans la section anglaise les maisons Platt et frères ont exposé un continu de deux fois 86 broches 68^m/^{m} d'écartement, système à anneau à voyageur.

Les métiers renvideurs, travaillant la laine cardée, ne sont pas plus nombreux que les métiers continus.

RENVIDEUR.

Dans le self-acting ou le renvideur, la forme de la cannette ou de la bobine, ainsi que le renvidage du fil se font mécaniquement. Dans les anciens appareils connus sous le nom de mull-jenny ces opérations étaient faites par la main de l'ouvrier.

Nous trouvons dans la section française, des renvideurs exposés par M. Flécheux ainé, de Rouen ; c'est un métier de 400 broches de 32^m/^{m} d'écartement dans lequel l'étirage se fait avec des cylindres lisses ; la rentrée du chariot est produite par un cône de friction garni de cuir, le mouvement est communiqué aux broches par des cordes. Dans la même section nous trouvons un renvideur de 500 broches, marchant par engrenages avec chariot métallique exposé par Pierrard-Parpaite et fils de Reims. Le chariot est métallique et donne à l'ensemble une grande rigidité, rend pratique l'emploi des broches commandées par engrenages, qui présentent sur les broches à corde une économie considérable de force motrice. Remarquons, dans cette machine, la disposition particulière de l'embrayage de l'arbre à excentrique, dit à deux temps. L'embrayage est obtenu par un coulisseau relié avec une tringle et recevant deux butoirs en fer garnis de cuir. Grâce à cette disposition les mouvements sont doux et les vibrations que l'on remarque dans les autres métiers sont atténuées. A ce renvideur se trouvait adapté un système de *brise-mariage* de MM. Dauphinot, Martin et Lesquiller, que nous allons décrire en deux mots. Les fils doublés qui, sous le nom de mariage, constituent un grave défaut et occasionnent dans les tissus des barres, sont rompus de la façon suivante. Pendant la sortie du chariot, le brise-mariage étant en repos, les crochets sont relevés au-dessus des cylindres étireurs. Quand le chariot est arrivé aux deux tiers de sa course, tout le système s'abaisse lentement entre les fils; s'il y a mariage il sera saisi par un des crochets et lors de la rentrée des chariots, l'arbre de main douce tournant en sens contraire déroulera la chaîne de commande et à ce moment, les crochets ramenés vivement dans la position primitive par l'action des contrepoids, enlèveront les fils saisis et les briseront.

Les fils sortant soit de l'appareil continu soit du renvideur, avant d'être tissés sont soumis à différentes opérations, telles que le dévidage, l'ourdissage et l'encollage ; nous ne décrirons pas ces opérations, car nous ne trouvons pas à l'Exposition d'appareils spéciaux qui se rapportent à ces manipulations et nous passerons directement au tissage.

TISSAGE.

Le tissage, comme on sait, a pour but de réunir par un croisement plus ou moins varié, les fils de chaîne avec le fil de trame de façon à constituer un tissu. Dans un drap uni et unicolore le croisement de la chaîne et de la trame est des plus simples, on travaille à deux lames et une seule navette. Dans les draps croisés ou à dessins plus ou moins variés cet entrecroisement s'obtient d'un très grand nombre de façons. Nous ne rentrerons pas dans plus de détails, nous contentant de signaler très brièvement les appareils exposés :

Dans la section belge, nous trouvons exposés par la maison Snoeck à Verviers, 4 métiers mécaniques du système Crampton auxquels elle a apporté divers perfectionnements ; savoir : 1° un métier spécialement construit pour le tissage des couvertures et des feutres pour papeterie, pouvant faire $4^m,50$ de largeur ; il est garni de deux boîtes d'un côté et de 12 lames avec jacquart ; malgré une largeur si considérable, il fait 37 duites à la minute ; 2° métier pour articles robes. Il tissait les écossais avec six boîtes d'un côté pouvant marcher de la première à la sixième et réciproquement, largeur utile $0^m,80$ à deux lames, vitesse 120 tours à la minute ; 3° métier pour nouveautés, pour vêtements, largeur utile $2^m,10$, vitesse 50 à 80 tours à la minute, trois boîtes de chaque côté et six lames Jacquart, avec détissage mécanique.

4° Métier pour la draperie et la flanelle, largeur $2^m,10$, vitesse 68 tours à la minute, 4 boîtes d'un côté et jeu de 2 à 6 lames mouvement pour excentrique.

Les quatre métiers étaient en activité et étaient garnis de lisses mécaniques qui, par leur durée, peuvent procurer une grande économie.

La maison Mercier, à Louviers, dans la section française, a exposé 3 métiers : savoir 1° un métier pour haute nouveauté à 5 navettes et 10 lames Jacquart pouvant tisser avec la vitesse de 50 tours à la minute une largeur de $2^m,20$; 2° métier pour laine et coton à 5 lames et une navette, tissant une largeur de 2 mètres avec une vitesse de 70 tours à la minute ; 3° métier à revolver à 6 boîtes et 8 lames mues par un excentrique tissant une largeur de $1^m,40$ avec la vitesse de 150 tours à la minute.

Dans la section anglaise, MM. Platt frères, à Oldham, ont exposé un métier mécanique à tisser, avec un mouvement de chasse en dessus pour tissu de $0^m,92$, muni de peigne détaché, frein casse-trame et mouvement à enrouler positif pouvant pour les gros tissus se remplacer par le mouvement à enrouler avec balancier. On peut à volonté se servir de ce métier avec marches ordinaires pour croisés, de 3 ou 4 branches au-dessous du métier, marches Wooderoft, marches Jamieson ou n'importe quels Dobbes ou Jacquart.

Nous avons vu qu'avant le cardage on faisait subir à la laine l'opération du l'ensimage ou graissage à l'oléine, afin que les fibres de la laine puissent glisser plus facilement les unes sur les autres dans le travail du cardage et de l'étirage. Après le tissage on débarrasse la laine des matières grasses qui ne sont plus nécessaires au travail, puis on soumet le drap tissé à l'opération du l'épinçage. Le tissu obtenu n'a pas les qualités qu'on recherche dans le drap. Le croisement de la trame et de la chaîne n'est pas recouvert d'un duvet fin et égal qui fait le caractère spécial de l'étoffe que l'on appelle le drap. Les opérations que nous allons décrire, les appareils que nous allons signaler ont pout but et pour effet de donner ces qualités au drap.

FOULAGE.

La première opération après l'épinçage est le foulage, le but du foulage est d'augmenter la solidité, de diminuer la conductibilité en ménageant l'élasticité du drap. Les fouleuses se composent généralement de quatre poulies à gorge à axe horizontal, superposées deux à deux et de deux cylindres verticaux renflés sur le milieu et disposés sur le devant de la machine. Ces six cylindres sont contenus dans une caisse en fonte parfaitement fermée. La pression des cylindres horizontaux et verticaux est obtenue par des contrepoids ou par des ressorts. Le foulage s'opère en introduisant le drap entre les poulies à gorge ; on coud les deux extrémités d'une pièce de drap de façon à faire une chaîne sans fin. Le drap se trouve foulé sur la largeur par un véritable laminage opéré par les pressions qui agissent sur les poulies horizontales ; pendant que les cylindres verticaux le foulent sur sa longueur par un frottement de roulement.

Dans la section française MM. Gosselin père et fils à Sedan, ont exposé une fouleuse à 4 cylindres à contrepoids pour draps et nouveautés. On peut appliquer à ces machines des cylindres en caoutchouc durci par M. H. Desplas. Dans la même section, nous trouvons une fouleuse à 2 maillets à chute libre, exposée par M. Dusseaux, à Louviers (Eure). Cette fouleuse peut trouver son emploi pour le foulage de certaines draperies dans lesquelles on cherche à maintenir le poil debout, à obtenir de la souplesse et du moelleux dans l'étoffe, à éviter complètement l'échauffement, le bourrage, le plissage et enfin l'altération des nuances quelquefois produites dans les fouleuses à cylindre.

MM. Leclère et Damuzeaux, à Sedan, ont exposé une fouleuse à 2 cylindres à ressort ; sur ce fouloir est monté un appareil pour prévenir les accidents de foulage, appareil dit *Révélateur* Romey, que nous allons décrire. Il arrive quelquefois, dans les foulages, que le drap n'avance que lentement sous les cylindres et même qu'il s'arrête tout à fait ; dans ce cas il se produit une avarie sur la pièce qu'on appelle *choulure* et, si le temps d'arrêt se prolonge, il y a brûlure. Dès que le drap commence à ralentir un peu sa marche sous les cylindres, on entend sonner un timbre à intervalles assez éloignés ; plus le drap se trouve retardé sous les cylindres plus le timbre fait entendre un roulement plus strident. L'appareil se place sur l'arbre en fer rallongé de la *tournette*. Il se compose d'une poulie folle à gorge, actionnée au moyen d'une lanière par une autre poulie calée sur l'arbre du cylindre inférieur de la fouleuse, d'un frein placé sur l'arbre de la tournette, d'une bague qui limite l'écartement et enfin d'un timbre à répétition. L'opération qu'on fait subir au drap après le foulage est le lainage, il a pour but de former sur la surface du drap un duvet fin et régulier.

LAINAGE.

Cette opération s'exécute en soumettant le drap à l'action des chardons; les têtes des chardons dont on se sert pour les lainages proviennent d'une plante connue sous le nom de *dipsacus fallorum*. Ce sont des petites pointes recourbées comme un hameçon, qui par leur dureté et leur élasticité opèrent une espèce de peignage du duvet formé par les filaments qui garnissent la surface des fils. Pour empêcher la détérioration des pointes, on doit après chaque lainage sécher les chardons ; on a cherché à substituer un autre mode de lainage pour arriver à créer des chardons artificiels en métal, mais ces recherches n'ont pas été jusqu'ici couronnées de succès. La seule machine que nous trouvons à l'Exposition qui exécute le lainage est celle exposée par M. J. Longtain, à Verviers ; c'est une lainerie à deux tambours et à quatre touches, à tension régulière, qui paraît jouir d'un grand avantage sur les autres machines de ce genre à cause de la disposition spéciale des crémaillères ; en effet, chaque touche est tirée séparément, les rouleaux montent et descendent en même temps au moyen d'un volant et rendent ainsi la tension toujours régulière, ce qui empêche le drap de devenir plus mou ou plus tendu, qu'il soit attiré sur les tambours ou qu'il en soit détaché. Dans les autres machines l'on est obligé de serrer ou de desserrer le frein suivant que la pièce se roule et se déroule ; quelquefois on remarque des irrégularités de lainage et des places déchirées par les chardons, conséquence d'une tension irrégulière ou trop forte.

Lorsque les filaments ont été relevés et tirés sur leur longueur naturelle, ils forment une sorte de fourrure composée d'une quantité innombrable de filaments d'inégales dimensions sur toute la surface de la pièce. Cette fourrure doit être égalisée de façon à rendre l'aspect de l'étoffe plus net, plus fin, plus brillant et plus moelleux. On égalise les filaments en les coupant tous à la même hauteur. Sur les draps fins, on pratique cette opération alternativement avec le lainage décrit plus haut et le nombre de ces opérations est en raison directe de la finesse du drap. Le lainage s'exécute sur du drap complètement humide afin de ne pas rompre les filaments, de provoquer une contraction du tissu et le dégagement desdits filaments. Le passage de toute la surface sur les chardons se nomme une *voie*. Les draps ordinaires sont lainés jusqu'à cinq fois.

TONDAGE.

Le tondage s'opère sur le drap sec et après chaque lainage, la tonte sur toute la surface de la pièce se nomme une coupe; les coupes doivent être données le plus régulièrement possible, de manière à arriver graduellement le plus près qu'on peut du tissu sans cependant l'attaquer assez pour faire disparaître entièrement le duvet qui cache le croisement des fils. Nous trouvons dans la section belge une tondeuse longitudinale à 12 lames exposée par M. Longtain, à Verviers. Cette machine est construite pour drap et étoffe de laine, avec des tables mouvantes munies de quatre brosses, une d'envers, 2 à relever et une à rasseoir. Les 12 lames en spirales fixées sur le cylindre de la tondeuse sont démontables, elles sont fixées sur les bords extérieurs du cylindre au moyen d'écrous.

Dans la section française, classe 156-57, MM. Leclère et Damuzeau père et fils, à Sedan, ont exposé une tondeuse longitudinale avec table à bascule pour tissus sans lisière, tels que mérinos, robes, etc. Le travail effectif est de 1,65 à 3,00.

MM. Grosselin père et fils à Sedan (Ardennes) ont exposé une tondeuse à 4 cylindres, système *P. Vasser*, travaillant à poils et à contrepoils avec appareil enlevant automatiquement ses tontisses. Pour rendre au tissu les dimensions en longueur et en largeur perdues par la fouleuse, on le soumet à la machine à ramer. Cet appareil saisit l'étoffe sur sa largeur, la tend et la sèche. M. Longtain à Verviers a exposé dans la section belge une rameuse de $1^m,60$ de largeur et 16 mètres de longueur, chauffée par des tubes en fer qui distribuent uniformément la chaleur, et l'air qui se charge d'humidité est extrait de la machine par un ventilateur-aspirateur qui le renouvelle constamment; on obtient ainsi un séchage des plus doux tout en ne prenant qu'une force insignifiante.

En outre de cette combinaison pour la répartition de la chaleur, M. Longtain a imaginé un appareil étireur avec cadran qui, placé sur la machine, montre le métrage exact de la pièce qui en sort séchée, ce qui permet de pouvoir d'une manière précise allonger les pièces d'une longueur déterminée.

D'après l'examen que nous avons fait de cette machine, elle nous semble répondre à toutes les exigences, et nous allons en donner une description sommaire.

Cette machine est à quatre parcours et, suivant sa longueur, la chaufferie se compose de 300 à 450 tuyaux divisés en quatre rangs et qui, suivant le besoin, peuvent être chauffés séparément ou ensemble.

Un appareil étireur indique, comme nous l'avons dit plus haut, de combien on allonge le drap ou l'étoffe.

La chaîne en fer malléable ne peut casser.

Les pointes sont en acier, montées sur cuivre et peuvent être facilement remplacées.

Une brosse circulaire à douves, montée sur une table, couche le poil des draps d'une manière satisfaisante.

Les rouleaux tireurs sur lesquels le drap passe sont en cuivre et ne peuvent par conséquent pas laisser d'empreintes sur l'étoffe.

RAMEUSE.

Dans l'annexe de la classe 56 nous trouvons exposé par M. G. Hertzog, à Reims, une rameuse à pince métallique et à pression automatique. La production de cette machine est identique à celle des rames à picot. La pince est en cuivre, il suffit de la toucher légèrement pour produire la fermeture ou l'ouverture; le serrage est automatique et opéré par la tension du tissu ; la largeur du travail est de $0^m,50$ à $1^m,60$, la longueur de $15^m,60$. On peut ramer 62 mètres de chaîne. Les pinces ne laissent aucune trace sur le tissu. Le séchage s'exécute par des tuyaux en fonte chauffés à la vapeur et par le ventilateur.

Dans la même section nous trouvons une rameuse à pince saisissant les lisières, exposée par MM. Tulpin frères à Rouen. La machine se compose de deux chaînes mobiles sans fin, formées de pinces articulées avec mâchoires en cuivre, l'écartement des chaînes est dépendant de la largeur de l'étoffe. Le séchage s'opère par des plaques chauffées à la vapeur placées directement en dessous des chaînes sans fin. Le tambour sécheur de 1^m,50 de diamètre complète le séchage des tissus et des lisières. La tension s'opère sur la chaîne.

Les opérations qu'on fait subir au drap après le passage à la rame, ont pour but de donner au tissu plus d'apparence et l'approprier aux besoins de la vente. Ces opérations sont : *le passage à la vapeur, le décatissage et le pressage à chaud*.

Pour bien coucher le duvet à la surface et lui donner le brillant recherché, on soumet le drap à une certaine température et à une pression considérable. On met le drap en contact avec des cartes à glacer très lisses qui sont chauffées par des plaques métalliques et on soumet cette pile fournie à une pression hydraulique de 200.000 kilogr. Le brillant ainsi obtenu n'est ni résistant ni agréable à l'œil; on lui fait subir l'opération du décatissage qui consiste à mettre l'étoffe en contact avec une vapeur à basse pression qui l'imprègne complètement. La série des opérations qu'on fait subir après au tissu sont dépendantes de sa qualité et de sa finesse.

Dans la section belge nous trouvons également exposée par M. Longtain une presse à cylindre continue pour draps et étoffes de laine, qui peut presser les draps les plus épais comme les étoffes les plus légères. Cette machine se compose d'un cylindre en fonte et d'un bassin recouvert d'une plaque en cuivre alésée avec la plus grande précision, ces deux pièces sont parfaitement solidaires l'une de l'autre. Le cylindre, qui est chauffé à la vapeur ainsi que le bassin, est monté sur la machine, reçoit son mouvement de rotation d'un engrenage assez fort ($1^m,400$ de diamètre); en outre il reçoit une certaine pression d'un contrepoids agissant sur un bras de levier; un appareil qui peut se manier très facilement est destiné à le soulever et à régler la pression. A sa sortie du bassin le drap reçoit un courant d'air qui le refroidit instantanément et se replie ensuite de lui-même.

La dépense de vapeur nécessaire au fonctionnement de cette machine, qui est pourvue du reste d'un condenseur, paraît être insignifiante.

A côté de cette machine, nous en trouvons une autre du même constructeur, qui est destinée à ratiner et à onduler les étoffes. Dans cette machine la table mouvante qui est actionnée par des excentriques, est maintenue entre deux glissières qui la forcent à demeurer droite en faisant ses mouvements. Cette manière de pouvoir presser ou soulever la table sur l'étoffe est un point essentiel pour les draps floconnés surtout.

Au moyen de ces glissières, la table doit encore marcher droite dans tous les sens, soit oblique, à droite ou à gauche.

Le mécanisme de cette machine est du reste simple et facile à manœuvrer.

En résumé, nous avons constaté avec regret que parmi

les nations qui ont pris part à l'Exposition de 1878, la France et la Belgique seules ont exposé non seulement leurs produits de fabrication des draps et des étoffes, mais encore nous en ont montré la partie la plus intéressante, c'est-à-dire leurs modes de travail ; les autres nations, au contraire, l'Angleterre, l'Amérique nous ont présenté des produits, d'une valeur incontestable il est vrai, mais à côté desquels nous aurions désiré voir installer les différentes machines qui ont servi à leur production.

IMPRIMERIE D. BARDIN, A SAINT-GERMAIN.

Extrait des **ANNALES INDUSTRIELLES**
18, rue Lafayette, Paris.

VISITES DES INGÉNIEURS
ANCIENS ÉLÈVES DE
L'ÉCOLE CENTRALE
DES ARTS ET MANUFACTURES
A L'EXPOSITION UNIVERSELLE DE 1878

Les Récepteurs Solaires
Exposition des Appareils de M. Mouchot
Par M. ABEL PIFRE (*Promotion de 1876*)

Messieurs et chers camarades,

Un des bénéfices les plus encourageants pour moi, de l'Exposition universelle de 1878, est de vous avoir vus, maîtres et camarades, groupés avec intérêt autour du grand appareil Mouchot, prodiguant les témoignages de votre bienveillance à la jeune industrie solaire.

Vous aviez consenti déjà précédemment, à m'entendre au Trocadéro, devant un public auquel il fallait raconter l'histoire progressive de la découverte et faire comprendre la nouveauté du procédé. Pour vous, messieurs, en vous guidant autour du générateur solaire, je m'étais borné à causer de l'application pratique qui parlait d'elle-même par des expériences que vous aviez sous les yeux.

Vos connaissances en physique me dispensaient de remonter à l'origine de l'effet produit ; nous étions là pour le constater ensemble, pour examiner comment il s'obtenait ; aussi, en venant résumer ici nos divers entretiens, ne m'étendrai-je point sur l'historique de la question, et m'appliquerai-je principalement, surtout pour ceux qui n'assistèrent pas à nos réunions, à faire ressortir la logique du problème poursuivi par M. Mouchot ainsi que l'importance des résultats acquis.

Les tentatives pour utiliser, au moyen d'appareils divers, la chaleur envoyée par les rayons du soleil, remontent à une haute antiquité et elles ont exercé la sagacité des savants illustres de tous les temps. On voit successivement attachés à cette question les noms d'Euclide, d'Archimède, de Héron d'Alexandrie, de Kircher, de Salomon de Caus ; et dans des temps plus rapprochés de nous, ceux de de Saussure, Buffon, Herschell ; enfin, à notre époque, MM. Franchot, Ericsson et Pouillet s'y sont appliqués particulièrement.

C'est surtout depuis les révélations merveilleuses de la science de la thermodynamique, née d'hier, que cette question a pris immédiatement une nouvelle importance en mettant en éveil les esprits chercheurs de notre époque.

La thermodynamique nous enseigne que c'est au soleil

que nous devons tout le travail mécanique qui se dépense sur la terre, quelle que soit la forme sous laquelle il se présente. C'est le soleil qui, en fécondant la terre par ses rayons, fournit aux moteurs animés la nourriture, source de toute leur énergie. C'est lui qui, provoquant une évaporation à la surface des mers, remonte à leur source l'eau des rivières et alimente nos moteurs hydrauliques. Le vent n'est aussi qu'une conséquence des troubles que la chaleur apporte dans l'atmosphère. Enfin, la houille, cet élément même de la machine à vapeur, est encore le produit d'une végétation luxuriante due à son action antérieure et emmagasinée dans le sol.

N'est-il pas naturel, puisque c'est aux rayons solaires que nous devons l'énergie répandue sur la terre, qu'on ait pensé à puiser à la source même qui nous le fournit, le travail mécanique qui se dépense dans l'industrie moderne ?

L'idée est donc juste et logique en même temps que hardie.

Certains esprits inquiets ont voulu voir dans l'invention de M. Mouchot une réponse aux préoccupations de l'Angleterre appelée avant 200 ans, paraît-il, d'après les prédictions de sir W. Armstrong, à considérer la houille comme une curiosité. On a même voulu expliquer par cette raison l'accueil bienveillant fait à l'invention par les Anglais, peuple prévoyant par excellence ; mais je dois à la vérité de dire que leur préoccupation de voir un jour l'épuisement de leur combustible paralyser leur influence, n'est pour rien dans leur appréciation. En rapport constant avec leurs possessions d'outre-mer, très soucieux de la prospérité de leurs colonies, ils ont rapidement compris, en effet, que les climats chauds, presque toujours privés du combustible nécessaire au développement des industries locales, pourraient tirer un parti avantageux des générateurs solaires ; mais ils n'ont pas eu besoin pour cela de se transporter par la pensée à plusieurs siècles en avant : il leur a suffi de suivre l'impulsion du génie pratique qui les caractérise. Au reste, M. Mouchot s'est toujours préoccupé de son pays et non de l'étranger ; et ce serait une injustice que de vouloir enlever à la France le mérite de ses encouragements désintéressés. Notre gouvernement a protégé et assisté l'inventeur dans ses débuts, sans aucun égoïsme, et sachant très bien que, si la France profitait un jour pour ses colonies d'Algérie, de la Cochinchine et du Sénégal, des beaux résultats de l'invention, le bénéfice serait aussi partagé par l'Égypte, les Indes, l'Espagne, l'Italie, l'Amérique du Sud et les centres inconnus de l'Afrique que tentent d'ouvrir à l'activité humaine les hardis explorateurs de l'heure présente.

L'Exposition est venue justifier la confiance que le gouvernement avait mise en M. Mouchot, puisqu'en dehors des succès presque populaires de ses petits appareils domestiques, vous avez pû être témoins des résultats obtenus avec le grand générateur : cet appareil encore sans précédent, mal proportionné, construit sans soin et produisant cependant au milieu de Paris, pendant les mois nuageux de septembre et d'octobre, de la vapeur à 6 et 7 atmosphères et alimentant diverses petites pompes ! Il est vrai de dire que le 2 et le 12 septembre cette pression baissa rapidement dès que fut ouvert le robinet de vapeur ; mais quelques-uns d'entre vous, messieurs, purent constater que le 22 septembre, sous un ciel moins voilé, une pompe de notre camarade M. Stapffer fonctionnait sous la pression constante de 3 atmosphères ; ce qui fut une épreuve décisive, un indice certain de la continuité du fonctionnement de l'appareil sous les chaudes latitudes.

C'est en prenant pour base les expériences de Pouillet que M. Mouchot chercha à disposer un appareil permettant d'employer d'une manière utile la chaleur des rayons solaires. Pouillet avait trouvé que, par minute et par centimètre carré, aux limites de l'atmosphère, le soleil nous envoie par ses rayons, $1^{cal}.,7633$. Il avait déterminé aussi que l'absorption de l'atmosphère, quand le ciel est parfaitement pur, est de $0,21$ lorsque les rayons sont verticaux, et peut aller jusqu'à $0,5$, quelquefois jusqu'à $0,6$ lorsque les rayons sont très obliques.

En prenant une moyenne d'absorption de $0,4$, il reste, comme chaleur arrivant à la surface de la terre, $1^{cal}.,058$ par centimètre carré. Ce que Pouillet entendait par *calorie*, il est bon de le noter, c'était la quantité de chaleur nécessaire pour élever de *un degré*, *un gramme* d'eau : son unité était donc 1.000 fois plus petite que celle à laquelle nous donnons aujourd'hui le même nom de *calorie*.

On peut, d'après ces résultats, estimer à 10 calories ordinaires la somme de chaleur que fournissent, à Paris, en une minute et sur un mètre carré de surface, les rayons du soleil, lorsque le ciel est sans nuages ; nous verrons tout à l'heure que ce chiffre augmente considérablement dans les climats chauds.

Comme une calorie correspond à un travail mécanique de 425 kilogrammètres, chaque mètre carré reçoit donc, par minute, l'équivalent d'une provision de travail de 4.250 kilogrammètres ou $70^k,8$ par seconde, c'est-à-dire, $0,94$ de cheval-vapeur. De ce chiffre à celui que l'on utilise véritablement en pratique, il y a loin : les intermédiaires employés pour recueillir la chaleur du soleil et la transformer en travail, en absorbent forcément une portion que nous allons évaluer, afin de montrer qu'elle est beaucoup moins considérable qu'on ne le pense généralement. Pour cela, examinons rapidement les appareils au moyen desquels s'opère cette transformation.

Grands ou petits, les appareils de M. Mouchot comprennent tous :
Un réflecteur qui reçoit les rayons solaires ;
Une chaudière qui les absorbe ;
Une enveloppe de verre qui préserve la chaudière du refroidissement ;
Un mécanisme qui permet l'orientation de l'appareil.

La figure ci-dessous représente le grand appareil, qui était exposé au Trocadéro, dans la section algérienne.

Il est orienté, et, dans cette position, les rayons solaires arrivant parallèlement à l'axe de la chaudière, sont réfléchis normalement sur le manchon de verre, le traversent, et viennent frapper la chaudière noircie qui les absorbe ; l'enveloppe de verre a aussi pour effet de s'opposer à la sortie des rayons que la chaudière n'a pas absorbés, mais qui se sont transformés en chaleur obscure par suite de leur contact avec sa surface noire.

Le réflecteur est formé de plaques argentées ; car l'argent est de tous les métaux celui dont le pouvoir réfléchissant est le plus considérable.

A tort, la chaudière avait été faite tubulaire et était beaucoup trop lourde pour le mécanisme d'orientation dont je ne parlerai pas, si ce n'est pour dire qu'il n'en sera plus exécuté sur un pareil modèle.

Cependant, tout imparfait qu'il était et malgré les

fuites de la chaudière, l'appareil, vous le savez, a donné des résultats satisfaisants ; et, mieux que personne, vous

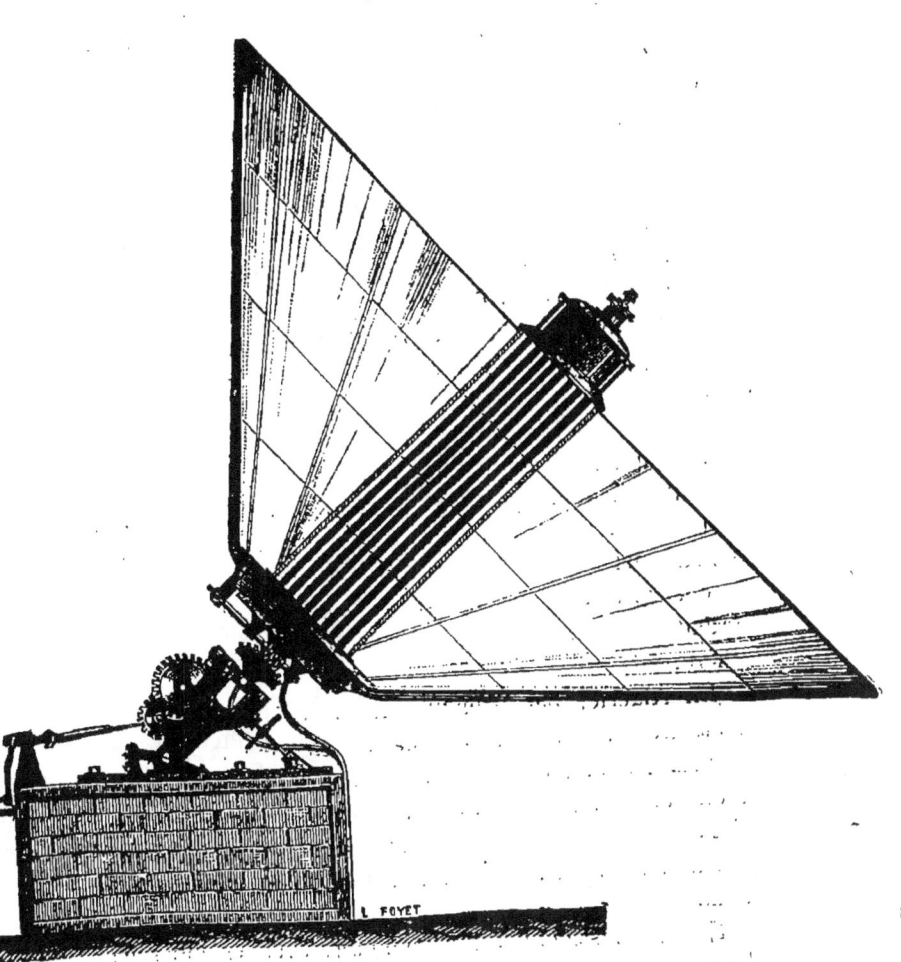

allez vous rendre compte de ceux que nous obtenons avec des appareils mieux proportionnés.

Notre surface argentée réfléchit 0,92 de la chaleur incidente.

Une lame de verre de $3^{m/m},04$ (c'est la moyenne des épaisseurs de nos enveloppes vitrées) laisse passer, d'après les expériences d'Herschell, 0,82 de cette même chaleur réfléchie.

Il arrive donc à la chaudière $0,92 \times 0,82 = 0,75$ de la chaleur incidente reçue par le réflecteur, soit une perte seulement de 0,25.

Il y a aussi d'autres causes de pertes : le rayonnement du dôme de vapeur, celui de l'enveloppe vitrée ; mais elles sont relativement faibles ; nous les estimons à 0,10, en sorte que nous pouvons admettre que l'eau de la chaudière n'absorbe que les 0,65 de la chaleur reçue par réflexion.

Si maintenant, au lieu de prendre pour base les résultats de Pouillet qui se rapportent au climat de Paris, nous nous transportons dans les pays chauds où devra fonctionner l'appareil, nous trouvons pour l'intensité de la chaleur solaire des chiffres plus considérables dus en grande partie à l'absence de vapeur d'eau dans l'atmosphère.

En Algérie, par exemple, nous voyons d'après un mémoire présenté à l'Académie des sciences en avril 1878 par M. Violle, professeur à la faculté de Grenoble, qu'il a été recueilli à Khanga (localité située à 120 kilomètres Est de Biskra), non plus 10, mais 17 calories en moyenne, par minute et par mètre carré, de sept heures du matin à midi.

Nous savons que l'on peut compter, avec les appareils Mouchot, sur une utilisation de 0,65. C'est donc $17 \times 0,65 = 11$ calories qui seront absorbées par l'eau de la chaudière en une minute et par mètre carré de surface d'incidence.

Or, on compte qu'une machine à vapeur sans condensation, bien réglée, travaillant avec vapeur à 5 atmosphères, détente $\frac{1}{3}$ ou $\frac{1}{4}$, dépense 15 à 20 kilogr. de vapeur d'eau par cheval et par heure. Nous compterons donc sur une dépense de 20 kilogr. de vapeur ; et, comme il faut 635 calories pour porter 1 kilogr. d'eau de 15° à la température correspondante à 5 atmosphères et pour le transformer en vapeur, un cheval de la machine à vapeur consommera donc par heure :

$$20^k \times 635 = 12.700 \text{ calories},$$

et par minute,

$$\frac{12.700}{60} = 211 \text{ cal.}, 7.$$

Comme un mètre carré de surface d'incidence nous en fournit 11, c'est donc un travail de :

$$\frac{11}{211,7} = 0 \text{ chev.}, 052$$

qui correspond à cette surface.

Ainsi, après les pertes de chaleur provenant de l'emploi même de l'appareil, après les pertes par transformation de la chaleur en travail et par le jeu même d'une machine à vapeur, c'est sur un travail de $0^{chev},05$ que l'on peut compter par mètre carré de surface d'incidence des rayons solaires, c'est-à-dire qu'avec un réflecteur de 20 mètres carrés d'ouverture, nous pouvons produire un travail utile de *un* cheval-vapeur.

Je ne puis pas vous dire qu'un semblable générateur

fonctionne déjà ; mais, d'après les expériences comparatives faites en Algérie avec des appareils dont le réflecteur n'a que dix mètres carrés d'ouverture, et en France avec de petits générateurs combinés par notre camarade H. Salleron, que dix années passées en Égypte ont attaché avec moi à l'avenir de la question, je suis autorisé à considérer ces résultats comme absolument certains.

On m'a demandé si souvent pourquoi les lentilles n'avaient pas été employées de préférence aux réflecteurs pour concentrer la chaleur solaire, que je vous dois une explication :

Certes, les lentilles bien fabriquées et d'une matière de bonne qualité sont aptes à concentrer les rayons du soleil et peuvent produire de très hautes températures; mais leurs dimensions sont toujours forcément restreintes ainsi que leurs foyers. Quant aux lentilles à échelons qui ne présenteraient pas le même inconvénient, leur fragilité et l'élévation de leur prix les rendent impraticables.

De plus, les lentilles ne transmettent qu'une partie relativement faible des rayons incidents ; les rayons réfractés subissent une absorption d'autant plus grande que le verre est plus épais. Je citerai, à ce sujet, l'expérience très curieuse que fit Rumfort au commencement de ce siècle : Il remplit d'eau deux vases métalliques identiques noircis extérieurement, plaça le premier derrière une ouverture libre de même diamètre que la lentille et constata que le vase soumis à l'insolation directe s'échauffait *plus rapidement* que l'autre. Il alla plus loin et plaça devant l'ouverture libre une lentille égale à la première et reconnut encore :

« 1° Que les deux vases s'échauffaient de la même ma-

« nière quand les cônes des rayons réfractés rencon-
« traient indifféremment leur surface noircie en deçà ou
« en delà des foyers;

« 2° Que l'échauffement se ralentissait pour le vase à
« la surface duquel se trouvait l'un de ces foyers. »

L'emploi des lentilles, à quelque point de vue que l'on se place, est donc désavantageux et il était logique de choisir, ainsi que l'a fait M. Mouchot, un moyen d'action plus facile à réaliser. Avec le réflecteur en plaqué d'argent, la transmission s'élève à 0,92 de la chaleur incidente; de plus, il est facile à construire et possède l'avantage de laisser directement exposé à la radiation solaire l'objet à chauffer; ce qui ne peut avoir lieu avec les lentilles, ces dernières devant forcément être placées entre l'objet à chauffer et le soleil lui-même.

Quant à la forme de cône tronqué donnée au réflecteur, elle présente de grands avantages pour la construction, surtout quand il s'agit des appareils de grandes dimensions. Le foyer en est rectiligne, ce qui permet de chauffer une chaudière présentant une surface allongée ; enfin la section circulaire assure le chauffage de tout le pourtour de la chaudière.

Il me reste à vous donner un aperçu des applications les plus immédiates des récepteurs solaires.

Je passerai sous silence les petits appareils domestiques; car vous en avez vu à différentes reprises distillant le vin et l'eau, cuisant des légumes, rôtissant un demi-kilogr. de bœuf en vingt-cinq minutes, préparant dix tasses de café en une demi-heure; et cela suffit pour que vous mesuriez l'importance des services qu'ils rendront en des pays comme l'Égypte, par exemple, où les indigènes n'ont d'autre combustible pour préparer leurs aliments que la fiente des chameaux. J'examinerai seulement avec vous, et très-brièvement, les applications vraiment pratiques de la chaleur solaire.

Distillation. — Cette opération est toujours délicate dans les pays chauds à cause des dangers d'incendie : nous n'aurons rien de semblable à redouter avec les récepteurs solaires puisque les alcools ne s'enflamment pas directement au soleil. La température nécessaire est facile à obtenir et la régularité du chauffage dispense de toute surveillance, tout en donnant, ainsi que je l'ai fait constater à quelques-uns d'entre vous, un arome spécial à l'eau-de-vie ; ce qui tient sans doute à la disposition du réflecteur qui chauffe principalement la partie supérieure de l'alambic.

La fabrication des parfums et des essences se fait également d'une façon simple avec les appareils solaires ; et quant à l'eau distillée, qu'elle provienne de l'eau ordinaire ou de l'eau de mer, l'économie de sa production sera telle, que ces appareils s'imposeront d'eux-mêmes dans nos colonies : du moins, c'est l'avis de MM. les Ingénieurs chargés par M. le Ministre de la marine d'étudier cette question qui intéresse à un si haut degré l'hygiène du Sénégal et de la Cochinchine.

Force motrice. — Il est impossible de fixer des bornes aux services économiques rendus par les appareils solaires, à ce point de vue particulier, dans les pays privés de combustibles et où les communications sont lentes et difficiles. Ce sera le cas de laisser reposer les hommes et les animaux pendant l'ardeur du jour et de faire fonctionner le soleil pour élever les eaux au profit des irrigations.

On a souvent fait remarquer que l'action des générateurs solaires est limitée. Qui empêcherait pourtant d'en conjuguer plusieurs ? Et en des pays comme l'Égypte, où la propriété est très morcelée, où l'agriculteur en est encore réduit à l'antique noria, un appareil pouvant élever une centaine de mètres cubes d'eau par jour ne sera-t-il pas un véritable succès ?

Mais, on objectera le prix élevé des appareils : c'est une erreur que je vous demande la permission de réfuter. Certes, le réflecteur en plaqué d'argent sera coûteux, mais dans les pays qui adopteront ces appareils, où l'on se sera habitué à leur usage si simple, il sera facile d'avoir des réflecteurs en fer-blanc d'un prix minime. Et d'ailleurs, un appareil pouvant fonctionner pendant sept ou huit ans (sans autre entretien qu'un nettoyage facile des plaques argentées), rachètera largement son prix d'achat par l'économie de tout combustible.

Voulez-vous un exemple des résultats industriels que l'on peut attendre de l'utilisation directe du soleil ?

Consultez, par exemple, les statistiques de nos importations de lins ; vous verrez que nous achetons en Russie, en Hollande, en Belgique, pour plus de 120 millions de filasse de lin et que cette plante est cultivée sur plus de 5.760 hectares en Algérie. Nous aurions évidemment avantage à employer les lins de nos colons ; cependant, nous n'utilisons jusqu'ici que la *graine* des lins algériens faute de pouvoir nous procurer économiquement l'eau nécessaire au rouissage des tiges. Lorsque nos appareils permettront d'élever sans frais l'eau qui, dans toute l'immense plaine du Tell, se trouve à 8 ou 9 mètres de profondeur, d'après les sondages exécutés par M. Jus dans toute cette région, il sera facile d'établir des bassins de rouissage et l'usage de l'eau chaude diminuant la durée de l'immersion, l'Algérie sera dotée d'une nouvelle industrie. On utilisera les tiges fibreuses détruites aujourd'hui, et les usines du nord de la France viendront s'approvisionner dans notre colonie.

Le même sort est réservé à l'alfa, cette plante dont les Anglais, à notre détriment, semblent avoir monopolisé l'emploi pour leurs pâtes de papier.

Avant de clore la série des diverses applications qui se sont présentées tout d'abord à mon esprit, je veux appeler l'attention sur les mauvaises conditions de température et d'installation qui nous ont empêchés, l'année dernière, d'expérimenter avant la fin de septembre, et vous faire remarquer que nous avons pu néanmoins fabriquer de la glace, grande ressource inestimable et hygiénique pour les pays chauds. Au moyen de générateurs fournissant 20 kilogr. de vapeur à l'heure, on peut, avec les appareils moyens de M. Carré, produire de 15 à 20 kilogrammes de glace par heure, soit 120 à 160 kilogr. par jour et par générateur solaire, sans dépense de combustible.

Nous n'avons pas remédié à l'inconvénient qu'on s'est plu à nous signaler : l'arrêt de nos appareils pendant la nuit. Ce serait un défaut capital pour de grandes industries ; mais, dans les pays chauds, les grandes usines sont presque inconnues. Du reste, rien ne s'oppose à ce que l'on emmagasine de la force vive pendant le jour en élevant de l'eau dans des réservoirs, ou en recueillant les gaz provenant de la décomposition de l'eau, ainsi que des essais nous en donnent l'espoir.

Applications chimiques. — J'ajouterai quelques mots au sujet de la décomposition de l'eau par la pile thermo-électrique, question fort importante à laquelle vient donner un nouvel intérêt la récente découverte de M. Clamond avec laquelle nous espérons obtenir de grandes quantités d'oxygène et d'hydrogène. Outre l'influence de cette production de gaz sur l'industrie métallurgique des pays chauds, elle nous procurera les moyens d'éclairage et de chauffage pendant la nuit.

Il me resterait à parler de l'extraction des huiles fixes en utilisant comme intermédiaire un liquide volatil capable de dissoudre les matières grasses, et de la fabrication des vernis, etc.; mais ce serait dépasser les limites qui me sont assignées et que j'ai déjà franchies, car ce sujet entraîne facilement.

Si vous voulez bien y réfléchir aussi, après cette visite rétrospective aux appareils Mouchot, vous verrez avec moi, messieurs, que cette question si nouvelle attire avec l'attrait des pays inconnus. Les horizons se développent et s'étendent à mesure qu'on avance; car nous avons le monde devant nous : les pays chauds possèdent plus de 755.000.000 d'habitants! — La Sibérie elle-même, éveillée par la perspective de faire travailler son rare, mais généreux soleil, réclame des renseignements que nous nous empressons de lui fournir; car il en résulte pour nous la confirmation des remarques curieuses de Tyndall sur la grande intensité de la radiation solaire dans les climats froids, mais à ciel clair. Chaque jour, de tous les points géographiques, on me demande des applications particulières qui prouvent que l'invention répond à des besoins presque illimités; et ce qui frappe surtout, c'est la rapidité avec laquelle son utilité pratique a été saisie : elle peut, en effet, être comprise également et par l'individu isolé qui sans dépense et sans embarras trouvera dans les appareils domestiques les avantages d'un foyer toujours allumé, et par l'industriel qu'elle aidera dans les difficultés et les dépenses de l'approvisionnement du combustible.

Mais si le temps, messieurs, a bien voulu négliger ses droits en permettant à l'invention solaire d'entrer dès sa naissance dans la pratique, à son tour elle demandera au temps tous les perfectionnements de l'expérience, l'ampleur des applications, et les leçons que nos maîtres eux-mêmes pourraient nous fournir en contribuant aussi pour leur part à développer cette source de richesse, la plus neuve et la plus incontestable de notre temps.

Imprimerie D. BARDIN, à Saint-Germain.

Extrait des **ANNALES INDUSTRIELLES**
18, rue Lafayette, Paris.

VISITES DES INGÉNIEURS
ANCIENS ÉLÈVES DE

L'ÉCOLE CENTRALE
DES ARTS ET MANUFACTURES

A L'EXPOSITION UNIVERSELLE DE 1878

Matériel et Procédé des Impressions
Par M. ERMEL (*Promotion de* 1854) [1].

Tous les procédés d'impression, qui sont actuellement assez nombreux, peuvent se ramener à trois genres principaux :

1° L'impression en taille douce ;
2° L'impression typographique ;
3° L'impression lithographique.

---

1. La notice de cette visite, faite sous la direction de M. Erme a été rédigée par M. *Paul Huet* (promotion 1870).

Dans l'impression en taille douce, l'encre destinée à être reportée sur le papier pour figurer le dessin, est placée dans les tailles creuses de la planche.

Dans l'impression typographique, l'encre destinée à être reportée sur le papier pour figurer le dessin, est déposée sur les saillies de la planche.

Enfin, dans l'impression lithographique, l'encre destinée à être reportée sur le papier pour figurer le dessin, est déposée sur la surface unie de la pierre, et elle n'y est retenue que par l'action de l'encre grasse qui a servi à dessiner la vignette sur la pierre.

Il résulte de ce qui précède que, dans l'impression en taille douce, l'encre se trouve dans les creux de la planche, c'est-à-dire en dessous de l'œil de la planche ; au contraire, dans les deux autres genres d'impression, l'encre se trouve sur l'œil de la planche ou de la pierre.

Ce premier point établi, nous allons examiner ces différents modes d'impression.

1° TAILLE DOUCE.

Pour obtenir une planche en taille douce, on prend une plaque métallique bien dressée et polie, et on y grave en creux le dessin que l'on veut reproduire. Ce travail de gravure étant exécuté, pour obtenir une épreuve, on encre la planche avec un tampon garni d'encre. L'encre se trouve alors répartie non seulement dans les creux, mais encore sur toute la surface de la planche. On procède ensuite à son essuyage, c'est-à-dire à l'enlèvement d'une partie de l'encre qui est à la surface de la planche. Cette opération est délicate, car il faut enlever complètement l'encre qui se trouve sur l'œil de la planche, en laissant celle qui a été déposée dans les creux.

On place ensuite sur la planche une feuille de papier sur laquelle on met un matelas élastique; puis on fait passer le tout sous un cylindre, qui donne une pression suffisante pour que le papier, sous l'influence du matelas, prenne toute l'encre qui se trouve dans les tailles creuses de la planche. On obtient ainsi l'épreuve de la vignette gravée.

L'essuyage de la planche a été jusqu'ici le grand obstacle dans les machines à imprimer en taille douce. Les Américains avaient, avant 1878, fait dans ce sens des essais qui sont restés infructueux. MM. Godchaux frères avaient, en 1867, exposé une machine en taille douce, qui était destinée à imprimer les cahiers d'écriture. Dans ces machines, la planche ordinaire était remplacée par un cylindre, sur lequel étaient gravés en creux les caractères à imprimer; le cylindre était essuyé mécaniquement au moyen d'une lame d'acier, qui raclait l'encre du cylindre, tout en laissant l'encre dans les creux. Jusqu'à ce jour, cette machine, qui a très bien réussi pour l'impression des cahiers d'écriture, n'a pas pu être employée pour les vignettes.

Tout dernièrement, un constructeur français, M. Guy, a présenté à l'Exposition de 1878 une machine à imprimer en taille douce qui, grâce à un système d'essuyage bien combiné, peut donner de bons résultats, même pour les gravures fines. C'est une des machines nouvelles de la classe 60. Cette machine paraît avoir un grand avenir, car, depuis l'invention de la typographie, la taille douce a été très délaissée, à cause de son tirage difficile et coûteux. Avec la machine de M. Guy, sans obtenir des tirages aussi beaux que ceux qui résultent du tirage à la main, on pourra avoir de beaux tirages à bon marché ; car la machine fera de 5 à 6.000 épreuves par jour, tandis que l'on obtient au plus 300 épreuves avec le travail à la main.

2° TYPOGRAPHIE.

L'impression en taille douce a l'avantage sur l'impression typographique de mieux conserver la finesse du dessin, tout en donnant une intensité d'effet plus considérable. Malgré cet énorme avantage, elle ne s'est pas répandue jusqu'à présent dans le commerce, parce qu'elle ne se prête pas à des productions considérables d'exemplaires. La typographie, au contraire, pour laquelle l'encrage des planches est très simple, et qui ne présente pas l'inconvénient de l'essuyage des planches, est très employée dans l'industrie. Les constructeurs mécaniciens ont été amenés à créer une grande variété de presses, que l'on peut classer en trois catégories principales :

Les machines à pression plate ;
Les machines à pression cylindrique ;
Les machines rotatives.

Avant l'invention des presses mécaniques, l'impression typographique se faisait au moyen de la presse à bras, et nous sommes tout naturellement conduits à en parler tout d'abord, parce qu'elle est en même temps la plus simple des machines à pression plate. On ne peut mieux la comparer, dans sa manière d'exercer la pression, qu'à une presse à copier ; et, comme le travail de préparation d'un tirage est toujours le même, quelle que soit la machine, nous ne pouvons mieux faire que d'entrer de suite dans quelques détails à ce sujet, en indiquant la manière de procéder à la presse à bras.

Sur un marbre horizontal, se trouve la forme, sur laquelle vient se rabattre, au moyen de charnières bien fixes, et en l'encadrant, un cadre léger en fer, nommé la frisquette. Sur cette frisquette sera collée une étoffe ou blanchet, qui portera la mise en train. Ce travail, fait avec un soin plus ou moins grand, suivant que l'on a affaire à une œuvre plus ou moins délicate, a pour but de remédier aux inégalités de planimétrie de la forme, et de faire venir également toutes les parties de la vignette. On y parvient en chargeant avec du papier les parties les plus basses, et dégageant, s'il le faut, les parties les plus élevées. La mise en train terminée, l'ouvrier place sa feuille de papier sur la forme qu'il a eu la précaution d'encrer, puis il rabat sur la feuille la frisquette chargée de sa mise en train, et il exerce la pression au moyen d'une vis verticale, tournant dans un écrou fixe, et portant une platine horizontale à la base. On obtient ainsi l'impression des planches typographiques.

Tel est le travail à la presse à bras, dans ses principes essentiels, et c'est encore avec cet instrument que sont obtenues les plus belles impressions modernes, parce que l'action intelligente de l'ouvrier peut à chaque instant s'y exercer, pour conduire son travail à bonne fin. Son grand inconvénient est d'être peu expéditive ; elle ne débite guère que 3oo feuilles par jour.

Depuis quelques années, on construit en Angleterre, en Allemagne et en France, des machines à pression plate, dites à platine, manœuvrées à la vapeur. Ces machines, qui travaillent d'après les mêmes principes que la presse à bras, peuvent tirer 4 à 5.000 exemplaires par jour; elles ne figurent pas à l'Exposition de 1878.

Les machines typographiques les plus employées pour les labeurs et les ouvrages de luxe, sont les machines à pression cylindrique. Elle peuvent débiter 6 à 10.000 exemplaires par jour. Dans ces machines, la forme est encore plane, et placée sur un marbre horizontal; l'encrage se fait au moyen de rouleaux fonctionnant dans le sens longitudinal de la machine; la forme, une fois encrée, se présente devant un cylindre qui se développe sur elle, en exerçant la pression nécessaire pour obtenir l'impression de la planche sur la feuille de papier posée sur le cylindre. On comprend *à priori* que pour éviter les glissements et les froissements de la feuille, la vitesse du marbre doive être la même que la vitesse du cylindre à sa circonférence; c'est une des plus grandes difficultés à vaincre dans ce genre de machine. En général, le marbre porte une crémaillère, qui entraîne le cylindre muni d'un engrenage. Il faut donc, pour éviter les glissements, que le diamètre du cylindre soit le même que celui du cercle primitif de l'engrenage.

C'est sur ce cylindre que l'on viendra appliquer les étoffes ou blanchets, qui dans toute impression sont nécessaires pour remédier par leur élasticité aux défectuosités de planimétrie de la forme, et la mise en train, qui complète ce que les blanchets n'ont pu faire obtenir. L'épaisseur supplémentaire totale qui en résulte sur le cylindre n'atteint pas plus de $1^m/^m$ à $1^m/^m$ 1/2.

La feuille de papier que l'on veut imprimer est placée sur ces blanchets, chargés de la mise en train. Elle est alors saisie par des pinces manœuvrées par des ressorts, qui la rendent solidaire du cylindre et de son mouvement de rotation, ce qui permet son entraînement sur la forme. A l'extrémité de la course, les pinces abandonnent la feuille, qui est conduite par des cordons sur la table à recevoir. Le cylindre s'arrête alors brusquement, et comme l'engrenage est coupé à cet endroit devant la crémaillère, la forme peut revenir à son point de départ et s'encrer de nouveau sous les rouleaux pour permettre de recommencer la même opération.

Tel est, sommairement, le travail à la presse cylindrique en blanc, qui est la machine typographique la plus simple et la plus généralement employée.

Nous n'indiquerons que pour mémoire : la presse cylindrique en retiration, munie de deux cylindres, qui permettent d'imprimer à la fois, sur une même presse, le verso et le recto d'une feuille de papier ; la presse cylindrique en deux couleurs, qui permet d'appliquer, sur un côté de la feuille et du même coup, deux couleurs différentes ; et enfin les presses à réaction, analogues à celles en retiration et qui sont employées pour les tirages moins soignés, comme ceux des journaux.

Les machines rotatives ont, comme les machines précédentes, un cylindre sur lequel on vient appliquer la feuille à imprimer ; mais la forme, au lieu d'être plane et fixée sur un marbre plan, est cylindrique et s'applique sur un second cylindre ayant le même diamètre et qui sert de marbre. Chacun d'eux est muni d'un engrenage, et le cylindre portant la forme entraîne le cylindre portant la feuille et les blanchets.

Ces machines marchent en général à grande vitesse ;

aussi ne les emploie-t-on guère que comme machines à journaux. Elles peuvent débiter de 10 à 30 mille feuilles à l'heure. Les premières machines faites dans ce genre étaient à margeurs et à receveurs ; aujourd'hui, on les fait à papier continu, et elles sont munies de coupoirs donnant le format du journal. On y ajoute aussi des plieuses faisant les cinq plis que l'on a l'habitude de faire aux journaux français.

3° LITHOGRAPHIE.

Nous voici arrivés au troisième mode d'impression, la lithographie.

Elle est obtenue au moyen d'une pierre bien dressée, sur laquelle on a fait un dessin avec une matière grasse. Ce dessin peut se faire soit à la plume avec une encre grasse composée de cire, de suif, de savon et de noir de fumée, soit avec un crayon gras, à base de savon. Dans le premier cas, la pierre doit être unie au moyen d'un ponçage ; dans le second, on la passe au grès, pour donner plus de prise au crayon. Cette encre ou ce crayon ont la propriété de se fixer et de pénétrer légèrement dans la pierre. Au bout d'un certain temps, la pénétration est assez grande pour que le dessin subsiste, même après un lavage à l'eau ou à l'essence ; on commence donc par fixer le dessin, puis on lave la pierre. Ce lavage se fait avec un tampon imbibé d'eau acidulée par l'acide nitrique et contenant une quantité notable de gomme. L'acidulation a pour but de décaper la pierre en agrandissant ses pores pour faciliter la pénétration de la gomme. Quant à la gomme, en remplissant les pores de la pierre, elle empêche l'encre d'imprimerie d'y adhérer, et maintient la pureté du dessin. Ce lavage terminé, on laisse sécher la pierre, puis on lave à l'eau, et ensuite vivement à l'essence, pour donner plus de délicatesse au dessin. On essuie alors soigneusement, et on fait passer un rouleau garni de cuir et imbibé d'encre d'imprimerie. L'encre, vu l'adhérence de son vernis, reste spécialement sur le dessin, qui se trouve seul encré par suite du gommage et de l'humidité de la pierre. On place alors sur la pierre une feuille de papier, et on obtient, par la pression, le report de l'encre de la vignette sur la feuille de papier.

On peut ainsi, si les premières précautions ont été bien prises, répéter cette opération un millier de fois environ; seulement, il faut avoir soin, entre chaque tirage, d'entretenir l'humidité de la pierre en mouillant avec une éponge imbibée d'eau pure, afin d'empêcher constamment l'adhérence de l'encre d'imprimerie sur les parties non dessinées.

Dans une presse lithographique à bras, la pression est obtenue au moyen d'un râteau fixe de deux ou trois centimètres de largeur, sous lequel on fait passer la pierre transversalement.

On voit à l'Exposition de 1878 une machine lithographique marchant mécaniquement, rappelant la machine à bras; je pense que c'est le premier essai de ce genre qui ait quelques chances de réussite.

Les presses lithographiques les plus employées ressemblent, comme mécanisme, à la presse typographique cylindrique, avec cette différence, qu'à l'arrière du cylindre se trouvent un ou deux rouleaux mouilleurs, destinés à laver la pierre avant l'encrage.

La lithographie est surtout employée dans le cas de faibles tirages ; au bout d'un certain nombre d'épreuves, le dessin s'altère, les déliés grossissent, et on n'obtient plus qu'une impression très imparfaite.

L'avantage de ce travail consiste dans la parfaite égalité de la répartition de l'encre sur la forme ; aussi l'emploie-t-on presque exclusivement dans le tirage des estampes à plusieurs couleurs ; on lui donne alors le nom de chromolithographie. En faisant sur une série de pierres le dessin des parties noires, bleues, rouges, etc., de l'estampe, on peut successivement venir imprimer ces couleurs sur une feuille de papier, et on est ainsi parvenu à reproduire à un nombre relativement grand d'exemplaires, les plus jolis effets de l'aquarelle. On a fait ainsi des tirages avec 25 couleurs différentes.

Il est essentiel, dans ce genre de travail, que les couleurs ne chevauchent pas les unes sur les autres, en un mot, que les parties du dessin qui s'appliquent aux différentes couleurs soient toujours bien repérées ; on obtient ce résultat au moyen des pointures.

Ce sont deux pointes fixes, placées extérieurement au dessin, sur lesquelles on vient piquer la feuille de papier, et toujours à la même distance des dessins que l'on imprime successivement. On a soin de déterminer à l'avance, au moyen d'un petit emporte-pièce, la place où la feuille sera piquée par les pointures.

Ce procédé de repérage des vignettes est aussi employé en typographie.

FABRICATIONS
ACCESSOIRES DE LA TYPOGRAPHIE ET DE LA LITHOGRAPHIE

Encres. — Pour obtenir une bonne impression, soit lithographique, soit typographique, il faut employer une encre convenable. L'encre noire ordinaire est composée de noir de fumée et d'huile de lin cuite et dégraissée. C'est ce que l'on nomme un vernis. Le meilleur procédé de dégraissage est la croûte de pain bien sèche; mais comme ce moyen est assez onéreux, on emploie généralement le plâtre. On obtient ainsi des vernis de différentes forces, suivant que l'huile est plus ou moins cuite; ils se classent en vernis fort, vernis moyen, vernis faible. On les emploie suivant le degré d'affinité de la poudre avec laquelle on veut obtenir l'encre.

On procède ensuite à un broyage assez long pour obtenir une encre bien liée et parfaitement homogène.

Rouleaux. — L'encre est répartie sur la forme ou sur la pierre au moyen de rouleaux. Ceux que l'on emploie pour la typographie sont formés d'une substance poisseuse, qui, pour les impressions fines et délicates, est composée de colle-forte et de mélasse de bonne qualité.

Dans les impressions de labeurs, on remplace souvent la mélasse des rouleaux par de la glycérine qui leur donne plus de consistance et de durée. Enfin, dans ceux qui sont destinés au tirage des journaux, on ajoute quelquefois un peu de caoutchouc.

En lithographie, on se sert de rouleaux en bois recouverts de peaux.

Dans toute machine typographique ou lithographique, on distingue trois séries de rouleaux : les rouleaux preneurs, qui prennent l'encre de l'encrier pour la déposer sur la table de distribution ; les rouleaux distributeurs, qui répartissent l'encre également sur la table de distribution ; les rouleaux toucheurs, qui prennent l'encre de la table pour la reporter sur la forme.

La table de distribution peut être plane ou cylindrique ; elle est généralement cylindrique dans les machines rotatives.

Clichés. — Quand on veut tirer un grand nombre d'exemplaires d'une planche gravée, il est essentiel d'avoir à sa disposition un certain nombre de clichés de rechange. On opère la reproduction au moyen de la galvanoplastie. Les empreintes se prennent au moyen de cire ou de gutta-percha. Il est nécessaire, pour obtenir un bon cliché, d'avoir un courant électrique très lent, afin que le grain du métal soit très fin, et par suite reproduise tous les détails de la vignette. Le métal, dans ce cas, est aussi plus homogène. Les piles thermo-électriques, qui ont un courant lent et très régulier, peuvent rendre dans ce cas de grands services.

Outre la galvanoplastie de cuivre, on a aussi fait des essais de galvanoplastie de fer. Ce métal supporterait un plus long tirage que le cuivre, et serait précieux à employer avec les encres qui attaquent le cuivre ; mais on a encore quelques difficultés à obtenir des clichés de fer ayant les qualités voulues pour l'impression.

Nous citerons encore pour mémoire, comme accessoires

du matériel d'imprimerie, les machines à rogner, à perforer et à timbrer.

VISITE A L'EXPOSITION

France. — *M. Marinoni.* — Citons en première ligne l'exposition la plus importante, celle de M. Marinoni.

Elle se compose de 8 machines :

2 Presses en blanc ;
1 Presse en retiration ;
1 Machine à réaction ;
3 Machines à journaux à papier continu ;
1 Machine à gommer.

Les deux presses en blanc, dites Indispensable et Universelle, sont remarquables par la simplicité de leur mécanisme, dont l'usage est à la portée des ouvriers les moins expérimentés.

La machine universelle, avec ses chargeurs mobiles animés d'un double mouvement de rotation par les toucheurs et de va-et-vient par un peigne mobile, permet d'obtenir des tirages plus légers et plus nets, en augmentant la distribution de l'encre.

La machine à retiration de M. Marinoni est munie de ces chargeurs mobiles.

Dans les trois machines rotatives, tous les cylindres sont sur une même ligne verticale. Cette disposition rend toutes les fonctions de ces machines très faciles : mise sous presse, changement des blanchets, etc. La mise en train y est aussi commode pour le tirage des labeurs. La distribution et la touche des rouleaux y sont aussi complètes que dans des machines en blanc ordinaires. L'une de ces machines, employée au *Petit journal*, peut tirer en une heure 40.000 exemplaires du format de ce journal. Les exemplaires sont coupés mécaniquement après l'impression, et réunis dans un accumulateur pour être envoyés sur la raquette. Les feuilles déposées sur les tables à recevoir sont séparées par paquets de 100 à l'aide d'une table mobile qui se déplace quand la raquette a déposé 100 feuilles. Une autre machine, employée au tirage de *la France*, produit 20.000 exemplaires à l'heure. Elle ne diffère de la précédente qu'en ce qu'elle ne coupe les feuilles qu'une seule fois par tour des cylindres imprimants. La troisième machine rotative est en outre munie d'une plieuse, qui effectue le pliage ordinaire des journaux français à cinq plis.

La machine à gommer a été inventée par M. Dupont, ingénieur à la Banque de France, ancien élève de l'École Centrale. Elle est employée pour le gommage des timbres-poste. Le rouleau qui dépose la gomme, la prend constamment et la dépose bien régulièrement sur le papier. Le reste de la machine est analogue à une machine à imprimer cylindrique. On obtient avec elle une production plus grande et plus économique qu'avec le gommage à la main.

M. Alauzet. — La maison Pierre Alauzet et Ce a exposé 6 machines :

1 Machine typographique en blanc ;
1 Machine à deux couleurs ;

1 Machine à retiration ;
1 Machine à réaction ;
1 Machine lithographique ;
1 Machine à papier continu pour illustrations.

La presse en blanc de M. Alauzet présente cette particularité que le marbre est animé d'un mouvement varié, c'est-à-dire qu'il se ralentit au moment de la pression. C'est une bonne condition pour les impressions de luxe. L'encrier, en outre, est en deux pièces, ce qui permet de tirer deux couleurs à la fois.

La machine à deux couleurs est munie d'une marge facile et précise, et d'un récepteur de feuilles. On peut marger en pointure sur cette machine, qui est munie d'un abatteur de feuilles spécial, donnant encore au repérage une plus grande précision. Elle est aussi disposée pour imprimer et numéroter mécaniquement des actions en un seul tirage.

La machine rotative à papier continu de M. Alauzet est spéciale pour les illustrations, à cause de sa double touche. Elle est sans cordons, ce qui simplifie l'habillage de la machine. La feuille de papier est mouillée mécaniquement avant l'impression, et ensuite imprimée successivement sur une seule composition au verso et au recto. Les exemplaires sont ensuite coupés et pliés mécaniquement. Cette machine débite environ 4.000 exemplaires à l'heure.

Enfin, la machine lithographique du même constructeur comprend tous les perfectionnements apportés jusqu'ici à ce genre de machines : calage et réglage facile de la pierre, au moyen de quatre vis de rappel ; pointures et abat-feuilles déjà cités, nécessaires dans la chromolithographie pour obtenir un repérage parfait ; enfin pression fixe et élastique au moyen de coussinets particuliers.

M. Dutartre. — Les machines de M. Dutartre sont remarquables par leur excellente construction ; aussi sont-elles très employées par les maisons qui impriment des travaux de grand luxe, et qui ont besoin d'appareils solides et précis.

M. Dutartre a exposé une machine à deux couleurs, qui figurait déjà à l'Exposition de 1867. La distribution en est très complète, la touche puissante ; le cylindre est complètement à découvert, parce que les pinces de prise de feuilles, au lieu d'être placées en dessus, se trouvent en dessous, ce qui facilite beaucoup la mise en train pour le conducteur. La feuille est piquée par le margeur sur deux pointures rentrantes, placées sur la table à marger, qui est mobile et animée d'un mouvement de va-et-vient longitudinal.

M. Voirin. — M. Voirin a présenté une machine lithographique à l'Exposition de 1878. Il est un des premiers constructeurs qui aient perfectionné et rendu pratique ce genre d'appareil.

La machine de M. Voirin, comme presque toutes les presses de ce genre actuellement employées, n'est autre qu'une presse typographique convenablement modifiée. L'encrage très puissant (18 rouleaux dont 6 toucheurs) suffit à presque tous les besoins, et, selon l'inventeur, est supérieur à celui des machines à double touche. Le mouillage est automatique, et l'alimentation très régulière se fait à chaque épreuve, au moyen d'un preneur d'eau touchant un cylindre de cuivre animé d'un mouvement de rotation, et dont la partie inférieure plonge dans l'eau. Le preneur d'eau est suivi d'une table à mouiller. Le calage de la pierre se fait, soit au moyen de quatre vis, soit au moyen d'une seule vis, suivant le désir et le goût de l'imprimeur.

M. Voirin a aussi exposé une presse typographique, qui est remarquable par une disposition intéressante au point de vue cinématique, pour remplacer le pignon elliptique que M. Norman avait imaginé afin d'obvier au joint de Cardan employé dans les machines en retiration. On sait que dans les machines en retiration, le marbre qui porte la forme à imprimer est commandé par un pignon calé à l'extrémité d'un arbre ; ce pignon doit monter et descendre d'une certaine quantité pour engrener en dessus et en dessous d'une crémaillère à fuseau. Pour permettre le mouvement du pignon, l'autre extrémité de l'arbre porte un joint de Cardan. Or, par suite des différentes inclinaisons que prend ce pignon, le mouvement du marbre n'est pas uniforme, et ne coïncide pas exactement avec celui des cylindres imprimeurs. Pour corriger ce défaut, on fait le pignon légèrement elliptique pour ramener la coïncidence entre le mouvement du marbre et celui des cylindres. M. Voirin, au lieu d'employer le joint de Cardan et de déplacer le pignon, laisse le pignon fixe, et fait monter et descendre la crémaillère à fuseau au-dessus et au-dessous du pignon, en la maintenant parallèle à elle-même au moyen de petites bielles. Ce moyen entièrement nouveau, employé par M. Voirin, paraît donner de bons résultats.

M. Wibart. — Le zinc, convenablement préparé,

peut remplacer la pierre dans l'impression lithographique.

M. Wibart a utilisé cette facilité d'employer des planches de zinc minces et flexibles, dans sa machine zincographique. Elle est à mouvement circulaire continu, et affecte la forme d'un laminoir dont les deux cylindres peuvent, en se rapprochant, donner une pression très énergique. Le plus gros occupe la partie centrale de la machine, et reçoit sur la moitié de son développement la planche de zinc qui s'y fixe fermement au moyen de mâchoires ; l'autre moitié sert de table à encrer. Le plus petit cylindre est le cylindre imprimeur ; c'est lui qui porte la feuille à imprimer. Cette machine, capable d'une production plus grande que les machines lithographiques ordinaires, peut rendre de grands services pour les labeurs.

M. Wibart a aussi exposé une machine en blanc typographique, et une presse en retiration.

M. Jules Derriey. — M. Jules Derriey a exposé deux machines rotatives ; elles sont spécialement destinées au tirage des journaux.

La première de ces machines occupe un très petit espace, de $2^m,30$ de longueur sur $1^m,80$ de hauteur ; elle abat cinq feuilles par coup de raquette, coupe et compte les exemplaires. Elle est à format variable, c'est-à-dire qu'elle peut imprimer n'importe quel journal plus petit en longueur et largeur que le format le plus grand pour lequel la machine est faite. Cette variation est obtenue par l'emploi de cylindres étireurs indépendants, et animés d'une vitesse plus ou moins grande selon que le ournal à imprimer est plus grand ou plus petit. Les cylindres coupeurs sont placés à la suite. Ces cylindres ont entre eux un certain intervalle, permettant au papier envoyé par l'étirage de passer. Lorsque le couteau du cylindre coupeur vient à rencontrer le papier, il coupe la feuille déjà passée. Cette feuille est ensuite prise par un jeu de cordons, et conduite aux premiers cylindres imprimeurs, de là à la deuxième impression, puis au ramasseur de feuilles, et enfin au receveur. Pour l'entrée du papier, il n'est pas besoin de conduire la feuille entre les cylindres d'impression; il suffit de lever et d'abaisser à 'aide de leviers spéciaux le cylindre étireur.

La seconde machine rotative diffère de la première en ce qu'elle est à format fixe. Elle coupe après l'impression, et ne peut être employée que pour les journaux dont la feuille possède une largeur égale à la circonférence des cylindres imprimeurs. La feuille est divisée transversalement en deux parties par deux cylindres coupeurs d'un volume beaucoup moins considérable que ceux de toutes les autres machines. L'accumulation se fait ainsi par demi-feuilles, et les cinq feuilles réunies sont envoyées au receveur après avoir été coupées longitudinalement par une molette circulaire. Les journaux sont donc délivrés par exemplaires de petit format.

MM. Ravasse, Genissieu et Ce. — MM. Ravasse, Genissieu et Ce (ancienne maison Lecoq) ont exposé des découpoirs de différents modèles, des machines à perforer le papier, à imprimer à pédale et à levier, des machines à timbrer, à folioter, à numéroter, et enfin des presses à copier.

L'un des découpoirs a $2^m,52$ de largeur; son porte-lame descend sous un angle de $30°$. On a surtout cherché dans cette machine à éviter le serrage du papier en porte-à-faux ; aussi le presse-papier se trouve-t-il entre les deux bâtis qui soutiennent le porte-lame, afin que la pression puisse se répartir également sur chacun d'eux.

Dans ce découpoir, comme dans beaucoup d'autres machines de cette maison, la commande se fait au moyen d'un roue de friction.

Un autre découpoir à plateau tournant et à diviseur universel sert à couper rapidement et avec précision les papiers à cigarettes, vignettes, étiquettes, etc., de tous formats.

Les tickets de chemins de fer et autres cartons de toute espèce sont découpés avantageusement par une machine à couteaux circulaires. Un jeu de pointures permet que la coupe se fasse exactement aux endroits réservés en dehors de l'impression.

Les machines à perforer de M. Ravasse servent spécialement à oblitérer les valeurs comme chèques, tickets, timbres, etc. C'est cette maison qui a fourni toutes les machines à annuler les tickets de l'Exposition.

On peut aussi voir une machine à imprimer le papier timbré, qui appartient au Timbre national. Elle peut imprimer 60 feuilles par minute, et n'exige qu'une ouvrière pour la conduire. L'embrayage et le débrayage se font au moyen d'une simple pédale.

M. Vauthier. — M. Vauthier a exposé une machine à retiration pouvant imprimer six couleurs différentes sur un côté d'une feuille de papier.

M. Guy. — Nous avons dit, dans les notions préliminaires sur l'imprimerie, que M. Guy avait exposé deux machines en taille douce, qui, pour la première fois, paraissaient avoir des chances sérieuses de réussite, grâce à un système d'essuyage spécial. La première est circulaire, c'est-à-dire qu'elle emploie des clichés cylindriques placés sur l'un des cylindres de la machine ; elle peut fournir de 10 à 15 épreuves par minute. L'autre, à chariot, est munie de clichés plans placés sur un marbre ; elle peut donner 6 à 10 épreuves par minute. On se sert du même noir et des mêmes chiffons que dans l'impression à bras ; seulement la disposition des chiffons d'essuyage est différente. Le principe du système d'essuyage de M. Guy consiste dans un léger déplacement de la bande de calicot qui passe sous les coussins d'essui, de manière à obtenir le minimum de pression et de frottement sur la planche. Le tirage s'effectue ainsi dans de bonnes conditions de régularité.

M. Legrand. — Le bronzage sur le papier ne se fait pas généralement au moyen d'une encre dorée, qui serait fort dispendieuse, mais en appliquant un vernis sur la partie à bronzer, et venant ensuite saupoudrer ce vernis d'une certaine quantité de poudre d'or ou de bronze, qui y reste adhérente.

M. Legrand a inventé une machine destinée à effectuer rapidement ce bronzage. Cette machine dépose le bronze sur la feuille, essuie ensuite la feuille pour enlever l'excès de bronze qui, au moyen d'une disposition ingénieuse, revient sur lui-même pour être de nouveau employé. Cette poussière est très pernicieuse pour les ouvriers, et une des qualités de cette machine est de ne laisser échapper aucune poussière de bronze pendant son fonctionnement.

M. Prudon. — M. Prudon a exposé une machine à quatre couleurs, qui peut être de quelque utilité dans le tirage des cartes géographiques avec plusieurs rouleaux.

M. Dupuy. — Les machines lithographiques de MM. Voirin, Wibart, Alauzet sont des imitations de la machine typographique à cylindre; M. Dupuy a voulu construire une machine lithographique travaillant comme la machine à bras, c'est-à-dire donnant sa pression au moyen d'un râteau.

Dans cette machine, la pierre va se mouiller, s'encrer, puis revient se mettre dans l'ouverture d'un cadre à repérer fixe, sur lequel on pointe la feuille. Alors le râteau s'avance vers la pierre, en faisant dérouler sur la pierre un cuir tympan. Il fait pression en se promenant sur le dessin, puis se relève et revient sur lui-même en conservant la même hauteur, et permettant au cuir tympan de s'enrouler sur un cylindre pour laisser la pierre à découvert avec l'épreuve imprimée.

M. Lhermite. — M. Lhermite a exposé une satineuse à chaud, pour le séchage et le satinage des feuilles imprimées.

Dans cette machine, la feuille, conduite par des cordons, passe entre deux cylindres de laminoirs chauffés à la vapeur ; un autre jeu de cordons les conduit ensuite au receveur. L'encre qui se dépose à la surface des cylindres est essuyée au moyen de rouleaux de drap enveloppant de petits morceaux d'éponges imbibés d'alcali ou de potasse. Ils sont ensuite essuyés par une bande de caoutchouc pressant fortement, et l'évaporation fait le reste. Cette machine présente l'avantage de supprimer les zincs ou cartes de Lyon employés dans les autres machines à satiner, et surtout de pouvoir faire sécher les épreuves aussitôt leur impression.

M. Uytterelst. — M. Uytterelst, constructeur à Bruxelles, a exposé une machine typographique en blanc, qui fonctionne comme les machines françaises du même type. Elle présente cette particularité comme construction, que tous les engrenages, au lieu d'avoir leurs dents placées parallèlement aux génératrices du cylindre primitif, ont leurs dents disposées en hélice sur ce cylindre.

ANGLETERRE. — *Ingram Illustrated London News.* — MM. Ingram et C*e*, de Londres, imprimeurs des *Nouvelles de Londres illustrées*, ont exposé la machine rotative qui sert à tirer ce journal. Sa bonne construction lui permet de tirer convenablement les vignettes. Elle coupe et plie les exemplaires, mais avec cette particularité remarquable de permettre de réserver sans être coupés les dessins de grandes dimensions qui sont dans le corps du journal. Quand on tire ces épreuves sur la machine, on empêche le fonctionnement du couteau instantanément en le renversant avec un levier comme une barre d'embrayage. Une disposition analogue permet même de supprimer le pliage.

MM. Letellier et Verstraet. — MM. Letellier et Verstraet emploient le caoutchouc et la gutta-percha dans la fabrication d'objets accessoires du matériel typographique.

On peut voir, dans l'exposition de la classe 60, que ces industriels proposent de remplacer les cylindres en fonte garnis de draps feutres garas employés dans les machines à fabriquer le papier, à imprimer, à apprêter, à tisser les étoffes, par des cylindres garnis de caoutchouc, présentant une dureté plus ou moins grande suivant les besoins.

Ils recommandent surtout leurs presseurs caoutchoutés pour machines à imprimer les tissus d'indiennes, en remplacement des draps, qui s'usent vite, et sont sujets encore à d'autres inconvénients.

MM. Foucher et fils. — On trouve dans l'exposition de MM. Foucher et fils tout le matériel nécessaire au fondeur de caractères d'imprimerie :

Machines à fondre simples ;

Machines à fondre, rompre et frotter les caractères.

Un nouveau moule à fondre les pages d'un journal par colonnes.

Les machines à fondre peuvent produire de 20 à 30.000 caractères par jour, du corps 5 au corps 32.

Comme matériel de composition, ces messieurs ont exposé un nouveau système de serrage à rainure, et de composteur à levier.

Enfin, comme matériel typographique, une presse du genre Stanhope pour travaux de luxe et reports.

M. Stroesser. — M. Stroesser, électrotypeur, a exposé des gravures tirées avec ses clichés par les maisons

Hachette, Baillière, Victor Masson, Plon, Ch. Delahaye et Hennuyer. Au lieu de la gutta-percha qui est souvent employée pour prendre les empreintes, M. Stroesser recommande la cire préparée par ses soins, qui ne subit pas de retrait, et reproduit parfaitement les tailles et les finesses de la gravure.

Dans la galvanisation, M. Stroesser se sert d'une pile spéciale, qui lui permet d'obtenir en quatre heures un dépôt assez solide et assez régulier pour supporter facilement le doublage. Cette opération est facilitée par l'emploi de la cire comme empreinte ; car, avec l'eau bouillante seule, on peut facilement détacher le cliché sans qu'il y ait déformation.

M. Coblence. — Comme M. Stroesser, M. Coblence préconise aussi la cire, de préférence à la gutta-percha, pour la fabrication des clichés ; d'abord à cause du retrait, et ensuite à cause de son bon marché et du peu de dépôt de cuivre nécessaire pour obtenir dans ce cas un démoulage convenable.

M. Michel. — M. Michel se sert pour le moulage, suivant les cas, de la cire, de la gutta-percha, du plâtre ou du métal. Le surmoulage ou moulage d'un premier cliché, à défaut du type primitif, tend à donner une épreuve plus lourde ; M. Michel a exposé des surmoulages aussi parfaits qu'un premier cliché (planche de l'*Averse*).

Les planches du *Christophe Colomb* présentent un spécimen d'un grand nombre de pages créées avec un nombre de bois gravés relativement restreint, grâce à des ajustages et assemblages habiles de parties de clichés soudées entre elles. On obtient ainsi de nouvelles planches, sans avoir recours au dessin ni à la gravure.

M. Michel fabrique aussi les plaques à gaufrer les peaux, en employant la peau elle-même comme matrice en l'imperméabilisant et y fixant de la plombagine. Il obtient ainsi directement le dépôt galvanique, et le grain est reproduit dans ses plus petits détails.

Enfin, comme historique de l'art du clicheur, on trouve dans la vitrine de M. Michel un cliché bitumineux inventé par M. Michel père en 1841. Cette découverte, qui rendit à cette époque des services à l'imprimerie, a depuis été complètement remplacée par la galvanoplastie.

Extrait des **ANNALES INDUSTRIELLES**
18, rue Lafayette, Paris.

VISITES DES INGÉNIEURS

ANCIENS ÉLÈVES DE

L'ÉCOLE CENTRALE

DES ARTS ET MANUFACTURES

A L'EXPOSITION UNIVERSELLE DE 1878

La Carrosserie.

Par M. G. ANTHONI (*Promotion de 1861*)

La carrosserie et le charronnage occupaient à l'Exposition universelle de 1878, à Paris, un espace considérable et bien en rapport avec l'importance chaque jour plus grande que prend cette branche de l'industrie.

Je résumerai rapidement les dispositions nouvelles et les progrès réalisés dans les principales parties des voitures. Après avoir rappelé les causes qui influent sur le tirage, j'examinerai successivement les roues, les essieux, les ressorts, les avant-trains, les caisses, les différentes voitures présentant des innovations, et enfin l'odographe, le dynamomètre et le séismographe, appareils enregistreurs qui peuvent servir à constater la vitesse, le tirage et la douceur de suspension des voitures.

Le *tirage* ou l'effort de traction que le cheval doit exercer pour traîner une voiture sur un sol horizontal, est d'autant plus petit que la voiture est plus légère, que les roues sont plus hautes, que le diamètre des fusées d'essieu est plus petit, que le graissage des essieux et que la suspension sont meilleurs. Il faut donc se préoccuper, relativement au tirage, du poids des voitures, de la forme, de la hauteur et de la position des roues, du système de graissage des essieux et des meilleurs systèmes de suspension.

POIDS DES VOITURES.

Le poids mort par personne varie dans les proportions suivantes, en supposant les voitures au complet :

	Environ.
Voitures américaines..................	25 kilogr.
— suisse, en fer, de M. J. Urfer..	37,500
Omnibus à 28 places de la Compagnie des Omnibus........................	57
Omnibus à 40 places de la Compagnie des Omnibus........................	62
Omnibus à 6 places de M. Jeantaud.....	79
Landau...........................	130
Mylord...........................	140
Coupé à deux places................	160

D'après ces chiffres et pour des charges complètes, on

voit que dans les voitures américaines le poids mort est d'environ le tiers du poids d'une personne ; dans la voiture suisse, il est de la moitié ; dans les omnibus, il est environ égal à ce poids, tandis que dans nos voitures de luxe, il est au moins deux fois plus fort que dans les omnibus.

Comme terme de comparaison, je dois citer le plus fort chariot exposé jusqu'à ce jour ; il était construit par MM. Sabon et Renaut (successeurs de M. Dauvillier) ; il pèse 9.500 kilogr. et peut porter 40.000 kilogr.; le poids mort est donc inférieur dans cette voiture au quart du poids transporté, tandis que dans la voiture américaine, il est égal au tiers de ce même poids, en admettant 75 kilogr. comme poids moyen d'une personne ; cette différence, qui donne, au point de vue de la légèreté relative, la première place au plus lourd chariot exposé, provient du volume occupé par les poids dans les deux cas, volume qui est bien moindre à poids égal pour le matériel de guerre que pour les personnes.

ROUES.

La *roue en bois* se compose d'un moyeu, recevant un certain nombre de rais qui se terminent dans la jante.

Ces rais, emmanchés à force dans le moyeu, suivant une direction qui s'éloigne plus ou moins du plan perpendiculaire à son axe, sont dans une surface conique dont chaque génératrice forme avec le plan perpendiculaire un angle qui constitue l'*écuanteur de la roue*.

On place quelquefois les mortaises sur deux rangs ; la surface conique ne contient plus alors les rais que de deux en deux, les intermédiaires étant dans une autre surface conique, d'écuanteur différent ; ce système, dit à *rais entrelacés*, affaiblit moins le moyeu et rend ainsi la roue plus solide.

L'extérieur de la roue se compose d'une jante qui reçoit les extrémités des rais, ou broches, dans des mortaises rectangulaires, cylindriques ou coniques.

Les jantes sont maintenues par un bandage en fer, quelquefois en acier, posé à chaud et qui, en refroidissant, vient exercer un serrage énergique sur tous les assemblages de la roue et lui donner une grande solidité.

Position des rais. — Pendant que la roue tourne, chaque rai porte successivement le poids de la voiture; sa position doit donc être verticale; or, les voitures roulant sur des routes dont le profil en travers se rapproche d'un arc de cercle, le rai ne peut tomber verticalement que dans l'axe de la route, tandis qu'à droite et à gauche il porte obliquement; dans cette dernière position, l'équilibre de la roue n'a plus lieu et elle tomberait si elle n'était retenue par la fusée d'essieu sur laquelle la boîte de roue produit une sorte de coincement; la pression par centimètre carré augmente alors dans une grande proportion et chasse l'huile, le tirage augmente par suite du mauvais graissage, la fusée chauffe et la boîte de roue peut gripper et s'enrayer sur l'essieu.

Pour éviter cet inconvénient, il suffit d'entrelacer les rais de façon que la verticale passant dans le milieu du bandage, à son contact sur le sol, soit toujours comprise dans l'angle formé par les génératrices des deux cônes contenant les rais entrelacés.

Influence du profil en travers des routes. — Pour que les bandages, qui sont cylindriques, portent de toute leur largeur en roulant sur le sol, il faut que leurs bords lui soient perpendiculaires, et pour cela que les plans passant par les bords des bandages se rencontrent au centre du profil en travers de la route.

Écuanteur des roues. — Pratiquement, on donne aux roues de carrosserie un écuanteur qui varie de $\frac{1}{15}$ à $\frac{1}{10}$ et qui est souvent plus grand pour les roues de charronnage montées sur des fusées coniques.

L'écuanteur rend la roue plus solide, deux rais opposés formant un triangle avec le plan du cercle qui les maintient solidement; il l'empêche de s'aplatir par les chocs contre les trottoirs; le bandage se trouve plus écarté de la voiture, il laisse ainsi plus de place aux renflements des caisses et projette la boue en dehors.

Dans la roue ordinaire, si la pression du bandage empêche la roue de s'aplatir, elle ne l'empêche pas de prendre plus d'écuanteur par l'usage et par l'effet des chocs intérieurs ; il faut alors châtrer la roue, c'est-à-dire refouler le cercle qui n'a plus de serrage et le reposer à chaud, ce qui, quelquefois, change l'écuanteur de la roue et donne alors un mauvais roulage.

Position des roues. — Une question qui préoccupe souvent l'acheteur est d'avoir une voiture à train court, c'est-à-dire dans laquelle les essieux soient peu éloignés, pensant ainsi diminuer le tirage. Or la règle à suivre est de charger autant que possible la grande roue : dans les omnibus, la porte étant derrière, on peut avancer la grande roue sous la charge et lui faire porter beaucoup plus qu'à la roue de devant. Le bon résultat que donne cette voiture provient de la position de la grande roue sous la charge et non de ce que le train est court. Dans toutes les voitures, ayant les portes sur les côtés, on ne peut avancer la roue d'arrière, puisqu'il faut laisser l'ouverture à la porte, et si on rapproche la petite roue pour raccourcir le train, on augmente alors sa charge et par conséquent le tirage.

LES ROUES A L'EXPOSITION DE 1878.

Les différents genres de roues employés dans l'industrie de la voiture étaient représentés par plusieurs expositions importantes. Dans la section française, je citerai les deux grandes roues de fardier, montées sur leur essieu, exposées par MM. Bahuchet et Rivière; les roues du chariot de MM. Sabon et Renault, destiné à porter 40.000 kilogr.; ces roues, à beaucoup près, les plus fortes de l'Exposition avaient des bandages de 32 centimètres de largeur et de 45 millimètres d'épaisseur, qui pesaient 175 kilogr. pour chaque roue de devant, et 275 kilogr. pour chaque roue d'arrière; les roues d'avant avaient 1^m,10 de diamètre et celles d'arrière 1^m,40.

Les roues du chariot destiné à porter 14.000 kilogr., de MM. Lemercier et Larochette, et celles du chariot de MM. Chambard et Cuillier, d'Auxerre, étaient aussi remarquables par leur force. Cette dernière maison exposait une belle collection de roues munies de leurs essieux, pour voitures agricoles.

Les roues de M. Hannoyer et de MM. Colas et Ce présentaient des types exacts et parfaitement exécutés de nos roues de carrosserie et de charronnage.

L'exposition belge de MM. Duhamel et Co présentait

des roues bien construites pour carrosserie et voitures de transport.

L'exposition russe montrait des roues à rais très entrelacés dont les formes s'éloignaient un peu des nôtres.

Les roues anglaises étaient un peu plus légères que les nôtres et bandées en acier ; celles du Canada et les importantes expositions des États-Unis nous montraient presque exclusivement le genre léger et les résultats du travail mécanique.

Dans ces roues américaines, les jantes sont faites en une ou deux pièces cintrées à la vapeur ; les joints se font au-dessus des rais, qui sont très fortement entrelacés, dans un grand nombre de ces roues.

Pour consolider les moyeux, qui sont très petits, on avait exposé plusieurs systèmes ; l'un d'eux consistait à serrer la base des rais, près du moyeu, par deux rondelles métalliques, que l'on reliait par des rivets dont les têtes formaient saillie.

D'autres roues présentaient la disposition suivante : les deux rondelles étaient fondues ensemble et réunies par des cloisons qui séparaient les rais. Pour empêcher la sortie des raies, M. Seidle avait exposé un système analogue, mais dans lequel au milieu de chaque mortaise se trouvait un coin parallèle aux cloisons, fondu avec les deux rondelles et servant à fendre le rai, quand on l'enfonce dans le moyeu ; l'élargissement ainsi produit emprisonne le rai dans le moyeu et rend la roue très solide.

MM. Hoopes frères et Darlington avaient exposé le système Dorman qui diffère du précédent en ce que le coin n'est pas fondu, la mortaise est libre comme dans le second système ; on scie le bout du rai en deux endroits et on y introduit deux coins en bois ; en enfonçant le rai, les deux coins s'enfoncent en même temps et élargissent la base du rai qui force dans la mortaise du moyeu.

Les anciennes roues avaient un écuanteur bien plus considérable que celui donné actuellement aux roues de carrosserie ; on pouvait voir encore un spécimen de ces anciennes formes dans les roues exposées par l'artillerie hollandaise ; le rai posant sur le sol était loin d'être vertical ; cette forme était adoptée dans l'intention de ne faire tomber le rai d'aplomb que sur le côté incliné de la route pour la roue la plus chargée et pour donner de l'élasticité par la flexion des rais ; cette flexion, si elle existe, ne peut se produire qu'au détriment de la solidité ; car, si le rai est élastique, sa flexion augmente l'écuanteur et le bandage perd son serrage.

Dans les machines agricoles, beaucoup de roues avaient aussi ce défaut, presque toutes avaient de l'écuanteur ; or, les essieux de ces machines n'ayant pas de devers, l'écuanteur de la roue était nuisible, puisqu'il faisait tomber le rai obliquement.

La roue est la partie de la voiture qui fatigue le plus, car elle reçoit sans intermédiaire tous les chocs provenant des aspérités du sol.

On a cherché à amortir ces chocs et surtout à donner à la voiture une grande douceur en employant le caoutchouc, soit autour des cercles, soit entre la boîte et le moyeu.

Bandages en caoutchouc. — Plusieurs voitures dans la section russe avaient leurs roues entièrement en bois avec bandage en fer en U, contenant un caoutchouc fixé comme ceux des vélocipèdes, soit en tendant et collant le caoutchouc dans 'e fer, soit par l'emploi d'un fil de fer intérieur, dont les extrémités, taraudées en sens inverse, sont réunies par un écrou.

Dans la section anglaise, M. F. Mulliner avait exposé des roues ayant aussi des jantes en bois et un cercle en fer ordinaire; le bandage en caoutchouc était maintenu sur les côtés par deux disques en fer boulonnés sur la jante en bois qu'ils affleuraient en dedans et dépassaient à l'extérieur pour se terminer par un rebord rentrant de chaque côté dans une rainure réservée au bandage en caoutchouc.

Pour éviter le laminage du caoutchouc entre le bandage et le sol, on a employé des bandages en caoutchouc mou, soudé à un caoutchouc durci, fixé lui-même sur une forte toile.

Dans le système de MM. Jeantaud et Menier, au lieu de cette forte toile, on interpose une épaisseur de caoutchouc souple entre le cercle en fer en U et le caoutchouc durci, qui est recouvert d'une forte épaisseur de caoutchouc mou, pour le roulement sur le sol.

L'emploi du caoutchouc autour des roues augmente leur durée, diminue les secousses provenant du sol, donne beaucoup de douceur à la voiture et la rend très silencieuse.

Interposition du caoutchouc entre la boîte et le moyeu. — Pour arriver à un résultat analogue au point de vue de la douceur de la voiture et moins coûteux, j'avais exposé un système de bobines ou bagues coniques en caoutchouc, placées entre la boîte d'essieu et le moyeu, de façon à les isoler complètement. Le mouvement à obtenir dans ce système n'est pas vertical; les ressorts suffisent amplement à donner de la souplesse dans ce sens. C'est contre les mouvements longitudinaux et transversaux que les bobines en caoutchouc, en permettant à la roue des mouvements d'oscillation latérale, ont leur incontestable utilité ; il faut donc rendre ce mouvement d'oscillation facile, en mettant les épaisseurs de caoutchouc les plus fortes aux deux extrémités du moyeu : la forme conique remplit parfaitement cette condition.

Un système du même genre était exposé dans la section des États-Unis et avait été appliqué à un certain nombre de voitures. Dans ce système, les manchons en caoutchouc sont cylindriques et évidés aux deux extrémités pour loger l'écrou de serrage et la tête de la boîte ; le moyeu est plus affaibli près de l'enrayage et la souplesse est moins grande que dans le système précédent.

ESSIEUX.

L'essieu se compose de deux parties principales : le corps, partie de l'essieu comprise entre les deux rondelles, et les fusées ajustées dans les boîtes fixées dans les roues.

Les *corps d'essieu* des voitures exposées avaient presque tous la forme suivante : ils étaient ronds au milieu, puis devenaient huit pans, et enfin carrés près des rondelles et sous les patins qui supportent les ressorts.

Dans quelques voitures, la partie carrée était posée sur quarre, au lieu de l'être à plat.

Les essieux pour lourdes charges ont souvent le corps carré ou un peu méplat dans toute leur longueur.

Plusieurs exposants belges avaient adopté cette dernière forme, mais en arrondissant les côtés : la section avait ainsi une forme olive aplatie en dessus et en dessous.

M. Kolber, de Buda-Pesth, avait exposé un chariot de chasse avec l'essieu encastré dans le bois et percé pour recevoir la cheville ouvrière.

Dans l'exposition russe et dans l'exposition autrichienne, il y avait aussi deux voitures ayant un essieu dont le milieu formait douille pour recevoir la cheville ouvrière. Avec ces montages, les ressorts sont fixés à la voiture et ne tournent pas avec l'avant-train. Dans une autre voiture russe, l'essieu était arrondi entre le ressort et la rondelle pour recevoir les extrémités des brancards ; l'attelage se faisait directement à l'essieu.

Dans les voitures anglaises, les essieux avaient des patins à brides dégagés de chaque côté du ressort, de façon à ne montrer que la partie dans laquelle passent les brides, ce qui rend l'essieu un peu plus léger.

Fusées d'essieu. — Le *devers* ou *carrossage*, inclinaison de l'axe des fusées sur l'axe du corps, doit correspondre exactement à l'écuanteur de la roue ou à l'écuanteur moyen dans les roues à rais entrelacés.

Le devers pousse la roue contre la rondelle, ménage ainsi l'écrou de l'essieu, s'oppose au déboîtage qui est surtout à craindre avec les boîtes coniques des essieux à graisse, et diminue dans les essieux patent la tendance à la fuite de l'huile, qui par son poids se maintient du côté hermétiquement fermé de l'essieu (on peut, du reste, obtenir ce résultat par d'autres moyens).

Après avoir employé exclusivement la graisse, on a perfectionné les essieux et on a adopté généralement ceux qui sont lubrifiés à l'huile.

Il y a quatre genres principaux de fusées d'essieux : 1° l'essieu à graisse ou ordinaire ; 2° l'essieu demi-patent; 3° l'essieu patent à graisse; 4° l'essieu patent à l'huile.

Essieux à graisse. — L'essieu à graisse a une fusée conique, la boîte est retenue par un écrou à chapeau; le dessus de la fusée est plat, pour former réservoir de graisse, sans diminuer la surface en contact sous la fusée; une rainure en forme d'hélice est creusée dans la boîte.

Il y avait de belles expositions d'essieux de charrette à corps carré ou méplat; les fusées sont semblables à celles des essieux à graisse, mais il y a une clavette devant l'écrou; quelquefois l'écrou est remplacé par une simple rondelle, maintenue par une clavette carrée très solide.

Les plus forts essieux à graisse étaient montés au chariot destiné à porter 40.000 kilogr., de MM. Sabon et Renault, les fusées avaient 180 millimètres de diamètre, les boîtes étaient en bronze. Ces deux essieux avec leurs boîtes pesaient environ 1.000 kilogr.

L'*essieu demi-patent* est très employé en Angleterre pour les voitures de commerce et de transport. La roue est retenue sur l'essieu à fusée cylindrique, par une contre-plaque en deux pièces qui s'emmanche derrière la rondelle soudée de l'essieu, et est fixée au moyeu par des boulons qui le traversent. Ce système est très peu employé en France, le montage en est difficile.

L'*essieu patent à graisse* a des fusées cylindriques, il est monté du côté de la rondelle exactement comme l'essieu patent, et de l'autre côté il porte un écrou en fer garni d'un cuir, contre lequel vient frotter le bout de la boîte. Pour empêcher l'écrou de se desserrer, on taraude l'une des fusées à droite et l'autre à gauche, et on place les fusées de façon que la roue, en tournant, serre l'écrou; mais en reculant, l'effet inverse se produit et l'écrou peut se desserrer.

Pour éviter cet inconvénient, MM. Charlet et Pierret avaient exposé un essieu dans lequel l'écrou était séparé en deux ; le chapeau de l'écrou n'est pas taraudé, il est ajusté sur le bout de la fusée, qui porte à cet effet une partie plate, et il ne peut ainsi être entraîné dans le mouvement de rotation de la roue; l'écrou vient serrer le chapeau à sa place.

Essieu patent à l'huile. — Toutes les voitures de luxe, les omnibus, les voitures de commerce et un grand nombre des plus forts camions sont aujourd'hui montés avec l'essieu patent qui donne le meilleur roulage, reste très propre, se graisse uniquement à l'huile et à de longs intervalles.

L'essieu patent à l'huile se compose d'une fusée cylindrique avec un renflement ou collet, et d'une boîte généralement en fonte. La fusée et la boîte sont cémentées Du côté de la tête, la boîte frotte sur un cuir qui s'appuie sur une rondelle en fer, soudée ou rapportée à l'essieu; l'autre bout de la boîte est maintenu par une *bague* en bronze qui s'emmanche à frottement doux sur un emplacement cylindrique, sauf une partie plate en contre-bas qui empêche la rotation. La bague est maintenue le plus souvent par deux écrous se vissant l'un à droite et l'autre à gauche. Une goupille fendue est placée devant le second écrou, et un chapeau en cuivre jaune recouvre le tout. Les deux écrous se maintiennent mutuellement; mais aussitôt qu'on serre les écrous pour enlever le jeu longitudinal produit par l'usure de la bague et du cuir, la clavette ne touche plus le second écrou et n'empêche plus les écrous de se desserrer. En pratiquant des entailles à ce second écrou, on évite cet inconvénient.

M. Hannoyer avait exposé « un essieu avec un seul écrou indévissable. » La bague forme rochet du côté de l'écrou qui laisse passer, par un trou percé dans son épaisseur, un pêne formant cliquet et rentrant dans le rochet de la bague; le pêne est maintenu par un ressort et le rochet est incliné de façon à permettre le serrage ; quand on veut enlever l'écrou, il faut soulever, avec une clef spéciale, le ressort qui pousse le pêne dans le rochet. Ce système, qui permet de régler d'une petite fraction de tour, empêche, comme dans l'essieu patent, l'écrou de tourner.

Pour les fortes charges, on emploie l'*essieu* dit d'*omnibus*, qui a été établi, en 1845, par M. P. Anthoni, pour les omnibus de Paris. La tête de la boîte est plate, ce qui donne plus de portée à la rondelle ; la bague est maintenue en place par un seul écrou à entailles ou sans entailles.

L'écrou à entailles, qui permet de régler le jeu à mesure qu'il se produit, ne tient sur la vis que par le frottement du filet sans s'appuyer sur un épaulement. Les chocs transversaux de la roue matent le filet qui s'incline peu à peu et finit par s'user complètement; un dernier choc fait passer l'écrou par-dessus le filet : la clavette est bientôt cisaillée et la roue tombe. La clavette ne peut servir qu'à empêcher l'écrou de tourner, mais elle est trop faible pour résister seule aux chocs de la roue quand l'écrou est usé.

L'écrou sans entailles est serré à fond contre l'épaulement de la bague, qui lui sert de butée fixe. Ce montage qui est le plus solide, ne présente pas les inconvénients du précédent ; je l'avais appliqué à un essieu patent de 105 millimètres, à patins, le plus fort qui ait été exposé.

Cet écrou ne pourrait s'appliquer sans modification aux essieux des voitures de luxe, parce qu'on ne peut enlever le jeu longitudinal qu'en changeant le cuir ; or, comme on ne peut le changer constamment et que l'usure est constante, il s'ensuit qu'il y a toujours du jeu sur la longueur et que l'huile peut fuir.

Pour éviter la fuite d'huile, on coupe la rondelle de cuir aussi juste que possible sur le collet de l'essieu ; si les écrous sont serrés de façon à ne pas laisser de jeu sur la longueur, l'huile ne peut passer.

Pour empêcher le cuir de tourner, MM. Belvallette frères font faire des stries aux collets de leurs essieux. MM. Laurent frères emploient dans le même but un cuir embouti qui recouvre la tête de la boîte et rend impossible l'introduction des corps étrangers, puisqu'il n'y a jamais de jeu entre la rondelle et l'extérieur de la boîte ; le frottement est légèrement augmenté. Ce système s'applique surtout aux essieux à graisse.

Pour éviter la fuite d'huile et donner de l'élasticité longitudinale, j'avais exposé un *essieu patent à battement élastique* dans lequel la boîte, maintenue entre deux rondelles élastiques ou ressorts, placés à chacune de ses extrémités, peut se mouvoir dans le sens de la longueur de la fusée ; la dilatation des rondelles compense l'usure de la bague, et la boîte peut ainsi rouler pendant un certain temps sans qu'il y ait de jeu sur la longueur.

Enrayage des essieux. — Quand l'essieu patent est mal soigné, la boîte chauffe, grippe, s'enraye sur la fusée et la voiture se trouve momentanément hors de service.

Les principales causes d'enrayage sont les suivantes :

Le manque d'huile dans les réservoirs ou sa mauvaise qualité ; l'huile des réservoirs ne circule pas sur la fusée ; la boîte ne tourne pas librement sur la fusée ; l'essieu est trop serré sur la longueur et chauffe ; l'huile est chassée par la chaleur et la boîte tourne à sec ; le frottement ne se fait pas sur toute l'étendue du dessous de la fusée ; dans le transport des voitures par chemin de fer, les vibrations chassent l'huile et matent les fusées dans les boîtes et aussitôt que la voiture commence à rouler, les boîtes peuvent s'enrayer.

La *boîte de sûreté*, que j'avais exposée, diminue les causes d'enrayage en faisant circuler l'huile par son poids d'une manière continue et régulière pendant le mouvement de la roue, et par le moyen même de ce mouvement, dans deux portions d'hélice de sens contraires qui viennent se raccorder par leurs extrémités pour former une courbe continue. Suivant la vitesse de rotation de la roue, l'huile amenée entre les surfaces frottantes fait à chaque tour un mouvement plus ou moins grand et graisse une nouvelle portion de la fusée qui ne peut ainsi jamais manquer d'huile tant qu'il y en a dans les réservoirs.

La Compagnie des Omnibus emploie depuis longtemps des boîtes en bronze. L'omnibus à 40 places qu'elle avait exposé était ainsi monté. Avec ces boîtes, on évite l'enrayage d'une manière certaine ; si un essieu chauffe, la boîte peut s'user rapidement, mais le service n'est pas interrompu.

J'avais exposé des essieux avec boîtes en fer cémenté et

d'autres avec des boîtes en acier fondu et trempé, qui sont d'un excellent usage.

RESSORTS.

Leur utilité. — La résistance que le cheval doit vaincre pour traîner une voiture est d'autant plus faible que la suspension est meilleure.

Le ressort amortit les chocs provenant des inégalités des routes, ménage la voiture, la rend moins fatigante pour le voyageur et facilite le roulement en diminuant le tirage.

Les ressorts doivent donc s'appliquer à toutes les voitures, non-seulement aux voitures de luxe auxquelles ils donnent la douceur indispensable, mais aussi aux voitures de transport, pour ménager les chevaux ou leur permettre de traîner sans plus de fatigue un poids plus considérable.

Les principaux genres de ressorts sont les suivants : les ressorts droits, à rouleaux, à cuillers, etc.; les ressorts pincettes et demi-pincettes; les ressorts en C et à jambe de force, employés pour les montages à huit ressorts, et les ressorts en C formant ressorts d'essieu; les ressorts à double élasticité, horizontale et verticale, réalisant seuls ou avec la bobine élastique la triple suspension.

Les *ressorts droits* sont terminés le plus souvent par des rouleaux dans lesquels passent les boulons qui les fixent aux supports.

Dans certains montages, on termine les ressorts par des parties demi-cylindriques auxquelles on donne le nom de cuiller et qui reçoivent un anneau en fer, garni de cuir ou de caoutchouc, qui les relie, au moyen d'une menotte, à deux autres ressorts placés en travers. Ce *montage en châssis* laisse aux ressorts la liberté nécessaire pour l'allongement sous la charge.

Ressorts pincettes et demi-pincettes. — Les ressorts pincettes sont formés de deux ressorts droits dont les convexités sont tournées l'une vers l'autre.

Le ressort du dessous est terminé par deux rouleaux, qui sont ajustés dans les deux mains qui terminent le ressort du dessus. Deux boulons réunissent les ressorts et forment une charnière à chaque extrémité. La flexibilité de ces ressorts est double de celle des rouleaux qui les composent.

Anciennement, on terminait l'un des côtés du ressort pincette par une crosse et une jumelle ; il y avait à l'Exposition des ressorts de ce genre montés à l'arrière-train d'une voiture belge. M. Holmes avait à son coupé des ressorts pincettes à crosse articulée pour laisser les ressorts libres.

Ressorts en C et montages à huit ressorts. — Les ressorts-pincettes sont quelquefois remplacés par des ressorts en C, faisant ressort d'essieu, et fixés sur les patins. L'extrémité supérieure est reliée aux deux moutonnets, formés de lames de ressorts, par une jumelle spéciale ou soupente, ou par un cuir. L'extrémité inférieure de ces ressorts est reliée par des menottes à simple brisure à un ressort de travers. Il y avait à l'Exposition quelques exemples de tous ces montages.

Les montages à huit ressorts sont formés de quatre ressorts à jambe de force, surmontés chacun d'un ressort en C portant un cric pour tendre les soupentes en cuir. Les ressorts à jambe de force sont composés d'un ressort à rouleaux fixé sur l'essieu et surmonté d'une jambe de force en fer ; une jumelle laisse la liberté du mouvement au ressort d'essieu.

Ressorts à élasticité horizontale. — Ces ressorts ont pour but de donner de la souplesse, non seulement dans le sens vertical, comme tous les ressorts précédents, mais aussi dans le sens horizontal, et de réaliser la suspension dans tous les sens ou triple suspension.

M. Belvallette avait exposé un mylord dans lequel l'élasticité transversale était obtenue par un faux patin embrassant latéralement l'essieu autour duquel il pouvait osciller ; pour cela l'essieu et les joues du faux patin étaient réunis par un boulon perpendiculaire à l'axe de l'essieu. Ce système donne la souplesse verticale et transversale.

Triple suspension. — Les ressorts employés actuellement dans les voitures dites suspendues ne produisent d'effet que dans le sens vertical et les voitures ressentent intégralement les chocs horizontaux dans le sens de la traction et dans le sens transversal produits par les aspérités du sol.

La triple suspension a pour but d'amortir les chocs en donnant à la voiture des *mouvements élastiques dans tous les sens.* Ces mouvements sont obtenus par l'interposition de pièces en caoutchouc, d'une qualité spéciale ; ces pièces supportant le poids de la voiture, augmentent la douceur de la suspension, diminuent le tirage et le bruit des caisses et lui donnent une grande durée en amortissant tous les chocs. J'avais exposé pour arriver à ce résultat :

Les bagues coniques placées entre la boîte et le moyeu ;

l'essieu à battement élastique ; les ressorts à double crosse ou à élasticité horizontale ; la bobine en caoutchouc appliquée dans les rouleaux des ressorts ; la bobine carrée en caoutchouc, appliquée entre le ressort et l'essieu ; le double tasseau en caoutchouc.

J'ai déjà décrit les trois premiers systèmes.

La *bobine en caoutchouc* isole complètement l'une de l'autre les deux moitiés du ressort, étant interposée entre les deux oreilles de la main, le rouleau et le boulon ; il résulte de cet isolement que les chocs produits par les inégalités du sol et qui se transmettent intégralement au ressort d'essieu ne peuvent se répercuter dans le ressort à mains que par l'intermédiaire de la bobine élastique et sont ainsi considérablement amortis, soit par le tube, soit par les rondelles de la bobine.

Quelques constructeurs anglais avaient employé des ressorts avec des rouleaux garnis de caoutchouc et d'un tube en cuivre ; mais il n'y avait pas d'isolement sur les côtés comme avec le système précédent qui est appliqué à un certain nombre de voitures françaises.

Bobine carrée en caoutchouc appliquée entre le ressort et l'essieu. — Le ressort est placé sur une bobine carrée en caoutchouc qui entoure l'essieu, et il est fixé à une bride qui entoure la bobine ; le patin de l'essieu est supprimé et remplacé par des rebords qui maintiennent la bobine et empêchent tout déplacement.

Le *double tasseau en caoutchouc* présente les mêmes avantages que le précédent et peut s'appliquer aux essieux à patins sans exiger une forme spéciale ; le caoutchouc est recouvert par une plaque à rebord, il entoure les tiges des brides dans leur passage à travers les trous des patins et s'interpose encore entre les écrous de ces brides et le dessous du patin, de façon à les isoler complètement. Les dimensions ordinaires des patins réduisent la pression par centimètre carré à la limite convenable pour éviter l'usure du caoutchouc.

Ce même principe d'*isolement complet* s'applique à toutes les machines ou véhicules dans lesquel on veut amortir les chocs, les vibrations et le bruit, aussi bien aux outils à chocs, qu'aux machines-outils, transmissions, voitures, wagons de chemins de fer, etc.

En employant une bonne qualité de caoutchouc et en réduisant la pression par centimètre carré, on peut dire que sa *durée* est indéfinie : je me sers depuis plus de six ans du même caoutchouc pour amortir les chocs et vibrations d'un marteau-pilon, et les rondelles interposées sont dans un parfait état de conservation.

SUSPENSION DES VOITURES EXPOSÉES.

Les voitures à deux roues, les dog-cart et les charrettes anglaises étaient montées, les uns avec deux ressorts ayant une jumelle derrière, et quelquefois aussi une jumelle devant; d'autres avec ces deux ressorts reliés à l'arrière par un ressort de travers; ces deux ressorts étaient quelquefois reliés à l'avant et à l'arrière par deux ressorts de travers et formaient le montage en châssis. Il y avait aussi le montage à deux pincettes de M. King et le montage à deux ressorts en C, terminés par une soupente en fer formant jumelle, de M. H. Mulliner.

M. Kolber, de Buda-Pest, avait exposé une charrette anglaise dans laquelle le ressort était fixé sous l'essieu par deux jumelles; ce ressort, formé de quatre lames séparées par des tasseaux et reliées en leur milieu, venait se fixer à la caisse par deux ferrures verticales partant des extrémités de la dernière feuille.

Les voitures à quatre roues sont montées d'une infinité de manières. Les camions, les omnibus et les voitures de commerce sont montés en général avec six ressorts droits, dont quatre ressorts d'essieux et deux transversaux; ces derniers sont fixés, l'un sous la caisse l'autre sous l'avant-train; les ressorts d'essieux sont fixés à l'avant à la caisse et à l'avant-train et sont réunis à l'arrière par des menottes, aux ressorts de travers.

Pour les voitures à quatre roues, le montage le plus simple consiste dans l'emploi de deux ressorts pincettes placés dans le sens de l'axe et au milieu de l'essieu, dont il faut alors faire le corps plus fort. M. Brewster, de New-York, avait exposé une voiture ayant ce montage.

Pour les voitures de luxe, les montages les plus employés sont ceux à quatre ressorts pincettes, ou ceux à deux ressorts pincettes devant et à cinq ressorts derrière.

Si l'on remplace dans le montage à cinq ressorts le demi-ressort droit par un demi-ressort à crosse relié au ressort d'essieu par une jumelle, le ressort peut jouer librement et la voiture devient plus douce.

Dans une voiture belge, les deux moutonnets en fer étaient reliés ensemble et venaient supporter dans leur milieu un second ressort de travers, relié aux extrémités supérieures des deux ressorts en C par des menottes à double brisure, laissant toute liberté à l'allongement des ressorts.

Le mylord de M. Charcot avait un montage nouveau : le ressort à crosse ne se terminait pas au moutonnet auquel il était relié par une jumelle; il allait se fixer à la caisse et pouvait ainsi jouer dans toute sa longueur comme le ressort d'essieu auquel il était de même relié par une jumelle.

Le landau de M. Faurax avait derrière deux ressorts transversaux ; l'un, sous la caisse, était relié par des menottes aux deux ressorts d'essieu, dont les extrémités supportaient, par une ferrure dite à télégraphe, le milieu du second ressort de travers, relié lui-même, par deux menottes à double brisure, aux deux ressorts-moutonnets.

Le cab à quatre roues de M. Kellner était monté derrière sur deux ressorts d'essieux, fixés en avant à la caisse et en arrière reliés par un montage à télégraphe à un ressort de travers.

Le phaéton de M. Binder était monté sur quatre ressorts à jambe de force, reliés par une flèche; ces ressorts étaient surmontés de deux châssis, formés chacun de quatre ressorts droits.

M. Locati avait exposé un landau, monté sur quatre ressorts à jambe de force, reliés par une flèche, et surmontés devant par quatre ressorts droits, comme dans le montage de M. Binder, et derrière par un ressort de travers, monté à télégraphe et se reliant à deux ressorts-moutonnets.

M. Van Aken avait exposé un landau monté avec quatre ressorts à jambe de force, reliés par une flèche et surmontés devant et derrière de quatre ressorts en châssis, comme dans les systèmes précédents. Tous les ressorts étaient munis de bobines en caoutchouc, et des tampons ovoïdes, aussi en caoutchouc, étaient interposés entre les deux systèmes de ressorts pour amortir les vibrations.

M. Letalle avait exposé un dessin d'un système de suspension de la charge au-dessous du centre des roues, laissant la liberté d'oscillation sous l'effort de traction.

AVANT-TRAINS.

Il y a peu de modifications à signaler dans les avant-trains exposés :

M. Binder aîné avait exposé un coupé avec un avant-train à lisoir droit et à rond ordinaire. Ce montage, en éloignant les petites roues du centre de gravité, reporte une partie de la charge sur les grandes roues de l'arrière-train ; l'équilibre est bien maintenu : en effet, quand la voiture tourne, le milieu des deux points d'appui des roues de devant reste toujours dans l'axe ; l'avant-train n'a plus besoin d'un excès de résistance, et la simplicité de sa forme permet un nettoyage facile.

Dans la plupart des voitures anglaises et dans quelques voitures françaises, on a employé des avant-trains très légers dans lesquels l'acier remplace le fer.

M. Belvallette emploie à ses voitures des avant-trains avec cheville patent ; la sellette et le lisoir sont en fer. M. J. Urfer avait exposé un avant-train, très léger, avec cheville patent, entièrement en fer et construit de manière à pouvoir se démonter facilement.

Dans une voiture russe, dans une voiture autrichienne et dans les voitures genre américain, le rond d'avant-train est sur l'essieu, qui est traversé par la cheville ouvrière ; les ressorts sont fixés à la caisse et ne suivent pas le mouvement des roues.

Les avant-trains de camions étaient disposés pour un montage à trois ressorts et avaient en général des palonniers pour faciliter les mouvements d'épaule des chevaux.

Tous les avant-trains exposés, sans exception, font reposer la voiture sur quatre points, formant un rectangle quand la voiture roule en ligne droite, et se réduisant à un triangle quand la voiture tourne; dans ce cas l'équilibre laisse à désirer, surtout avec les bois cintrés, et il est toujours prudent de ralentir la marche en tournant court.

Dans le montage à trois ressorts, employé pour les omnibus de la Compagnie et pour les camions, l'attelage est rigide et se fait directement à l'essieu par l'intermédiaire des deux ressorts latéraux; il en est de même avec l'attelage à l'essieu des voitures russes et de la voiture de chasse de M. Kolber.

Dans les voitures de luxe, l'attelage se transmet de l'avant-train à l'essieu, par l'intermédiaire des deux ressorts pincettes qui, fixés seulement en leurs milieux aux embrassures des avant-trains et aux patins des essieux oscillent d'avant en arrière à chaque choc produit par les aspérités du sol et donnent une certaine élasticité dans le sens de la traction.

Dans les voitures à deux roues, il y avait quelques palonniers à ressorts donnant la même élasticité.

M. Desarran d'Allard avait exposé un petit modèle d'omnibus avec un attelage élastique et un frein qui se serrait de lui-même dans le mouvement de recul.

M. E. J. Marey a étudié l'influence de l'élasticité dans la traction exercée sur des voitures, et il a constaté, dans les cas les plus favorables, une économie de travail de 26 % en faveur de la traction élastique. Ces expériences ont été faites au moyen du dynamographe (voir page 40). L'élasticité des dynamomètres à lames aurait faussé les résultats de cette expérience.

M. Marey fait remarquer que : « Dans l'emploi des moteurs animés pour la traction des fardeaux, il faut poursuivre partout où ils se produisent les chocs et les vibrations de façon à les absorber dans des ressorts élastiques, qui rendent au travail utile une force qui ne servait qu'à détruire les voitures, à défoncer les chemins, à faire souffrir les animaux » et aussi à cahoter les voyageurs.

Les systèmes de triple suspension que j'ai indiqués sont préférables aux intermédiaires élastiques, en ce sens que tout en diminuant le tirage et en ménageant les chevaux, ils rendent en même temps la voiture bien plus confortable. En donnant aux traits d'une voiture de l'élasticité par des ressorts à boudins ou tracteurs, on n'obtient que les deux premiers résultats, sans augmenter en rien la douceur de suspension.

Il n'y avait pas, à l'Exposition, de système de dételage, le jury d'admission les ayant écartés; en dételant les chevaux emportés, ils peuvent causer des accidents nombreux et la voiture abandonnée à elle-même, lancée à grande vitesse et sans direction sûre, peut, en tournant, venir se briser contre un obstacle. On a bien cherché à enrayer les roues et à empêcher l'avant-train de tourner, mais on arrive alors à des complications qui alourdissent la voiture et en augmentent beaucoup le prix.

On peut prévenir plus simplement les accidents causés par les chevaux emportés, en agissant directement sur eux par des mors de brides convenablement disposés ; M. Babonneau en avait exposé un dans ces conditions. M. Glatard avait aussi exposé un système très commode pour dételer très rapidement, sans aucun danger, un cheval abattu.

CAISSES.

Les caisses se font en général avec un passage de roue, qui est très utile au point de vue du tirage, parce qu'il permet de donner plus de hauteur aux roues de devant, qui dans nos voitures de luxe sont souvent les plus chargées.

Pour tenir les assemblages des caisses, on emploie des *bandes*, qui sont ordinairement en fer ; quelques constructeurs commencent à employer l'acier et réduisent ainsi le poids. MM. Belvallette frères exposaient un landau avec des bandes en acier, dans lequel l'entrée était très facile ; le plancher était relevé à fleur de l'ouverture de la porte, au-dessus des brancards, qu'il faut enjamber d'habitude, soit pour monter, soit pour descendre.

M. Faurax avait exposé une calèche à huit ressorts dans laquelle la flèche, chef-d'œuvre d'exécution de forge, était faite d'une seule pièce avec les fourchettes et les empanons à bouts sculptés ; le bois était complètement supprimé et la forme était simple et rationnelle.

Les mail-coach présentaient de très beaux exemples d'application de mécanique d'enrayage. Pour permettre aux dames de monter sur ces voitures, on avait exposé plusieurs systèmes de marchepieds ou d'échelles ; MM. Million et Guiet avaient employé une échelle à coulisse, se relevant horizontalement au moyen d'une charnière et rentrant en glissant dans le coffre où elle se trouvait entièrement dissimulée par un recouvrement mobile.

M. Binder aîné avait employé une échelle à charnière et il soutenait la partie brisée par un support, qui donnait une grande solidité à l'ensemble ; le tout était dissimulé comme dans le cas précédent.

Les Américains avaient exposé plusieurs modèles de *marchepieds*, recouverts de caoutchouc strié, d'un beau noir mat, ayant l'avantage d'empêcher de glisser quand le marchepied est mouillé ou la voiture inclinée sur le bord d'un trottoir, et donnant ainsi une sécurité absolue.

M. Henderson de Glascow avait à ses voitures les frettes de devant recouvertes de caoutchouc strié remplaçant les frettes quadrillées employées depuis longtemps; ce système empêche de même de glisser.

Les constructeurs anglais emploient encore à leurs voitures les *serrures* ne s'ouvrant que du dehors et sans ressort, que nous avons abandonnées pour les remplacer par des serrures à ressorts s'ouvrant du dedans comme du dehors. Pour supprimer la saillie intérieure produite par la bascule de la serrure, on emploie depuis longtemps la serrure à levier fonctionnant dans l'épaisseur de la doublure de la porte. Cette serrure oblige de dégarnir quand on veut graisser; j'avais exposé une serrure de ce genre, mais à levier mobile, qui évite cet inconvénient; on retire le levier en poussant le pêne, et on peut alors retirer la serrure de la porte sans toucher à la garniture.

Landaus. — La fermeture des anciens landaus était difficile; il fallait tendre les compas des deux côtés à la fois pour ne pas les tordre ou les fausser.

On a évité cet inconvénient en reliant par un arbre, dissimulé sous la garniture du dossier, les extrémités des deux compas. Pour faciliter la manœuvre, on a employé les *systèmes de relevage automatique des capotes.*

Le plus ancien de ces systèmes, celui de M. Rock, est composé de ressorts à lames ou à boudins, agissant sur le bas de la charnière des montants de porte.

M. Belvallette ajoute à l'arbre dont j'ai parlé, une bielle sur laquelle il fait agir des ressorts pour relever automatiquement les capotes.

M. Devillard exposait un landau en blanc à cinq glaces, dans lequel le relevage se fait au moyen d'un ressort formé d'une lame tordue en hélice, cachée dans un tube, et agissant derrière sur le bas des compas et devant sur la charnière du parallélogramme.

MM. Guyot et Cie avaient exposé des landaus en blanc fonctionnant avec des ressorts torses, agissant sur les extrémités inférieures des compas des capotes ou sur les charnières du devant ; les glaces de côté se replient autour de deux charnières verticales, sur la grande glace du devant ; les montants qui encadraient ces deux glaces forment parallélogramme en se rabattant sous le siège, qui est monté sur des charnières en fer.

M. Aldebert avait supprimé les ressorts intérieurs pour le relevage et les avait mis extérieurement autour des goujons de caisse.

MM. Rock et Hawkins avaient fait des compas en acier formant ressort et servant au relevage automatique; ces compas sont fixés en haut aux goujons de capote; en relevant le pavillon les compas à ressort s'ouvrent et ils se bandent quand on rabat, de façon qu'ils aident ensuite à relever.

M. Moyne s'était servi de ressorts à boudins fixés au-dessous de la charnière du montant de porte et agissant en haut de ce montant; il employait aussi un système avec deux ressorts à boudin placés horizontalement, tirant d'un côté sur le bas de la colonne et de l'autre sur deux leviers placés aux extrémités de l'arbre réunissant les compas.

Ces mêmes systèmes étaient appliqués à trois mylords; dans celui de M. Poitrasson, les compas étaient intérieurs; dans celui de M. Jeantaud, ils étaient cachés dans la garniture et la capote était tendue par un écrou nickelé qui la reliait au milieu de la galerie de siège; dans le mylord de M. Bail aîné, un levier placé sur le côté du siège agissait sur un arbre qui tendait ou détendait les deux compas intérieurs.

En découvrant les landaus par tous ces systèmes, les montants quittent la glace qui pourrait tomber si on oubliait de la descendre dans son logement; quand le landau est couvert, on ne peut non plus ouvrir la porte sans faire descendre la glace.

De nombreux systèmes, que je ne puis décrire ici, avaient été exposés pour remédier à ces inconvénients.

VOITURES.

Voitures à deux roues. — Au point de vue du tirage ces voitures sont avantageuses parce qu'elles sont légères et que la charge repose entièrement sur deux grandes roues. Elles ont quelquefois l'inconvénient de vanner, c'est-à-dire de faire sentir le mouvement du cheval; le voyageur court le risque d'être jeté hors de la voiture, si le cheval s'abat; enfin, dans les pentes, la charge n'est plus équilibrée. Dans les voitures exposées, on avait cherché à remédier à tous ces inconvénients.

L'exposition anglaise présentait un grand nombre de voitures à deux roues. M. J. Bush avait exposé un dog-cart dans lequel le siège est suspendu de telle sorte qu'il reste horizontal, même quand le cheval s'abat; de plus, la voiture peut prendre, au moyen d'un levier, des inclinaisons telles que sur une pente on puisse ramener le centre de gravité près de l'essieu.

M. Rousseau avait exposé un dog-cart charrette, avec un régulateur pour équilibrer la charge et laisser ainsi la caisse horizontale en élevant ou en baissant, suivant le cas, l'extrémité des brancards; les voyageurs restent bien assis et le cheval n'est pas surchargé, même sur les côtes les plus rapides. M. Dousserin avait exposé un dog-cart dans lequel, au moyen d'un levier, il déplace les deux sièges pour les mettre en équilibre.

Dans le dog-cart exposé par M. Dosme-Chatain, en ouvrant la porte derrière, on obtient un second siège qui s'équilibre de lui-même ; le siège de devant avance et la partie qui reçoit les pieds suit d'elle-même le mouvement du siège.

Pour supprimer le mouvement de vannage, on rend les brancards indépendants de la caisse ; ces brancards sont en général en bois de lance et très élastiques ; on les fixe à l'avant de la voiture par un boulon autour duquel ils peuvent osciller ; on les amincit ensuite et on les relie à l'arrière de la caisse soit par un boulon que l'on peut monter plus ou moins haut suivant la taille du cheval, soit par un ressort terminant le brancard, soit par un ressort de travers fixé à la caisse en son milieu et recevant les deux extrémités des brancards.

Beaucoup de ces voitures avaient un palonnier à ressort donnant l'attelage élastique ; d'autres avaient au contraire l'attelage rigide.

Il y avait deux coupés à deux roues pouvant remplacer avantageusement le cab anglais, dont la fermeture par un châssis ployant et par un tablier double à charnières est bien plus longue que celle d'une porte : le coupé est plus commode pour monter ou descendre rapidement. Les mêmes problèmes d'équilibre, de vannage, sont à résoudre pour ces voitures. Dans le coupé à deux roues de M. Obrenski, l'entrée de la voiture est facile.

Phaétons, wagonnettes. — Dans les voitures dont les sièges se placent en travers, comme les phaétons, il faut monter entre les roues de côté, ou enjamber la roue de devant. On a cherché à rendre l'accès des ces voitures plus facile aux dames; on emploie depuis longtemps un marchepied à tiroir se logeant sous les pieds du cocher et pouvant se développer par-dessus la roue en offrant plusieurs marches; une dame monte ainsi sans difficulté sur le siège de devant. Pour faire arriver au second siège, il y a plusieurs moyens : M. Brewster avait exposé un phaéton dans lequel on braque l'avant-train, puis en faisant tourner en dehors la moitié du siège de devant, on peut arriver à celui d'arrière. M. Lagogué relève le second siège sur le côté, et on peut monter à l'arrière de la voiture qui est munie d'un marchepied et d'une porte. Pour passer sur le devant, on peut appliquer le même système; pour aider à relever les sièges, il emploie un levier à ressort dans le genre du ferme-porte.

M. Thorn avait exposé un phaéton ayant un accès très facile par la porte située à l'arrière, qui, en s'ouvrant, fait pivoter le siège et développe un marchepied mécanique. Pour passer devant, on lève la moitié du siège autour de deux ferrures formant chacune parallélogramme, et il suffit d'enjamber le passage de roue pour être sur le premier siège.

En enlevant le siège de l'arrière et rapportant deux sièges de côté, on a la wagonnette que M. Thorn avait aussi exposée.

M. Jacobs avait exposé un phaéton à portières, avec une capote recouvrant les deux sièges; en transportant les deux supports antérieurs à côté des deux autres, on peut rabattre le tout comme une capote ordinaire.

Ducs, mylords. — Dans ces voitures, on demande souvent un siège mobile ou strapontin, pouvant s'enlever à volonté.

Le duc de M. Julian avait un petit strapontin dissimulé sur le garde-crotte, on le mettait en place en le faisant pivoter autour de deux supports.

M. Levacher avait exposé un duc dans lequel le garde-crotte, en se rabattant successivement autour de deux lignes de charnières, forme un siège, puis un dossier. Ce siège, en se repliant, se transforme de nouveau en garde-crotte.

M. Charcot avait exposé un mylord, avec son *siège strapontin*, qui transforme à volonté cette voiture en

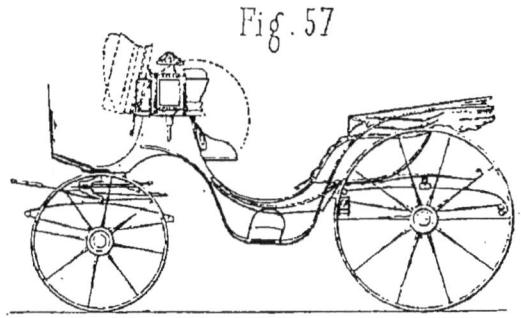
Fig. 57

vis-à-vis; les accotoirs de ce strapontin sont articulés, à charnières à leurs deux extrémités, de façon qu'en faisant tourner le siège du cocher autour de deux charnières antérieures, on peut replier le strapontin sous la boîte du siège. Ce siège est assez large pour deux grandes personnes; il reste toujours fixé à la voiture, et un instant suffit pour le mettre en service; il disparaît entièrement sous le siège du cocher et les supports servent de garde-fou.

Coupés, cabs. — M. Constantin avait exposé un coupé dans lequel les portes sont ramenées contre la caisse par un ressort placé sous la banquette. Au lieu de manœuvrer la serrure par un levier, il emploie un ancien système : un chasse-pêne, fixé au montant de porte, et par conséquent indépendant de la serrure, repousse le pêne au moyen d'un levier.

Dans les coupés, on met souvent une grande glace devant; pour en faciliter la manœuvre, M. Pernin avait employé un système de contrepoids cachés sur les côtés des coulants de glace.

Dans le coupé de M. Poitrasson, les portes s'ouvrent du côté des roues d'avant, et on met un garde-crotte aux roues d'arrière.

Pour diminuer un peu le tirage, M. Audineau avait exposé un coupé dans lequel il rapproche les roues d'arrière du centre de gravité.

M. Binder aîné avait le seul coupé ayant un avant-train avec bois droits; cette disposition, qui éloigne les petites roues du centre de gravité, diminue le tirage.

Pour rapprocher le centre de gravité des grandes roues, M. Desouches avait coupé le bas des portes en arc de cercle; la partie cintrée, en s'ouvrant, passe par-dessus la roue. La glace se loge dans l'épaisseur du panneau de côté.

Le cab anglais exposé par M. Geibel a deux grandes roues; le cocher, placé à l'arrière, est très élevé et conduit facilement; le voyageur peut ainsi voir devant lui sans obstacle; la fermeture se fait dans le bas par deux demi-portes, et en haut par un châssis vitré se ployant à charnières et venant se relever contre le pavillon.

Le cab français, créé par M. Kellner, se rapproche de l'omnibus au point de vue de la répartition de la charge, les voyageurs étant placés sensiblement au-dessus des grandes roues. Cette voiture, un peu plus légère que le coupé, peut se fermer complètement en baissant le tablier et en développant le châssis vitré.

Landaus, landaulets. — Dans les landaus à cinq glaces, on avait employé deux systèmes de rabattement : dans le plus ancien, on fait glisser les glaces de côté au-dessus des portes, dans lesquelles on les fait ensuite descendre à côté des glaces de porte ; puis on rabat sur la glace de devant, descendue dans son coulant, les deux montants qui la maintenaient ; enfin, les montants de porte se rabattent en avant avec le pavillon, qui se ploie en deux ou trois parties, et vient se loger dans la gorge du coffre.

Dans le système de rabattement en parallélogramme, les glaces de côté se rabattent à charnière sur la glace du devant, et le système des deux montants de porte et des deux montants de glaces, formant en dessus avec le pavillon, et en dessous avec la caisse, un ensemble de deux parallélogrammes parallèles, peut se rabattre sous le siège, qui, fixé à l'avant sur des charnières en fer, se relève pour cette opération ; avec ce système, on emploie un relevage automatique.

Avec ce rabattement en parallélogramme, on peut aussi loger les glaces comme dans l'ancien système.

Dans le landaulet trois-quarts, exposé par M. Belvallette, la glace de devant descend dans un coulant; les deux glaces étroites de côté se logent sous le siège avec leurs deux montants, et le pavillon se replie à charnière sur la capote d'arrière.

Enfin, dans le landaulet trois-quarts de M. Bail aîné, les deux petites glaces de côté se replient à charnière sur un cadre spécial, pouvant descendre comme la glace de devant, mais dont il reste indépendant ; on peut donc à volonté ouvrir la glace de devant ou celles de côté. Les deux montants antérieurs se rabattent l'un à côté de l'autre sur le coulant de glace ; les deux montants de porte se rabattent en avant sur les tiges des porte-lanternes et le pavillon se rabat comme dans le cas précédent.

Quelquefois les glaces étroites de côté se logent dans les portes.

Voitures à panneaux et à glaces mobiles, système brev. s. g. d. g. de G. Anthoni. — Les landaus et les landaulets sont certainement les voitures les plus commodes ; pouvant s'ouvrir et se fermer rapidement, au moyen des capotes et des compas, ils sont de toute saison et fort appréciés ; ils ont remplacé presque complètement les calèches, que l'on ne peut couvrir aussi facilement. Ces voitures seraient encore plus employées si l'on pouvait supprimer les cuirs des capotes, qui enlèvent beaucoup de jour, exigent l'emploi des compas, restent peu de temps en bon état, et dont l'entretien est difficile et coûteux ; les cuirs, en effet, se ternissent vite, ils forment des plis disgracieux, se durcissent au soleil, se cassent ; les capotes ne ferment plus bien et laissent alors infiltrer l'eau dans la voiture.

Les berlines et les coupés, qui ne peuvent s'ouvrir il est vrai, ont, avec leurs panneaux peints et vernis, et leurs glaces, un aspect bien plus riche, et sont, par cette raison, préférés par beaucoup de clients.

M. Charcot avait exposé un coupé trois-quarts à panneaux et à glaces mobiles de mon système. Le siège du cocher, monté sur des charnières en fer, se relève pour permettre le rabattement en parallélogramme du devant, après avoir replié les petites glaces de côté sur la grande glace. L'arrière, formé d'un grand panneau, se rabat de même; les panneaux de custode, qui peuvent à volonté se remplacer par des glaces, se replient sur le panneau d'arrière, et le tout se rabat en parallélogramme. Le relevage se fait par un des systèmes automatiques que j'ai

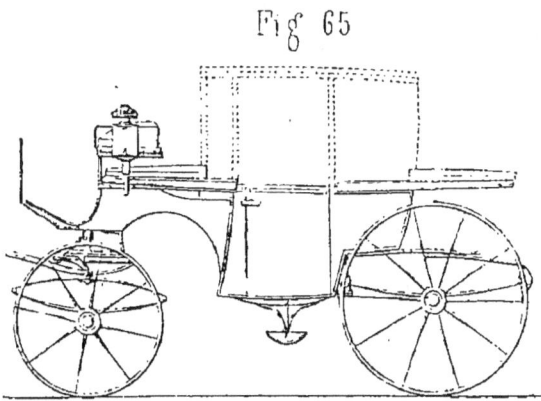

Fig 65

décrits, et les panneaux ou les glaces maintiennent les montants. Ce système s'applique de même aux coupés à deux places et aux coupés trois-quarts, permet de les ouvrir aussi facilement et aussi vite que les landaus, tout en remplaçant les cuirs par des glaces ou des panneaux qui offrent une surface toujours unie et brillante.

Comme *voitures de transport*, il y en avait de toutes sortes, depuis la brouette jusqu'aux gros chariots.

MM. Perousset et Samuel avaient exposé un chariot-fourragère très léger, monté à deux pincettes devant et à trois ressorts derrière; M. Roy avait une voiture du même genre, montée à six ressorts. MM. Chambart et Cuillier exposaient un fort charriot; MM. Lemercier et Larochette avaient un très fort chariot destiné au transport des grains, dont tous les détails étaient parfaitement soignés. Dans la section anglaise, on remarquait le gros chariot agricole envoyé d'Australie.

MM. Sabon et Renault avaient exposé une voiture de directeur de cirque, qui, avec ses peintures appropriées, et son mobilier intérieur complet, a été fort remarquée.

Ils avaient exposé aussi l'énorme chariot spécialement destiné au transport du gros matériel de guerre; ce chariot peut être traîné soit par des chevaux, soit par une locomotive routière; un puissant frein à vis permet d'en modérer la marche sur les plus fortes pentes.

APPAREILS ENREGISTREURS.

L'odographe, le dynamomètre et le séismographe sont des appareils enregistreurs qui peuvent servir à comparer les voitures au point de vue de la vitesse, du tirage et de la douceur de la suspension.

Odographe. — Cet appareil se compose d'un style traceur qui marche parallèlement à la génératrice d'un cylindre tournant couvert de papier. Le mouvement du style suit toutes les phases de celui de la voiture, mais à une échelle très réduite, afin que le tracé d'un parcours de plusieurs myriamètres puisse tenir dans les dimensions d'une feuille de papier. Le mouvement du cylindre est uniforme et commandé par un rouage d'horlogerie placé à l'intérieur.

Chaque tour de roue fait avancer le style de la même quantité; or, comme un tour de roue correspond toujours à un même chemin effectué, plus la voiture marchera vite, plus la roue aura fait de tours en un temps donné, et plus la ligne tracée montera rapidement ; la pente com-

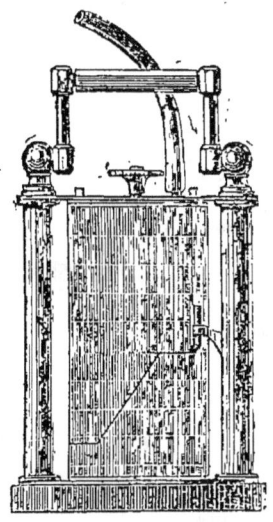

parée de divers éléments du tracé exprimera les variations de vitesse.

Dynamomètre. — M. Clair avait exposé le dynamomètre inscripteur de M. Morin.

Le papier enregistreur suffit dans la plupart des cas ; cependant, pour des expériences de concours, on peut avoir besoin de plusieurs courbes, et M. Grandvoinnet a remplacé le papier par des plaques métalliques polies et vernies, et le crayon par des pointes d'acier pouvant laisser leur trace dans ce vernis. En creusant avec un acide les traits faits par les pointes, on obtient une gravure en creux dont on peut tirer des exemplaires pour chacun des concurrents.

M. Clair avait aussi exposé le dynamomètre ainsi modifié.

Dynamographe. — Pour mesurer le tirage des voitures, on peut, au lieu du dynamomètre, se servir du dynamographe dont les indications, transmises par un tube à air, s'inscrivent à distance, sur un cylindre tournant.

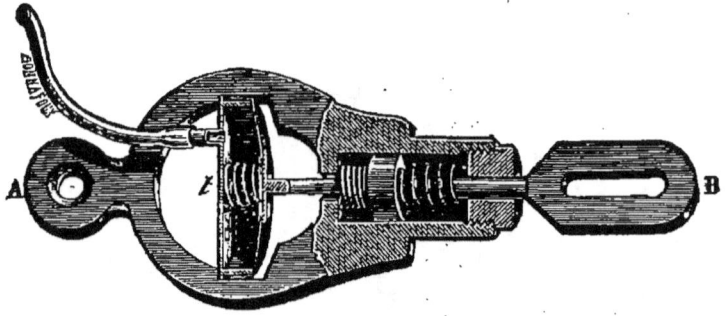

L'appareil se compose d'une forte monture en fer munie de deux anneaux, dont l'un A s'applique à la force motrice et l'autre B à la résistance; ce dernier fait corps avec la tige d'un piston maintenu en équilibre entre deux ressorts à boudin, dont l'un, plus résistant, supporte tout l'effort de traction. De l'autre côté du piston, la tige se continue jusqu'à une membrane de caoutchouc qui ferme une caisse métallique t formant tambour.

Toute traction sur la tige du dynamographe attire la membrane élastique et raréfie l'air de la caisse. Des alternatives de raréfaction et de compression de l'air contenu dans cette caisse, se produisent suivant que la force de traction augmente ou diminue; cela donne naissance à une soufflerie qui se transmet à travers un tube de caoutchouc, jusqu'à un appareil chargé d'inscrire sur un cylindre tournant les variations de l'effort.

Séismographe. — Grâce à l'obligeance de M. Regray,

qui a bien voulu mettre à ma disposition le séismographe qu'il avait exposé, j'ai pu faire des essais sur quelques voitures et obtenir des courbes dont j'ai représenté ci-dessous les principaux types.

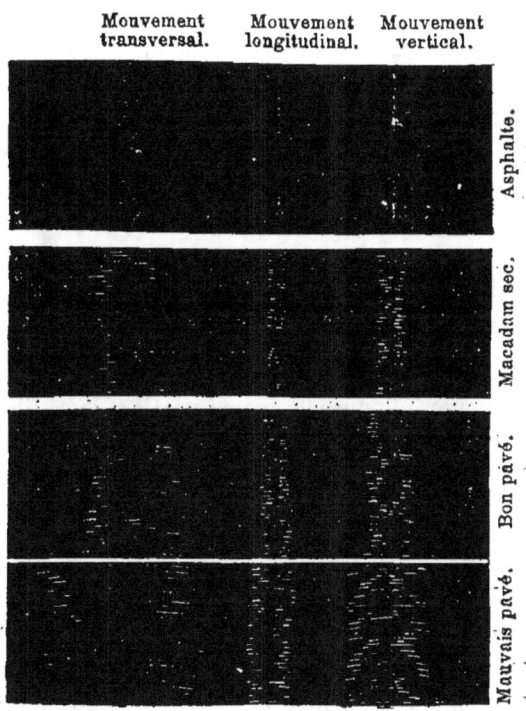

Les oscillations et les chocs sont inscrits suivant trois directions perpendiculaires au moyen de trois pendules dont le mouvement est transmis par un système de leviers à trois chariots portant chacun un crayon ; on enregistre ainsi sur un papier qui se déroule uniformément le *mouvement vertical* sur la troisième ligne horizontale, le *mouvement longitudinal* dans le sens du tirage du cheval sur la seconde ligne, et le *mouvement transversal* ou roulis sur la première ligne.

Ces courbes ont été obtenues avec une voiture ayant la triple suspension.

On peut remarquer que, sur tous les terrains, les oscillations transversales sont plus fortes que les oscillations verticales, amorties déjà par les ressorts et que les oscillations longitudinales dans le sens de la traction sont les plus faibles. Ces courbes démontrent l'utilité de la suspension en tous sens ou triple suspension ; celles obtenues avec les voitures n'ayant que les ressorts généralement employés, ont des amplitudes plus considérables, indiquant que les voitures sont moins confortables.

On peut comparer, avec une même voiture, les diverses parties d'une route, ou avec la même portion de route, la douceur de voitures différentes ; pour cela il faut les faire rouler par les mêmes chemins et sur une étendue assez considérable pour que les différences, provenant des obstacles rencontrés dans les divers sillons suivis par chaque voiture, deviennent inappréciables.

On peut donc, avec le séismographe, comparer les divers systèmes de suspension des voitures et garder avec les courbes enregistrées une trace écrite des résultats obtenus.

Des expériences simultanées faites avec ces trois appareils enregistreurs auraient un grand intérêt ; elles fixeraient les constructeurs d'une manière indiscutable sur la valeur relative des différents modèles et de toutes les améliorations proposées et amèneraient certainement dans la construction des voitures des progrès analogues à ceux que le dynamomètre et l'indicateur de Watt ont amené dans la construction des machines à vapeur.

CONCLUSION.

La carrosserie française, magnifiquement représentée à l'Exposition universelle de 1878, tient, de l'aveu de tous les constructeurs, la tête de cette industrie; dans toutes les spécialités, elle compte des artistes habiles et la France fournit en abondance les matières premières nécessaires à la fabrication des voitures.

Comme bon goût, élégance et fini, les voitures françaises sont sans rivales et servent aujourd'hui de modèle, jusqu'en Amérique, de préférence au genre anglais.

D'après les journaux américains, « le style du travail français est hors ligne; » ils reconnaissent aux Anglais une grande recherche du confort et de la solidité et s'attribuent, avec raison pour leur genre spécial, la première place sous le point de vue de la légèreté unie à la solidité. Mais dans le genre européen, ils n'en sont encore qu'à la copie et n'ont rien créé qui ait fait école.

Nous avons des progrès à faire sous le rapport de la légèreté, et je signale dans ce sens l'emploi raisonné de l'acier, combiné avec celui du caoutchouc : l'acier pour diminuer le poids tout en conservant la même résistance; le caoutchouc pour amortir les chocs et permettre ainsi l'emploi, sans danger, de pièces très réduites, augmenter la souplesse et la durée des voitures et diminuer le tirage.

En résumé, la carrosserie française tient le premier

rang, suivie par les constructeurs américains et anglais; c'est en continuant à spécialiser, en restant au courant de tous les progrès et en répandant à profusion parmi nos ouvriers l'instruction technique, que les autres nations, à notre exemple, organisent chez elles, que la carrosserie française gardera cette place d'honneur.

Imprimerie D. BARDIN, à Saint-Germain.

Extrait des **ANNALES INDUSTRIELLES**
18, rue Lafayette, Paris.

VISITES DES INGÉNIEURS

ANCIENS ÉLÈVES DE

L'ÉCOLE CENTRALE

DES ARTS ET MANUFACTURES

A L'EXPOSITION UNIVERSELLE DE 1878

Machines à travailler les métaux.

Par M. DONNAY (*Promotion de 1846*)

Avant d'entrer dans les galeries de l'Exposition, M. Donnay a présenté aux camarades, réunis dans la bibliothèque, quelques observations générales sur les machines devant faire l'objet de la visite.

Voici le résumé de ces observations :

Messieurs et chers camarades,

M'occupant depuis peu de temps de la construction des

machines-outils, j'ai craint de ne pouvoir donner à la visite que nous allons faire tout l'intérêt qu'elle mérite, et j'ai sollicité le bon concours de M. Pihet, qui s'est empressé de se mettre à notre disposition.

Sa compétence particulière, les fonctions qu'il a remplies dans le jury de classement et dans celui des récompenses, l'ont mis à même de connaître, dans tous leurs détails, les machines qui nous intéressent et nous rendent son concours extrêmement précieux. Je le remercie donc, en mon nom et au vôtre, d'avoir bien voulu nous assister.

Je remercie également M. Elwell fils, notre camarade, de nous accompagner, pour nous faire apprécier, comme elle le mérite, la belle exposition de sa maison.

Le temps nous étant mesuré, nous avons dû restreindre notre programme.

En effet, si l'on entend par machine-outil l'outillage des diverses industries, le champ est presque sans limites. Aussi devrons-nous nous borner à voir, même partiellement, celles de ces machines qui servent à fabriquer les autres machines, c'est-à-dire à travailler les métaux.

L'exposition actuelle nous montrera chez les divers constructeurs la préoccupation de plus en plus accusée de substituer les machines au travail à la main. L'augmentation toujours croissante du prix de la main-d'œuvre en fait une nécessité. Aussi, à la suite des outils généraux, tels que tours, machines à raboter, à mortaiser, etc., qui forment le fond de tous les ateliers de construction, voyons-nous des machines plus spéciales, entrant plus avant dans la confection des pièces.

Nous remarquerons tout d'abord que les outils que nous appelons généraux ont été grandement perfectionnés. On leur a donné à la fois plus de puissance et plus de précision ; on a ainsi obtenu ce double résultat : de travailler les pièces plus promptement et avec plus d'exactitude et de fini, c'est-à-dire qu'elles coûtent moins sur la machine, et qu'elles exigent moins de retouches ensuite.

Mais l'on s'est aussi préoccupé de supprimer les retouches à la main, et ce résultat est partiellement atteint par quelques machines spéciales, notamment par les machines à fraiser.

La visite s'est effectuée particulièrement dans les sections belge, américaine, anglaise et française.

SECTION BELGE

MM. Fétu et Deliège, à Liège, outre un tour à essieux disposé pour tourner en même temps les deux fusées coniques et quelques outils de types connus, ont exposé une fort curieuse machine à tailler les roues d'engrenages coniques.

La surface de contact des dents s'y engendre tout à fait géométriquement et automatiquement.

Lorsqu'on veut produire à la fraise cette surface, constamment variable, on n'obtient qu'un à peu près, qui n'est acceptable que pour les plus petites dimensions.

MM. Fétu et Deliège obtiennent cette surface en guidant constamment, suivant ses génératrices coniques, un burin d'étau limeur.

A cet effet, la roue est placée verticalement, comme sur un tour. Une espèce d'étau limeur, dont le guide oscille autour du sommet du cône, dans lequel on peut imaginer la roue ajustée, vient à chaque course enlever son copeau.

L'extrémité de ce guide s'appuie sur une courbe amplifiée et placée à la base du cône.

A chaque course de l'outil, le contact du guide se déplace, jusqu'à ce qu'il ait passé par tous les points de la courbe. Il y a deux outils semblables fonctionnant symétriquement, de telle sorte que l'on façonne à la fois les deux surfaces d'une dent.

La combinaison de cette machine est fort ingénieuse, et sa complication fait ressortir les difficultés du problème à résoudre.

Le premier sentiment qu'on éprouve, après le juste hommage rendu au mérite de l'invention, c'est le regret de ne pouvoir appliquer une machine d'une grande importance relative qu'à des dimensions de roues très restreintes.

La société Cail, Halot et Cie a exposé une machine à chanfreiner les tôles, jusqu'à 5^m,00 de longueur, d'une seule fois; une machine à cintrer les petites pièces; une machine à tarauder des tiges ou des tubes, jusqu'à 90 millimètres de diamètre, avec disposition pour tarauder les boulons jusque près de la tête.

SECTION AMÉRICAINE.

L'exposition américaine ayant été l'objet d'un travail spécial, nous nous bornerons à rappeler les outils les plus remarquables. On les rencontre dans l'exposition de MM. Brown et Sharp.

Nous y trouvons d'abord les machines à fraiser, d'invention américaine, reproduites à peu près semblables dans la section anglaise, et qui ont servi de point de départ à celles exécutées en France.

Mais nous avons surtout à signaler deux machines spéciales dans lesquelles la meule est employée pour obtenir un travail de précision ; une machine à planer et une machine à tourner.

La machine à planer est conçue dans son ensemble comme une machine à raboter à plateau mobile, seulement ici l'outil coupant est remplacé par une meule tournant avec une vitesse de 270 tours par minute et qui, dans le type exposé, a $0^m,30$ de diamètre environ.

Cette meule est montée sur un axe qu'on peut élever ou abaisser suivant l'épaisseur de la pièce à planer, et de même que l'outil des machines à raboter, elle est animée d'un mouvement de déplacement transversal automatique.

La machine à tourner est composée d'un banc fixe analogue à un banc de tour, sur lequel on a monté une table portant deux pointes. Cette table peut se déplacer longitudinalement et peut aussi tourner autour d'un axe vertical, de manière à incliner la ligne des pointes.

La meule est montée sur un chariot qu'on peut déplacer transversalement pour être mis en contact, au point voulu, sur la pièce à tourner.

On peut ainsi, avec cette machine, tourner des parties cylindriques ou coniques.

Toutes les machines de la maison Brown et Sharp sont remarquables par leur exécution.

Parmi les machines à meules de la section américaine, il faut encore citer celles de la maison Northampton Emery Weel C°, de Leeds (Massachusets).

1° Une machine à affûter les lames de machines à raboter les bois, ou leurs analogues. La lame est montée sur un chariot qui se meut automatiquement le long d'un banc fixe, de manière à présenter tous les points de la lame le long de la meule. Le chariot peut être incliné de façon à obtenir le tranchant de l'outil au moyen d'un chanfrein dont on détermine la pente à volonté.

La meule est annulaire et travaille latéralement, elle produit par conséquent une surface absolument plane.

2° Une meule à axe vertical, travaillant par sa circonférence, au-dessus d'une table bien dressée et inclinable.

En montant une meule conique, par exemple, il est possible de dresser des bords de pièces inclinés et on en varie à volonté la pente en inclinant plus ou moins la table.

SECTION ANGLAISE.

Plusieurs maisons importantes ont exposé de belles séries de machines-outils dont quelques-unes présentent des dispositions nouvelles et intéressantes.

Nous remarquons d'abord celles de MM. Sharp Stewart et Cⁱᵉ, de Manchester, étudiées généralement en vue de la construction des machines locomotives.

Ces machines sont parfaites sous tous les rapports. Les formes extérieures joignent à la plus grande simplicité une élégance qui n'exclut pas la force. Les organes de mouvement, réduits à leur plus simple expression, sont groupés de façon que l'ouvrier puisse les commander tous sans se déplacer, et par conséquent sans perdre de vue la pièce qu'il travaille. Le fini du travail dans chacune des parties qui les composent est proportionné au besoin, c'est ainsi que les socles sont rabotés et dressés à grands traits, que les glissières reçoivent au contraire un dressage achevé, et que les alésages et emmanchements des organes délicats sont l'objet des soins les plus complets.

Ces machines sont d'ailleurs capables de produire un travail fort et précis.

Il serait donc très intéressant d'étudier successivement toutes ces machines dans leurs moindres détails ; mais le temps nous est compté et nous ne pouvons qu'esquisser à grands traits les particularités les plus remarquables de chacune.

1° *Machine à percer verticale.*

Tout l'ensemble de la machine est supporté par un bâti unique qui comporte la commande intermédiaire, la poulie folle et fixe, le débrayage.

La pièce à percer est portée sur un plateau mobile dans deux sens, dans le sens vertical par une équerre qui monte et descend au moyen des glissières ajustées le long du bâti. Le mouvement dans ce sens est donné par une vis qu'on actionne avec une manivelle par l'intermédiaire de deux pignons d'angle. Le mouvement transversal se donne au moyen d'une vis fixée à l'équerre.

Ces mouvements se font à la main, parce qu'ils ne servent qu'à mettre en position la pièce qu'on doit percer.

Au contraire, le mouvement de descente de l'outil qui produit le travail est automatique.

Suivant le diamètre à percer on peut faire varier la vitesse de rotation du foret à l'aide d'un cône à quatre étages ; suivant la nature du métal on fait varier l'avance de la descente automatique.

On peut percer jusqu'à 50^{mm} avec 180^{mm} de profondeur. L'arbre porte-foret est maintenu seulement à ses deux extrémités dans deux douilles adhérentes au bâti, celle du bas porte le collet de l'arbre, celle du haut l'écrou fixe dans lequel passe la partie filetée du même arbre. C'est cet écrou fixe auquel on donne le mouvement de rotation à l'aide d'un arbre auxiliaire qui fait monter et descendre la vis qui le traverse et par conséquent l'arbre du foret et le foret lui-même. La plupart des machines à percer ont trois collets, deux pour l'arbre, un pour la vis. En n'en mettant que deux, les constructeurs ont réduit au minimum les dimensions de cette partie de la machine.

2° *Machine à percer radiale.*

Elle comprend une plaque de fondation rabotée sur laquelle est fixé le pivot vertical et le système d'engrenage double destiné à commander la machine.

Sur le pivot est ajusté un fourreau cylindrique portant, d'un côté, deux glissières verticales le long desquelles monte et descend le bras horizontal dit bras radial. Le long de ce bras, se meut horizontalement la machine à percer proprement dite.

Cette machine à percer se compose d'un chariot rectangulaire portant dans son milieu l'arbre porte-foret, maintenu dans deux douilles hautes et basses comme dans la machine précédente, sur l'un des côtés l'arbre auxiliaire de l'avance automatique de l'outil, sur l'autre côté l'arbre de manœuvre pour le déplacement à la main seulement de la machine à percer le long du bras radial.

On voit donc que l'ouvrier a sous la main les mouvements essentiels à son travail.

On peut, suivant la forme des pièces, ajouter sur la plaque de fondation un socle rectangulaire dressé et rainé sur trois faces.

Toutes les qualités de formes et de bon agencement des

organes du mouvement se retrouvent au plus haut point dans cette machine et lui donnent le meilleur aspect.

3° *Machine à percer et rainer les pièces longues.*

Cette machine comprend un socle portant deux montants entretoisés à leur partie supérieure par une traverse creuse analogue au bras d'une machine radiale.

Entre les deux montants est un socle sur lequel on fait reposer les pièces à travailler et sur lequel on peut aussi les déplacer longitudinalement sans que rien limite ce déplacement.

La machine se prête donc au perçage des pièces analogues aux longerons des machines locomotives.

Le long du bras transversal supérieur se meut une machine à percer semblable à celle de la machine radiale, mais avec une disposition supplémentaire qui permet de donner à ce foret un mouvement automatique de va-et-vient.

On peut dès lors, en combinant la descente et la translation, exécuter des rainures ou simplement percer.

4° *Machine à raboter.*

La machine est à plateau mobile, permettant de travailler sur $3^m,05$ de longueur, $1^m,07$ de largeur et $1^m,07$ de hauteur et nous paraît destinée plus particulièrement au travail des cylindres de locomotives ; elle est à deux outils.

Ses proportions générales et ses formes sont parfaites ; mais ce qui la distingue particulièrement c'est le mode d'entraînement du plateau, qui a été emprunté à l'Américain Sellers.

Les moyens ordinairement employés sont : une crémaillère commandée par un pignon, ou une vis longitudinale avec un écrou.

Dans le système à crémaillère le mouvement n'a pas toute la régularité voulue, les pignons broutent quelquefois ; dans le système à vis, l'écrou s'use plus ou moins vite et prend du jeu.

Pour éviter ces inconvénients les machines Sellers sont pourvues d'une crémaillère mise en mouvement par une vis sans fin montée sur un arbre placé obliquement. Cet arbre reçoit lui-même son mouvement d'un grand pignon d'angle qui engrène avec un pignon calé sur l'arbre des poulies.

La vis sans fin est à quatre filets et fait avancer la crémaillère par un mouvement tangentiel doux et régulier, et comme elle appuie par des surfaces plus larges et plus multipliées que sur les systèmes précédents, les inconvénients signalés ont disparu, autant qu'il était possible.

5° *Étau limeur double.*

Cette machine représente en réalité deux étaux limeurs simples juxtaposés ; en effet, sauf la commande et le banc qui sont uniques, tous les mécanismes sont doubles et indépendants.

L'avantage c'est que le même ouvrier conduit très facilement la machine.

On peut travailler sur deux pièces à la fois, ou bien deux parties différentes d'une pièce longue, les deux têtes d'une bielle, par exemple.

On peut raboter des surfaces planes ou courbes, les passes se font automatiquement et avec retour de l'outil accéléré pour économiser le temps.

Les bielles qui reçoivent les porte-outils sont actionnées dans leur axe, elles ont une course variable à volonté, qui peut atteindre $0^m,330$.

La longueur totale du bâti est de de $3^m,65$, ce qui a permis à chaque outil un déplacement de $1^m,20$.

Nous signalerons encore un tour à banc mobile qui permet néanmoins de charioter et de fileter automatiquement, une machine à tarauder à disposition très ingénieuse pour régler les outils sans tâtonnements au diamètre exact à produire.

Une machine à mortaiser, étudiée spécialement pour mortaiser les lumières des cylindres de petit diamètre, mais avec possibilité de la rendre générale en y ajoutant un plateau longitudinal et un autre à mouvement circulaire.

Deux particularités sont à signaler :

1° Le plateau tournant qui commande la bielle du porte-outil est enchâssé dans le bâti et butte pendant le travail contre un bloc en acier avec rattrapage de jeu ; par cette disposition on ne fatigue pas l'arbre et l'on évite l'usure de son collet.

2° L'outil coupant, au lieu d'être simplement pris entre deux brides de serrage, dans lesquelles on conçoit qu'il puisse glisser, est enchâssé dans un bloc qui a une butée sous le porte-outil.

Ces détails prouvent avec quel soin consciencieux toutes ces machines sont étudiées et combien on s'est préoccupé non seulement de leur bon fonctionnement, mais encore de la continuité de ce bon fonctionnement.

A côté des machines-outils précédentes, qui sont placées à demeure dans les ateliers et devant lesquelles on amène les pièces à travailler, ces constructeurs ont étudié, spécialement en vue de l'entretien des locomotives, une série d'outils transportables pour aller porter le travail sur place, et éviter ainsi de démonter les pièces ou de déplacer les locomotives elles-mêmes.

C'est ainsi qu'ils ont exposé :

Une petite machine à faire des rainures sur place pesant quelques kilogrammes seulement.

Une machine pour réaléser les cylindres.

Une machine à dresser les glaces des tiroirs.

Tous ces outils portent l'empreinte des bonnes traditions de la maison.

MM. Smith et Coventry, de Manchester, ont exposé une série de machines dont quelques-unes sont très intéressantes.

Nous y trouvons d'abord les machines à fraiser, dites universelles, reproduisant à très peu près les types américains, et qui sont employées surtout pour la taille des fraises, des tarauds, des mèches américaines et pour le finissage des petites pièces mécaniques.

La table sur laquelle se montent les pièces n'a de mouvement automatique que dans le sens longitudinal, et ce mouvement est donné par une transmission à genouillère qui n'empêche pas de faire pivoter la table autour d'un axe vertical, comme cela est nécessaire pour la taille des mèches américaines.

Il faut remarquer que dans ces machines, même celles un peu fortes, les courses sont peu étendues et qu'on ne peut les utiliser qu'à des pièces relativement petites.

Comme annexe des machines à fraiser nous voyons une petite machine à affûter les fraises au moyen de petites meules. Nous remarquons tout particulièrement deux tours spéciaux :

1° Un tour à fileter à support revolver. La poupée de ce tour porte un arbre creux, ouvert à ses deux extrémités, dans l'intérieur duquel on maintient la pièce à travailler au moyen d'un mandrin conique qui la centre.

Un chariot, mobile sur le banc, reçoit, suivant le travail qu'on veut faire, tantôt un appareil à fileter, tantôt le support revolver à 4 ou 6 outils.

L'appareil à fileter est une sorte de lunette portant trois coussinets, qu'on fait mouvoir au moyen d'un collier muni de cames. Le collier, entraîné par un levier, peut recevoir des positions variées, mais définies, au moyen d'une graduation qui indique les diamètres de filets correspondants à chaque position du levier.

Dans le support à revolver, les outils ont tous des formes différentes suivant les travaux à faire, et on les présente successivement devant les pièces à travailler.

2º Un tour américain très avantageux pour les travaux variés de la cuivrerie.

Sur le banc fixe est posée une poupée ordinaire avec mandrin.

La contre-pointe des tours ordinaires est dans celui-ci un porte-outil pour travailler l'intérieur des pièces.

Elle peut se mouvoir transversalement sur une semelle, et recevoir un mouvement de rotation autour d'un axe vertical — on peut donc aléser des surfaces coniques.

L'arbre qui porte l'outil se déplace à la main par deux moyens; rapidement à l'aide d'une crémaillère pour les mettre en position, lentement à l'aide d'une vis pour le travail.

Un chariot portant un outil comme dans les tours ordinaires façonne l'extérieur des pièces.

Enfin un troisième porte-outil, glissant le long d'une tringle adhérente au banc, sert au filetage. Le glissement de ce porte-outil est réglé par une vis mère placée à l'extrémité du banc.

La même maison exposait encore la série de ses outils spéciaux, déjà connus, pour tours et machines à raboter, et dont le principe consiste à employer de l'acier profilé, qu'il n'y a qu'à couper de longueur et à affûter à la meule. On évite ainsi le travail de forage souvent mal fait et qui, en tous cas, est coûteux et ne tarde pas, lorsqu'il est répété, à altérer la qualité de l'acier.

Le principe est très bon, et d'autres inventeurs l'ont appliqué dans des conditions différentes. — C'est le cas de citer ici pour la France les outils Baville.

La maison Thompson Sterne et C°, de Glasgow, s'est spécialisée dans la fabrication des machines à meuler.

Ses meules ou disques en émeri comprimé ont, au dire des représentants de la maison, une très grande durée. C'est une question que la pratique indiquera, en tous cas elles paraissent très dures.

On trouve dans l'exposition de cette maison :

Une machine à affûter les mèches américaines.

Une meule à affûter les lames de machines à raboter les bois.

Une série de meules pour l'affûtage des outils.

Une série de meules pour le travail des pièces mécaniques.

Une machine à tailler les dents des engrenages.

Une machine à tourner les poulies.

Une machine à dresser ou à profiler les briques.

Les machines à affûter et celles pour le travail des pièces mécaniques ne présentent pas de dispositions absolument spéciales, si ce n'est que travaillant à l'eau, elles sont munies de petites pompes qui assurent le mouillage automatique.

Dans les machines à affûter les mèches américaines, la mèche est portée sur un petit chariot qui peut s'incliner sur la meule suivant la pente du tranchant, et lorsqu'un côté est affûté, il suffit de faire faire un demi-tour au système portant le foret pour faire l'autre tranchant, lequel par conséquent a rigoureusement la même inclinaison que le premier.

La machine à tailler les engrenages porte deux meules et peut recevoir deux roues.

Ces roues sont montées aux deux extrémités d'une sorte de balancier qui oscille de telle sorte qu'une roue descend quand l'autre monte.

Il y a pour chaque roue un mécanisme spécial qui la fait tourner automatiquement d'une dent à chaque oscillation du balancier. C'est un cliquet double dont une branche produit l'avance et l'autre l'arrête. Les divisions varient à volonté, les variations sont indépendantes d'un côté à l'autre.

La meule doit nécessairement avoir le profil du vide de la dent.

Cette machine est curieuse, mais elle manque de précision et ne remplace pas la machine à diviser et à tailler la fraise. Il est difficile d'admettre, en effet, qu'une meule puisse conserver son profil exactement, même pour une seule roue.

La machine à tourner les poulies est munie de deux chariots dont l'un porte la meule, l'autre l'axe de la poulie à tourner.

Le chariot qui porte la meule peut se déplacer, on l'approche ou on l'éloigne suivant le diamètre de la poulie à tourner, et une disposition spéciale maintient la courroie tendue.

Le chariot qui porte la poulie se déplace dans plusieurs sens. D'abord, dans le sens du précédent pour être éloigné ou approché de la meule, ensuite latéralement, et enfin il peut se mouvoir suivant un arc de cercle pour produire la courbure qu'on désire donner à la jante de la poulie.

La machine à dresser et profiler les briques comprend deux meules à axe horizontal, au-dessus de chacune est une table en fonte dressée dont on règle la hauteur à volonté.

Pour dresser les briques on se sert d'une meule à jante large et droite, la table est réglée tangentiellement à la meule et on promène la brique comme sur un lapidaire.

Pour faire des moulures on a une meule profilée dont on laisse saillir le profil au-dessus de la table et on promène la brique comme précédemment à l'aide d'un guide latéral, de manière à assurer le parallélisme du profil avec l'arête de la brique.

Dans la machine à affûter les lames de machines à raboter les bois, on monte la lame sur un chariot qui se meut automatiquement, de manière à présenter successivement tous les points de la lame devant la circonférence extérieure de la meule. Le chariot peut être incliné de façon à obtenir le tranchant de l'outil au moyen d'un chanfrein dont on détermine la pente à volonté.

Il est à noter que la meule travaillant par sa circonférence extérieure produit un chanfrein courbe.

SECTION FRANÇAISE

La section française renferme une grande quantité d'outils variés, et beaucoup d'expositions remarquables, non seulement au point de vue de la perfection des formes et du travail, mais encore, et surtout, au point de vue des recherches faites pour améliorer les outils déjà connus et en créer de nouveaux; et l'examen attentif que nous en avons fait nous a laissé cette impression que les exposants français ont en général atteint la perfection de leurs meilleurs concurrents étrangers.

Nous ne pouvons malheureusement en faire, dans le temps dont nous disposons, qu'une revue très superficielle, et nous devons nous borner à jeter un coup d'œil sur quelques-unes des expositions les plus intéressantes.

En sortant du point central de la galerie, nous trouvons d'abord la belle exposition de MM. Warral, Elwell et Middleton, de Paris, comprenant les dix machines diverses suivantes, toutes parfaites comme agencement et comme fini de travail.

Notre camarade, M. Elwell fils, en a expliqué et fait ressortir les bonnes dispositions; nous nous bornons à les rappeler sommairement :

1° Grande machine à raboter à quatre outils, pouvant raboter $6^m,00$ de longueur, $2^m,52$ de largeur, $2^m,30$ de hauteur ; deux outils sont placés sur le chariot transversal, et un sur chacun des deux montants.

Tous ces outils sont munis des mouvements automatiques : transversal, vertical et oblique. Le chariot porte-outil et chacun des outils sur les montants ont un mouvement mécanique de montée et de descente.

Les leviers de débrayage de ces mouvements sont placés de chaque côté de la machine, à la portée de l'ouvrier. Pour atteindre ce résultat, la commande du plateau a été étudiée de façon à rejeter en arrière des montants la position des poulies; on a employé pour cela une grande roue de $1^m,10$, pour engrener directement avec la crémaillère du plateau. L'axe de cette roue est placé dans l'outil ;

2° Machine à raboter à un outil, pouvant raboter

$2^m,oo$ de longueur, $0,80$ de largeur et $0,80$ de hauteur.

Elle présente cette particularité que le groupement des organes extérieurs, destinés à transmettre le mouvement au plateau, a été étudié en vue de supprimer la chaise isolée qu'on emploie généralement pour supporter l'extrémité de l'arbre des poulies. Les poulies sont, il est vrai, en porte à faux, mais on leur a donné un grand diamètre, ce qui a permis de réduire leur largeur, et par suite l'importance du porte à faux ;

3° Tour à charioter et à fileter, avec deux chariots indépendants et banc entaillé de $0^m,85$ de hauteur de pointes, et $8^m,oo$ de longueur entre-pointes.

C'est, comme on le voit, une machine très importante. La disposition du banc double permet d'obtenir de grands chariots d'une manœuvre facile ; de plus, les outils étant placés sur des chariots indépendants permettent d'attaquer les pièces en deux endroits différents, si cela est nécessaire.

Il résulte également de cette disposition que, dans la plupart des cas, l'effort de l'outil agit directement sur le banc et non pas en porte à faux, comme dans le cas du banc simple.

Les mouvements automatiques de chariotage longitudinal, transversal et conique, sont commandés par crémaillères. L'un des chariots est, en outre, muni d'une vis mère en acier qui sert pour le filetage. Les leviers de changement de chariotage, d'arrêt, de débrayage de l'écrou de la vis mère (pour l'un des chariots), de débrayage du tour, sont groupés sur les grands chariots.

La poupée est disposée pour donner quinze vitesses différentes ;

4° Tour à fileter et à charioter à deux outils.

Les deux outils sont placés en regard l'un de l'autre

sur le même chariot. Les vis de commande du mouvement transversal du porte-outils sont placées dans le prolongement l'une de l'autre, ce qui a permis de loger commodément au-dessous du banc l'arbre de commande du mouvement à la main. Le passage de cet arbre au-dessous du banc était motivé par la nécessité de commander le chariot des deux côtés.

Les deux vis du mouvement transversal peuvent être accouplées ou isolées à volonté, de manière à pouvoir manœuvrer les porte-outils ensemble ou séparément;

5° Tour à charioter les tiges de boulons. Les deux pointes du tour sont fixes, et permettent de simplifier les organes de la poupée fixe. Le cône agit comme entraîneur de la pièce à tourner;

6° Machine à aléser universelle. — Cette machine se compose d'une plaque de fondation à rainures rabotées sur laquelle on fixe les pièces à aléser.

La barre d'alésage est fixée dans deux lunettes qu'on déplace à volonté et auxquelles on donne des positions rigoureusement en rapport avec le travail à faire.

La poupée de commande peut se déplacer sur la plaque de fondation, et est reliée à la barre d'alésage par une disposition particulière qui permet le déplacement de la poupée sans modifier la position du cône de renvoi sur son arbre.

Cette machine permet d'aléser des trous parallèles entre eux sans déranger la pièce à travailler.

Elle est munie des vitesses nécessaires pour percer de façon à pouvoir déboucher les trous avant l'alésage, dans un temps convenable;

7°, 8°, 9°. Deux machines à mortaiser et un étau limeur ne présentant aucune particularité saillante;

10° Une machine à percer à pédale à outil fixe, étudiée pour les manufactures d'armes.

Le porte-foret demeure à une hauteur invariable et tourne dans deux bagues coniques cémentées et trempées. La fixité du foret est obtenue par un cône en trois pièces qui opère un serrage central.

La table qui reçoit les pièces à percer est manœuvrée à la main ou par une pédale. La course de la table peut être réglée à volonté au moyen de vis à serrage.

Nous rencontrons ensuite l'exposition de MM. Chaligny et Guyot Sionnet, dans laquelle nous remarquons un grand étau limeur, une machine à percer et aléser à deux tables pivotantes portant l'une des rainures et l'autre une paire de mordaches. On peut successivement présenter les deux tables à l'outil ou les effacer pour permettre de fixer des pièces sur la plaque de fondation de la machine.

Un tour à charioter et fileter dont les pointes sont excentrées.

Les constructeurs se sont proposés d'éviter l'inconvénient de la coupure qui affaiblit le banc, ils se bornent à l'échancrer inégalement suivant la courbe du plateau ; mais si l'inconvénient est évité, l'avantage n'est obtenu qu'en partie, car l'échancrure n'augmente pas dans une proportion notable la grandeur des pièces qu'on peut monter sur le tour.

L'exposition de M. Pihet est contiguë à la précédente.

Toutes les machines qui la composent ont été étudiées avec la pensée de n'introduire dans leur disposition aucune complication de mécanisme ni de forme ; partant, le nécessaire, rien de plus. Aussi ont-elles une grande simplicité d'aspect. Quelques-unes présentent des dispositions nouvelles très intéressantes, notamment les deux machines à mortaiser, l'une avec porte-outil montant et descendant pour travailler à des hauteurs différentes, l'autre avec porte-outil tournant pour faire des mortaises obliques ou des troncs de cône.

M. Pihet, qui a bien voulu expliquer lui-même son exposition, a fait remarquer qu'en général les machines à mortaiser ont un champ d'action très limité, elles ne travaillent que dans une seule direction, la verticale, et sur des pièces ne pouvant guère avoir plus de hauteur que la course maximum de l'outil.

Dans le type de machine à outil montant et descendant on peut admettre des pièces ayant jusqu'à 1^m,75 de hauteur.

Dans l'autre type de machine, on peut mortaiser suivant un angle déterminé. De plus, on peut aussi admettre des pièces de dimensions variables, parce que le système des chariots est monté sur une équerre qui monte et descend au moyen d'un ajustement à queue d'aronde pratiqué à la base du bâti.

Ces deux machines répondent donc à des besoins déterminés, qui ne trouvent pas leur satisfaction complète avec les machines actuelles.

Les autres machines exposées par M. Pihet étaient les suivantes :

Une machine à aléser les boîtes de roues, adoptée par l'artillerie. — C'est une espèce de tour à gros arbre creux qui renferme et entraîne la boîte dans son mouvement de rotation. L'alésage est déterminé par un arbre porte-outil qui traverse le tout et peut être dirigé suivant les diverses conicités voulues. Deux supports à char placés aux deux bouts dégrossissent pendant ce temps les surfaces d'extrémités des bouts.

Une machine à tarauder à retour automatique spécialement disposée pour façonner les fusées de guerre. Lorsque le taraudage atteint le collet de la fusée, le mouvement de rotation change vivement de sens et permet ainsi une fabrication sûre et rapide.

Un banc à étirer les métaux, de 7 mètres de long, avec banc en fers profilés assemblés comme une poutre rigide et débrayage par cône de friction.

Une petite cisaille circulaire avec un mécanisme à couper rond.

Une forte machine à fraiser verticale, avec son chariot fraiseur équilibré.

Un tour à outils multiples, dans le genre des tours américains, déjà décrit dans l'exposition anglaise de Smith et Coventry, mais plus robuste et avec des dispositions spéciales pour assurer la fixité, pendant le travail, du porte-outil-revolver.

M. Bouhey expose un lot très important de grandes machines-outils, bien étudiées et exécutées avec beaucoup de soins. On remarque particulièrement :

Un grand tour double pour roues de locomotives de $1^m,255$ de hauteur de pointes, banc de $8^m,250$.

Les deux poupées, portant les deux plateaux, peuvent marcher isolément ou ensemble. On peut tourner jusqu'à $2^m,500$ de diamètre. C'est une machine largement conçue et bien appropriée à l'usage auquel elle est destinée.

Une grande machine radiale, avec course verticale de 1 mètre et horizontale de 2 mètres, commandée par le haut, ce qui permet au bras radial de faire le tour entier.

La colonne formant pivot est fixée sur une grande table

à rainures. Une deuxième colonne tournant autour de la première, en s'appuyant sur des galets coniques, porte sur sa hauteur des glissières à onglet entre lesquelles le bras radial monte et descend.

Les volants de manœuvre du foret et du bras radial sont réunis sur le chariot porte-foret, de manière que l'ouvrier, sans se déranger, place l'outil au point voulu.

Une poinçonneuse horizontale étudiée en vue du perçage des pièces courbes.

Le poinçon est à l'arrière du bâti, ainsi que tous les organes nécessaires à son mouvement. Sur le devant est un porte-matrice en fer dont on peut varier la forme en raison des pièces à travailler.

Une machine à percer à deux forets, destinée à percer, dans les rails de chemins de fer, les trous pour l'éclissage des joints.

La distance des deux forets peut varier de 100 à 120^{mm}, afin que la machine ne soit pas exclusive à une Compagnie. Un embrayage spécial, à cônes de friction, permet la manœuvre rapide des forets, soit pour les mettre en position, soit pour les relever après le travail.

Une forte machine à fraiser verticale, des limeuses, et enfin divers outils de types plus connus que nous regrettons de ne pouvoir mentionner en détail.

La maison Piat, de Paris, qui s'est fait une spécialité de la fourniture des roues, poulies, paliers, et en général de tous les organes de transmissions, et dont elle avait d'ailleurs exposé de très remarquables échantillons, avait en outre diverses machines-outils étudiées en vue de sa fabrication spéciale.

Deux de ces machines méritent une mention particulière :

1° Un tour disposé pour tourner six arbres en même temps.

La poupée et la contrepoupée sont à six pointes. Le chariot porte six outils coupants pour dégrossir et six fraises pour calibrer, de sorte qu'en un seul trajet du chariot les six arbres sont tournés. Cette disposition a besoin d'être sanctionnée par la pratique ;

2° Une machine à tailler les engrenages à dents inclinées en hélice, au moyen d'une fraise.

La roue à tailler est animée d'un mouvement lent de rotation pendant que la fraise se meut transversalement. La combinaison de ces deux mouvements donne le pas de l'hélice, et ces mouvements peuvent être réglés indépendamment l'un de l'autre par des combinaisons d'engrenages analogues à celles qu'on emploie pour varier le pas du filetage dans les tours. On peut donc faire coïncider la résultante des deux mouvements avec l'hélice choisie.

Cette machine est ingénieuse ; c'est la solution d'un problème ; mais elle est bien importante pour un industriel qui n'en aurait pas l'emploi constant.

Nous avons vu dans les sections américaine et anglaise quelques échantillons de machines à fraiser et de machines à émeuler.

L'emploi de ces deux genres de machines a pris depuis quelques années une grande importance, surtout en Amérique pour les travaux de précision. La France sous ce rapport n'est pas restée en arrière.

Quant aux machines à fraiser répandues d'abord dans les manufactures d'armes et de machines à coudre, elles se sont peu à peu étendues dans les grandes industries, et aujourd'hui on reconnaît qu'elles peuvent être utilement employées au travail des plus grosses pièces.

Elles présentent en effet, dans beaucoup de cas, des avantages marqués sur les autres machines-outils.

Elles permettent de faire sur une même pièce les travaux les plus variés; dresser, percer, aléser, faire les rainures, sans démonter la pièce, ce qui assure la rectitude du travail, et souvent une économie réelle précisément parce qu'on évite les démontages.

Beaucoup de pièces, dont le montage serait presque impossible sur les machines à raboter ou leurs analogues, se travaillent très facilement avec les machines à fraiser qui pénètrent jusque dans les profondeurs où aucun autre outil ne pourrait atteindre.

On peut reproduire des séries de pièces absolument semblables et éviter ainsi un calibrage à la main qui est indispensable quand on emploie les autres machines, surtout dans les pièces à profils.

Tous ces avantages ont été généralement appréciés par les constructeurs français.

Nous avons vu que MM. Pihet et Bouhey avaient chacun un type de machines à fraiser verticales de dimensions assez fortes; mais quelques expositions étaient exclusivement composées de machines à fraiser.

MM. Hurtu et Haulin, fabricants de machines à coudre, à Paris, avaient, outre leur belle exposition de fraises de tous genres, deux petites machines à fraiser, une verticale, une horizontale, montées sur un banc unique, étudiées et construites avec la perfection qu'ils mettent à tous leurs travaux.

MM. Bariquand père et fils ont exposé une très belle série de machines à fraiser de petites et moyennes dimensions, remarquables par leur agencement et leur bonne exécution et applicables aux travaux de précision.

J'ai moi-même exposé une série assez importante de fraiseuses de tous genres, petites et grandes, et parmi lesquelles je rappellerai les plus importantes.

En premier lieu, la grande machine à outil mobile, pouvant travailler avec une course longitudinale de 4 mètres, transversale de $0^m,60$ et verticale de $1^m,15$.

Sur un banc longitudinal de $5^m,50$ environ de longueur glisse un premier chariot qui donne la course longitudinale de 4 mètres.

Au-dessus un bâti vertical qui se meut transversalement avec la course de $0^m,60$ et le long duquel monte et descend un chariot portant l'outil qui est à axe horizontal.

Il y a en avant de la machine, pour supporter les pièces, deux socles séparés par un intervalle dans lequel on peut creuser une fosse. On assujétit les pièces, soit sur un socle, soit sur les deux si elles sont longues, soit dans la fosse si elles sont hautes.

On ajoute encore au besoin sur les socles, ou un plateau circulaire pour tourner la pièce sans la détacher, ou un plateau articulé si on a des surfaces inclinées à ajuster.

Cette machine, conçue d'abord par M. Frey, mon prédécesseur, et qu'il m'a été donné de pouvoir réaliser, a démontré les avantages qu'on peut trouver à appliquer, pour l'ajustement des grosses pièces, le principe de la machine à fraiser.

J'avais en outre :

Plusieurs types de machines avec outil à axe horizontal analogues aux machines américaines et anglaises, mais ayant des courses plus grandes et avec tous les mouvements automatiques.

Une série de machines verticales.

Une machine à tailler les fraises de formes et à reproduire d'autres pièces suivant des calibres.

M. Kreutzberger, ingénieur des ateliers de l'artillerie à Puteaux, a exposé une très ingénieuse machine à affûter les fraises au moyen de petites meules, machine beaucoup plus complète que celle qu'on remarque dans la section anglaise.

Un certain nombre de constructeurs français avaient exposé des machines à émeuler; mais plus particulièrement pour les gros travaux, c'est-à-dire pour blanchir et dégrossir les pièces.

On remarque cependant, dans l'exposition de M. Denis Poulot, une tentative d'application à un travail plus précis. C'est une machine à tourner les poulies au moyen d'une meule en émeri aggloméré.

La meule pouvait être déplacée, d'abord en raison du diamètre de la poulie, et il était possible ensuite de régler son déplacement transversal soit en ligne droite si la jante de la poulie devait être cylindrique, soit suivant une courbure déterminée à l'avance pour obtenir un bombement.

La machine était peut-être trop importante pour le but à atteindre; mais c'est une tentative qu'il nous a paru intéressant de signaler.

Nous avons dû laisser de côté dans cette courte visite un grand nombre d'expositions très intéressantes; mais ce que nous en avons dit nous aura laissé, je l'espère, cette impression que notre fabrication a fait depuis quelques années d'incontestables progrès.

Imprimerie D. BARDIN, à Saint-Germain.

Extrait de la Revue générale des Chemins de fer
(Juillet 1879.)

VISITES DES INGÉNIEURS

ANCIENS ÉLÈVES DE

L'ÉCOLE CENTRALE

DES ARTS ET MANUFACTURES

A L'EXPOSITION UNIVERSELLE DE 1878

Le matériel roulant des Chemins de fer.

Par M. FELLOT (*Promotion de* 1854)
Ingénieur civil, Inspecteur du matériel
à la Compagnie des Chemins de fer du Midi.

Messieurs et chers camarades,

Notre aimable Président, dont nous apprécions tous la généreuse et active sollicitude pour la direction de ces visites à l'Exposition dont il a été l'habile promoteur, a bien voulu me confier le soin de vous guider à travers le matériel roulant, voitures et wagons, qui figure dans la classe 64.

Honoré de la part qu'il m'a réservée dans l'œuvre

commune, heureux si je puis vous faire partager l'intérêt qui s'attache à cette étude, je me mets entièrement à votre disposition.

Mais avant d'entreprendre l'examen sur place des produits si variés, si riches que je dois vous présenter, examen que le peu de temps dont nous disposons, mis en regard de l'étendue du domaine que nous avons à parcourir, rendra forcément très sommaire, il ne sera pas inutile, je crois, d'appeler d'avance votre attention sur les faits principaux, sur les considérations générales qui se dégagent de cette exhibition et en constituent, pour ainsi dire, le côté philosophique.

Besoins nouveaux de l'exploitation, auxquels une partie importante de ce matériel doit pourvoir ; conditions spéciales que d'autres véhicules ont pour but de satisfaire; aménagement et distribution des places ; dispositions nouvelles adoptées en vue d'augmenter, d'une part, la stabilité en vitesse et le confort des voitures ; d'autre part, la solidité et le rendement des wagons; moyens proposés ou employés, dans ces derniers temps, pour assurer une sécurité plus grande aux voyageurs, et réduire les pertes de temps aux stations par un arrêt plus puissant, plus rapide des trains en marche; progrès réalisés dans la construction, etc...

Le temps que nous donnerons à cette revue préliminaire, nous le regagnerons dans les explications sur place qui seront ainsi rendues plus faciles et plus rapides, n'ayant qu'à porter sur des détails. — Je vous parlerai donc, d'abord et si vous le voulez bien, des voitures exposées et je passerai ensuite aux wagons.

Chapitre Ier. — *Voitures.*

Les voitures forment la partie la plus importante du matériel que nous avons à examiner. La plupart sont des voitures de 1re classe ou de luxe et, parmi celles-ci, les unes, appartenant à nos grandes lignes de chemins de fer, sont destinées à un service de grande vitesse ; les autres, exposées par des constructeurs français et des Compagnies étrangères, répondent à des conditions spéciales d'emploi et d'exploitation. Un petit nombre reproduisent des types courants consacrés par l'usage, soit en France, soit à l'étranger.

Les observations générales que nous allons présenter peuvent se grouper sous les titres suivants :

1° Distribution de la place offerte ;

2° Dispositions multiples adoptées pour augmenter le confort, et dans ces dispositions, il convient de comprendre le chauffage des voitures ;

3° Conditions nouvelles créées par l'organisation des trains rapides, tant au point de vue des dimensions des véhicules qu'à celui de leur construction ;

4° Mode de construction et nature des matériaux employés.

5° Freins.

§ Ier. — *Distribution de la place offerte.*

La distribution de la place offerte répond, en général, à trois dispositions principales.

1° Le système des compartiments transversaux s'ouvrant sur les côtés : ce système est maintenu, d'une manière absolue, par les Compagnies des Chemins de fer français qui sont engagées dans cette voie depuis leur origine, et ne pourraient l'abandonner sans compromettre l'uniformité de leur exploitation. Il a l'inconvénient, en confinant les voyageurs dans des compartiments fermés, de rendre possibles les attentats de toute nature ; mais il faut reconnaître que c'est le système qui donne la meilleure utilisation de l'espace, la plus grande facilité d'accès et le plus de commodités pour les longs parcours.

Dans cette catégorie il faut ranger :

Pour la France ;

Un grand nombre de voitures de 1re classe avec un ou deux compartiments spéciaux telles que :

Voiture de 1re classe avec un coupé-lit (P.-L.-M. — Désouches, David et Ce).

Voiture de 1re classe avec deux coupés-lits (Ouest. — Désouches, David et Ce).

Voiture de 1re classe avec deux coupés-lits (Midi. — AAL1).

Voiture de 1re classe avec un coupé-lit et un coupé à fauteuils-lits (P.-L.-M.).

Voiture de 1re classe avec un compartiment spécial formant salon-lits et cabinet de toilette water-closets y attenant (Nord. — Orléans. — Est).

Voiture de 1re classe à quatre compartiments (Ouest).

Voiture de 1re classe à trois compartiments avec intercalation, entre deux d'entre eux de deux cabinets de toilette water-closet (Midi. — AAZ2).

Voiture mixte, pour petits embranchements, avec un coupé de 1re classe, un compartiment de 2e, deux compartiments de 3e, un compartiment pour bagages, niches à chiens et frein (Ouest).

Voiture de 2e classe à frein (Ouest-Bonnefond).

— 5 —

Voiture de 3ᵉ classe chauffée par thermo-siphon (Est).
Fourgon à bagages avec un compartiment contenant deux places de 1ʳᵉ classe et un cabinet water-closets y attenant (Orléans).

Pour l'étranger;
Voiture mixte de 1ʳᵉ et de 2ᵉ classes du Grand-Central belge exposée pour son système de chauffage.
Voiture de 1ʳᵉ classe du chemin autrichien Charles-Louis, avec trois compartiments et intercalation, entre deux d'entre eux, de deux cabinets water-closets.
Voiture des chemins romains avec compartiment central à lits et cabinet lavabo water-closets y annexé.
1ʳᵉ voiture du train suédois avec cabinet lavabo-water-closets.
3ᵉ voiture à frein du train suédois, contenant trois compartiments de 3ᵉ classe communiquant entre eux, avec une seule porte d'accès de chaque côté de la voiture; un compartiment pour garde-frein et un compartiment avec lavabo, water-closets, urinoir et banquette, pour le service de la voiture de 1ʳᵉ classe précédente.

2° Le système américain par couloir régnant d'un bout à l'autre de la voiture et donnant accès sur des compartiments transversaux. — Il a l'avantage de permettre la circulation d'une extrémité à l'autre d'un train formé de voitures semblables, de mettre les voyageurs en communication et de faciliter le contrôle et le service. Cette dernière condition rend indispensable son adoption pour les voitures qui, comme celles de M. Evrard (Belgique), des chemins de l'État suédois et de Pullman (Amérique), mettent à la disposition d'un grand nombre de personnes des lits complets dont l'aménagement exige l'intervention d'un garçon de service. Dans les voitures ordinaires et avec la largeur de caisse qui résulte du gabarit, il a l'inconvénient de supprimer une place sur chaque banquette, tout en rendant celles qui restent de part et d'autre, moins confortables.

Citons encore, comme rentrant dans ce type, en France : la voiture de famille de M. Chevalier, la voiture pour le Brésil, à deux trucs, du même constructeur, celle de M. Bonnefond, pour un chemin espagnol ;

A l'étranger :

La voiture de 1re et de 2e classes des usines de Graz Autriche);

La voiture de 2e et de 3e classes exposée par la Direction I. R. P. de la construction des chemins de fer de l'État autrichien.

3° La disposition par couloir longitudinal aboutissant à une ou deux plates-formes, mais avec banquettes régnant dans le même sens.

Cette disposition, qui est celle de toutes les voitures de tramways, ne convient guère qu'à des voitures destinées à de faibles parcours et pour lesquelles le confortable présente, par suite, moins d'intérêt. — Aussi est-elle peu applicable à des voitures de chemins de fer, et ne la trouvons-nous représentée à l'Exposition que par trois voitures :

En France : celle à deux compartiments de 1re et de 2e classes, à voie de $0^m,75$, exposée par M. Bonnefond.

En Belgique, les deux voitures automobiles, du système Belpaire, exposées, l'une par M. Evrard, l'autre, en collaboration, par MM. Cabany et C°, de Malines, et les ateliers de Boussu. Ce dernier type, tant à raison de ces dispositions nouvelles que de sa destination spéciale, mérite que nous nous y arrêtions un moment.

Il nous présente, monté sur trois essieux, dont un moteur, un châssis de 12ᵐ,240 de longueur, de dehors en dehors des tampons, sur lequel sont établis les éléments suivants :

A l'avant, et disposée transversalement, une chaudière avec tous ses accessoires ; à la suite, un compartiment pour bagages et un couloir transversal accessible des deux côtés ; puis, s'ouvrant sur ce couloir, la caisse proprement dite qui est divisée, par une cloison, en deux compartiments, l'un de 1re, l'autre de 2e classe, pouvant recevoir, chacun, 22 voyageurs sur quatre banquettes, dont deux adossées dans l'axe de la voiture ; enfin, à l'arrière, une plate-forme accessible également des deux côtés, donnant entrée sur le compartiment de 1re classe et sur laquelle peuvent prendre place quatre voyageurs debout.

Dessous le châssis, à l'avant de l'essieu moteur, et dans un plan horizontal passant par l'axe de cet essieu, se trouve installée sur une plaque reliée à l'essieu et au châssis, la machine à vapeur composée de deux cylindres intérieurs et de leurs mouvements de distribution. Un bac suspendu au châssis, sous la partie correspondant à la caisse, contient 1^{m3},100 d'eau réservée à l'alimentation.

La chaudière, du système tubulaire, mais de forme spéciale, répond à une surface de chauffe de 22^{m2}. La machine peut développer, en service normal, un travail de 22 chevaux.

Ces voitures, destinées à un service spécial de banlieue ou d'intérêt local analogue à celui des omnibus ou des diligences, peuvent emporter 50 personnes à une vitesse de 30 kilomètres ; elles pourraient, au besoin et exceptionnellement, atteindre celle de 60 kilomètres par heure.

Comme voitures spéciales ne se rattachant qu'imparfaitement à l'une des dispositions indiquées ci-dessus, citons :

La voiture salon-lits de la Compagnie P.-L.-M., les wagons-poste avec accouplements de MM. Chevalier, en France, et Ringhofer, en Autriche, et la voiture avec salon et chambre à coucher de la Haute-Italie.

§ II. — *Dispositions relatives au comfort des voitures.*

Comme nous venons de le voir par la revue qui précède, l'Exposition actuelle se distingue par la production d'un grand nombre de voitures de luxe, il est donc naturel d'y trouver une tendance très accusée vers toutes les dispositions qui sont de nature à augmenter le confort des voyageurs.

Augmentation du volume réservé à chaque voyageur. — Elle résulte surtout, pour les voitures ou compartiments de luxe, de la réduction du nombre des places. Ainsi, dans la voiture-salon du P.-L.-M., dans le sleeping-car belge et dans la voiture de Pullman, le nombre de voyageurs couchés, par mètre carré de plancher, n'est que de 0,50 à 0,54. — Il est de 1,05 dans les voitures de 1re classe avec compartiment-lits du Nord, de l'Est et d'Orléans, tandis que ce même coefficient atteint 1,60 dans la voiture à quatre compartiments de 1re classe de l'Ouest, 2,45 dans la voiture de 2e classe de la même Compagnie, et 2,79 dans la voiture de 3e classe de l'Est. A ce point de vue, la voiture du Midi à deux coupés-lits mérite une mention spéciale : Le nombre des voyageurs par banquette, soit dans les coupés, soit dans les compartiments ordinaires, a été réduit à trois, ce qui correspond à 1,00 voyageur par mètre carré de plancher. Il est douteux que ce type peu économique entre dans une exploitation courante.

Outre cette tendance à augmenter la surface horizontale occupée par chaque voyageur, on remarque aussi une tendance à surélever les plafonds des voitures de 1re classe. Ainsi la cote de hauteur du plafond au-dessus du plancher, pour toutes les voitures de la section française, n'est pas inférieure à 1^m,900, et atteint 2^m,230 dans le salon du P.-L.-M.; elle est plus grande encore dans la voiture à lits américaine.

Enfin, une meilleure utilisation de la largeur donnée par le gabarit a été obtenue, en encastrant le bas de la portière dans les brancards, sans, toutefois, diminuer d'une manière notable, à l'endroit de la montée, l'emmarchement des palettes de marchepieds. — Ainsi la largeur extérieure de la caisse, au milieu, a pu atteindre 2^m,800, l'écartement maximum des marchepieds étant fixé, comme on sait, à 3^m,100.

Aménagement de compartiments avec lits complets, fauteuils-lits, banquettes-lits, water-closets, lavabos. — Nous venons de voir, en effet, que le plus grand nombre des voitures exposées présentent des dispositions de ce genre. Nous n'y reviendrons pas, mais nous ferons remarquer qu'il y a lieu de distinguer deux dispositions de lits tout à fait opposées.

La disposition du lit en long représentée par les compartiments-lits des voitures de l'Est, d'Orléans et du Nord, par les voitures spéciales du P.-L.-M. de MM. Chevalier et Bonnefond, par la première voiture du train suédois et la voiture américaine, et la disposition du lit en travers représentée par les coupés-lits de nos Compagnies et par le sleeping-car belge. La première de ces dispositions nous paraît de beaucoup la meilleure.

Pour obtenir des voitures-lits offrant autant de places couchées que de places assises, on a été conduit à ménager un deuxième lit, en hauteur, au-dessus de celui obtenu au moyen des sièges. Cette disposition, qui rappelle les cabines de navires, ne peut trouver de justification que dans l'impossibilité de faire autrement; car, si on a deux lits, ils sont désagréables tous deux.

Dispositions de toute nature ayant pour but d'atténuer les inconvénients dus au soulèvement de la poussière, aux vibrations et au bruit qui résultent du mouvement rapide des trains sur les rails. — Partant des rails pour remonter jusqu'au plafond de la voiture, signalons rapidement les améliorations réalisées dans ce sens.

Emploi de roues en fer à centre plein. — Ce type s'est généralisé en France à cause de l'avantage qu'il présente de diminuer le soulèvement de la poussière, en marche. Mais il a l'inconvénient d'être sonore comme toutes les roues en métal. Le désir de faire disparaître cet inconvénient a donné naissance à deux nouveaux types de roues qui figurent sous les voitures exposées :

La roue à centre en bois, système Mansell, en essai sur les lignes d'Orléans et de l'Ouest;

La roue à centre en papier comprimé, qu'on peut voir en détail, à la section anglaise, dans l'exposition de M. Brown, de Sheffield, et qui est montée sous le sleeping-car de M. Evrard.

La Compagnie du Midi nous montre, sous l'une des voitures qu'elle expose, la roue en fer du type Brunon garnie avec du bois de Teack comprimé dans les vides formés entre les raies et la jante. Ce procédé nous paraît concilier, dans une sage mesure, les deux conditions qu'on doit se proposer dans le choix d'un type de roues : solidité et absence de sonorité.

Interposition, entre les ressorts et les mains de suspension, d'une rondelle de caoutchouc, établissant un matelas élastique au point précis où la transmission des vibrations de la marche peut se propager jusqu'au châssis (Orléans, Est, Chevalier, Bonnefond ; sleeping-car belge).

Interposition entre le châssis et la caisse, soit de bandes de caoutchouc appliquées sur les brancards et les traverses de tête (Ouest, P.-L.-M., Est, Midi AAZ2), soit de rondelles en caoutchouc ou de ressorts en spirale disposés, sous formes de consoles en culs-de-lampe, à l'extérieur des brancards (Orléans, Midi AAL1, Charles-Louis en Autriche, Haute-Italie). Le but qu'on se propose, par ces interpositions de matières élastiques entre le châssis et la caisse, n'est pas d'augmenter la flexibilité de la suspension, mais seulement d'absorber les vibrations qui peuvent se transmettre d'une partie à l'autre.

Plancher de caisse à double paroi dont l'intervalle peut être rempli de copeaux, de vareck, de paille hachée, ou autres substances divisées propres à arrêter la transmission du son : (Toutes les Compagnies françaises, excepté le Nord, les Chemins romains et de la Haute-Italie, le train Suédois et la Compagnie de Charles-Louis en Autriche).

La Compagnie de P.-L.-M. forme la paroi inférieure du châssis de caisse d'une tôle destinée à garantir celle-ci de l'action des escarbilles enflammées qui pourraient être projetées par le vent. Cette tôle a l'inconvénient de faire du châssis de caisse une boîte sonore.

Garniture, sous des formes diverses, des faces d'application du bas des portes sur les brancards de caisse, dans e but de garantir les voyageurs de l'accès de l'air et de la poussière.

Garniture des châssis de glace, avec du drap ou du velours, soit sur toute la largeur du cadre, soit seulement, comme le fait l'Ouest, sur une clef rapportée qui n'a, comme largeur, que la profondeur donnée aux coulisses des montants : cette dernière disposition nous paraît à la fois plus propre et plus pratique.

Différents systèmes ayant pour but l'application efficace des châssis de glace contre les joues des coulisses, afin de diminuer les battements si désagréables des châssis dans les baies. Nous citerons en particulier les dispositions adoptées : en France, par les Compagnies du Nord et d'Orléans et, à l'étranger, par les chemins de fer de Charles-Louis en Autriche et de l'État suédois.

Perfectionnements divers dans la façon des garnitures des dossiers et des sièges ; emploi de sommiers élastiques sous les coussins de siège et derrière les dossiers. Ce dernier système, en usage depuis longtemps en Allemagne et en Belgique, fait son apparition en France, dans les voitures exposées par les Compagnies d'Orléans et du Midi. Il donne une élasticité plus étendue et plus durable que le crin seul, et doit contribuer à atténuer, dans une mesure plus grande, les secousses et les vibrations transmises au voyageur.

Double plafond avec remplissage de l'intervalle au moyen de matières divisées. L'une des parois étant le voligeage de la couverture, l'autre est formée soit par des panneaux en érable verni, ce qui est plus élégant, soit par un second voligeage recouvert de drap, ce qui est moins sonore. La Compagnie du Midi, dans sa voiture AAZ2, construite par M. Chevalier, d'après les études de M. Mathieu, ingénieur en chef du service technique de la Compagnie, voiture intéressante à plusieurs titres et que nous aurons l'occasion plusieurs fois de citer, conserve le plafond en érable; mais elle le rend indépendant de la toiture en l'attachant à des courbes spéciales, avec interposition de bandes en caoutchouc. Ces dispositions ont pour but d'éviter, d'une part l'influence sur les panneaux en érable de tous les accidents ou déformations que peut éprouver la toiture, et d'autre part, la propagation des vibrations de la voiture à cette caisse sonore qui est formée, dans chaque compartiment, par le plafond et la toiture.

Citons encore, comme améliorations plus ou moins récentes ayant trait au confort des voyageurs :

Les garde-mains appliqués, à l'intérieur, sur les joints des portières pour prévenir les accidents qui résultent de l'interposition des doigts sur le montant d'ouverture, côté des charnières, au moment de la fermeture de la porte.

La poignée en passementerie, fixée à l'intérieur, sur le montant de porte, côté des charnières, et dont le but est de concourir, avec la poignée qui, de tout temps, a existé sur le montant d'ouverture opposé, à une ascension plus facile du voyageur dont le corps, tiré des deux côtés également, n'éprouve plus cet effet de torsion pénible que chacun de nous a ressenti.

La forme disymétrique et dégagée donnée à la deuxième palette de marchepied pour faciliter l'emmarchement à la descente et à la montée.

L'addition au châssis de glace ordinaire d'un second

châssis soit plein et capitonné soit à persienne simple, soit à persienne garnie d'une toile métallique fine, comme dans la voiture de 1re et 2e classes des usines de Graz (Autriche).

L'application, soit à la toiture, soit au-dessus des baies de portières, de ventilateurs à papillon ou à registre. A ce sujet, il est bon de remarquer que ces moyens de ventilation sont beaucoup plus recherchés à l'étranger que chez nous où l'on trouve des voitures qui en sont complètement dépourvues.

L'augmentation de la puissance et du nombre des lampes d'éclairage. Dans quelques voitures étrangères, ces lampes sont disposées à l'intérieur, suspendues au plafond ou accrochées sur les côtés et forment un motif de décoration par leurs formes et leur richesse (voiture Pullman par exemple).

L'introduction de l'éclairage au gaz qui se présente dans deux voitures : celle d'Orléans, en France, et celle de la Haute-Italie. Le gaz y est approvisionné, à une des stations de départ, sous pression, dans des réservoirs placés sous le châssis et distribué aux becs par l'intermédiaire d'un détendeur automatique qui règle l'écoulement à la pression ordinaire.

Enfin on peut rattacher à ce chapitre toutes les dispositions prises, ces dernières années, par les Compagnies de chemins de fer français, pour obtenir des essieux montés ne présentant pas d'excentricité de poids notable, dans leurs différents éléments, et pour assurer le montage régulier de ces essieux montés sous les voitures ; dispositions dont l'initiative et l'honneur reviennent à M. Bricogne, ingénieur du matériel roulant à la Compagnie du Nord. A l'Exposition, ces dispositions prises sont représentées, d'une part, par les appareils à mesurer l'excentricité de poids des centres de roues et des essieux montés de la Compagnie P.-L.-M.; d'autre part, par un spécimen de fosse servant à régler l'écartement et l'équerrage des essieux montés sous les voitures de la Compagnie du Nord.

Chauffage des voitures. — Cette question occupe une place importante dans l'Exposition de 1878; plusieurs systèmes y sont représentés :

Le chauffage par la vapeur directe, sur la voiture de 1re classe avec cabinets water-closets du chemin de fer Charles-Louis en Autriche ;

Le chauffage par circulation de vapeur dans une boîte rapportée sous le plancher, de l'air qui est ensuite introduit dans la caisse par des valves mobiles, placées sous les banquettes, à la main des voyageurs (système Lilliehôôk), installé sur le train suédois ;

Le chauffage par circulation d'eau chaude, au moyen d'un thermo-siphon, qui est représenté par la voiture de 3e classe de l'Est français, par le sleeping-car belge, et la voiture-lits de Pullman ;

Le chauffage par circulation d'eau chaude, celle-ci étant lancée par l'un des injecteurs d'alimentation de la machine, et revenant au tender, après avoir parcouru deux fois la longueur du train, en chicanant dans des bouillottes fixes encastrées dans le plancher de chaque compartiment. Ce système, étudié récemment par le Grand-Central belge, est représenté par l'exposition collective de Couillet, pour la machine, et du Grand-Central, pour la voiture ;

Le chauffage par calorifères isolés : wagons-poste de MM. Chevalier en France et Ringhofer en Autriche.

Le chauffage au moyen de bouillottes mobiles.

On sait que c'est ce dernier système qui a prévalu en France, et que depuis l'hiver dernier, il est appliqué à tous les trains et à toutes les voitures. Son adoption a donné lieu à la recherche des appareils propres à réchauffer rapidement l'eau contenue dans les bouillottes.

Les Compagnies d'Orléans, de P.-L.-M., de l'Ouest et du Nord exposent des appareils qui, différents de formes, ont tous pour objet l'injection directe de la vapeur dans l'eau de la bouillotte. L'Est, à l'aide d'une noria ingénieusement combinée, fait passer les bouillottes dans une cuve profonde enterrée et remplie d'eau qu'un barboteur de vapeur maintient à une température voisine de 100°. Ce procédé n'exige pas le débouchage préalable des bouillottes; il est donc plus commode et plus rapide, mais il comporte une installation plus gênante, plus difficile et plus coûteuse.

La Compagnie du Midi a conservé l'ancien mode consistant à remplacer l'eau froide par de l'eau chaude et s'est contentée d'augmenter ses moyens de chauffage.

§ III. *Conditions nouvelles créées par l'organisation de trains rapides.*

Les Compagnies françaises, en décidant l'organisation de trains rapides analogues à ceux usités en Angleterre, ont dû se préoccuper de la construction d'un matériel approprié à cette double condition : grande vitesse et longs parcours sans arrêt des trains.

Dans une de vos visites précédentes, M. Forquenot, avec l'autorité qui s'attache à sa haute situation et à une longue expérience, vous a exposé les solutions auxquelles les Compagnies paraissent s'être arrêtées, en ce qui concerne les locomotives. Des études analogues ont été poursuivies parallèlement sur le matériel roulant dans le but de l'adapter aux nouvelles exigences, et ce sont les résultats de ces recherches que je dois vous faire connaître. La plupart des voitures exposées dans la section française et quelques-unes envoyées de l'étranger répondent en effet à cette préoccupation. La condition qui, dans la construction d'un semblable matériel, domine toutes les autres, est celle de la stabilité. Pour la réaliser dans la mesure nécessaire, on a été conduit, d'une part, à augmenter la longueur des véhicules et, par suite, l'écartement des essieux ; et, de l'autre, à donner aux attelages une rigidité plus grande, de manière à faire du train entier une masse, sinon solidaire, du moins beaucoup plus compacte.

Les longueurs des voitures à grande vitesse répondent aux cotes suivantes :

Désignation des voitures	Longueur totale.	Écartement des essieux.
Voiture Pullman (Amérique) à trucks mobiles....................	20^m,000	11^m,800
Voiture à quatre compartiments d'Orléans.......................	10^m,036	5^m,500
Voiture de famille de M. Chevalier.	9^m,786	5^m,500
Voiture à quatre compartiments de l'Ouest......................	9^m,250	5^m,500
Voiture de la Compagnie du Midi, type AAL,1......................	8^m,820	5^m,000
Voiture de la Compagnie du Midi, type AAZ,2......................	8^m,640	4^m,500
Voiture à double coupé de l'Ouest.	8^m,520	4^m,400

Quant au mode d'attelage :

Le système employé jusqu'à ce jour par la plupart des Compagnies françaises consiste à conjuguer les deux ressorts de choc, pour la traction, au moyen de feuilles auxiliaires réunies entre elles par des bielles de connexion. Ces feuilles, tendues par le serrage des tendeurs, arrivent à s'appliquer sur les maîtresses feuilles et à mettre en jeu l'élasticité des ressorts, dans la partie de leur longueur comprise entre les bielles. La flexibilité du ressort entier étant de 70 millimètres, celle de la partie intéressée à la traction est seulement de 12 millimètres par tonne. La bande sous laquelle ces ressorts sont montés, n'atteint pas 1.000 kilogr., sauf certains cas spéciaux.

La Compagnie d'Orléans qui, la première en France, a étudié un nouveau matériel pour trains rapides, a conservé l'emploi des ressorts séparés pour le choc et la traction qu'elle avait déjà mis en usage, mais en adoptant les flexibilités et les bandes de montage suivantes :

	Flexibilité par tonne.	Bande de montage.
Ressort de traction...............	0^m,019	2.000 k
Ressort de choc..................	0^m,071	2.400

On remarquera d'une part, que la flexibilité du ressort de traction n'est que le quart environ de celle du ressort de choc, et, d'autre part, que la bande initiale donnée au ressort de traction correspond à un effort de 2.000 kilogr. généralement supérieur à celui résultant de la traction du train en marche normale.

Cette disposition présente plusieurs avantages :

L'attelage est rapide, car il suffit, lorsqu'on a rapproché

es tampons au contact, d'imprimer à la vis du tendeur un ou deux tours, et l'attelage est fait.

La pression sous laquelle il est obtenu, et qui est au moins de 2.400 kilogr., assure entre les deux voitures qu'il réunit, une solidarité telle que, dans la marche en ligne droite, les tampons ne pourront jamais se quitter.

Les chocs continuent à être amortis par un ressort d'une flexibilité relativement grande, celle qui d'ailleurs était en usage.

Cette flexibilité donne également une souplesse relative au train, pour le passage dans les courbes ; nous disons relative, parce que rigidité et souplesse sont deux termes contradictoires et que l'effort exercé par les rails sur les boudins des roues, pour imprimer aux véhicules les inclinaisons successives qui doivent correspondre aux angles du polygone d'inscription, augmente naturellement avec la rigidité de l'attelage.

L'effort demandé aux ouvriers pour obtenir sur la vis l'action nécessaire, étant le double environ de celui qu'on exigeait auparavant, on a été conduit à allonger, dans la même proportion, la queue du tendeur.

La plupart des autres Compagnies et quelques constructeurs tels que : M. Chevalier dans sa voiture de famille, M. Bonnefond dans sa voiture espagnole, M. Evrard dans le sleeping-car belge, ont suivi de près ou de loin la voie ouverte par la Compagnie d'Orléans, adoptant comme elle la séparation du choc de la traction.

Toutefois la Compagnie du Midi, dans sa voiture AAL1, et celle de l'Ouest, dans sa voiture à quatre compartiments, ont conservé la disposition des ressorts conjugués ; mais cette dernière a porté la bande initiale de ces ressorts à 2.000 kilogr.; elle exige, en outre, que dans l'attelage, les tampons soient refoulés de quelques centimètres, afin que les mains de choc quittant les guides des tiges de tampons, la traction puisse s'opérer, sur la longueur du train, sans mettre en jeu, directement, la résistance des châssis de chaque voiture. Le passage des courbes s'effectue aussi sans que les tampons cessent d'être en contact.

En résumé, les deux dispositions permettent d'atteindre le but essentiel qu'on se propose : Obtenir une cohésion du train telle que, sous les plus grands écarts de l'effort de traction, les tampons ne puissent jamais se séparer. Mais la disposition adoptée par la Compagnie d'Orléans, en séparant les ressorts, permet de régler plus sûrement le rapport qu'il convient d'établir entre leurs flexibilités et leurs bandes de montage. En outre, le serrage à l'attelage n'intéressant que le ressort de traction, les mains des tampons ne quittent pas les guides contre lesquels elles sont pressées par le ressort de choc, et la résistance qu'oppose le train au mouvement de lacet, en voie droite, en est augmentée.

Cette condition de marche à grande vitesse, outre qu'elle a eu une part très grande dans les améliorations signalées au paragraphe précédent, à propos du confort des voitures, a produit d'autres conséquences :

L'allongement des voitures joint à l'introduction, dans ces voitures, de compartiments-lits ou de luxe, a conduit naturellement à une augmentation notable des poids portés par les essieux. Ainsi la voiture AAL_1 du Midi, qui est la plus légère, comporte un poids total de 9.000 kilogr.; celle à coupé et compartiments-lits d'Orléans pèse 11.000 kilogr., soit, sur chacun des deux essieux, en tenant compte du chargement à raison de 75 kilogr. par voyageur et défalcation faite du poids des essieux montés :

Pour la première de ces voitures, 4.260 kilogr.;

Pour la deuxième de ces voitures, 5.360 kilogr.

De là, la nécessité d'augmenter notablement les dimensions des essieux montés, pour répondre à cette double augmentation de vitesse et de poids. Quelques chiffres fixeront les idées sur ce point :

Désignation des voitures.	Diamètre au contact.	Dimensions des fusées.
Voiture et fourgon du Midi.......	1m,100	100mm/200
Voiture et fourgon d'Orléans......	1m,040	100mm/200
Voiture à compartiment-lits de l'Est.............................	1m,040	90mm/180
Voiture à deux coupés et à quatre compartiments de l'Ouest...........	1m,030	100mm/180
Voiture de famille de M. Chevalier..	1m,040	120mm/230

Les dimensions qui ont cours dans le matériel ordinaire, étant :

Pour le diamètre des roues au contact, 0m,920 à 1 mètre ;

Pour les dimensions des fusées, 85/170.

Une préoccupation à l'endroit du mode d'attache des bandages, généralement en acier aujourd'hui, sur les jantes des roues, dans le but d'empêcher la séparation des parties, dans le cas d'une rupture en service. De là, le procédé d'agrafage sur un ou deux bords du bandage dont nous trouvons plusieurs spécimens.

L'obligation de recourir à l'emploi du fer, au moins pour les brancards, en raison de leur grande longueur, et de donner à tout l'ensemble du châssis et de la caisse une plus grande solidité.

La suppression des arrêts sur de longs parcours, 100 à

120 kilomètres, et la brièveté des arrêts conservés ont fait sentir le besoin de créer, soit dans les voitures mêmes, soit dans les fourgons des trains rapides, des water-closets dont le public pût faire usage en marche (fourgon d'Orléans, voitures du Midi AAZ$_2$, et du chemin Charles-Louis en Autriche). Enfin la grande vitesse a rendu plus pressant l'emploi des freins continus dont nous parlerons ci-après.

§ IV. — *Mode de construction.* — *Matériaux employés*

Les progrès réalisés dans la construction du matériel roulant concernent le châssis, les essieux montés et la caisse.

Dans le châssis :

Le fer se substitue, de plus en plus, au bois, et les Compagnies les moins disposées à rompre avec d'anciennes habitudes emploient le fer, au moins pour les brancards.

En France, la Compagnie de P.-L.-M. est entrée, la première, dans cette voie. Déjà, en 1867, elle exposait un wagon à houille et une voiture de 1re classe dont les châssis étaient entièrement en fer. Depuis, elle a créé un matériel considérable dans ces conditions. La Compagnie de l'Est a suivi ; les Compagnies d'Orléans, de l'Ouest et du Midi, plus timides ou placées dans des conditions différentes d'exploitation, se contentent encore du châssis mixte, avec brancards en fer, ou même en acier (Ouest), ou en bois armé de fer plat (Orléans, Midi AAL$_1$). Cependant cette dernière Compagnie, dans sa voiture AAZ$_2$, nous présente un châssis tout en fer. Nous ne trouvons le châssis tout en bois que sous deux voitures :

la voiture de 1re classe à compartiment-lits du Nord et la voiture de 2e classe de l'Ouest.

En dehors des Compagnies, nous voyons le châssis tout en fer dans la voiture à deux trucs à voie de 1 mètre, de M. Chevalier, et dans les voitures espagnoles et à voie de 0^m,75, de M. Bonnefond.

A l'étranger, le mouvement n'est pas moins accentué. En effet, nous trouvons le châssis tout en fer appliqué aux voitures suivantes :

Voitures automobiles à vapeur, de M. Belpaire (Belgique).

Voiture-lits de M. Evrard (Belgique).

Voiture de luxe de la Haute-Italie (Italie).

Et le châssis mixte sur les voitures ci-après :

Voiture de 1re et 2e classes des usines de Graz (Autriche).

Voiture de 2e et 3e classes de la Direction des chemins de fer de l'État (Autriche).

Voiture de 1re classe du chemin de fer Charles-Louis (Autriche).

Voiture à lits des chemins de fer romains (Italie).

Wagons-poste accouplés de Ringhofer (Autriche).

Et les trois voitures du train suédois.

On peut encore ranger dans cette catégorie la voiture américaine de Pullman, dans la construction de laquelle entrent un grand nombre de pièces de bois, armées avec du fer. Aucune voiture étrangère ne nous présente un châssis entièrement en bois.

On peut donc en conclure que le châssis entièrement en bois est sur le point de disparaître.

Le châssis en fer, quoique plus lourd et plus cher, paraît offrir tant d'avantages au point de vue de la durée, de la non-déformation et de l'économie d'entretien, qu'il n'est pas douteux, à notre avis, qu'il ne finisse, le prix du bois allant d'ailleurs en croissant, par prévaloir d'une manière définitive.

En ce qui concerne les essieux montés et les ressorts :

La fabrication de ces pièces a profité des progrès considérables de la métallurgie dans ces derniers temps.

Aujourd'hui, l'ancienne roue à moyeu en fonte coulé autour de rais en fer est devenue une exception. A l'Exposition, nous ne la trouvons que sous quelques voitures de l'Autriche et de l'Italie. Elle est remplacée partout, en France, par les roues tout en fer des types Arbel, Brunon et à centre plein. Je ne parlerai pas des roues Mansell à centre en bois, ni des roues à centre en papier comprimé, qui sont d'une importation encore trop récente et ne peuvent avoir pour nous qu'un intérêt de curiosité.

Le bandage en acier doux obtenu par les procédés Bessemer ou Martin, tend à remplacer partout l'ancien bandage en fer et même en acier puddlé. Dans toute la section française, nous ne voyons que la Compagnie de P.-L.-M. qui ait conservé le bandage en fer. La Compagnie du Midi emploie encore le bandage en acier puddlé. L'extension de l'emploi de l'acier fondu pour les bandages, soit des roues de machines, soit des roues de véhicules, a conduit à rechercher de nouveaux modes d'attache de ces pièces sur les centres de roues.

L'Exposition nous montre les résultats successifs de cette préoccupation. D'abord la suppression des rivets qui, traversant de part en part la matière avec leur longue tête fraisée, créaient des points de moindre résistance, et la substitution à ce vieux procédé de vis introduites de l'intérieur de la roue. Puis la combinaison d'un mode d'agrafage pris sur le champ extérieur de la jante et de vis emmanchées de l'intérieur, du côté de la voie, à l'endroit correspondant au boudin (roues pour trains rapides de la Compagnie d'Orléans). Enfin, suppression complète des vis elles-mêmes et emploi :

1° D'anneaux agrafant le bandage des deux côtés et reliés entre eux par des boulons (train suédois, roues Mansell);

2° D'un anneau en zinc ou en métal blanc coulé dans une double rainure à queue d'aronde ménagée dans le bandage et dans la jante (ateliers de la Dyle, à Louvain).

Les essieux, sauf de rares exceptions, sont encore fabriqués en fer ; mais leurs dimensions ont augmenté avec le poids et la vitesse des véhicules. Dans la section française, les dimensions de ces pièces varient dans les limites suivantes :

Diamètre au milieu du corps... 110 à 130 $^{m}/_{m}$
— à la portée du calage. 125 à 150
— à la fusée............ 85 à 100

La Compagnie de l'Ouest et quelques autres ont cependant mis en service un grand nombre d'essieux en acier doux; mais cette question importante de la substitution de l'acier au fer, pour la fabrication des essieux, n'est pas, que nous sachions, encore définitivement tranchée. Elle le sera, sans doute, quand de nouveaux progrès dans la production de ce métal permettront de compter sur une homogénéité plus complète et une constance de qualité déterminée.

Comme annexe à la fabrication des roues, nous dirons quelques mots de l'appareil exposé par la Compagnie de l'Ouest et destiné à un essai courant des bandages embattus et prêts à entrer en service. En général, les Compagnies de chemins de fer, dans leurs marchés pour la fourniture de ces pièces, imposent des essais à la flexion et au choc, à raison d'un bandage par lot de 50 ; mais il est évident que le manque d'homogénéité et de constance dans la nature de l'acier pour une même coulée, et, à plus forte raison, pour des coulées différentes, étant encore aujourd'hui le défaut le plus ordinaire dans la production de ce métal, un essai heureux ne peut donner de garantie absolue pour toutes les pièces du lot. En outre, le tournage, le chauffage au four à embattre et l'embattage avec un serrage déterminé, peuvent modifier l'état primitif, exagérer la valeur de certains défauts.

La Compagnie de l'Ouest, pour obtenir une sécurité plus grande, avait pris, depuis longtemps, l'habitude de soumettre tous ses bandages, une fois embattus, à l'épreuve de chocs répétés, en des points suffisamment rapprochés sur la circonférence, au moyen du marteau à devant lancé à toute volée. Ce procédé a eu pour résultat d'amener le rebut de bandages, réputés bons jusque-là, mais dans lesquels un défaut caché avait provoqué la rupture, et, comme conséquence finale, de diminuer, dans une forte proportion, le nombre des ruptures en service. C'est pour remplacer l'action du marteau à devant que la Compagnie de l'Ouest a étudié la machine qu'elle expose au Trocadéro:

A propos de la fabrication des roues, mentionnons encore le tour à deux fins pour roues de machines et la machine radiale à percer et tarauder les bandages, de l'intérieur à l'extérieur de la roue, exposés par la même Compagnie.

Quant aux ressorts, l'acier Bessemer ou Martin a partout pris la place des aciers fondus au creuset, corroyés ou puddlés, avec un grand avantage comme prix, sinon comme qualité.

Le mode d'assemblage des feuilles entre elles continue à se faire, en France, au moyen d'étoquiaux. A l'étranger, et surtout en Autriche, le système par rainure et languette venues de laminage paraît avoir la préférence.

Les flexibilités admises pour les ressorts qui entrent dans la construction des différents types de véhicules oscillent autour des moyennes suivantes :

Suspension : fourgons à bagages, par tonne. 30 à 40$^{m/m}$
— voitures de 2e et 3e classes, par tonne.................. 50 à 70
— voiture de 1re classe et de luxe, par tonne.......... 80 à 140
Choc : voitures de toutes classes, par tonne.................. 70
Traction : par ressort spécial (voiture nouvelle d'Orléans)...... 19

Quant à la liaison des ressorts de suspension avec le châssis, nous remarquons que la disposition consistant dans une main de suspension coulissant à volonté dans une douille solidaire du brancard, et articulée avec la maîtresse feuille par l'intermédiaire de menottes ou d'anneaux, paraît avoir définitivement prévalu. Cette disposition est, en effet, générale pour les voitures, mais elle présente deux modes d'application bien différents que je crois devoir signaler. Dans toutes les voitures françaises, la tige de la main de suspension, qu'on peut régler à volonté au moyen d'un écrou, est disposée dans une direction parallèle ou oblique par rapport au brancard, mais, dans les deux cas, sa tension donne lieu à une composante horizontale, au point d'attache sur le ressort, composante qui contrarie le jeu naturel des feuilles du ressort, dont les conditions d'établissement sont absolument basées sur l'action d'efforts verticaux appliqués aux deux extrémités de la maîtresse feuille. Le but de cette disposition est de permettre, d'une part, le réglage de la position de l'essieu et de ses boîtes à graisse dans l'axe des plaques de garde, et d'autre part, l'entraînement de l'essieu, dans la marche du véhicule, par la traction horizontale due au ressort, sans faire intervenir l'action des branches de la plaque sur les boîtes à graisse. On évite ainsi les battements de ces pièces contre les champs des branches de la plaque, à chaque modification dans la vitesse des trains, à chaque accident de la voie. Dans ces conditions, il est naturel d'augmenter le jeu que présente la boîte dans la plaque afin d'éloigner les chances de ces battements. La plaque n'est plus alors qu'un élément de sécurité dont l'action, en marche normale, ne doit pas intervenir. C'est le but que s'est proposé la Compagnie d'Orléans dans l'étude de cette partie de la voiture à grande vitesse qu'elle expose. M. Evrard, de Belgique, dans son Sleeping-Car, a résolu la question d'une autre manière. La tige de réglage de la main de suspension est verticale, de façon à n'exercer sur le ressort aucune action donnant lieu à une composante horizontale, de sorte que le ressort travaille dans des conditions naturelles. Mais, comme conséquence de cette disposition, les plaques de garde sont armées de guides ou glissières d'une certaine largeur, rapportées sur les branches et dressées sur leurs faces intérieures. Entre ces glissières, la boîte à graisse coulisse sans jeu par des portées de même largeur dressées et ajustées à la demande. C'est un montage analogue à celui des boîtes de machines. Mais ce mode de construction implique, pour la position des axes des roues, une rigidité incompatible avec les sinuosités de la voie et ne nous paraît admissible qu'à la condition d'appliquer en même temps une disposition quelconque permettant une certaine mobilité des essieux. Ce résultat est obtenu, dans la voiture qui nous occupe, au moyen d'un déplacement transversal de 25$^m/^m$ des boîtes dans les plaques.

Caisse. — Le mode de construction de la caisse a peu varié. Le chêne, le frêne et le teack sont toujours les essences préférées pour la charpente, le sapin pour les fonds, le voligeage et les doublures, et l'érable pour les plafonds. Cependant, à l'étranger, nous remarquons l'emploi assez répandu, comme panneau de placage intérieur et frises de pavillon, du noyer, du teack et du pitch-pin.

Deux particularités, toutefois, ayant trait au mode de construction des caisses, méritent une mention :

La première, c'est en France, en Belgique et en Autriche, une tendance à supprimer ou du moins à diminuer les variations trop grandes dans le profil ou le galbe des parois verticales et à se rapprocher davantage de la forme géométrique d'un parallélipipède rectangulaire. Cependant, la voiture du Nord français, la voiture automobile de M. Evrard, en Belgique, avec leurs formes de berlines accusées extérieurement, et la voiture de 3º classe de l'Est, avec un galbe très accentué dans les côtés, font exception à cette observation. Le galbe adopté, dans cette dernière voiture, présente l'avantage de donner à la ceinture une plus grande largeur sans diminuer l'emmarchement.

L'Italie et la Suède nous présentent également des voitures d'un galbe très accentué.

Nous trouvons, au contraire, dans l'Exposition autrichienne une voiture mixte de 2e et 3e classes (direction R. I. P. de la construction des chemins de fer de l'État) d'une construction semblable à celle usitée aujourd'hui pour les wagons, c'est-à-dire, dont la caisse à parois verticales est rendue solidaire du châssis au moyen de ranchets fixés sur des consoles rivées elles-mêmes aux brancards. Les parois extérieures sont formées de frises disposées verticalement, et le panneautage intérieur de frises horizontales. Il convient d'ajouter que cette voiture présentant la distribution américaine avec plates-formes et couloir central, la forme cintrée des parois n'aurait pas l'avantage qu'on recherche dans nos voitures dont l'accès a lieu sur les côtés et que nous signalions plus haut. Même observation pour la voiture à deux trucks, à voie de un mètre, de M. Chevalier. La seconde particularité que nous voulons signaler est la tendance à revêtir les parois extérieures de longs panneaux, en tôle vernie, descendant de la corniche jusqu'au niveau inférieur des brancards de caisse, en supprimant ainsi les moulures ou baguettes de décoration intermédiaires. Cette tendance nettement accusée constitue, au point de vue de la construction et de l'entretien, un progrès qui, pour n'être pas très apparent, ne laisse pas que d'avoir une grande importance.

La Compagnie du Midi fait toutefois exception; les caisses des deux voitures qu'elle produit sont charpentées et panneautées en bois de teack. Du reste toutes ses voitures de 1re et de 2e classes sont de ce type, depuis l'origine. Le climat sous lequel cette ligne est exploitée, peut justifier, dans une certaine mesure, ce mode de construction.

Coefficient d'utilisation des voitures. — Considérée au point de vue économique de la construction et de la traction, l'utilisation d'une voiture d'un type et d'un poids donnés est d'autant plus grande qu'elle peut transporter plus de voyageurs. L'utilisation est donc inversement proportionnelle au coefficient fourni par le rapport du poids de la voiture au nombre de voyageurs qui peuvent y prendre place, c'est-à-dire au poids mort par voyageur.

On peut ajouter qu'en général et dans des conditions analogues de construction, ce coefficient mesure le degré de luxe avec lequel la voiture a été établie.

A ces deux points de vue et bien que l'exposition ne nous offre pas des types comparables, il peut être intéressant de poser quelques chiffres qui auront toujours l'avantage de montrer dans quelles limites, très étendues, le poids mort d'une voiture par voyageur peut varier d'un type à l'autre. (Voir le tableau page 32.)

Il convient d'observer que les voitures de la Compagnie de P.-L.-M. sont montées sur trois essieux, tandis que toutes les autres voitures françaises n'en comportent que deux; que la voiture d'Orléans est chargée de réservoirs à gaz; que les deux voitures de l'Ouest, mixte et de 2e classe, sont munies de freins à vis; que les voitures de 1re classe à quatre compartiments et de 1re classe à deux coupés-lits de la même Compagnie sont munies de freins du système Westinghouse et que la voiture du Nord est munie du frein par le vide de Smith.

Désignation des voitures.	Nombre de places.	Poids mort par voyageur.
Voiture de 3e classe de l'Est avec thermo-syphon....................	50	188 k.
Voiture de 2e classe à frein de l'Ouest........	40	199
Voiture mixte à frein de l'Ouest..	34	244
Voiture de 1re classe à quatre compartiments de l'Ouest...............	32	375.
Voiture de 1re classe à compartiment-lits du Nord...............	21	393
Voiture de 1re classe à deux coupés-lits de l'Ouest................	24	395
Voiture de 1re classe à un coupé-lit du P. L. M.......................	28	431
Voiture de 1re classe avec intercalation de cabinets, Midi..............	20	460
Voiture de 1re classe à coupé et compartiment-lits, Orléans.........	23	478
Voiture de 1re classe à deux coupés-lits, Midi......................	18	500
Voiture de 1re classe à coupé-lit et coupé-fauteuils-lits, P.L.M........	23	523
Voiture de 1re classe à compartiment-lits, Est.....................	21	547
Voiture salon-lits et deux compartiments-lits, P.L.M...............	14 de jour 10 de nuit	931 1273
Voiture de famille de M. Chevalier.	9 de jour 6 de nuit	1088 1633
Voiture américaine du système Pullman............................	23 —	826
Voiture sleeping-car de M. Evrard.	12 —	1066

§ V. — *Question des freins.*

Si l'on considère les freins pris isolément, c'est-à-dire tels qu'ils ont été appliqués jusqu'ici en France, à une voiture seule ou à un groupe de quelques voitures, leur action dépendant d'un agent attaché à la voiture, on peut dire que la question des freins est restée stationnaire.

En effet nous retrouvons aujourd'hui les mêmes systèmes qui figuraient à l'Exposition de 1867 :

Le système d'une vis dont l'action est transmise soit à des leviers directs (P.-L.-M.), soit à des bielles articulées en forme de V (Ouest), soit à un coin engagé entre deux glissières reliées aux sabots. Cette dernière disposition constitue le frein Stilmant dont l'emploi s'est considérablement étendu depuis, en France et en Belgique. Elle est représentée à cette Exposition par un fourgon du Nord lesté à 12 tonnes au moyen de traverses en fontes solidaires du châssis. Ce fourgon, destiné aux trains de petite vitesse, contient à l'arrière un compartiment de 3ᵉ classe. Le frein est monté à l'avant, dans l'intérieur de la caisse qui, à cet endroit, est surélevée par une guérite. Le levier de l'arbre qui porte les coins est actionné d'abord, par la chute de deux masses en fontes solidaires de l'écrou (système Bricogne), puis, après le rapprochement des sabots contre les roues, par le mouvement à la main d'une vis à huit filets. Une combinaison de cliquets et roues à rochet, placés à la partie supérieure de la vis, permet, d'une part, de mettre instantanément en jeu la première de ces actions, et, d'autre part, de maintenir le serrage dû à la seconde. Le but de toutes ces dispositions qui sont indépendantes du système Stilmant proprement dit, est d'obtenir le serrage dans le moins de temps possible.

Nous retrouvons encore dans un fourgon du Nord pour grande vitesse le système Lapeyrie dans lequel l'action du contrepoids dont nous venons de parler est remplacée par la torsion imprimée à un long ressort à boudin qui entoure l'axe vertical de manœuvre, une de ses extrémités étant solidaire de cet axe et l'autre du support inférieur. Sur le bout de l'axe et en-dessous du plancher est calé un pignon qui commande, au moyen d'une crémaillère, la bielle articulée au levier de l'arbre de frein. A l'extrémité supérieure : le volant de manœuvre et la combinaison de cliquets et roues à rochets dont il a été question plus haut.

Ce fourgon fait d'ailleurs partie du train exposé par la Compagnie du Nord comme spécimen d'application du frein Smith. C'est dire que les deux systèmes de freins y sont installés de façon à pouvoir fonctionner indépendamment l'un de l'autre. Ajoutons que les paliers de l'arbre du frein sont fixés et les sabots montés à coulisse sur une barre-guide qui est assujettie, par ses extrémités, sur les boîtes à graisse des deux essieux et qui est, par conséquent, indépendante du châssis ; il en résulte que le serrage des sabots peut s'opérer sans modifier le jeu des ressorts et diminuer la douceur de la suspension.

Dans un autre fourgon pour grande vitesse, type DD de la Compagnie du Midi, exposé par les ateliers de Labouheyre et de Dax, nous revoyons le frein à genou ou Tabuteau. Ce frein est rapide, car il est mis en action par un levier ; il tient peu de place et peut se loger dans la caisse, contre les parois, ce qui rend son emploi commode dans les fourgons ; mais il a peu de course et par suite exige des sabots en fonte et un réglage fréquent.

Signalons encore la tendance à remplacer, pour la fabrication des sabots, le bois par la fonte douce, un moyen employé par la Compagnie de l'Ouest pour limiter la course de l'écrou au desserrage, dans les freins à vis, et nous aurons, je crois, tout dit sur ce côté de la question.

Mais si l'on considère la question des freins d'une manière générale et comme moyen de transmission d'une action mécanique mise dans la main du mécanicien et s'étendant, suivant sa volonté, à tous les sabots d'un train en marche ; cette question est certainement la plus importante, la plus nouvelle qui soit représentée à cette Exposition, dans la classe des chemins de fer, nous voulons parler des freins continus.

Quatre systèmes sont en présence, deux qui comptent déjà de nombreuses applications en Amérique et en Angleterre, et qui viennent d'être inaugurés en France ; ce sont :

Le frein par le vide de Smith, d'origine anglaise, et le frein par l'air comprimé de Westinghouse, d'origine américaine. Deux qui, quoique d'origine plus ancienne, ne sont pas parvenus à entrer dans la pratique courante et en sont encore, plus ou moins, à l'état d'essai, ce sont :

Le frein à chaîne de Clarke, avec toutes ses variétés : Héborlein, Webb, Becker, etc.

Le frein électrique de M. Achard.

Le frein Smith est représenté à la section anglaise (annexe), sur le train exposé par la Compagnie du Nord, et, avec la modification Hardy, sur la machine à 6 roues accouplées du sud de l'Autriche ; il est à l'état d'essai sur les lignes du Nord et d'Orléans. Le frein Westinghouse est représenté d'abord, à la section américaine, avec une profusion de détails, puis sur différentes machines exposées : machine à 10 roues, belge, de M. Evrard ; machine à 6 roues accouplées, anglaise, de Brigton ; sur les voitures à quatre compartiments et à deux coupés de la

Compagnie française de l'Ouest. Enfin, il est appliqué couramment sur les trains de ceinture qui font le service du Champ de Mars et fonctionne, pour ainsi dire, sous nos yeux.

Le frein à chaîne, système Héberlein, est monté sur le fourgon à grande vitesse exposé par la Compagnie d'Orléans.

Le frein à chaîne, système Becker, est représenté par un modèle et par une application au wagon autrichien du chemin de fer de l'Empereur-Ferdinand. En France, il n'a pas encore été appliqué à des trains complets.

Quant au frein Achard, il est exposé sur un châssis du Nord, annexes du Trocadéro, dans le dernier état qu'il a reçu de son inventeur. Il est en essai sur les chemins de fer du Nord et de l'Est.

L'application des freins continus, en France, est trop récente pour qu'il soit possible de formuler des appréciations comparées et certaines, au sujet de la valeur de chaque système. Nous nous bornerons à énoncer rapidement les propriétés qui caractérisent chacun d'eux.

Le frein par le vide permet une graduation étendue dans son action et, par suite, est doux ; il n'exige pas une grande précision dans l'accouplement des tuyaux, d'une voiture à la suivante, parce que, d'abord, le vide obtenu par l'éjection de vapeur ne dépassant pas les deux tiers de la pression atmosphérique, l'air extérieur ne tend à rentrer dans les soufflets et les conduits qu'avec une pression faible et, ensuite, parce qu'une petite fuite n'a d'autre inconvénient que d'entraîner, momentanément, une dépense de vapeur un peu plus grande. Il est d'une très grande simplicité, n'exige qu'une dépense réduite de premier établissement et ne demande que peu ou pas d'entretien.

Mais il est moins prompt et moins énergique que les freins Westinghouse et à chaînes, ce qui tient à deux causes : le peu de pression dont on dispose et le temps nécessaire à la propagation, jusqu'à la dernière voiture du train, du vide relatif produit par l'éjection. Il résulte de la lenteur de cette propagation, accrue par les petites rentrées d'air qui peuvent se produire dans la longueur du train, que l'action de ce frein va en diminuant à mesure que le train s'allonge et que son application paraît devoir être limitée à un nombre restreint de véhicules.

On remédie à cet inconvénient en divisant son action, c'est-à-dire en établissant sur la machine deux éjecteurs, l'un réservé pour la machine et le tender, l'autre pour les véhicules, comme l'a fait M. Gottschalk, directeur du matériel et de la traction des chemins de fer du sud de l'Autriche, sur la machine citée plus haut.

Dans ces conditions, un train de 12 à 15 voitures, marchant à la vitesse de 75 kilomètres à l'heure, peut être arrêté après un parcours de 250 à 300 mètres.

Il n'est pas automatique, c'est-à-dire que, si le train vient à se rompre, la partie détachée se trouve abandonnée sans moyens d'arrêt.

Enfin la construction des soufflets en caoutchouc paraît peu mécanique et peu durable. La modification Hardy, qui substitue à cet organe essentiellement altérable et installé à découvert, une membrane en cuir renfermée dans une boîte en fonte, est, à ce point de vue, un progrès incontestable.

Le frein par l'air comprimé de Westinghouse est rapide et énergique, avec des dimensions restreintes. Il peut arrêter un train de 15 voitures, marchant à la vitesse de 75 kilomètres à l'heure, après un parcours de 150 à 200 mètres. Mais il est coûteux de premier établissement et compliqué ; l'installation sur la machine du moteur avec sa pompe à air et des réservoirs est souvent difficile et gênante ; l'accouplement des tuyaux est notablement plus difficile que dans le frein Smith, parce qu'il faut maintenir une pression permanente dans la conduite générale, et que cette pression atteint 4 à 5 kilogr. ; une fuite a des inconvénients plus grands, étant donnés le petit volume de la pompe à air et la nécessité d'entretenir une pression constante. La triple valve qui, sous chaque véhicule, établit le service automatique du frein, est un organe délicat qui paraît tenir plus de l'horlogerie que de la mécanique ; il demande un entretien soigné et continu.

Il a le grand avantage de pouvoir étendre son action sur les trains les plus longs et d'être automatique.

Les freins à chaînes sont très énergiques ; leur application au matériel existant peut se faire sans grande dépense et sans amener de complications sérieuses dans les attelages. Mais ils introduisent dans la construction des éléments peu mécaniques, susceptibles de ferrailler. Leur action ne peut s'étendre que difficilement à toutes les voitures d'un train ; enfin on reproche à ces freins de ne point se prêter à une graduation dans leurs effets et d'agir d'une manière brutale.

Le frein Achard se présente avec tous les avantages qui s'attachent aux actions transmises par l'électricité ; instantanéité et énergie dans la mesure qu'on désire, absence de toute complication dans l'attelage, car nous avons déjà l'intercommunication électrique sur plusieurs lignes. Mais, s'il a les avantages propres à l'emploi de l'électricité, comme agent de transmission, il y a lieu de craindre qu'il n'en subisse les inconvénients, c'est-à-dire qu'il ne soit capricieux et, qu'au moment opportun, il ne fasse défaut.

Chapitre II. — *Wagons.*

L'examen des wagons exposés peut se faire à deux points de vue différents :

1° Disposition adoptée en vue d'un service déterminé ou destination ;

2° Mode de construction.

§ Ier. — *Destination.*

Les wagons exposés dans la section française sont peu nombreux et leur destination, pour la plupart d'entre eux, est celle consacrée par des types depuis longtemps en usage dans nos grandes Compagnies. Ce sont d'abord trois wagons exposés par la Compagnie de l'Ouest ;

Un wagon couvert dont la caisse, mesurant intérieurement $6^m,04$ de longueur, $2^m,51$ de largeur et $2^m,145$ de hauteur, donne un cube total disponible de $32^{m3},500$, et peut recevoir un chargement de 10 tonnes de marchandises. — Il est aménagé également pour le transport des bestiaux et des chevaux ;

Un wagon tombereau dont la caisse mesurant intérieurement $5^m,51 \times 2^m,60 \times 1^m,46$, répond à un cube de $20^{m3},900$. Les parois en sont pleines jusqu'à la hauteur de $0^m,900$ en vue du chargement de 10 tonnes de charbon et à claire-voie jusqu'à la hauteur de $1^m,46$ en vue du transport des matières moins denses ;

Un wagon plat, mesurant intérieurement, à la caisse, $6^m,38 \times 2^m,788$, avec bords longitudinaux en tôle de $0^m,22$ de hauteur, permettant un complet chargement même avec des marchandises légères, telles que le coton, portes de 2 mètres de largeur sur les côtés, pour faciliter le chargement des pierres et bouts tombants en vue des chargements de grande longueur; plancher en chêne garni, de distance en distance, de traverses peu saillantes qui permettent l'emploi des élingues, sans apporter trop de difficultés au passage des véhicules qu'on peut avoir à charger.

Ces trois wagons représentent les derniers types adoptés par la Compagnie de l'Ouest; ils sont montés sur des châssis mixtes avec brancards en acier et ressorts à menottes. Les deux premiers sont munis de freins à vis avec un système particulier d'écrou limitant le nombre de tours de la vis, au desserrage, et avec guérites engagées en partie dans la caisse. Le troisième est muni d'un frein à main en vue des manœuvres de gares.

Le wagon à houille de la Compagnie P.-L.-M., dont la caisse, à parois pleines de $0^m,900$ de hauteur, présente intérieurement une surface de $5^m,43 \times 2^m,500$, donnant ainsi un cube disponible de $12^{m3},200$, suffisant au chargement de 10 tonnes de houille. Il est monté sur un châssis entièrement en fer et la charpente de la caisse est elle-même formée de ranchets en fer double T de la forme des rails Vignole. Il est muni d'un frein à vis du type habituel de la Compagnie. Un wagon semblable figurait à l'Exposition de 1867, mais il offrait un volume moins grand et la charpente de la caisse en était moins robuste.

Le wagon plat exposé par les ateliers de Labouheyre et de Dax : ce wagon, dont le plancher en chêne mesure intérieurement $6^m,26 \times 2^m,76$ et présente des bords de $0^m,20$ de hauteur, représente le dernier type adopté par la Compagnie du Midi. Celui auquel il se substitue, outre des différences notables dans le mode de construction, répondait à une longueur de $5^m,60$ seulement, laquelle se prêtait moins bien au chargement de certains produits, tels que les barriques de vin. Le châssis du nouveau wagon est du système mixte, avec brancards en fer U montés sur ressorts à patins. Les bords de la caisse sont rendus solidaires du châssis par des équerres rivées sur les consoles qui relient le brancard et le faux brancard; portes au milieu des côtés et bouts tombants. Ce wagon est muni d'un frein à main. Il comporte d'ailleurs un chargement de 10 tonnes.

En dehors des types produits par les Compagnies de chemins de fer, signalons les wagons suivants :

Le wagon réservoir de M. Lepage étudié et construit par M. Bonnefond et dont la destination est le transport de 10.500 litres d'alcool, vin ou autres liquides, dans un réservoir unique, en tôle étamée, qui est installé solidement dans l'axe d'un wagon couvert. Une pompe à mouvement rotatif permet d'y transvaser le liquide qui arrive de provenances diverses et dans des contenants divisés. Des dispositions sont prises pour éviter la vidange, soit par défaut de remplissage au départ, soit par suite d'évaporation dans le trajet. Dans le but de préserver le liquide de l'action de la température extérieure, la caisse est formée d'un double plancher, d'un double plafond, et, sur le contour, d'un double panneautage obtenu au moyen de frises horizontales à l'intérieur et de frises verticales à l'extérieur. La caisse est montée sur un châssis entièrement en fer.

Le wagon couvert à toiture mobile et à voie de $0^m,75$ de M. Bonnefond. L'enlèvement de la toiture, par parties, permet d'opérer le chargement et le déchargement des marchandises, au moyen de la grue, à l'instar de ce qui se pratique en Angleterre. La caisse de ce wagon mesure intérieurement $3^m,05 \times 1^m,65 \times 1^m,80$, donnant ainsi un cube disponible de $9^{m3},000$ qui répond à un chargement maximum de $3^t,500$. Châssis en fer et caisse en bois;

attelage spécial, avec tamponnement central, permettant un passage facile dans les courbes de petits rayons.

Enfin, le wagon plat, à voie de 1 mètre, avec attelage et tamponnement central automatique de MM. L. et E. Delettrez. Ce wagon est monté sur châssis mixte, ressorts à menottes et roues en fer forgé ; sa caisse mesure $3^m,88 \times 1^m,78 \times 0^m,25$ et permet un chargement maximum de 5 tonnes de marchandises. Le côté intéressant de ce petit wagon est le mode d'attelage qui peut se faire automatiquement, par la seule poussée d'un wagon sur l'autre, au moyen de deux crans qui, pratiqués en sens contraire, dans les barres d'attelage, viennent s'agrafer sous l'action de ressorts opposés qui pressent les barres l'une contre l'autre. Pour séparer les wagons, on agit, de l'extérieur de la voie, sur des leviers qui ont pour effet d'éloigner les barres d'attelage, l'une de l'autre. Ce mode d'attelage nous a paru compliqué et délicat ; suffisant peut-être, pour des trains légers, il ne saurait s'appliquer, à notre avis, sans danger, à la traction de nos trains de marchandises, sur les grandes lignes.

Dans les sections étrangères, l'Autriche nous présente trois wagons dont deux dignes d'intérêt à raison de leur destination tout à fait spéciale ; ce sont :

1° Le wagon couvert à bière Dreher de la Société 1. R. P. des chemins de fer de l'État.

Ce wagon qui, comme aspect extérieur, répond à nos types de wagons couverts, se distingue par plusieurs dispositions ayant toutes pour but d'établir dans la caisse une température constante et aussi fraîche que possible : bacs de $4^{m3},000$ de capacité, établis sous la toiture et destinés à recevoir une provision de glace pour le voyage ; l'eau résultant de la fusion, pendant le trajet, a des écoulements ménagés au dehors du wagon ; plancher double, de toute la hauteur du châssis, rempli de paille hachée, double plafond garni de la même façon, parois de $0^m,18$ d'épaisseur formées de trois panneautages, jusqu'au niveau inférieur des bacs à glace, dont les intervalles sont également garnis de paille hachée ; porte pivotante à double paroi, garnie, sur toutes ses faces, de fermeture de bourrelets en caoutchouc destinés à rendre les joints imperméables à l'air extérieur, etc. Cette caisse est montée sur un châssis entièrement en fer. Le wagon complet pèse 8.340 kilogr. et peut recevoir un chargement de 8.500 kilogr.

2° Le wagon pour le transport des viandes, exposé par le chemin de fer Charles-Louis. Comme le précédent, c'est un wagon couvert garni, à sa partie supérieure, de deux bacs à glace ; seulement, afin d'obtenir une hauteur suffisante pour l'accrochage des viandes de boucherie aux crochets qui sont disposés, par rangées, immédiatement en dessous des bacs, on a été conduit à surélever la toiture dans la partie qui correspond à l'installation de ces bacs. En outre, en dessous du châssis, on a disposé un ventilateur qui, prenant son mouvement sur l'un des essieux, aspire l'air à une extrémité de la caisse et le refoule à l'autre ; l'air aspiré avant d'arriver au ventilateur, est obligé de parcourir un serpentin qui est plongé dans un réservoir rempli de glace ; l'air refoulé suit un parcours semblable à l'extrémité opposée de la caisse et vient finalement se répandre, à travers les viandes, par la fente d'un tuyau qui règne, sous les bacs à glace, dans l'axe du wagon. L'air intérieur est donc ainsi soumis à un mouvement continuel ayant pour but de le maintenir à une basse température et de le renouveler autour des surfaces qu'il s'agit de rafraîchir. Pour éviter l'influence de la température extérieure, la caisse est d'ailleurs formée d'une double paroi, et les portes à deux vantaux pivotants sont garnies de feutre dans leurs feuillures, afin d'assurer l'efficacité des joints de fermeture. Enfin les parois intérieures et le plancher, dans un but de propreté et de lavage facile, sont recouverts entièrement de zinc.

Ce wagon est monté sur châssis mixte, d'après le mode de construction ordinaire : consoles solidaires du brancard, ranchets fixés sur ces consoles et réunis par des traverses de manière à former une charpente sur laquelle viennent se clouer les frises qui, ici, en raison du double panneautage, sont disposées horizontalement à l'intérieur et verticalement à l'extérieur.

3° Le wagon couvert, avec frein à chaînes du système Becker, exposé par le Chemin de fer I.R.P. de l'Empereur Ferdinand. Ce wagon, en dehors des dispositions spéciales au frein Becker et à l'accouplement de la chaîne pour la transmission d'un wagon au suivant, ne présente, comme construction, rien de remarquable, si ce n'est un fini, un ajustage et un polissage de pièces en fer, que ne comportent ni les habitudes de la construction ni la destination. Le châssis est mixte, les ranchets en bois de la caisse sont fixés directement, par des boulons et contre-plaques, sur des consoles en fer forgé, qui sont rivées sur les brancards en fer, une cornière, assemblée sur les extrémités de ces consoles, remplace le faux brancard en usage chez nous et reçoit les extrémités des planches de fond ; parois fermées par des frises horizontales clouées sur les faces intérieures des ranchets ; portes roulantes, à un seul vantail, munies d'un crochet de fermeture particulier et d'un système d'agrafes destinées à empêcher le soulèvement en dehors des rails. Signalons encore un tendeur à double rochet pouvant se manœuvrer du dehors de la voie, au moyen de bâtons garnis de crochets *ad hoc.*

Le poids de ce wagon sans frein est.　5.800 kilogr.
— du frein..................　470　—
Total........　6.270　—
Il peut recevoir un chargement de...　10.000 kilogr.

Tous ces wagons de la section autrichienne sont bien étudiés, construits avec soin et méritent qu'on leur consacre une visite spéciale.

Mentionnons encore deux wagons pour voie de 1 mètre exposés dans la section belge, par les ateliers de la Dyle (à Louvain), et destinés au chemin de Mogyana (Brésil).

Le premier est un wagon couvert à frein, cubant $16^{m3},795$, pouvant recevoir un chargement de 8.000 kilogr. et pesant vide : sans frein, 3.200 kilogr.; avec le frein à vis dont il est muni, 3.470.

Le châssis et la charpente de la caisse, y compris le cadre supérieur qui réunit les extrémités des ranchets, sont en fer; les roues sont en fer forgé et les bandages, en acier, sont fixés sur leurs jantes au moyen de vis emmanchées de l'intérieur; les parois de la caisse sont formées de frises larges, en bois de teack, assemblées sur les ranchets en fer par des boulons.

Le second est un wagon à houille, sans frein, cubant $7^{m3},185$, pouvant recevoir un chargement de 8.000 kilogr. et pesant, vide, 2.600 kilogr.; châssis tout en fer, caisse avec ranchets en fer d'une construction analogue à celle du wagon de même type exposé par la Compagnie de

P.L.M.; panneautage avec de larges frises de teack boulonnées sur les ranchets.

Ces deux petits wagons sont, dans le genre, de véritables bijoux, et l'on éprouve, en les voyant si coquets, quelque ennui à penser qu'ils sont destinés à un service si grossier.

Le poids mort, par tonne transportée, ressort à :

Pour le wagon couvert, 434 kilogr. ; pour le wagon à houille, 325 kilogr.

Ces poids, comparés à ceux qui ressortent du matériel analogue en usage sur nos grandes lignes, sont faibles et paraissent accuser une construction légère. Mais il convient de remarquer que, tandis que la capacité offerte à une tonne de marchandises, est, chez nous, de $3^{m3},000$ environ pour les wagons couverts et de $1^{m3},250$ pour les wagons à houille, elle n'est ici que de $2^{m3},100$ pour le premier type et de $0^{m3},898$ pour le second.

Enfin, nous trouvons, dans la section russe, un wagon couvert dont le châssis est du système mixte et dont la caisse est montée, suivant le mode employé chez nous, au moyen de ranchets en bois assemblés sur les brancards par l'intermédiaire de consoles en fer forgé. Ce wagon ne présente d'ailleurs qu'une particularité intéressante :

Dans le but d'adapter, à volonté, l'écartement des roues soit à la voie russe ($1^m,55$), soit à la voie allemande ($1^m,45$), la portée de calage a été prolongée intérieurement et les roues peuvent se déplacer dessus, de manière à répondre à l'un ou à l'autre de ces écartements. Pour assurer la position adoptée, dans chaque cas, l'essieu et le moyeu de la roue présentent des cordons, l'un dégagé au tour sur le contour du moyeu près de sa face intérieure, l'autre forgé et tourné sur l'essieu en un point convenable de sa longueur. Un manchon, en deux parties articulées, présente des rainures circulaires creusées aux distances voulues pour correspondre aux deux positions que doit prendre la roue. Ce manchon, présenté ouvert, vient, en se refermant, emboîter les deux cordons et un axe engagé dans la deuxième charnière formée par les extrémités des deux demi-colliers complète l'assemblage.

Ainsi, après avoir créé au transit entre deux grands empires l'obstacle monstrueux d'un écartement différent dans les voies adoptées, on recherche aujourd'hui les moyens de tourner cet obstacle.

La voiture pour chemin de fer espagnol, exposée par M. Bonnefond, au Trocadéro, présente également dans la longueur donnée aux portées de calage des essieux, un moyen de vaincre la même difficulté ; mais, ici, c'est seulement en vue du transport, par voie française, du véhicule jusqu'à la frontière espagnole. Arrivé là, on se contente de déplacer, à la presse hydraulique, les deux roues qui doivent avoir été calées, à l'usine de fabrication, assez énergiquement pour que la pression sous laquelle elles sont amenées à leur position définitive, soit encore de 20.000 à 25.000 kilogr.

A cette revue sommaire des wagons exposés, nous ne voyons qu'une observation générale à ajouter. Elle se rapporte à la tendance, que nous croyons remarquer chez les compagnies françaises, à augmenter les dimensions de ces véhicules et par suite le volume offert au chargement. Celui-ci paraît, d'ailleurs, aussi bien à l'étranger qu'en France, limité à 10.000 kilogr. pour les wagons des grandes lignes.

§ II. — *Mode de construction.*

L'examen, au point de vue de la construction, des

wagons exposés, provoque des observations analogues à celles qui ont été suggérées par celui des voitures et que l'on peut résumer de la manière suivante :

1° Emploi plus étendu du fer dans la construction du châssis.

Nous ne trouvons plus, nulle part, le châssis entièrement en bois. Nous rencontrons au contraire le châssis tout en fer, sur un certain nombre de wagons : wagon à houille de P.-L.-M., wagon réservoir de M. Lepage, wagon couvert de M. Bonnefond, wagon à bière de l'Autriche, wagons des ateliers de la Dyle; et le châssis mixte, avec brancards en fer ou en acier, sur tous les autres.

Il est évident que, parmi les objections que soulève l'emploi du fer dans la construction des châssis des voitures, il y en a une qui tombe, lorsqu'on l'applique aux wagons : c'est celle qui résulte de la sonorité du métal comparé au bois.

En outre, l'objection tirée de l'augmentation du poids du châssis en fer par rapport à celui du châssis en bois perd de sa valeur à mesure que le rapport du chargement au poids propre du véhicule va en croissant, ce qui est le cas des wagons.

2° Emploi plus étendu de l'acier à la fabrication des bandages et des ressorts de traction et de choc.

En effet, toutes les roues des wagons exposés dans la section française sont embattues avec des bandages en acier et le mode d'attache de ces pièces sur les roues des wagons étrangers semble indiquer qu'ils sont de même nature.

L'acier s'est substitué également au caoutchouc dans la fabrication des ressorts de choc, soit sous la forme de ressorts en spirale, soit sous celle des rondelles dites Belleville, soit enfin sous celle de ressorts à lames servant à la fois à la traction et au choc (Ouest, P.-L.-M.)

Pour les ressorts de suspension, la flexibilité admise paraît osciller entre les chiffres suivants : — par tonne 14 à 20$^{m}/^{m}$; celle des ressorts de traction et de choc est plus variable.

3° Une tendance à substituer à la disposition des ressorts de suspension supportant directement les brancards au moyen de patins, sur lesquels s'opère le glissement des extrémités renflées de la maîtresse feuille, celle des ressorts articulés au moyen de menottes avec des mains de suspension solidaires du brancard.

Nous trouvons la première disposition sur les wagons du Midi et du P.-L.-M., et la seconde sur les trois wagons de l'Ouest, et sur tous les wagons étrangers.

Ce dernier mode de suspension est évidemment préférable, tant au point de vue de l'entraînement de l'essieu qu'à celui de la conservation du ressort.

4° Substitution progressive du centre de roue en fer forgé à l'ancien centre à moyeu ou fonte et rais en fer. Toutefois, nous trouvons encore ce dernier type, en France, sous le wagon plat de l'Ouest et à l'étranger, sous deux des wagons autrichiens.

5° Le mode de construction de la caisse et, en particulier, la disposition par laquelle elle est rendue solidaire du châssis présente un caractère remarquable d'uniformité. A l'étranger, comme en France, on paraît s'être arrêté au système de ranchets ou montants verticaux prenant leur attache soit sur un faux brancard soit sur des consoles solidaires du brancard. Ces ranchets réunis entre eux par des pièces transversales et de contreventement et assemblés, à leurs sommets, dans un cadre qui supporte la toiture ou termine la caisse, dans le cas de wagons ouverts, forment une charpente sur laquelle viennent s'appliquer les panneaux des parois.

Dans les wagons français ce panneautage est, en général, formé de frises horizontales clouées sur les montants et traverses de la charpente. A l'étranger, le panneautage est souvent double et alors il s'obtient, à l'intérieur, au moyen de frises disposées horizontalement et à l'extérieur par des frises disposées verticalement; (c'est le cas du wagon-réservoir de M. Lepage et des wagons à bière et à viande de l'Autriche).

La nécessité de pouvoir fixer facilement ce panneautage sur les pièces de la charpente sera, longtemps encore, un obstacle à la substitution du fer au bois dans la construction des caisses des wagons. Cependant, comme progrès dans cet ordre d'idées, signalons : le wagon à houille de la Compagnie P.-L.-M. avec ses ranchets en fer double T, le wagon plat de la Compagnie de l'Ouest pour lequel l'application de la tôle à la fabrication des bords des côtés a permis une augmentation notable de la largeur intérieure de la caisse, et les petits wagons des ateliers de la Dyle dont les fonds, les panneaux et la toiture sont les seules parties faites en bois.

Les essences employées, d'une manière générale, dans la construction des wagons sont : le chêne pour la charpente du châssis, les membrures de la caisse et les fonds et le sapin pour le voligeage des toitures et le panneautage des parois.

6° Le coefficient d'utilisation d'un wagon est déterminé par le rapport du poids propre du wagon au chargement qu'il peut recevoir. Nous relevons, à ce sujet, les chiffres comparatifs suivants pour les trois types de wagons exposés.

	Poids par tonne de chargement
Wagon couvert, à frein à vis, de l'Ouest........	720 k.
— — — Becker, de l'Autriche.	627
— à houille — à vis, de l'Ouest......	660
— — — — P.L.M.........	595
— plat avec frein à main de l'Ouest......	562
— — — — du Midi........	540

Ajoutons que le prix moyen des matériaux entrant dans la construction de ces wagons ressort, aujourd'hui, en France, à 53 fr. les 100 kilogr.

Telles sont les observations générales qui nous ont paru se dégager de la revue rapide que nous venons de faire du matériel exposé. Elles peuvent se résumer par la conclusion suivante :

Constatation d'un progrès constant, d'une marche en avant non interrompue, vers toutes les solutions qui, dans la construction du matériel roulant, intéressent l'exploitation des voies ferrées.

Pour les voyageurs, la rapidité, le confort et la sécurité des voyages.

Pour les marchandises l'appropriation du véhicule à

la marchandise, la meilleure utilisation du véhicule, l'augmentation du tonnage et par suite l'économie du transport.

Maintenant nous allons, si vous le voulez bien, procéder à une visite des produits, en suivant le programme suivant : commençant par le matériel exposé par les Compagnies françaises dans l'annexe de l'avenue de La Bourdonnaye, nous continuerons notre visite, après déjeuner, par l'examen du matériel exposé par les constructeurs français soit dans le premier pavillon de l'annexe du Trocadéro (matériel de grandes lignes) soit dans le troisième (matériel à voie exceptionnelle). Nous reviendrons ensuite aux sections étrangères, en suivant l'ordre dans lequel elles se présentent en allant de la Seine à l'École militaire : Amérique, Suède, Italie, Autriche et Belgique.

Imprimerie D. BARDIN, à Saint-Germain.

Extrait des ANNALES INDUSTRIELLES
16, rue Lafayette, Paris.

VISITES DES INGÉNIEURS

ANCIENS ÉLÈVES DE

L'ÉCOLE CENTRALE

DES ARTS ET MANUFACTURES

A L'EXPOSITION UNIVERSELLE DE 1878

Les Locomotives.

Par M. FORQUENOT (*Promotion de 1838*).

Messieurs et chers camarades,

Je vais d'abord vous indiquer quel est l'ensemble des machines locomotives exposées en 1878, comparé à celles exposées en 1867. Nous examinerons ensuite les conditions particulières les plus intéressantes, sans entrer dans les détails spéciaux de leur construction, que je réserverai pour la visite sur place des divers types français et étrangers.

Le nombre des locomotives pour voie normale exposées dans la section française est de quinze, et de neuf pour voie étroite ; plus quelques locomotives de tramways et une routière.

Les sections étrangères exposent quinze locomotives pour voie normale, plus six locomotives pour voie étroite et tramways.

A l'Exposition de 1867, on comptait trente-cinq locomotives, presque toutes à voie normale. Il existait une grande variété de types. L'étranger exposait des machines à grande vitesse, à grandes roues indépendantes, essieu moteur au milieu et deux essieux porteurs, dont un à l'arrière du foyer, soit à cylindres intérieurs, soit à cylindres extérieurs.

En France, la locomotive Crampton était employée pour les trains express sur les réseaux du Nord, de l'Est et de Paris-Lyon-Méditerranée. La Compagnie de l'Ouest, pour le même service, employait la machine Buddicom, et la Compagnie d'Orléans, des machines à roues libres analogues pour les lignes peu accidentées.

Mais sur les lignes accidentées de Limoges, Toulouse et Agen, les trains express et postes étaient remorqués par des locomotives à six roues dont quatre accouplées de grand diamètre. L'une des machines de ce type (n° 203) figurait à cette Exposition.

Généralement on n'admettait pas encore, pour marcher à grande vitesse, cette disposition, par crainte de la rupture des bielles d'accouplement.

C'est pour ce motif qu'au chemin de fer du Nord, la locomotive Crampton devenant de plus en plus insuffisante, à cause de la charge des trains, on avait cherché la solution de la machine à grande vitesse dans l'application de deux paires de roues commandées par des mécanismes indépendants, et par suite, par quatre cylindres.

La Compagnie de Lyon exposait une locomotive transformée à quatre roues accouplées de 1^m,80 à l'avant, avec essieu porteur à l'arrière sous le foyer, et la Compagnie de Fives-Lille, une locomotive analogue destinée au réseau du Nord. On trouvait de même, dans les sections étrangères, des locomotives à trois essieux et à quatre roues motrices de diamètre moyen, accouplées, soit à l'avant, soit à l'arrière, pour les trains mixtes et de voyageurs. On remarquait aussi des locomotives à deux essieux seulement et quatre roues accouplées, employées aux trains de voyageurs sur les chemins de fer badois.

Les types de machines à marchandises exposées étaient aussi très variés. Outre les locomotives à quatre ou six roues accouplées, avec ou sans avant-train articulé, et les locomotives à huit ou dix roues accouplées, on trouvait la machine du Nord à douze roues accouplées par groupe de six avec quatre cylindres moteurs, une locomotive américaine à douze roues accouplées solidaires; le Steierdorf à dix roues accouplées en deux groupes réunis par un mécanisme spécial, une machine Sturrock à tender moteur, une machine Fairlie à quatre cylindres et à deux trains articulés, etc. Les locomotives de gare et d'usine étaient aussi représentées par divers spécimens.

Cette multiplicité de types ne se retrouve plus à l'Exposition actuelle; les dispositions plus ou moins compliquées paraissent abandonnées. Les machines locomotives qu'on y voit peuvent se grouper en trois ou quatre types bien définis.

Pour la grande vitesse, la locomotive à roues libres ne se construit plus. L'augmentation de la vitesse et de la charge des trains de voyageurs express a amené toutes les compagnies françaises à adopter l'accouplement de quatre roues de grand diamètre repoussé précédemment. Cette même condition, adoptée en Angleterre et en Italie, est représentée par la locomotive de Sharp, Stewart et Ce; et celle des chemins de fer de la Haute-Italie, construite en Autriche.

Pour le service des trains de voyageurs sur les lignes accidentées, on emploie généralement des machines à six roues accouplées de 1^m,60 à 1^m,70 de diamètre; telles sont les locomotives exposées par la Société belge, dont M. Evrard est le directeur, par les ateliers des chemins de fer de l'État hongrois à Budapest, et par la Compagnie d'Orléans suivant dessins exposés.

Des locomotives analogues ou à roues de moindre diamètre sont encore employées, soit pour les trains de banlieue, soit pour les trains mixtes, soit pour le service de pilote telles sont la machine du Grand Central belge, construite par la Société de Marcinelle et Couillet, celle du Creusot pour la Compagnie des Dombes, du système Mallet (compound) pour Bayonne-Biarritz, de Fives-Lille pour l'Ouest, de M. Stroudley pour le London Brighton, de Motala pour la Suède, de Fairlie, etc.

Pour le service des marchandises, on ne trouve exposées que des locomotives à six et huit roues accouplées, mais plus lourdes et plus puissantes que celles exposées en 1867 : celles à six roues accouplées de l'Ouest, de Paris-Orléans, et de Paris-Lyon-Méditerranée, celles à huit roues accouplées de la Société Cockerill, de Paris-Lyon-Méditerranée et de Paris-Orléans. Ces mêmes machines, soit à six roues, soit à huit roues accouplées, sont utilisées pour les trains de voyageurs et mixtes des lignes à fortes inclinaisons et petites courbes : telles sont la locomotive du Sud de l'Autriche, six roues accouplées, pour le Semmering, et les machines à huit roues accouplées employées par la Compagnie Paris-Lyon-Méditerranée sur la ligne du Mont-Cenis, etc., et par la Compagnie d'Orléans sur les lignes du Cantal.

En Angleterre, où tout est sacrifié à la vitesse, aussi bien pour les voyageurs que pour les marchandises (mais avec des tarifs beaucoup plus élevés qu'en France), les trains sont plus nombreux et moins lourds : aussi les ingénieurs des grandes Compagnies anglaises ne font plus pour ainsi dire que trois types de locomotives, l'un pour les trains de vitesse, l'autre pour les trains ordinaires de voyageurs, et le troisième pour les trains de marchandises; pour les premiers, des machines à quatre roues accouplées de grand diamètre ; pour les seconds, des locomotives-tenders à quatre ou six roues accouplées de plus petit diamètre servant pour la banlieue et les lignes d'embranchement. Pour les trains de marchandises, ces Compagnies emploient des machines à six roues accouplées et à cylindres intérieurs, marchant à la vitesse de 40 et 50 kilomètres.

Pour les lignes très fortement inclinées, nous devons citer, parmi les locomotives exposées, celle de M. Riggenbach, construite à Aarau (Suisse), et qui fonctionne soit par adhérence sur les rails, soit par l'intermédiaire d'une crémaillère. Les diverses combinaisons de cette machine sont fort intéressantes.

Au nombre des locomotives de la section française, il a lieu de signaler spécialement comme nouveauté la machine-tender du chemin de fer Bayonne-Biarritz, construite suivant le système compound de M. Mallet, ingénieur civil. Cette locomotive, essayée d'abord au chemin de fer d'Orléans, sur des lignes d'embranchement, fait un service très économique sur la ligne de Biarritz. La Compagnie d'Orléans, pour pouvoir comparer facilement le système compound avec ses locomotives ordinaires, vient de décider la modification d'une de ses machines à grande vitesse en système compound.

Il nous reste encore à indiquer la locomotive américaine exposée dans les annexes des sections étrangères. Elle est à six roues accouplées avec avant-train articulé et destinée au service des marchandises. Elle renferme certaines dispositions spéciales aux chemins de fer qui utilisent ce genre de machines, notamment un foyer très large à grille de grande surface pour brûler des déchets d'anthracite.

Les autres spécimens de locomotives à voie normale sont destinés à des services soit d'intérêt local, soit d'usines ou de manœuvres de gare.

J'indiquerai maintenant, parmi les dispositions générales, celles qui différencient le plus les locomotives exposées.

Les ingénieurs de tous les pays paraissent aujourd'hui d'accord sur les principes fondamentaux de la construction au point de vue des relations à établir entre la vaporisation, la puissance et l'adhérence ; mais les constructeurs, à cause du prix de vente, sont, dans certains cas, obligés de sacrifier le plus important de ces éléments, c'est-à-dire la surface de chauffe, en augmentant le poids des parties moins coûteuses.

On peut remarquer en effet que, parmi les locomotives

exposées, il existe des écarts assez considérables dans les rapports entre leurs surfaces de chauffe, directe et totale, et leur poids.

Nous pensons qu'on doit surtout se préoccuper de la surface de chauffe, lorsqu'on ne dispose pas de combustibles de premier choix. A puissance égale, la surface de chauffe la plus grande donnera des avantages sérieux au point de vue de la facilité de la conduite et de l'économie de consommation.

C'est en raison des différentes espèces de combustibles qu'on emploie aussi plusieurs types de foyers : les foyers ordinaires à grilles de 1 mètre à $1^m,60$ de surface, où l'on brûle des briquettes ou des gailleteries, et les foyers du type Belpaire, peu profonds et beaucoup plus longs que les précédents, avec des grilles de 2 mètres à $2^m,50$ de surface et au-dessus, servant à brûler des charbons tout venants et des menus.

Le plus long foyer de ce type est celui de la locomotive de l'État belge, construite par la Société Evrard ; la grille a $2^m,74$ de longueur. Il est probable qu'une pareille dimension nécessite de la part des conducteurs de locomotives un travail très assidu pour la bonne conduite du feu.

En Angleterre, malgré l'abondance des charbons menus ou tout venants de très bonne qualité, on continue à n'employer que des foyers ordinaires de $1^m,60$ de surface de grille au plus, mais présentant, par leur profondeur, des surfaces de chauffe au moins égales à celles des foyers du type Belpaire. C'est cette condition qu'on trouve réalisée dans la locomotive de Sharp, Stewart et Ce, exposée dans la section anglaise, et qui représente le type le plus usité en Angleterre pour la grande vitesse. Cette machine renferme d'ailleurs une disposition qui y est aussi très répandue : c'est la séparation du foyer en deux parties dans sa hauteur, au moyen d'une arche en briques réfractaires, qui a pour effet de renvoyer les gaz de la combustion vers la porte du foyer avant d'entrer dans les tubes. Au-dessus de l'entrée de cette porte qui est à coulisse, est suspendue une sorte de hotte en tôle qui s'avance en s'inclinant vers la voûte en briques, de manière à diriger l'air sur la surface du combustible et à brûler la fumée. Cette disposition a quelque analogie avec le foyer Ten Brink étudié et mis d'abord en pratique par la Compagnie de l'Est en 1860-1861, lorsqu'elle employait les charbons de Forbach.

Vers la même époque, ce foyer a été adopté par la Compagnie d'Orléans en raison des combustibles fumeux dont elle dispose, et étendu non seulement à toutes ses locomotives à voyageurs, mais aussi à celles à marchandises, avec grand avantage pour la diminution de consommation et l'absorption de la fumée. La machine à grande vitesse n° 308 et celle à marchandises n° 1170, exposées par la Compagnie d'Orléans et par MM. Claparède et Ce, ont leur foyer établi suivant le système Ten Brink. Ce foyer est complètement fumivore et peu coûteux d'entretien. Il réalise les conditions d'accroissement de surface de chauffe directe qu'on avait voulu obtenir précédemment en Angleterre avec les foyers de Mac Connell, de Sturrock, de Beattie, etc.

Si maintenant nous examinons la dimension des tubes de chaudières, nous trouvons des longueurs variant depuis 2^m,90 et 3 mètres jusqu'à 5^m,20, avec des diamètres de 40 à 50 $^m/_m$ à l'extérieur. Ces différences considérables, quant aux longueurs, semblent prouver qu'on n'attache pas une grande importance à cette question. On sait en effet que, dans les chaudières tubulaires dont le tirage est obtenu uniquement par une cheminée, on a soin de maintenir des relations convenables entre le diamètre des tubes et leur longueur. Il n'en est pas de même avec le tirage forcé qui existe dans les locomotives, et l'on fait souvent dépendre la longueur des tubes d'autres considérations particulières, telles que l'écartement des essieux, la position du foyer, etc. Il faut cependant reconnaître qu'avec une chaudière ayant un foyer déterminé, on utilisera mieux le calorique avec des tubes longs qu'avec des tubes courts à production de vapeur égale, surtout dans les cas où l'on approche du maximum de production possible. Il n'est pas rare, dans ces circonstances, d'obtenir de très hautes températures dans la boîte à fumée et la cheminée des chaudières à tubes courts. Il faut d'ailleurs tenir compte des différentes qualités de combustibles dans la détermination de la longueur des tubes, et s'il est rationnel, avec l'anthracite et les charbons maigres, de raccourcir les tubes, il est utile de les allonger si l'on emploie des houilles à longue flamme.

Le timbre des chaudières de locomotives varie en général entre 8 et 10 kilogr. On emploie encore quelquefois à l'étranger des pressions atteignant 12 atmosphères, mais c'est l'exception, car l'on a reconnu pratiquement que la solidité des chaudières et le bon état des organes du mécanisme des locomotives sont plus difficiles à réaliser.

En ce qui concerne la position des cylindres et du mécanisme des machines exposées, celles à cylindres et à mécanisme extérieurs dominent comme nombre.

Sur les quinze locomotives de la section française à

voie normale, douze sont à cylindres extérieurs, trois sont à cylindres intérieurs et essieu coudé.

Sur les quinze locomotives étrangères à voie normale, douze sont à cylindres extérieurs, trois à cylindres intérieurs.

On peut donc penser qu'en général les Ingénieurs paraissent tenir compte de la facilité d'entretien courant et de réparation qui résulte du système à cylindres et à mécanisme extérieurs. Si le système à cylindres et à mécanisme intérieurs ne remplit pas aussi facilement cette condition, les partisans de ce type de locomotives invoquent en sa faveur l'avantage d'une stabilité supérieure en marche pour les grandes vitesses. Cette supériorité existait surtout, en effet, avant les perfectionnements apportés aux machines à cylindres extérieurs, soit par l'emploi de contre-poids rationnels, soit par l'abandon du porte-à-faux du foyer, dont le type Crampton a été le meilleur exemple ; mais on peut admettre que chacun des deux systèmes présente des avantages qu'il faut mettre en balance avec les conditions spéciales qui lui sont inhérentes.

C'est surtout en raison du choix du personnel chargé de la conduite qu'on peut à cet égard prendre un parti dans un sens ou dans l'autre. Deux méthodes existent en effet dans le recrutement des conducteurs de locomotives : choisir parmi les chauffeurs intelligents ceux qui sont appelés à ce service, ou bien n'employer que des ouvriers mécaniciens-ajusteurs-monteurs. Dans le premier cas, dès qu'il y a un travail à faire, il faut confier les machines à des ouvriers spéciaux, tandis que dans le deuxième cas, ce sont les machinistes eux-mêmes qui s'en occupent dans les dépôts, sous leur propre responsabilité.

C'est par suite de l'adoption de ce dernier principe qu'il a été possible, dans certains chemins de fer, d'intéresser les machinistes, non seulement à l'économie des matières de consommation et à la régularité de marche, mais encore d'établir des primes de parcours qui leur profitent tant que leur locomotive attitrée n'a pas besoin de rentrer aux ateliers de grande réparation. L'économie qui résulte de ce système, au point de vue de la conservation du bon état des machines, n'est pas le seul avantage qu'on peut en tirer ; on obtient de plus grands parcours annuels, et, par conséquent, il en résulte un moins grand nombre de machines nécessaires pour un service donné.

Ce que nous venons de dire concernant les machines à cylindres intérieurs et extérieurs à grande vitesse ne semble pas s'appliquer aux locomotives à vitesse moyenne et à celles à petite vitesse, car dans ces deux catégories, c'est tout à fait exceptionnellement, et sans raisons prépondérantes, qu'on trouve dans l'ensemble de l'Exposition trois ou quatre machines à cylindres intérieurs, auxquelles on peut reprocher d'avoir leur mécanisme tout à fait inabordable, à cause des caisses à eau placées latéralement de chaque côté de la chaudière.

L'espacement des essieux varie beaucoup dans les locomotives françaises et étrangères. Si, pour celles à petite et moyenne vitesses, on admet habituellement des écartements ordinaires de 3 à 4 mètres entre les essieux extrêmes, il y a cependant des exceptions, telles que l'espacement de 8^m,4o dans la locomotive-tender modèle de l'État belge, et 6^m,7o dans la locomotive Fairlie; mais ces deux machines ont des dispositions spéciales pour passer dans les courbes : la première a des boîtes à glissières obliques qui permettent la convergence des essieux d'avant et d'arrière; la locomotive Fairlie a deux trains pivotants.

Dans les machines à grande vitesse, on a dépassé en France les écartements de $4^m,50$ à $4^m,80$ des machines Crampton, qui étaient considérés comme une limite extrême, en raison de la constitution de cette machine, dont les essieux d'avant et d'arrière, sans jeu latéral, sont les plus chargés; mais depuis 1867, époque à laquelle ont été appliquées en France les boîtes d'essieu à jeu latéral, par plans inclinés, on a généralement augmenté les écartements extrêmes. Pour les huit locomotives express exposées, six pour la France, deux pour l'étranger, quatre sont à trois essieux et quatre à quatre essieux. Celles à trois essieux sont celles de l'Ouest, du Midi, de l'Est et de Sharp, Stewart et Ce; celles à quatre essieux sont celles de la Compagnie du Nord et de la Haute-Italie, qui, toutes deux, ont un avant-train articulé, et celles de la Compagnie d'Orléans et de Lyon-Méditerranée, dont le quatrième essieu est porteur à l'arrière. L'espacement des essieux d'avant et d'arrière varie de $4^m,50$ à $5^m,90$, sauf pour les deux locomotives à train articulé à l'avant, où il est de $6^m,32$ pour la locomotive de la Compagnie du Nord et 6 mètres pour celle des chemins de fer de la Haute-Italie.

Généralement, dans les locomotives du type le plus usité en Angleterre (et dont la machine Sharp est un exemple), on ne dépasse pas 5 mètres d'écartement entre les essieux extrêmes.

Il y a évidemment des considérations dont il faut tenir compte pour déterminer, suivant chaque cas, l'espacement des essieux dans les locomotives. Pour celles à moyenne vitesse et à marchandises, à six et huit roues accouplées, l'on s'attache spécialement à répartir la charge également sur chaque essieu, afin d'obtenir une égale usure des bandages et de ne pas fatiguer les accouplements par bielles.

C'est ce qui explique l'habitude de placer dans ces locomotives les essieux entre la boîte à fumée et la boîte à feu. Dans le cas de longs foyers Belpaire, le dernier essieu se place naturellement sous le foyer. Le rapprochement des essieux offre l'avantage d'avoir les bielles d'accouplement aussi courtes que possible. La position en porte-à-faux pour le foyer est admissible en raison de la faible vitesse de marche, surtout si l'on prend soin d'établir un bon attelage pour relier convenablement la machine et le tender.

Mais pour les locomotives express, au contraire, aussi bien en France qu'à l'étranger, on a renoncé au foyer en porté-à-faux de l'ancien type Stephenson ; en effet, dans toutes les locomotives express exposées, si les roues d'arrière ne sont pas toujours derrière le foyer, elles sont au moins établies sous le foyer, de manière à éviter les inconvénients du porte-à-faux.

Ce choix dans la position des essieux nécessite quelquefois, pour les locomotives à trois essieux, certaines dispositions particulières utiles pour obtenir une répartition convenable du poids de la machine sur rails, telles que balanciers ou leviers articulés à bras inégaux, ou bien encore l'application de lourds contre-poids comme celui qui existe sous le tablier d'arrière de la machine Sharp. Dans les locomotives à quatre essieux, on obtient facilement une bonne répartition sans avoir recours à de semblables procédés.

Parmi les locomotives ordinaires à voyageurs, quelques-unes ont plus de trois essieux. Celles à quatre essieux sont les locomotives-tenders du Grand-Central belge, de Fairlie, celle de l'Ouest pour service de pilote et de banlieue, enfin celle du type de l'État belge, qui est à cinq essieux. Il y a lieu de citer aussi une locomotive à quatre essieux pour voie étroite, parfaitement étudiée et construite par la Société de Fives-Lille pour le Brésil; dans ces différents cas, l'augmentation du nombre des essieux s'explique par l'obligation où l'on est de ne pas dépasser certaines limites de charge sur les rails.

Ces machines remplissent d'ailleurs d'autres conditions qu'il serait trop long d'énumérer et qui sont indiquées dans les notices des exposants.

Le diamètre des roues motrices diffère d'une manière assez notable parmi les locomotives exposées pour donner à l'examen de cette question un peu de développement.

Si, pour les machines à marchandises, on trouve des diamètres qui varient peu et dont la moyenne est de $1^m,30$, on rencontre dans les machines à voyageurs des écarts beaucoup plus considérables, depuis $1^m,20$ jusqu'à $1^m,70$ de diamètre, et pour les locomotives express de $1^m,80$ à $2^m,30$.

Ces différences pour des machines destinées à des services analogues s'expliquent par la diversité des opinions des ingénieurs au point de vue des vitesses de pistons, car dans le cas des locomotives à petites roues il faut que le mécanisme exécute par seconde un plus grand nombre de coups de pistons.

Prenons, par exemple, pour terme de comparaison, la

locomotive de M. Stroudley du London Brighton et celle du type de l'État belge : la première à roues de 1ᵐ,21, devra, pour marcher à 60 kilomètres, faire 4ᵗ,38 de roues, et la deuxième, à roues motrices de 1ᵐ,70, 3ᵗ,12 par seconde ; la question du choix du diamètre des roues dépend donc de la limite que l'on adoptera comme nombre de coups de pistons par unité de temps. Nous pensons qu'on ne doit pas hésiter à préférer les machines à roues de faible diamètre donnant un plus grand nombre de coups de pistons, mais il faut, ainsi que l'a fait M. Stroudley, adopter un bon agencement pour les organes du mécanisme et employer de très bonnes matières. Non seulement à puissance égale et en admettant, bien entendu, que les autres conditions générales soient les mêmes, on aura une locomotive moins pesante, mais encore on disposera pour le train d'un tonnage plus élevé. Le prix au kilogramme sera plus cher, il est vrai, que celui des machines à plus grandes roues, mais le prix total ne sera pas plus élevé.

En comparant les deux machines citées précédemment, les chiffres qui suivent font ressortir à ce sujet de véritables anomalies.

	Poids en service.	Effort de traction à 65 %.	Poids à vide.	Prix au kilogr. supposé	Prix d'achat.
Stroudley...	24.740ᵏ	4.000ᵏ	21.000ᵏ	1ᶠ60	33.600ᶠ
État belge..	58.000	3.800	44.900	1.»»	44.900
Différence...	33.260 disponible pʳ la composition du train.				

On arriverait à un résultat analogue en comparant des locomotives express à roues motrices de très grand diamètre avec celles de diamètre moindre. Aussi l'on paraît, avec raison, donner la préférence à ces dernières, aussi bien en France qu'à l'étranger. Elles offrent l'avantage, à charge égale, de réaliser à la montée des rampes une vitesse plus régulière, et par conséquent de ne pas exagérer la marche en descendant les pentes. En outre, elles démarrent plus vite et peuvent être employées aussi bien aux trains omnibus qu'aux trains de vitesse.

Si, pour le diamètre des roues motrices, nous avons fait remarquer des différences assez grandes, il en est de même du volume des cylindres par rapport au diamètre des roues et à la surface de chauffe. Les relations convenables qui doivent exister entre ces diverses parties constitutives des locomotives ne peuvent être que légèrement modifiées ; l'on ne peut impunément s'en écarter beaucoup, car la facilité de conduite et la régularité de marche en dépendent absolument.

Au point de vue du passage dans les courbes, quelques-unes des locomotives exposées présentent des dispositions particulières. La machine système Fairlie à deux trucks articulés, celle de Fives-Lille à voie étroite pour le Brésil avec avant-train à deux roues du système Bissel, et la locomotive-tender type de l'État belge dont les deux essieux d'avant et d'arrière se déplacent en convergeant, au moyen de boîtes à glissières obliques du système Edmond Roy, sont les seules qu'on puisse considérer comme destinées aux chemins de fer à courbes de très petit rayon. Les autres machines sont généralement munies de plans inclinés aux boîtes des roues d'avant et d'arrière, permettant un déplacement latéral suffisant pour les courbes d'un rayon supérieur à 300 mètres. C'est le système dont la première application a eu lieu à la machine exposée à Londres par la Compagnie d'Orléans, en 1862.

Il y a, en outre, trois locomotives à avant-train mobile à quatre roues, du modèle américain ; ce sont la machine express du Nord, celle de la Haute-Italie et la locomotive américaine du chemin de fer de Philadelphie. Cette disposition, qui est tout à fait usuelle en Amérique, ne paraît employée en Angleterre que dans des cas particuliers ; elle n'a été jusqu'à présent admise qu'avec une certaine réserve dans les autres pays ; c'est une complication qui augmente en même temps le poids mort et les dépenses d'entretien courant.

En ce qui concerne l'équilibre en marche, la question des contre-poids a été, vous le savez, l'objet d'études spéciales. En thèse générale, la préférence qu'on donne aux locomotives à cylindres intérieurs et à essieu coudé, en vue de garantir la stabilité, résulte non seulement de la position des cylindres, mais encore du peu d'importance des contre-poids, parce qu'il est possible de placer les bielles d'accouplement à l'opposé des bielles motrices en calant leurs manivelles à l'inverse, mais cette disposition occasionne pour les fusées et les boîtes d'essieux des usures en sens inverse dont l'inconvénient est de changer la position relative de leurs axes ; il en résulte que les essieux se rapprochant et s'écartant à chaque coup de piston, les bielles d'accouplement et leurs tourillons subissent à chaque demi-tour de roue des efforts considérables qui, à la longue, peuvent occasionner leur rupture.

La locomotive anglaise de M. Stroudley et la machine express de la Compagnie de l'Ouest étudiée par M. Mayer sont exceptées de cette critique, car toutes deux ont des manivelles d'accouplement dans la même position que les manivelles motrices, mais dans ces conditions leurs contre-poids sont aussi lourds que ceux des machines à cylindres extérieurs, et cela ne présente que des avantages au point de vue de l'entretien courant et du bon fonctionnement.

L'appareil de marche à contre-vapeur, système Le Chatelier, si utile pour l'arrêt des trains et pour la descente des fortes pentes sur les lignes accidentées, ne paraît être adopté qu'exceptionnellement. La réussite de son emploi ne dépend cependant que de quelques particularités dans la bonne disposition des appareils et de l'attention des conducteurs de locomotives dans sa manœuvre ; la répulsion instinctive de ces derniers au renversement de la marche a été, d'ailleurs, la principale cause de l'inertie qu'on a rencontrée dans l'application de ce système, qui ne présente que des avantages incontestables, sans aucun inconvénient. Les ingénieurs qui ont su vaincre cette inertie sont les seuls qui aient continué avec succès, sur leur matériel, l'application des appareils à contre-vapeur qui donnent, en outre, la possibilité de lubrifier très économiquement les tiroirs et les pistons pendant leur marche.

Par opposition avec les appareils à contre-vapeur, on rencontre, surtout dans les sections étrangères, l'application de freins à sabots plus ou moins pesants et compliqués, destinés à faciliter l'arrêt des trains, et qui contrastent singulièrement avec la simplicité de l'appareil à contre-vapeur.

Avant de terminer, je dois vous donner quelques indications concernant l'emploi de l'acier dans la construction des locomotives. Si l'acier n'est pas adopté d'une manière exclusive par tous les ingénieurs, on peut remarquer cependant une tendance à sa généralisation pour les pièces principales du mécanisme, depuis que les perfectionnements de sa fabrication ont rendu sa qualité plus régulière. Si, pour les chaudières, la tôle d'acier n'a pas encore remplacé celle de fer, c'est parce que, dans les premières applications antérieures, on avait employé des aciers très résistants, mais trop vifs, qui ont été la cause de quelques accidents. Lorsque de nouveaux progrès se réaliseront dans la fabrication des tôles d'acier, on aura tout intérêt à les employer pour diminuer le poids des chaudières.

Pour les coussinets et autres pièces frottantes, nous ferons remarquer l'application du bronze phosphuré qui réussit parfaitement et dont l'emploi paraît devoir se généraliser aussi bien à l'étranger qu'en France, où il a été pour la première fois étudié et mis en pratique par l'un de nos camarades d'école.

Le rivetage mécanique des chaudières par les appareils hydrauliques du système Tweddell (ils sont exposés dans la section anglaise) est un des nouveaux progrès adoptés depuis deux ans dans les ateliers de la Compagnie d'Orléans ; la chaudière de la locomotive exposée (P. O. n° 308) est fabriquée au moyen de ces nouveaux appareils qui réunissent à l'économie la perfection de l'exécution. La solidité de juxtaposition des tôles qu'on obtient donne une étanchéité complète sans matage ; le bon entretien et la durée des chaudières seront par cela même mieux assurés. La petite opération de matage que l'on pratique néanmoins ordinairement n'a d'autre but que de donner plus de fini au travail de chaudronnerie.

En visitant avec vous l'Exposition, j'aurai à vous entretenir des améliorations introduites dans les mécanismes de distribution de vapeur, dans les appareils d'alimentation et de sûreté, dans le graissage pour parcourir de longues distances sans arrêt, dans l'attache des bandages sur les roues et autres détails de construction qui intéressent surtout les ingénieurs de chemins de fer.

Je prie, d'ailleurs, ceux de nos camarades présents qui appartiennent aux Compagnies dont les machines sont exposées de vouloir bien donner eux-mêmes les explications particulières que comporte leur examen sur place.

www.ingramcontent.com/pod-product-compliance
Lightning Source LLC
Chambersburg PA
CBHW070406230426
43665CB00012B/1269